Kohlhammer

Britta Baumert / Caroline Teschmer

Konfessionell kooperativer Religionsunterricht

Eine Fachdidaktik

Verlag W. Kohlhammer

1. Auflage 2024

Alle Rechte vorbehalten
© W. Kohlhammer GmbH, Stuttgart
Gesamtherstellung: W. Kohlhammer GmbH, Stuttgart

Print:
ISBN 978-3-17-043410-3

E-Book-Format:
pdf: 978-3-17-043411-0

Für den Inhalt abgedruckter oder verlinkter Websites ist ausschließlich der jeweilige Betreiber verantwortlich. Die W. Kohlhammer GmbH hat keinen Einfluss auf die verknüpften Seiten und übernimmt hierfür keinerlei Haftung.

Dieses Werk einschließlich aller seiner Teile ist urheberrechtlich geschützt. Jede Verwendung außerhalb der engen Grenzen des Urheberrechts ist ohne Zustimmung des Verlags unzulässig und strafbar. Das gilt insbesondere für Vervielfältigungen, Übersetzungen, Mikroverfilmungen und für die Einspeicherung und Verarbeitung in elektronischen Systemen.

Inhaltsverzeichnis

Vorwort 9

I. Religionsunterricht als Ort der Theologie 13
1. Begriffliche Klärung 13
    1.1   Theologie und Religionspädagogik 14
    1.2   Glaube 17
    1.3   Religion 19
    1.4   Religiosität 22
    1.5   Spiritualität 25
2. Theologische Akzentuierungen eines konfessionell kooperativen
    Religionsunterrichts 26

II. Gegenwärtige Anforderungen an religiöse Bildung 28
1. Subjektorientierung im Religionsunterricht 29
2. Übergreifende gesellschaftliche Transformationsprozesse
    und ihre Einflüsse auf religiöse Bildung 30
    2.1   Globalisierung als Ausgangspunkt von Transformation 31
    2.2   Pluralisierung als gesamtgesellschaftlicher
          Transformationsprozess 33
    2.3   Säkularisierung als zentraler Faktor
          religionspädagogischer Debatten 35
    2.4   Digitalisierung als zentrale Größe gesellschaftlicher
          Transformationen 38
    2.5   Politisierung und Entpolitisierung von Gesellschaft und
          Religionspädagogik 40
3. Konsequenzen für einen zukunftsfähigen konfessionell
    kooperativen Religionsunterricht 42

III. Der konfessionell kooperative Religionsunterricht
     und seine Kontextualisierung 44
1. Zur gegenwärtigen Lage des Religionsunterrichts 44
2. Entwicklungslinien des konfessionell kooperativen
    Religionsunterrichts 48
    2.1   Die Anfänge in Baden-Württemberg 49

2.2	Die Entwicklungen in Niedersachsen als Vorreiter der konfessionellen Kooperation	51
2.3	Die Entwicklungen in Nordrhein-Westfalen	53
2.4	Konfessionelle Kooperation unter dem Radar in Schleswig-Holstein	56
2.5	Religionsunterricht in gemischt-konfessionellen Lerngruppen in Hessen	57
2.6	Auf dem Weg zur konfessionellen Kooperation in Rheinland-Pfalz	59
2.7	Konfessionelle Kooperation in den katholisch geprägten Bundesländern Bayern und Saarland	60
2.8	Konfessionelle Kooperation in den „neuen" Bundesländern Sachsen, Sachsen-Anhalt, Thüringen und Mecklenburg-Vorpommern	62

IV. Konfessionelle Kooperation zukunftsfähig gestalten ... 67

1. Kontextualisierung ... 67
2. Anforderungen an eine Didaktik zum konfessionell kooperativen Religionsunterricht ... 69
3. Theologische Positionierung und religiöse Orientierung als Zielperspektiven des konfessionell kooperativen Religionsunterrichts 2.0 ... 72
   - 3.1 Kirchliche Perspektiven auf Positionalität von Religionslehrer*innen und Schüler*innen ... 72
   - 3.2 Religionsdidaktische Perspektiven auf die Positionalität von Religionslehrer*innen ... 75
   - 3.3 Religionsdidaktische Perspektive auf die Positionalität von Schüler*innen ... 80
4. Religiöse Sprachfähigkeit ... 83
5. Identitätsbildung und konfessionsbezogene Ich-Identität ... 85
   - 5.1 Identitätsbildung im religionspädagogischen Diskurs ... 85
   - 5.2 Identitätsbildung im konfessionell kooperativen Religionsunterricht 2.0 ... 88
6. Maximen für einen zukunftsfähigen konfessionell kooperativen Religionsunterricht ... 91
   - 6.1 Religionsunterricht als Ort der Kontingenz ... 91
   - 6.2 Subjektivität und Multiperspektivität als mehrdimensionale Herausforderung ... 93
   - 6.3 Die Wahrheitsfrage als zentrales Anliegen religiöser Bildung im konfessionell kooperativen Religionsunterricht ... 95

	6.4	Die Verortung des Subjekts zwischen Theologie und Lebenswelt	96
	6.5	Religionsunterricht im Angesicht von Pluralität und Heterogenität	98
	6.6	Identität als zentrale Dimension religiöser Bildung	100
7.		Prozesse und Akteur*innen im konfessionell kooperativen Religionsunterricht 2.0	102

V. Religionsdidaktische Konzeptionen in konfessionell kooperativer Perspektive 105

1. Konfrontativ-korrelative Subjektorientierung als Leitmotiv eines konfessionell kooperativen Religionsunterrichts 105
   - 1.1 Die Geschichte der Korrelation 105
   - 1.2 Eine Problembeschreibung 107
   - 1.3 Konfrontativ-korrelative Subjektorientierung 109
2. Konturen religionsdidaktischer Ansätze in konfessionell kooperativer Perspektive 111
3. Religionsdidaktische Ansätze in konfessionell kooperativer Perspektive 112
   - 3.1 Bibeldidaktik in konfessionell kooperativer Perspektive 113
     - *3.1.1 Ausgangspunkt und Eigenlogik des Ansatzes* 113
     - *3.1.2 Der Ansatz konfessionell kooperativ gedacht* 118
     - *3.1.3 Didaktische Konkretion und Methodik* 121
     - *3.1.4 Potenziale und Herausforderungen* 122
   - 3.2 Symboldidaktik in konfessionell kooperativer Perspektive 123
     - *3.2.1 Ausgangspunkt und Eigenlogik des Ansatzes* 123
     - *3.2.2 Der Ansatz konfessionell kooperativ gedacht* 127
     - *3.2.3 Didaktische Konkretion und Methodik* 130
     - *3.2.4 Potenziale und Herausforderungen* 130
   - 3.3 Kinder- und Jugendtheologie in konfessionell kooperativer Perspektive 131
     - *3.3.1 Ausgangspunkt und Eigenlogik des Ansatzes* 131
     - *3.3.2 Der Ansatz konfessionell kooperativ gedacht* 134
     - *3.3.3 Didaktische Konkretion und Methodik* 136
     - *3.3.4 Potenziale und Herausforderungen* 137
   - 3.4 Ethische Bildung in konfessionell kooperativer Perspektive .. 139
     - *3.4.1 Ausgangspunkt und Eigenlogik des Ansatzes* 139
     - *3.4.2 Der Ansatz konfessionell kooperativ gedacht* 143
     - *3.4.3 Didaktische Konkretion und Methodik* 147
     - *3.4.4 Potenziale und Herausforderungen* 148
     - *Exkurs Religiöse Bildung für nachhaltige Entwicklung* 149

3.5	Problem-based-Learning in konfessionell kooperativer Perspektive	151
3.5.1	*Ausgangspunkt und Eigenlogik des Ansatzes*	151
3.5.2	*Der Ansatz konfessionell kooperativ gedacht*	154
3.5.3	*Didaktische Konkretion und Methodik*	156
3.5.4	*Potenziale und Herausforderungen*	157
3.6	Performative Religionsdidaktik in konfessionell kooperativer Perspektive	158
3.6.1	*Ausgangspunkt und Eigenlogik des Ansatzes*	158
3.6.2	*Der Ansatz konfessionell kooperativ gedacht*	162
3.6.3	*Didaktische Konkretion und Methodik*	166
3.6.4	*Potenziale und Herausforderungen*	167
3.7	Ästhetische Bildung in konfessionell kooperativer Perspektive	169
3.7.1	*Ausgangspunkt und Eigenlogik des Ansatzes*	169
3.7.2	*Der Ansatz konfessionell kooperativ gedacht*	175
3.7.3	*Didaktische Konkretion und Methodik*	178
3.7.4	*Potenziale und Herausforderungen*	178
3.8	Kirchenraumpädagogik in konfessionell kooperativer Perspektive	179
3.8.1	*Ausgangspunkt und Eigenlogik des Ansatzes*	179
3.8.2	*Der Ansatz konfessionell kooperativ gedacht*	183
3.8.3	*Didaktische Konkretion und Methodik*	185
3.8.4	*Potenziale und Herausforderungen*	187
3.9	Kirchengeschichtsdidaktik in konfessionell kooperativer Perspektive	188
3.9.1	*Ausgangspunkt und Eigenlogik des Ansatzes*	188
3.9.2	*Der Ansatz konfessionell kooperativ gedacht*	196
3.9.3	*Didaktische Konkretion und Methodik*	199
3.9.4	*Potenziale und Herausforderungen*	200
3.10	Interreligiöses Lernen in konfessionell kooperativer Perspektive	200
3.10.1	*Ausgangspunkt und Eigenlogik des Ansatzes*	201
3.10.2	*Der Ansatz konfessionell kooperativ gedacht*	205
3.10.3	*Didaktische Konkretion und Methodik*	214
3.10.4	*Potenziale und Herausforderungen*	215

Literatur 217

Vorwort

Wenn man, wie wir, jahrelang konfessionell kooperativ eng zusammenarbeitet, wächst nicht nur das Verständnis für die jeweils andere Konfession, sondern man lernt auch feine Unterschiede kennen zwischen dem, was sich gemeinhin als jeweilige Konfessionskultur bezeichnen lässt. Damit sind weniger konkret fassbare und auf den ersten Blick ersichtliche Unterschiede in der religiösen Praxis gemeint oder unterschiedliche Lehrmeinungen, auf die Bezug genommen wird; vielmehr sind es spezifische Herangehensweisen, Bezugssysteme, Formulierungen, Traditionslinien und Argumentationsweisen, die auf den ersten Blick gar nicht so sehr ins Auge fallen. Wie in einer guten Ehe lernt man die feinen Gemeinsamkeiten und Unterschiede mit der Zeit kennen. Diese feinen Spezifika zeigen sich gerade in blinden Flecken in Bezug auf die andere Konfession und werden erst in einem intensiven Dialog sichtbar. Unser Anliegen und unsere Herausforderung war es, die gesamte Fachdidaktik gemeinsam zu verfassen, um eben genau diese blinden Flecken zu vermeiden. Es ging uns aber auch darum, am Ende eine Fachdidaktik vorliegen zu haben, die konsequent konfessionell kooperativ gedacht ist und nicht nur Sichtweisen konfessioneller Kooperation aufzeigt. Der vorliegende Band zeichnet sich also dadurch aus, dass er nicht einfach eine Sammlung aus Kapiteln ist, die mal von einer katholischen Autorin und mal von einer evangelischen Autorin verfasst wurden, sondern dass alle Kapitel konsequent gemeinsam verfasst sind. Jeder Teil beinhaltet entsprechend Perspektiven beider Konfessionen.

An dieser Stelle wäre nun zurecht der Einwand zu erwarten, ob Konfessionalität und insbesondere die feinen Unterschiede zwischen der katholischen und evangelischen Konfession denn gegenwärtig überhaupt so relevant sind, dass sie die Notwendigkeit einer eigenen Fachdidaktik beanspruchen können. So sind bekanntlich in weiten Gebieten Deutschlands inzwischen die Mehrheit der Schüler*innen konfessionslos, die Zahl der muslimischen Schüler*innen wächst und auch andere christliche Konfessionen wie russisch und griechisch-Orthodox spielen eine immer größere Rolle in Deutschland. Bezüglich der Sinnhaftigkeit eines konfessionell kooperativ angelegten Religionsunterrichts möchten wir an dieser Stelle auf unsere Kapitel II und IV verweisen, in denen wir ausführlich das Potenzial konfessionell kooperativ angelegter Bildungsprozesse auch im Kontext von Pluralität und Säkularität entfalten. Was die Notwendigkeit einer eigenen Fachdidaktik angeht, sehen wir den Bedarf v. a. seitens der Praxis als enorm an. So wurde in zahlreichen Fortbildungen zum konfessionell kooperativen Religionsunterricht der Bedarf an fachdidaktischen Entwürfen zur Ausgestaltung entsprechender Lehrformate an uns herangetragen. Die gegenwärtigen Entwicklungen in den verschiedenen Bundesländern hinsichtlich einer zeitnahen Einführung des konfessionell kooperativen Religionsunterrichts unterstreichen die Relevanz. Da konfessionelle Kooperation in den einzelnen Bundesländern sehr unterschiedlich gestaltet wird, steht in unserer Fachdidaktik weniger die konkrete Organisationsform, sondern vielmehr die inhaltliche und didaktische Ausgestaltung des Religionsunterrichts im Kontext der konfessionellen Kooperation im Fokus. Dabei sehen wir die Notwendigkeit, auch der Pluralität in Bezug auf Weltanschauung, Religion, Konfession und individueller Religiosität gerecht zu werden. Deshalb berücksichtigen wir diese Pluralität in unserem fachdidaktischen Entwurf ebenso wie andere relevante gesellschaftliche Transformationsprozesse, die auf den gegenwärtigen und zukünftigen Religionsunterricht Einfluss nehmen. So ist es uns ein Anliegen, im Religionsunterricht nicht nur die Sprach- und Auskunftsfähigkeit in Bezug auf die „eigene Religion" zu ermöglichen, sondern auch die Dialogfähigkeit im Austausch mit Angehörigen verschiedener Religionen, Weltanschauungen und mit Konfessionslosen zu ermöglichen und deren Perspektiven ebenso in den Religionsunterricht einzubinden wie die der katholischen und evangelischen Konfession.

Zielgruppe unserer Fachdidaktik sind ebenso Religionslehrer*innen, Fachleiter*innen und Lehramtsanwärter*innen wie Studierende, Referent*innen der Bistümer und Landeskirchen sowie Kolleg*innen der Wissenschaft. Wir sind uns dabei bewusst, dass all diese verschiedenen Gruppen mit unterschiedlichem Fokus auf den vorliegenden Band blicken. Daher zeigt sich innerhalb unserer Fachdidaktik eine große Bandbreite an Akzentuierungen und Schwerpunktsetzungen, sodass einzelne Kapitel oder Teilkapitel eher für den wissenschaftlichen Diskurs, andere eher für die Praxis und wieder andere v. a. für Studierende relevant erscheinen.

Das Herzstück unserer Fachdidaktik bildet Kapitel V, in dem wir einschlägige fachdidaktische Ansätze für den konfessionell kooperativen Religionsunterricht neu denken. Dabei spielen die konfessionsspezifischen Entwicklungslinien ebenso eine Rolle wie die von uns in Kapitel IV skizzierte Konzeption zukunftsfähiger konfessionell kooperativer Bildung. Bei der Darstellung und Entfaltung der religionsdidaktischen Ansätze waren wir bemüht, einer einheitlichen Struktur zu folgen und unsere Ausführungen durch Schaubilder zu visualisieren. Aufgrund der großen Unterschiede der einzelnen Ansätze hinsichtlich ihrer konfessionsspezifischen Genese, ihrer didaktischen Engführung und ihrer methodischen Vielfalt, zeichnen sich auch die einzelnen Teilkapitel durch unterschiedliche Akzentuierungen und Schwerpunktsetzungen aus. Auch die didaktisch methodische Konkretion erfolgt bei einigen Ansätzen, bei denen es uns notwendig erschien, auf konkrete Unterrichtssituationen bezogen und bleibt bei anderen Ansätzen eher offen. Insgesamt soll das Kapitel dazu anregen, den eigenen Unterricht zu reflektieren, neue Akzente zu setzen, und andere Perspektiven in die Unterrichtsplanung zu integrieren. Wir möchten aber auch Mut machen, echte konfessionelle Kooperation zu wagen und gemeinsam im Diskurs die feinen Gemeinsamkeiten und Unterschiede der Konfessionen zu entdecken. By the way: Dazu gehört auch die eine oder andere intensive Diskussion.

So wie jedes Buch ist auch dieses ein Konvolut aus gemeinsamer Arbeit, teilnehmender Geduld und inspirierenden Hilfen. Unser Dank gilt den Kolleg*innen, die die Arbeit in unterschiedlichen Stadien und Kontexten mit konstruktiven Hinweisen unterstützt haben. Ein besonderer Dank richtet sich an Lukas Golla, Teresa Trynogga und Selina Roßgardt für die umfangreichen und umsichtigen redaktionellen Korrekturarbeiten.

Danken möchten wir auch Dr. Sebastian Weigert und Andrea Häuser für die ausgezeichnete Betreuung vonseiten des Verlages. Für die finanzielle Förderung des Drucks geht unser Dank an die Evangelische Kirche in Deutschland (EKD), das Bistum Limburg, die Evangelische Kirche im Rheinland (EKiR) sowie an das Offizialat Vechta.

Münster, am Reformationstag 2023   Caroline Teschmer

Frankfurt am Main, an Allerheiligen 2023   Britta Baumert

I. Religionsunterricht als Ort der Theologie

„Der Prozess des Lernens und Lehrens im Religionsunterricht besitzt eine theologische Dignität: als unverzichtbarer Applikationsort von Theologie und als wesentlicher Produktions- und Inspirationsort theologischer Erkenntnis."[1] Bereits 2012 prägen Norbert Mette und Matthias Sellmann den Ausdruck „Religionsunterricht als Ort der Theologie".[2] Gemeint ist damit zum einen die kinder- und jugendtheologische Dimension, insofern, dass Schüler*innen selbst theologisieren und somit der Religionsunterricht zu einem Ort wird, an dem Theologie betrieben wird. Zum anderen spielt aber auch die Dimension des Verhältnisses von Religionsunterricht und Theologie eine Rolle, die Thomas Schlag und Jasmine Suhner[3] als ‚Theologizität der Religionspädagogik' bezeichnen, nämlich die Interrelevanz von Theologie und Religionspädagogik: Religionspädagogik als Teildisziplin, die ihrerseits auf die interdisziplinäre Referenzialität mit den anderen theologischen Teildisziplinen angewiesen ist, was die Rekurrenz zu anderen nicht-theologischen Bezugswissenschaften nicht weniger bedeutungsvoll macht. Religionsunterricht als Ort der Theologie steht somit an dieser Stelle für die theologische Verortung einer Fachdidaktik für den konfessionell kooperativen Religionsunterricht und ihre religionspädagogisch implizierten Diskurse.

1. Begriffliche Klärung

Im Rahmen dieses Kapitels werden zentrale theologisch wie religionspädagogisch relevante Begriffe in den Blick genommen und die wechselseitigen Dynamiken zwischen den Bezugssystemen anhand der begrifflichen Analyse konkretisiert. Dies bildet die Grundlage für die Entfaltung einer konfessionell kooperativen Fachdidaktik.

---

1 Mette, N. / Sellmann, M.: Religionsunterricht als Ort der Theologie, Klappentext.
2 Mette, N. / Sellmann. M.: Religionsunterricht als Ort der Theologie.
3 Vgl. auch Schlag, T. / Suhner, J.: Theologie als Herausforderung religiöser Bildung.

1.1 Theologie und Religionspädagogik

„Die Theologie ist die Reflexion auf den Glauben der Kirche aus dem Glauben der Kirche"[4], so definiert der katholische Dogmatiker Hans Jorissen den Theologiebegriff. Doch warum starten wir in einer konfessionell kooperativen Fachdidaktik ausgerechnet mit einer derart katholisch-dogmatischen Sichtweise des Theologiebegriffs? Jorissen eröffnet mit seiner Definition von Theologie wichtige Diskurslinien, die gerade für den konfessionell kooperativen Diskurs zentral sind. So ist es keineswegs unsere Absicht, bei seinem Theologiebegriff stehen zu bleiben. Wir wollen ihn vielmehr zum Ausgangspunkt unserer Überlegungen machen, ihn öffnen und zum Resonanzraum eines weiterführenden, an aktuelle Diskurse anknüpfenden Theologiebegriffs werden lassen.[5] Mit seiner Definition nimmt Jorissen eine bestimmte Perspektive ein und eröffnet zugleich weitere Diskurse, die es im Folgenden zu beleuchten gilt. Zunächst bezeichnet er die Theologie als Reflexionswissenschaft. Es ist nach diesem Verständnis nicht Aufgabe der Theologie, Glaubenswahrheiten zu definieren oder normative Ansprüche herzuleiten, sondern den gelehrten und gelebten Glauben zu reflektieren. Damit eröffnet er zugleich einen neuen Diskursrahmen: Was ist unter Glauben zu verstehen? Jorissen nimmt eine seiner Zeit entsprechende Engführung vor und spricht vom *„Glauben der Kirche"*. Somit gibt er eine institutionelle Rahmung vor, die den Glaubensbegriff an eine normative, vom kirchlichen Lehramt ausgehende Entität bindet und als kollektiv verbindliche Größe definiert. Damit blendet er gleichzeitig sämtliche individuelle, subjektive und deinstitutionalisierte Glaubenszugänge aus, die im 21. Jahrhundert jedoch längst zum Forschungsgegenstand der reflexiv und deskriptiv arbeitenden Praktischen Theologie geworden sind. Oder anders gesagt: Jorissen fokussiert sich auf die *fides quae* und scheint die *fides qua* auszublenden. Mit der expliziten Bindung an die Institution Kirche verweist er zum einen auf die konfessionelle Prägung der Theologie, zum anderen auf die institutionelle Rahmung von Religion, was uns wiederum zum Religionsbegriff führt. Konfession und Religion bilden somit ebenfalls zwei Größen, die es im weiteren Diskurs zu definieren gilt. Mit der Formulierung *„aus dem Glauben der Kirche"* ordnet Jorissen die Theologie als eine Wissenschaft ein, die ausgehend von einer Binnenperspektive auf Religion schaut und grenzt sie somit von den Religionswissenschaften ab, die aus einer Metaperspektive auf Religion schauen.

Theologie, aus dem Griechischen *„theos"* und *„logos"*, bedeutet wörtlich „die Rede von Gott", kann aber auch übersetzt werden als „sprechen von Gott". Friedrich Wilhelm Marquardt formuliert ausgehend vom Griechischen: *„Zur-Sprache-Kommen Gottes"*[6]. Durch diese Formulierung eröffnet er zwei Perspektiven, die

---

4   Jorissen, H.: Braucht der Glaube die Theologie?, S. 354.
5   Vgl. ebd.
6   Plasger, G. / Pemsel-Maier, S.: Art. Theologie.

Begriffliche Klärung 15

sich wechselseitig bedingen, so kann nach dieser Definition Gott sowohl zum Subjekt des Sprechens als auch zum Objekt des Sprechens werden. Es geht also in der Theologie sowohl darum, Gott selbst zu Wort kommen zu lassen, als auch über ihn zu sprechen. Doch wie lässt sich angemessen über Gott sprechen? Karl Barth hat dieses Dilemma der Notwendigkeit, über Gott zu sprechen einerseits und der Unfähigkeit, über Gott zu sprechen andererseits bereits 1922 entfaltet: „Wir sollen als Theologen von Gott reden. Wir sind aber Menschen und können als solche nicht von Gott reden. Wir sollen Beides, unser Sollen und unser Nicht-Können wissen und eben damit Gott die Ehre geben."[7]

Die Praktische Theologie ist insofern fein raus, wenn sie sich als die theologische Disziplin versteht, deren Kernanliegen die Reflexion religiöser Praxis bildet. Somit spricht sie nicht unmittelbar von Gott, sondern immer nur mittelbar, indem sie die *fides qua* in den Blick nimmt. Somit kommt ihr die Aufgabe zu, Religion, Religiosität, Spiritualität und Glaube zu reflektieren und zu interpretieren. Wird jedoch der Religionsunterricht selbst als Ort der Theologie verstanden, wendet sich das Blatt wiederum, weil dann die Religionspädagogik wieder gefordert ist, die Theologie als „Zur-Sprache-Kommen Gottes" in den Religionsunterricht zu bringen. Hier konstatieren Georg Plasger und Sabine Pemsel-Maier zurecht: „Wir können in der Theologie und in der Schule viel ‚von Gott' reden, und dabei richtige und problematische Aussagen vollziehen. Im Entscheidenden ist das ‚Zur-Sprache- Kommen Gottes' aber etwas, was nur Gott selber vollbringen kann und für das keine theologische Wissenschaft garantieren kann."[8]

Aus diesem Grund verorten wir die Religionspädagogik explizit als theologische Disziplin. Dabei verstehen wir die Theologie als Reflexionswissenschaft, die aus einer konfessionsspezifischen Binnenperspektive heraus die institutionsspezifischen Aspekte wie auch die subjektbezogenen Aspekte von Religion, Religiosität und Glaube in den Blick nimmt, analysiert und interpretiert und somit als relevante Diskursteilnehmerin im gesellschaftlichen, pädagogischen wie wissenschaftlichen Diskurs zu verstehen ist. „In diesem Sinne bewegt sich Religionspädagogik immer mit dem Anspruch, Theologie und Lebenswirklichkeit zusammenzubringen und letztlich den durch systematische Einsichten und Erkenntnisse der einzelnen Teildisziplinen gelieferten materialen Horizont praxistauglich und subjektorientiert zu kommunizieren, anzuwenden und erfahrbar werden zu lassen."[9] Deutlich wird, dass die Religionspädagogik im innertheologischen Diskurs nicht auf eine reine „Anwendungswissenschaft"[10] reduziert werden kann, sondern als Handlungswissenschaft dient, die „Theorien von

---

7   Barth K.: Das Wort Gottes als Aufgabe der Theologie, S. 199.
8   Plasger, G. / Pemsel-Maier, S.: Theologie, S. 10.
9   Teschmer, C.: Perspektiven einer Körpersensiblen Religionspädagogik des Jugendalters, S. 167.
10 Porzelt, B.: Grundlegung religiöses Lernen, S. 135.

Praxis religiöser Bildungs- und Lernprozesse für religiöse Bildungs- und Lernprozesse"[11] entwickelt, die Lebenswelt differenziert wahrnimmt und theologische Aneignungsprozesse im Blick hat. Darüber hinaus integriert die Religionspädagogik Erkenntnisse aus den theologischen Bezugsdisziplinen und formuliert eigene Fragestellungen und Ansätze. Im Fokus der Religionspädagogik steht die differenzierte Wahrnehmung theologischer, religiöser und ethischer Alltagstheorien, die dem Identitätskriterium der Subjekte entsprechen. Ein Dialog mit anderen Teildisziplinen der Theologie ist dabei unabdingbar.[12] Eine sich als theologisch verstehende Religionspädagogik bedarf eines Fundaments für die Umsetzung theologischer und religiöser Bildungsprozesse. Thomas Schlag und Jasmine Suhner heben hervor, dass die Theologie „im engsten Sinn mit einem Bildungsanspruch verbunden [ist], der darauf ausgerichtet ist, wie Menschen sich in ihrer je eigenen Welt verstehen und darin ihr Leben führen. Der Fokus auf die theologische Bildungsaufgabe bringt über historische, systematische und erkenntnistheoretische Fragestellungen hinaus besonders prägnant die (bildungs-)politische und soziale Dimension der Theologie ins Spiel [...]."[13]

Schlag und Suhner heben Inter- und Transdisziplinarität als Charakteristika der Religionspädagogik hervor. Hier zeigt sich der Mehrwert einer theologisch orientierten Religionspädagogik. Es geht nicht um Exklusion, sondern um höchste Komptabilität der theologischen und nicht-theologischen Disziplinen. Didaktisch wird ein profiliertes theologisches Verständnis religiöser Bildung angestrebt, bei der sich die Aufmerksamkeit auf die Bearbeitung religiöser Fragen richtet und mit der Thematisierung theologischer Sachverhalte verknüpft wird. Im Mittelpunkt stehen verstehensorientierte Kompetenzen, die eine hermeneutisch orientierte theologische Bildung mit sich bringen.[14] „Im Horizont der Unterscheidung zwischen Glauben und Wissen ist [...] eine theologisch perspektivierte Bildung sehr deutlich von allen Formen einer konfessionalistisch-abgrenzenden Eindeutigkeitsbildung [...] zu unterscheiden."[15]

Aus diesem Selbstverständnis heraus verstehen wir den Religionsunterricht als Ort der Theologie und als Ort der religiösen Orientierung, der sowohl die *fides qua* als auch die *fides quae* in den Blick nimmt. Diese Perspektive soll im weiteren Verlauf noch expliziert werden.

---

11 Gennerich, C. / Riegel, U.: Art. Wissenschaftstheorie, S. 3.
12 Vgl. Rothgangel, M.: Grundzüge und Leitfragen einer „religionspädagogischen Theologie", S. 41.
13 Schlag, T. / Suhner, J.: Was erschließt die Perspektive der Theologizität?, S. 180. In aktuellen bildungspolitischen Diskussionen wird der Wunsch nach einer religionskundlichen Bildung lauter, sodass religiöse Bildung als erklärungsbedürftige Bezugsgröße wahrgenommen wird. Vgl. ebd.
14 Vgl. ebd., S. 184ff.
15 Schlag, T. / Suhner, J.: Was erschließt die Perspektive der Theologizität?, S. 187.

1.2 Glaube

Gegen den Trend der Religionspädagogik, die zwar den Begriff der Religiosität von dem des Glaubens abgrenzt, dem Glaubensbegriff selbst jedoch wenig Beachtung schenkt, widmen wir in unserer Fachdidaktik dem Thema Glauben einen eigenen Unterpunkt. Diese Einbindung des Glaubensbegriffs hat verschiedene Gründe:

1. Empirische Erhebungen, insbesondere qualitative Studien erforschen Religion und Religiosität in der Regel über den Glaubensbegriff. Selbst wenn die Fragen den Glaubensbegriff nicht explizit aufgreifen, rekurrieren die Befragten auf den Glaubensbegriff, wenn es um religiöse Fragestellungen geht.[16]
2. Der eingangs dargelegte Theologiebegriff kommt ohne den Bezug zum Glauben nicht aus.
3. Ein Religionsunterricht, der den Anspruch auf Identitätsförderung formuliert, muss auch den Glauben und die damit verbundenen mitunter konkurrierenden Wahrheitsansprüche zum Thema machen.
4. Weder theologische Positionierung noch religiöse Orientierung lassen sich ohne expliziten Glaubensbezug denken. So geht es im Kontext einer theologischen Positionierung darum, was ich für glaubwürdig halte. Gleichzeitig kann mir nur etwas religiöse Orientierung vermitteln, was meinen Glauben unmittelbar betrifft.

Die auf Augustin zurückgreifende Unterscheidung zwischen dem Glaubensinhalt (*fides quae*) und dem Glaubensvollzug (*fides qua*) macht den Glaubensbegriff in seiner Komplexität deutlich. Der Glaubensinhalt ist ein individueller Vorgang, der mit einer vertrauensvollen Zustimmung einhergeht und einen Moment des Unverfügbaren in sich trägt. Der überindividuelle Glaubensvollzug ist hingegen durch Vermittlung lehr- und lernbar. Der Prozess der Aneignung erfolgt durch das Subjekt.

In der altprotestantischen Tradition wurden zunächst die Glaubensinhalte kennengelernt (*notitia*), anschließend denkerisch nachvollzogen und zugestimmt (*assensus*), sodass schließlich die Verheißungen Gottes zu Gewissheiten im eigenen Leben wurden (*fiducia*). Im reformatorischen Verständnis stellt der Glauben im Kern *fiducia* dar. Das Wissen und eine Haltung reichen folglich nicht aus, sind aber durchaus notwendig. Sie bilden sozusagen die Voraussetzung. Doch braucht der Glaube als *fiducia* die Anknüpfung an sozial vermittelte Formen des Vertrauens.[17] Der Glaube initiiert individuelle und kollektive Lernprozesse. Bernhard Dressler hebt in diesem Zusammenhang hervor, dass Glaube nicht

---

16 Vgl. z. B. Shell Deutschland Holding (Hg.): Jugend 2019; Ziebertz, H.-G. / Riegel, U.: Letzte Sicherheiten.; Schweitzer, F. u. a. (Hg.): Jugend – Glaube – Religion.
17 Vgl. Domsgen, M.: Religionspädagogik, S. 290.

erzeugt, aber gebildet werden kann.[18] Die Lehr- und Lernbarkeit des Glaubens wird durch die protestantische Perspektive des Geschenkcharakters deutlich. Dieser Aspekt hängt mit der rechtfertigungstheologischen Sorge zusammen, dass ein lernbarer Glaube als fromme Leistung der Gläubigen (miss-)verstanden wird.[19] In diesem Diskurs zeigt sich, dass der Glaubensbegriff und der Religionsbegriff eng miteinander verbunden sind, insofern der Protestantismus den Glaubensbegriff unmittelbar an das Christentum als konkrete Religionsgemeinschaft bindet. In diesem Kontext stellt sich also die Frage: Ist der Glaube Voraussetzung von Religion oder entsteht Glaube erst durch das Vorhandensein von und das individuelle Eingebundensein in Religion?

Hier hilft die Differenzierung zwischen dem individuellen Glauben und einem kollektiven Glauben im Sinne eines Glaubenskonsens. Während Augustin und die altprotestantische Tradition den individuellen Glauben und den kollektiven Glauben als kongruent verstehen, lässt sich diese Prämisse in der Postmoderne nicht mehr aufrechterhalten. Beide Dimensionen von Glauben spielen jedoch nach wie vor eine Rolle. So geht der Gründung einer Religionsgemeinschaft und somit der Entstehung einer Religion zwingend eine gemeinsame Grundüberzeugung, ein gemeinsamer Glaubensgegenstand voraus. Im Christentum war das der Glaube an die Auferstehung Jesu Christi. Ohne diese Grundüberzeugung hätte sich die christliche Religion niemals entwickelt. Im Laufe der Zeit bildet eine Religion weitere Glaubensüberzeugungen heraus, die ein Glaubenssystem, oder mit Rudolf Englert gesprochen eine „Dramaturgie" ergeben.[20] Dieser Glaubenskonsens, der der Religion vorausgeht und ihr Wesen bildet, bleibt jedoch nicht zwingend individuelle Glaubensüberzeugung aller Angehörigen einer Religion. Die formale Zugehörigkeit zu einer Religionsgemeinschaft oder Kirche sagt demnach nicht zwingend etwas über die Zustimmung zu deren Glaubensinhalten, Weltanschauungen oder Lehren aus. ‚Belonging without believing' bezeichnet genau diese Gruppe Menschen, die Mitglieder einer Institution sind, ohne sich mit ihren Glaubensaussagen zu identifizieren. Andersherum steigt auch die Zahl der Menschen, die aufgrund ihrer Kritik an der Institution aus der Kirche ausgetreten sind, aber an ihrem Glauben festhalten: ‚Believing without belonging'. Hinzu kommen die neureligiösen und spirituellen Such- und Wanderbewegungen außer- und innerhalb der Kirche.[21]

Festgehalten werden kann, dass Glaube Lernprozesse voraussetzt und sich im Kontext menschlicher Entwicklung prozesshaft fortsetzt. Glaube stellt demnach einen dynamischen Prozess dar, der nie abgeschlossen ist und immer wieder neue Facetten des Menschseins beinhaltet.

---

18 Vgl. Dressler, B.: Unterscheidungen, S. 126.
19 Vgl. Schweitzer, F.: Zwischen Theologie und Praxis, S. 6.
20 Vgl. Englert, R.: Was wird aus Religion?, S. 67.
21 Vgl. Joas, H.: Braucht der Mensch Religion?, S. 59.

1.3 Religion

Was ist Religion? Wer Religion unterrichten will, sollte für sich wissen, was Religion ist. Das ist jedoch nicht leicht, weil mit dem Begriff Unterschiedliches ausgesagt werden kann. Deutsch- oder Mathematiklehrer*innen können sich bspw. relativ problemlos über den Gegenstand ihres Faches austauschen. Im Kontext des Religionsunterrichts ist das anders, da bei der Lehrperson auch immer die Perspektive ihres eigenen christlichen Religionsverständnisses mitschwingt, sodass die fehlende Übereinkunft in der Sache begründet liegt. Es scheint auf den ersten Blick eine simple Frage, doch bleibt eine konsensfähige Antwort aus, was v. a. der Vielschichtigkeit des Gegenstandes geschuldet ist. Denn Religion als Phänomen zeigt sich in seiner Komplexität schillernd und uneindeutig.[22] Die Definitionen von Religion sind mannigfaltig und der Religionsbegriff hat eine lange Rezeptionsgeschichte.

In klassischen Religionsdefinitionen wird zwischen einem funktionalen und einem substanziellen Religionsbegriff unterschieden. *Funktionalen Definitionen* von Religion schreibt Bernhard Grümme einen Religionsbegriff zu, „[...] der auf die Bedeutung von Religion für den Menschen als endliches, sterbliches, geschichtliches, intersubjektives Wesen abhebt."[23] Funktional bedeutet in diesem Kontext, dass Religion von dem her erklärt wird, „was sie bewirkt bzw. leistet. Es wird also danach gefragt, was Religion zur Lösung eines bestimmten Problems beiträgt."[24] Religion wird als Kontingenzbewältigung und Bewältigungsstrategie von Sinnsuche und Lebenskrisen gedeutet, aber auch als Identitätsstiftende Größe, Leitlinie zur Handlungsführung, Medium zur Sozialintegration oder Ort bzw. Begründungshilfe der Weltdistanzierung. Funktionale Definitionen von Religion finden sich v. a. in der Soziologie, aber auch in der Philosophie.[25] Der darin enthaltene Religionsbegriff ist geprägt von einer Distanz gegenüber Religion und Transzendenz und wird aus einer Metaperspektive heraus formuliert.

Substantiale Definitionen von Religion beschreiben Religion anhand ihrer inhaltlichen Ausrichtung und im Zusammenhang konkreter Referenzpunkte (Gott, Heiliges oder Transzendentes). Sie verweisen damit auf etwas „Undefinierbares, Unverfügbares, Unsagbares"[26], das die Substanz von Religion bildet, sozusagen ihr Substrat.[27] Der hier verwendete Religionsbegriff ist durch die inhaltliche Ausrichtung geprägt und zeichnet sich in vielen Fällen durch die im-

---

22 Vgl. Ritter, W. H. / Simojoki, H.: Religion und das Recht des Kindes auf religiöse Bildung, S. 11.
23 Grümme, B.: Menschen bilden?, S. 455.
24 Kropač, U.: Religion, Religiosität, Religionskultur, S. 61.
25 Vgl. Grümme, B.: Menschen bilden?, S. 455.
26 Domsgen, M.: Religionspädagogik, S. 252.
27 Vgl. Kropač, U.: Religion, Religiosität, Religionskultur, S. 59.

plizite oder explizite Rekurrenz auf konkrete Religionen aus. Entsprechend gehen diese Religionsdefinitionen häufig auf Theolog*innen mit einer Binnenperspektive einer konkreten Religion zurück, aber auch auf Religionswissenschaftler*innen mit einer Metaperspektive auf konkrete Religionen.

Burkhard Porzelt erweitert die prominente Unterscheidung zwischen einem funktionalen und substanziellen Religionsbegriff um die anthropologische und phänomenologische Religionsdefinition.

Im Kontext der *anthropologischen Definition* wird Religion als ein grundmenschliches Potenzial eines elementaren Wesenszugs des Menschen beschrieben. Friedrich Schleiermachers Verständnis von Religion beruft sich beispielsweise auf Wahrnehmung und Emotion, aber auch auf eine persönlichkeitsbildende Resonanz. Ihm geht es um Bewusstwerdungsprozesse, denn Religion ist „Sinn und Geschmack fürs Unendliche"[28]. Religion wird nach Schleiermacher nicht durch theoretische Sätze über sie, sondern durch Wahrnehmung, Sinnlichkeit und eine lebendige Inszenierung derselben ästhetisch und anthropologisch erfahrbar. Diesem Religionsverständnis liegt ein Religionsbegriff zugrunde, der seinen Ausgangspunkt im Menschen nimmt. Ähnlich dem substantialen Religionsbegriff wird ein transzendenter Bezugspunkt vorausgesetzt; in den Fokus gerückt wird jedoch die menschliche Perspektive auf Transzendenz und das ihr innewohnende Spezifikum. Dieses Verständnis von Religion wird v. a. innerhalb der christlichen Theologie vertreten.

Die *phänomenologische Definition* betrachtet Religion als beobachtbares Geschehnis oder „Ausdrucksgestalt" und widmet sich somit den „wahrnehmbaren Ausdrucksformen des Religiösen".[29] Der zugrundeliegende Religionsbegriff versteht Religion als spezifische Form der Lebensgestaltung. Ulrich Kropač spricht in diesem Zusammenhang von subjektbezogenen Religionsdefinitionen, da sie den Fokus „auf die Art und Weise des religiösen Bezugs auf einen Gegenstand"[30] legen. Methodisch wird hier nicht auf eine konkrete Religion rekurriert, sondern – ähnlich wie beim funktionalen Religionsbegriff – das Phänomen Religion als solches in den Blick genommen. Dafür werden aus einer Metaperspektive heraus verschiedene Religionsgemeinschaften oder religionsähnliche Gemeinschaften und ihre religiöse oder rituelle Praxis betrachtet, um gemeinsame Strukturen des Handelns zu identifizieren. Dadurch wird der Blick auf die Vielfalt und Vielgestalt religiöser Ausdrucksformen gelegt, die mit der Gefahr einer Beliebigkeit einhergeht.[31]

Zusammenfassend zeigt sich, dass ein substantiales Religionsverständnis davon ausgeht, dass der Mensch offen ist für und „angewiesen auf ergänzende Perspektiven. [...] Der anthropologische Blickwinkel sucht im Menschsein des

---

28 Schleiermacher, F.: Über die Religion, S. 242.
29 Porzelt, B.: Grundlegung Religiöses Lernen, S. 65; 70.
30 Kropač, U.: Religion, Religiosität, Religionskultur, S.58.
31 Vgl. Domsgen, M.: Religionspädagogik, S. 252.

Menschen nach Wurzeln, die Religion ermöglichen. Die funktionale Sichtweise nimmt die problemlösenden Leistungen der Religion in den Blick. Der phänomenologische Zugang schließlich konzentriert sich auf die wahrnehmbare Ausdrucksgestalt der Religionen."[32]

Der in unserer Fachdidaktik zugrunde gelegte Religionsbegriff verbindet substantiale, funktionale und phänomenologische Perspektiven. Die anthropologische Perspektive verorten wir hingegen auf Ebene der Religiosität. Dementsprechend bezeichnet in unserem Sinne Religion eine institutionalisierte Glaubensgemeinschaft, die auf einem gemeinsamen Werte- und Normensystem, metaphysischen Lehren und Überzeugungen fußt und durch gemeinsame Rituale und Praktiken ein Kollektiv bildet. Religion ist aus unserer Perspektive also kein menschliches Konstrukt, sondern stellt eine soziale Entität dar. Zur Formulierung einer konfessionell kooperativen Fachdidaktik ist unseres Erachtens eine derartige Engführung des Religionsbegriffs auf institutionalisierte Religionsgemeinschaften zielführend, da diese als explizite Referenzsysteme fungieren können. Den Gegenpol hierzu bildet ein weiter, subjektorientierter Religiositätsbegriff, den es im nächsten Abschnitt zu definieren gilt.

Mit Gert Pickel lassen sich auf Basis unseres Religionsverständnisses konstitutive Elemente unterscheiden, die für Religion und im konfessionell kooperativen Setting durchaus charakteristisch sind: Dazu gehören (1.) *individuelle Überzeugungen*, die sich auf etwas Transzendentes, etwas „Heiliges" beziehen, (2.) *soziale Praktiken* wie Rituale und Zeremonien, (3.) *eine Gemeinschaft*, die Überzeugungen, Praxisformen und Normen teilt und (4.) *institutionelle Ausprägungen im Kontext der Gesellschaft,* was in unserem Fall die Organisationsform der evangelischen oder katholischen Kirche in Deutschland darstellt.[33]

Bernd Schröder nimmt eine ähnliche Perspektive ein, fächert die Aspekte von Religion jedoch in sechs Dimensionen auf. Für ihn geht Religion mit einer Dynamik der Mehrdimensionalität einher, sodass sie in keiner dieser Dimensionen aufgeht, sondern in ihrer Ganzheit weit mehr als die Summe aller aufgezeigten Teildimensionen ist:[34]

1. Experientiale Dimension (Erschließungserfahrung)
2. Rituelle Dimension (u. a. Gebet, Gottesdienst, Festtage im Kirchenjahr)
3. Ethische Dimension (u. a. Werte, Normen, Urteilsbildung)
4. Narrative Dimension (u. a. Ursprungserzählungen, heilige Schriften, Legenden)
5. Soziale Dimension (u. a. Gemeinschaft, Unterscheidung zwischen Amtsträger*innen und Mitgliedern)
6. Doktrinal-theologische Dimension (u. a. Bekenntnis, Lehrbildung)

---

32 Porzelt, B.: Grundlegung Religiöses Lernen, S. 101f.
33 Vgl. Pickel, G.: Religionssoziologie, S. 18ff.
34 Vgl. Schröder, B.: Religionspädagogik, S. 199.

Wir schließen uns diesem Strukturmodell des Religionsbegriffs an, werden jedoch im Folgenden v. a. auf die Differenzierung zwischen gelehrter und gelebter Religion rekurrieren, die jeder dieser Dimensionen jeweils innewohnt. Während die gelehrte Religion die normative Ebene von Religion betrifft, also das, was eine institutionalisierte Religionsgemeinschaft als Glaubenskonsens und Glaubenspraxis verkündet bzw. tradiert; bezeichnet die gelebte Religion die empirische Praxis innerhalb der Religionsgemeinschaft, also wie die jeweilige Religion im konkreten Glaubensvollzug gelebt wird. Diese Differenzierung ist deshalb von besonderer Bedeutung, weil die gelehrte Religion häufig eine Eindeutigkeit suggeriert, die in der Vielfalt im Sinne einer Heterogenität der gelebten Religion innerhalb einer Religionsgemeinschaft nicht aufgeht.

1.4 Religiosität

Monika Jakobs definiert Religiosität „als eine biografische Sinnkonstruktion, in der die Probleme von Individuation und Orientierung in der postmodernen Gesellschaft gelöst werden können. [...] Religion hat nicht per se, sondern über den Weg der biografischen Konstruktion eine zentrale Bedeutung für die Konstitution personaler und sozialer Identität."[35] Im selben Band bezeichnet Martin Rothgangel Religiosität als „anthropologisches Korrelat von Religion als soziologischem Phänomen".[36] Deutlich wird, dass Religiosität immer eine subjektive Perspektive auf das Religiöse meint, das wiederum in einem näher zu bestimmenden Verhältnis zur institutionalisierten Religion steht.

Kropač sieht in der Verhältnisbestimmung von Religion und Religiosität eines von zwei Grundproblemen. So stellt er die Frage, ob „individuelle Religiosität Religion als kollektive Größe voraus[setzt] oder [...] es umgekehrt [ist], dass Religiosität überhaupt erst die Möglichkeitsbedingung von Religion ist?"[37] Unmittelbar damit verbunden sieht er das zweite Grundproblem, nämlich die Frage, woher Religiosität kommt. „Gehört sie zur Grundverfassung des Menschen, ist sie [...] anthropologisches Existential? Oder konstituiert sich Religiosität in anderer Weise?"[38]

Auf den ersten Blick erscheinen diese Fragen, wie das klassische Henne-Ei-Problem. Tatsächlich ergeben sich jedoch je nach Verhältnisbestimmung durchaus unterschiedliche Konsequenzen für das Verständnis von Religiosität und die Perspektivierung auf dieses Phänomen. Relevanz erhält diese Frage zudem durch die gegenwärtigen Transformationsprozesse des Religiösen, auf die wir in Kapitel II noch näher eingehen werden (s. Übergreifende gesellschaftliche

---

35 Jakobs, M.: Religiosität als biografische Verarbeitung von Religion, S. 130.
36 Rothgangel, M.: Religiosität als menschliches Gesicht der Offenbarung Gottes, S. 175.
37 Kropač, U.: Religion, Religiosität, Religionskultur, S. 98.
38 Ebd.

Transformationsprozesse und ihre Einflüsse auf religiöse Bildung II.2). Während ursprünglich die Relation von Religiosität zu Religion dahingehend verortet wurde, dass Religiosität die subjektive und individuelle Ausgestaltung von Religion ist und durchaus deckungsgleich mit dem Begriff „gelebte Religion" verwendet wurde, verändert die Deinstitutionalisierung und Privatisierung des Religiösen dieses lineare Verhältnis kolossal. So entkoppelt sich „Religiosität in ihrer konfessionell-christlichen Ausprägung in Europa [...] kontinuierlich von institutioneller Anbindung und traditionellen Praxisformen."[39]

Es geht also um die Frage, ob sich individuelle Religiosität als natürliches Vermögen auch völlig unabhängig von Religion konstituieren und entfalten kann, oder ob sie immer ihren Ausgangspunkt in einer konkreten Religion nimmt und sich in Auseinandersetzung mit ihr von ihr emanzipiert. Andersherum gedacht, ergibt sich daraus die Frage, ob sich Religion immer erst als Konsens von individuellen Religiositäten entwickelt und ihren Ausgangspunkt immer im sogenannten „homo religiosus" nimmt. Diese Perspektive fußt auf der Annahme, dass der Mensch von Natur aus religiös veranlagt ist, wie es u. a. Wolfhart Pannenberg, Friedrich Schleiermacher, Paul Tillich, aber auch Karl Rahner in ihren Arbeiten postulieren.

Die grundsätzliche Idee einer religiösen, oder weiter gefasst, spirituellen Veranlagung des Menschen teilen wir durchaus, knüpfen in diesem Zusammenhang jedoch an die Max Weber zugeschriebene Metapher einer religiösen Musikalität an. Diese gilt als „die Bereitschaft und Fähigkeit, sich auf religiöse Erfahrungen, Empfindungen, Gefühle und Resonanzen einzulassen und sich einem Grundbedürfnis nach Sinngebung, Transzendenz, Gottesglauben zu öffnen."[40]

Diese Fähigkeit ist in ihrer Grundanlage bei Menschen unterschiedlich ausgeprägt. Zudem zeigen aktuelle religionspädagogische Arbeiten und Studien deutlich den Einfluss religiöser Sozialisation auf die individuelle Religiosität.[41] So ist davon auszugehen, dass die individuelle Religiosität nicht nur einfach auf einer natürlichen Veranlagung basiert, sondern v. a. durch soziokulturelle Einflüsse geprägt wird.

Gleichzeitig heben jedoch die Sinus Jugend-Studien 2016 und 2020 sowie Helga Kohler-Spiegel und Friedrich Schweitzer hervor, dass Jugendliche unabhängig von ihrer religiösen Sozialisation ein großes Bedürfnis nach Sinnsuche aufweisen, diese jedoch in der Regel nicht in institutionalisierten Religionen suchen.[42] Betrachtet man hingegen den inhaltlichen Gehalt von Glaubensaussagen Jugendlicher sowie deren konkrete religiöse Praxis (*fides quae* und *fides qua*), fällt auf, dass sich diese durchaus an den Motiven, Inhalten, Metaphern, Symbolen

---

39　Polak, R.: Schule im Spannungsfeld sozioreligiöser Transformationsprozesse, S. 55.
40　Lewandowski, L.: Religiös (un-)musikalisch?, S. 315.
41　Vgl. Englert, R. Was wird aus Religion?, S. 95; vgl. Schweitzer, F. u. a.: Jugend Glaube Religion; S. 30; 124, 207f.
42　Vgl. Kohler-Spiegel H. / Straßegger-Einfalt, R.: Einblicke in die österreichweite Jugendstudie, mit Vertiefungen zu religiösen Fragestellungen, S. 37ff.

und Riten der Bezugsreligion orientieren und eben keine Patchworkreligiosität vorliegt.[43] Zwar artikulieren die Jugendlichen ein ausdrückliches Bedürfnis danach, ihren Glauben frei und individuell zu gestalten. Dass sie sich „von allen traditionellen Gottesbildern lösen, scheint aber nicht ohne Weiteres der Fall zu sein."[44]

Zusammenfassend kommen wir daher zu folgendem Religiositätsbegriff: Religiosität umfasst individuelle, subjektive Spiritualität, Glaubensüberzeugung und Glaubenspraxis, die sich in Auseinandersetzung mit einer oder mehreren konkreten Religionen innerhalb oder außerhalb konkreter Glaubensgemeinschaften vollzieht. Somit handelt es sich bei der Religiosität um einen fragilen, sich im Laufe des Lebens verändernden Prozess.

Diese Prozesshaftigkeit von Religiosität hebt auch Schröder hervor und sieht in der Entwicklungsfähigkeit und -bedürftigkeit von Religiosität sowie in ihrer Mehrdimensionalität zentrale Strukturelemente. „Religiöse Entwicklung [...] vollzieht sich lebenslang."[45] Diese Entwicklung folge einerseits überpersonal wiederkehrenden Strukturmustern, andererseits weise sie biografisch-individuelle Besonderheiten auf. „Die Betrachtung der Religiosität Jugendlicher ist immer vor dem Hintergrund der allgemeinen religiösen Entwicklungen zu deuten, die sowohl von der Säkularisierung wie auch durch die Pluralisierung geprägt sind und sich in den Veränderungen der religiös-konfessionellen Zugehörigkeiten"[46] entfaltet. Die Entwicklungsbedürftigkeit der Religiosität liegt in ihrer Bedeutsamkeit für das individuelle Leben. Wenn die Religiosität als Teil der Persönlichkeit und Mitkonstituent der Identität verstanden wird, liegt ihr Potenzial, „das tatsächliche Leben von Menschen (kritisch) zu deuten und zu einer gelingenden Lebensführung anzuregen"[47], gerade in ihrer Entwicklungsfähigkeit, was sie wiederum entwicklungsbedürftig macht.

Schließlich nennt Schröder noch die Mehrdimensionalität von Religiosität und Religion, wobei wir von den durch Schröder aufgeführten Dimensionen die experientiale, rituelle, ethische und soziale Dimension sowohl auf Ebene der Religiosität als auch auf Ebene der Religion verorten (siehe I. 1 Begriffliche Klärung). Die doktrinal-theologische Dimension verorten wir ausschließlich auf Ebene der Religion, sehen aber durchaus eine normative Dimension von Religiosität, die sich in Einzelfällen zwar doktrinal-theologisch äußern kann, aber nicht muss.[48] Während Religion gerade in der Mehrdimensionalität aufgeht, kann Religiosität durchaus unterschiedlich gewichtet sein und einzelne Dimen-

---

43 Schweitzer, F., u. a.: Jugend Glaube Religion, S. 20f.
44 Ebd., S. 20.
45 Schröder, B.: Religionspädagogik, S. 199.
46 Kohler-Spiegel, H. / Straßegger-Einfalt, R.: Einblicke in die österreichweite Jugendstudie, mit Vertiefungen zu religiösen Fragestellungen, S. 37.
47 Ebd.
48 Vgl. ebd.

sionen überbetonen und andere ausblenden. Dadurch wird wie skizziert subjektive Religiosität zu einem fragilen Prozess, der sich gerade durch seine Brüche und subjektiven Zugänge und Akzentuierungen vom Religionsbegriff unterscheidet.

1.5 Spiritualität

Spiritualität hat Konjunktur. An die Stelle des nahezu antiquierten Frömmigkeitsbegriffs rückt der Spiritualitätsbegriff, der sich modernen Suchbewegungen gegenüber als anschlussfähiger erweist. In der Frömmigkeitspraxis (z. B. Beten, Bibellektüre, Singen) zeigt sich die individuelle Religiosität eines Menschen.[49] Der Spiritualitätsbegriff knüpft hieran an, greift aber weiter: Spiritualität wird säkular als Selbstverortung innerhalb eines unüberschaubaren ökologischen Netzwerkes von Umwelt, Natur und Mensch verstanden, sodass es zu einer Wechselbeziehung zwischen dem eigenen Tun und Handeln sowie der geistigen, körperlichen und sozialen Umwelt kommt. Somit berührt er eine zentrale Komponente des Menschseins.

Jan Woppowa konstatiert, dass der Spiritualitätsbegriff nicht selten auch an die Stelle von „religiös" tritt. Er begründet dies in Anlehnung an Anton Bucher über den expeditiven Charakter spätmoderner Religiosität, die sich durch Individualität, Erfahrungssättigung, verbindendes Moment und geistige Suche auszeichne.[50] Bucher geht von einem breit angelegten Spiritualitätsbegriff aus, der sich nicht auf klassische Formen christlicher Spiritualität oder gar monastische Spiritualität beschränkt. Vielmehr hat Spiritualität in diesem Kontext die Qualität einer anthropologischen Grundbefindlichkeit.[51] Spiritualität ist „wesentlich Verbundenheit und Beziehung [...], und zwar zu einem den Menschen übersteigenden, umgreifenden Letztgültigen, Geistigen, Heiligen, das für viele nach wie vor das Göttliche ist; aber auch die Beziehung zu den Mitmenschen und zur Natur. Diese Öffnung setzt voraus, dass der Mensch vom eigenen Ego absehen bzw. dieses transzendieren kann."[52]

Die Formen von Spiritualität sind mannigfaltig und reichen von Achtsamkeitsübungen über Yoga, Meditation, Fasten, Pilgern bis zum Naturerleben. Allen Ausprägungen gemeinsam ist die individuelle Initiative, die einer Änderungsverheißung folgt und mit der Dimension des Menschseins einhergeht.[53] Dabei kann Spiritualität sowohl nach innen als auch nach außen gerichtet sein oder einen transzendentalen Bezug aufweisen. Spiritualität geht also mit einem

---

49 Vgl. ausführlich Kumlehn, M.: Frömmigkeit/Spiritualität, S. 265–271.
50 Vgl. Woppowa, J.: Art. Spirituelles Lernen, S. 1.
51 Vgl. Bucher, A. A.: Psychologie der Spiritualität, S. 56.
52 Ebd.
53 Vgl. Gronover, M.: Art.: Spiritualität, S. 2.

Beziehungsbewusstsein, einer bewussten Wahrnehmung und einem Verhältnis zu sich selbst, zu Anderen, der Natur oder Gott einher. Sie wird erlebbar als ein intensives Gespür im Hier und Jetzt, welches mit Gefühlen, Erfahrungen und einer gesteigerten Wahrnehmung des inneren Erlebens einhergeht. Spirituelle Vollzüge können Orientierung geben, Emotionen stimulieren, Entspannung beispielsweise durch Meditation hervorrufen und somit zum Abbau von Stress beitragen und Kreativität freisetzen.[54] In den Fokus rückt das eigene Bewusstsein. Die Fähigkeit, die spirituelle Erfahrung auch artikulieren und reflektieren zu können, korreliert mit dem Anspruch der eigenen religiösen Sprachfähigkeit und wird bereits in einigen spirituellen Zugängen oder Ansätzen forciert.

2. Theologische Akzentuierungen eines konfessionell kooperativen Religionsunterrichts

Wie bereits in der Begriffsklärung dargelegt, verstehen wir Theologie als Reflexionswissenschaft, die aus einer konfessionsspezifischen Binnenperspektive heraus die institutionsspezifischen Aspekte wie auch die subjektbezogenen Aspekte von Religion, Religiosität und Glaube in den Blick nimmt, analysiert und interpretiert und somit als relevante Diskursteilnehmerin im gesellschaftlichen, pädagogischen wie wissenschaftlichen Diskurs zu verstehen ist. Daraus ergibt sich für den konfessionell kooperativen Religionsunterricht der Anspruch, einerseits die konfessionsspezifischen Binnenperspektiven, aus denen heraus Theologie spricht, in den Religionsunterricht einzuspielen und andererseits die subjektbezogenen Aspekte von Religion wie Religiosität, Glaube und Spiritualität einzuholen und explizit zum Thema zu machen.

Die Auseinandersetzung mit den verschiedenen religionsbezogenen Fachbegriffen und Inhaltsbereichen in Kapitel I.1 (Theologie, Glaube, Religion, Religiosität, Spiritualität) konnte die Zusammenhänge, Wechselbeziehungen und Abhängigkeiten der einzelnen Begriffe zueinander verdeutlichen. Auf Basis dieser Interrelevanzen werden im Folgenden insbesondere die Spannungsfelder und Dichotomien bestimmter Begriffskonstellationen in den Blick genommen und für eine theologische Akzentuierung des konfessionell kooperativen Religionsunterrichts fruchtbar gemacht. Solche Dichotomien bilden beispielsweise gelebte und gelehrte Religion, katholisch und evangelisch, Religion und Religiosität, Kirche und Gesellschaft. In der Beschäftigung mit diesen Inhaltsbereichen werden Unverständnis, Fremdheitserleben, Ablehnung, Zustimmung, Diskrepanzen und Spannungen offenbar, die sich in ebendiesen aufgezeigten

---

54 Vgl. Kumlehn, M.: Frömmigkeit/Spiritualität, S. 274f.

Spannungsfeldern ergeben. Aufgabe eines konfessionell kooperativen Religionsunterrichts ist es nun, diese Spannungsfelder als produktive Zwischenräume zu erschließen, in denen sich die Schüler*innen bewegen und kognitiv, affektiv und aktional mit ihren individuellen Zugängen und Perspektiven auseinandersetzen.

Die im Erleben der Zwischenräume offenbar werdenden Spannungsfelder und Diskrepanzen z. B. zwischen gelehrter und gelebter Religion sowie dem subjektiven Glauben oder der eigenen Spiritualität bieten nicht nur Gesprächsanlass zur kritischen Reflexion der eigenen Religiosität, sondern können auch produktiv zur Überwindung bzw. Verarbeitung von Brüchen und Widersprüchen der eigenen religiösen und konfessionellen Biografie dienen. Dies kann jedoch lediglich in einem Religionsunterricht erfolgen, der genau diese Brüche, Spannungsfelder und Diskrepanzen explizit zum Thema macht und Raum gibt, eigene Erfahrungen, Überzeugungen und Perspektiven einzubringen.

Eine produktive Bearbeitung dieser Brüche und Spannungsfelder in den eröffneten Zwischenräumen bedarf jedoch theologischen Wissens und religiöser Sprachfähigkeit auf Seiten der Schüler*innen. Diese Fähigkeiten müssen somit in Form von Kompetenzen in einem konfessionell kooperativen Religionsunterricht erlernt werden, der den Anspruch erhebt, Identitätsbildung zu fördern.

II. Gegenwärtige Anforderungen an religiöse Bildung

Angesichts gesellschaftlicher und religiöser Transformationsprozesse steht der Religionsunterricht vor vielfältigen Herausforderungen, die mit einer Legitimationskrise einhergehen. Zu erkennen ist ein Unbehagen, gegenüber der Öffentlichkeit die eigene Religionszugehörigkeit oder gar Religionsausübung im gesellschaftlichen Diskurs offenzulegen. Die Sinnhaftigkeit des Religionsunterrichts wird in Frage gestellt. Denken wir nur an die Monate des Homeschoolings in der Corona-Zeit: Religionsunterricht stand nicht mehr auf dem Stundenplan. Auf Religion als „Randfach" konnte man verzichten. Religionspädagog*innen reagierten mit „10 Thesen, warum der Religionsunterricht in der Corona-Zeit unverzichtbar ist"[55] auf die Situation. Die Intention war nicht, das Existenzrecht eines Schulfaches zu behaupten, vielmehr ging es um das Recht auf umfassende Bildung, gerade in Zeiten existenzieller Erschütterung und eines damit verbundenen Orientierungsbedarfs.

Bernhard Grümme und Manfred Pirner heben die gegenwärtig veränderten Kontexte dezidiert hervor. Denn religionspädagogisches Denken und Handeln „vollziehen sich seit geraumer Zeit unter den Vorzeichen von religiöser Pluralisierung und Individualisierung im Horizont weitreichender gesellschaftlicher wie globaler Herausforderungen".[56]

Auch die Evangelischen Landeskirchen und die Katholischen Diözesen in Nordrhein-Westfalen formulieren, dass ein im Gegenwartsdiskurs anschlussfähiger Religionsunterricht, der am Puls der Zeit agiert, multiperspektivisch ausgerichtet ist und die weltanschauliche Individualisierung, kulturelle Pluralisierung und soziale Heterogenität der Schüler*innen berücksichtigt.[57]

Im Folgenden werden aktuelle religionspädagogisch relevante Stoßrichtungen und Diskurse skizziert, die für einen zukunftsfähigen (konfessionell kooperativen) Religionsunterricht von Bedeutung sind.

---

55 Vgl. Käbisch, D. u. a.: Gerade jetzt!, S. 395–399.
56 Grümme, B. / Pirner, M. L.: Einführung, S. 10.
57 Vgl. Thesen für einen zukunftsfähigen Religionsunterricht in NRW. Eine Grundorientierung. Ein Thesenpapier der Evangelischen Landeskirchen und der Katholischen Diözesen in Nordrhein-Westfalen.

1. Subjektorientierung im Religionsunterricht

Angesichts der religiösen und weltanschaulichen Pluralisierung der Lebenswelt bedarf der Religionsunterricht einer zeitgemäßen Ausrichtung, die den subjektorientierten Kriterien religiöser Bildung gerecht wird. Zur Legitimierung religiöser Bildung in der Schule gehört u. a. die Annahme, dass Religion bzw. Religiosität einen konstitutiven Teil des Menschseins darstellt und ein anthropologisches Kontinuum bildet. Diese Voraussetzung ist nicht nur eine apologetische Behauptung bezüglich einer im gesellschaftlichen Diskurs schwelenden Legitimationskrise des konfessionellen Religionsunterrichts, sie folgt im Gegenteil v. a. einem religionsdidaktischen Grundinteresse. Eine gegenwärtig anschlussfähige Religionspädagogik geht nicht mehr ausschließlich von den traditionellen Inhalten, sondern von den Lebensfragen und Erfahrungen der Subjekte aus.[58] Subjektorientierung darf in diesem Zusammenhang nicht mit Schüler*innenorientierung gleichgesetzt werden. Auch ist es falsch, davon auszugehen, dass Bildungstheorien und -konzepte bereits dann als subjektorientiert zu bezeichnen sind, wenn diese die Schüler*innen zum Ausgangspunkt ihrer Überlegungen machen. Vielmehr umfasst Subjektorientierung ein komplexes subjekttheoretisches Konglomerat, als dessen Fundament, Mitte und Ziel das menschliche Subjekt zu sehen ist. Mit dem Parameter der Subjektivität ist dem einzelnen Menschen ein Werkzeug an die Hand gegeben, sich in Auseinandersetzung mit einem Gegenüber selbst als individuelles Subjekt bewusst zu werden. Mit der Rede von Subjektwerdung und Subjektbildung sind daher auch die dafür ausschlaggebenden Faktoren in den Blick zu nehmen. Subjektbildung vollzieht sich immer subjektiv im Sinne einer Selbst-Bildung, wird aber von außen angestoßen. Folglich handelt es sich um Selbst-Bildung, die allerdings nicht als ein interner Entwicklungsprozess zu verstehen ist, sondern im Gegenteil auf ein Gegenüber angewiesen ist. Das Subjekt ist vermittlungsfähig und gleichzeitig vermittlungsabhängig. Implementiert bleibt dabei die bleibende Differenz zwischen „dem Selbst" und „dem Anderen", sodass daraus eine eigenverantwortliche Aneignung und Gestaltung hervorgeht.[59]

Subjektwerdung im Religionsunterricht heißt auch, Erfahrungen der Schüler*innen wahrzunehmen und in ihnen aufbrechende Existenz- und Sinnfragen zuzulassen. Sichtbar wird der religiöse Horizont der Bildung. Diese Form ist nicht nur Methode, sie ist vielmehr eine Haltung, die zudem Freiheit als tragfähiges Fundament für Bildung ermöglicht.

Bei aller Diskussion um die Interpretation des Subjektbegriffs besteht im religionspädagogischen Kontext Einigkeit darüber, dass die Subjektwerdung der

---

58 Vgl. etwa Kunstmann, J.: Subjektorientierte Religionspädagogik.; Platow, B.: Religionspädagogik.; Naurath, E.: Subjektorientierung und Pluralitätsfähigkeit, S. 171–185.
59 Vgl. Platow, B.: Religionspädagogik, S. 41f.

Person Zielhorizont von Bildung, Erziehung und Sozialisation ist. Das Ringen um das Subjekt wird in verschiedenen religionspädagogischen Konzeptionen und Entwürfen deutlich.[60] Religionspädagogische Didaktik und Methodik nehmen Subjektdiskurse kreativ auf. Die Ansätze zeigen ein Gegenstandsfeld auf, das v. a. die durch eigene Erfahrungen bewegte Frage nach der Identität und Religiosität als subjektive Ausdrucksform in den Blick nimmt.

Der zentrale Inhalt der Religionspädagogik sind die Lernenden, genauer: Es sind ihre existenziellen Fragen und die subjektorientierte Beschäftigung mit diesen Fragen. Religionspädagogik hat in diesem Kontext die Aufgabe, sich immer wieder neu den lebensweltlichen Phänomenen zu nähern und Schüler*innen als Subjekte nicht aus den Augen zu verlieren.[61]

2. Übergreifende gesellschaftliche Transformationsprozesse und ihre Einflüsse auf religiöse Bildung

Das Europa der Gegenwart ist geprägt von zahlreichen sozioreligiösen Transformationsprozessen, die zu einem Wandel der Religiosität geführt haben. Ulrich Kropač verortet diese Prozesse auf Ebene der Religionen, die unter dem Einfluss der veränderten gesellschaftlichen Rahmenbedingungen stehen: So nennt er in diesem Kontext die „Interpretaments" der Pluralisierung (Vielfalt von Weltanschauungen, Religionen, Konfessionen und Ausprägungen), Depotenzierung (Deinstitutionalisierung, Entkirchlichung, Detraditionalisierung), Entplausibilisierung (Verdrängung einer religiösen Weltanschauung durch ein naturwissenschaftliches Weltbild) und Rehabilitierung (Bewusstsein „von dem, was fehlt").[62]

Rudolf Englert skizziert in seinem Band „Was wird aus Religion" vier Verschiebungen des Religiösen: einer Verschiebung in Richtung des Ästhetischen, einer Verschiebung in Richtung des Emotionalen, einer Verschiebung in Richtung des Ökonomischen und einer Verschiebung in Richtung des Praktischen, bzw. einer Ethisierung des Religiösen, die mit der Individualisierung und Entkirchlichung von Religiosität einhergehen. Englert differenziert an dieser Stelle zwischen der allgemeinen „Erosion des Dogmatischen" und der persönlichen „Inneren Zerrissenheit" zwischen Kirchenkritik und Kinderglaube, die sich

---

60 Z. B. der liberalen Religionspädagogik (bes. Richard Kabisch), im thematisch-problemorientierten Religionsunterricht, im sozialisationsbegleitenden therapeutischen Religionsunterricht (Dieter Stoodt), im erfahrungsbezogenen Religionsunterricht (Werner Ritter), im lebensgeschichtlich-biografischen Unterricht (Karl Ernst Nipkow) oder in der konstruktivistischen Religionsdidaktik (Gerhard Büttner / Hans Mendl).
61 Vgl. ausführlich Teschmer, C.: Perspektiven einer körpersensiblen Religionspädagogik des Jugendalters, S. 21–28.
62 Vgl. Kropač, U.: Religion, Religiosität, Religionskultur, S. 33ff.

beide in den Transformationsaspekten widerspiegeln. Die Entkirchlichung behandelt er im Kontext der Frage nach der Notwendigkeit einer Konfession, die er eng an den Begriff der Tradition und Glaubenspraxis bindet.[63]

Somit betrachtet Englert auf Ebene der Verschiebungen v. a. die individuelle Religiosität von Subjekten, bezüglich der Erosion des Dogmatischen die gelebte Religion einer Religionsgemeinschaft. Beide Ebenen – sowohl die Verschiebungen auf Ebene der Religiosität als auch die Transformationsprozesse auf Ebene der gelebten Religion und der Religiosität – spielen in unserer fachdidaktischen Konkretion eine zentrale Rolle.

Eva Stögbauer-Elsner, Konstantin Lindner und Burkhard Porzelt sprechen nicht von Transformationsprozessen, sondern nennen Kontexte, von denen der Religionsunterricht beeinflusst wird. So werden in dem Beitrag zu soziokulturellen und religiösen Kontexten die Phänomene der Enttraditionalisierung, Deinstitutionalisierung, Individualisierung, Pluralismus und Globalisierung sowie der religionsdemografische Wandel zusammengefasst.[64] Als weitere Faktoren werden in dem Band die Digitalität als Kontext sowie die entwicklungspsychologischen Voraussetzungen auf Ebene des Subjekts genannt.[65]

Da es an dieser Stelle jedoch um gesellschaftliche Transformationsprozesse gehen soll, klammern wir die individuelle Ebene zunächst aus. So werden im Folgenden zentrale sozioreligiöse Transformationsprozesse skizziert, die insbesondere in Kapitel IV, der Vorstellung unseres spezifischen fachdidaktischen Zugangs, eine Rolle spielen (s. IV Konfessionelle Kooperation zukunftsfähig gestalten). Dabei gehen wir über die von Kropač identifizierten Transformationsprozesse hinaus und beziehen in Anlehnung an Friedrich Schweitzer und Fahimah Ulfat[66] zentrale religionspädagogische Diskurslinien ein, die z. T. auch bei Stögbauer, Lindner und Porzelt eine Rolle spielen. Konkret thematisieren wir Globalisierung, Pluralisierung, Säkularisierung, Digitalisierung und Politisierung. Die Verschiebungen des Religiösen nach Englert fließen v. a. in die Ausgestaltung der konkreten didaktischen Ansätze ein und klingen im Kontext der Maximen zum konfessionell kooperativen Religionsunterricht an (s. IV.6 Maximen für einen zukunftsfähigen konfessionell kooperativen Religionsunterricht).

2.1 Globalisierung als Ausgangspunkt von Transformation

Mit Globalisierung geht „das erfahrbare Grenzloswerden alltäglichen Handelns in den verschiedenen Dimensionen der Wirtschaft, der Informatik, der

---

63 Vgl. Englert, R.: Was wird aus Religion?, S. 100–164.
64 Vgl. Kalbheim, B.: Soziokulturelle und -religiöse Kontexte, S. 68ff.
65 Vgl. Stögbauer-Elsner, E. u. a.: Studienbuch Religionsdidaktik, S. 5.
66 Vgl. Schweitzer, F. / Ulfat, F.: Dialogisch – kooperativ – elementarisiert, S. 18–22.

Ökologie, der Technik, der transkulturellen Konflikte und Zivilgesellschaft [einher], und damit im Grunde genommen etwas zugleich Vertrautes und Unbegriffenes, schwer Begreifbares, das aber mit erfahrbarer Gewalt den Alltag elementar verändert und alle zu Anpassungen und Antworten zwingt."[67] Ein wesentliches Merkmal der Globalisierung ist, dass Entfernungen irrelevant werden und es zu einer wechselseitigen Durchdringung des Globalen und Lokalen kommt.

Henrik Simojoki hebt hervor, dass religiöse Erlebnisse, Bilder aber auch Vorstellungen aus der Ferne als das Globale lokal im Alltag sichtbar werden können. Dies geschieht jedoch nicht eins zu eins, sondern in neuen Formen. Religionen und religiöse Traditionen globalisieren sich zunehmend.[68] Dieses Phänomen hat verschiedene Ebenen.

In Bezug auf das institutionalisierte Christentum versteht sich die katholische Kirche selbst als weltweite Kirche, und auch im Protestantismus wächst das Bewusstsein einer weltweiten Ökumene im Blick auf die weltweit unterschiedlichen Ausdrucksformen des Christentums seit längerem.[69] Formen gelebter Religion aus anderen Ländern und kulturellen Kontexten fließen in die religiöse Praxis vor Ort ein, nicht zuletzt durch die Präsenz muttersprachlicher Gemeinden in den Großstädten und katholische Priester der Weltkirche, die in den Pfarreien eingesetzt werden.

In Bezug auf interkulturelle und interreligiöse Kontexte finden zum einen durch Migrationsbewegungen religiöse Symbole und Praktiken nichtchristlicher Religionen Einzug in unsere Gesellschaft durch Menschen, die ihre Religion im Alltag praktizieren. Zum anderen üben Symbole und Rituale insbesondere fernöstlicher Religionen zunehmend einen Reiz auf Europäer*innen aus, sodass z. B. buddhistische Symbole oder Achtsamkeitsübungen auch in säkulare Kontexte Einzug nehmen. Die internetbasierte globale Vernetzung offeriert leicht zugänglich zahllose Optionen eines religiösen Lebens, die von den Subjekten hybridisiert, also mit anderen Glaubenstraditionen und spirituellen Elementen vermengt werden (z. B. durch Yoga-Praktiken).[70] Durch die Individualisierung und Deinstitutionalisierung kommt es schließlich zu einer Vermischung verschiedener religiöser Praktiken und Inhalte.[71]

Die weiteren gesellschaftlichen Transformationsprozesse wie Pluralisierung, Säkularisierung, Digitalisierung und Politisierung lassen sich in direktem Zusammenhang zur Globalisierung verstehen. Während die Digitalisierung zugleich begünstigend auf das Voranschreiten der Globalisierung einwirkt und von der katalysierenden Wirkung der Globalisierung profitiert, lässt sich die Plurali-

---

67 Beck, U.: Was ist Globalisierung, S. 44.
68 Vgl. Simojoki, H.: Beirut in Berlin?, S. 171.
69 Vgl. Schweitzer, F. / Ulfat, F.: Dialogisch kooperativ – elementarisiert, S. 21.
70 Vgl. Lindner, K.: Religion zukunftsfähig gestalten, S. 9f.
71 Vgl. Knoblauch, H.: Populäre Religion, S. 38.

sierung als unmittelbare Folge der Globalisierung nennen. Säkularisierungsprozesse gehen wiederum mit Pluralisierungs- und Globalisierungsprozessen einher, lassen sich jedoch auf keinen eindimensionalen Kausalzusammenhang zurückführen. Die Politisierung lässt sich schließlich als jüngstes Phänomen und als Substrat der vorangegangenen und fortschreitenden Transformationsprozesse interpretieren.

2.2 Pluralisierung als gesamtgesellschaftlicher Transformationsprozess

Bei dem hier skizzierten Phänomen der Pluralisierung handelt es sich um den gesellschaftlichen Transformationsprozess, der sich seit einigen Jahren in Europa vollzieht. Der damit einhergehende religionspädagogische Begriff der Pluralität steht zwar in unmittelbarem Zusammenhang zu diesem Prozess, ist jedoch als Determinationsfaktor des Religionsunterrichts unter anderen Faktoren und in Bezugnahme auf den Begriff der Heterogenität zu diskutieren. Die in diesem Kontext relevanten Ausführungen finden sich in Kapitel IV als Maxime (s. IV.6.5 Religionsunterricht im Angesicht von Pluralität und Heterogenität) wieder.

Gegenwärtig nimmt die religiös-weltanschauliche Pluralität zu, sodass Vielfalt nicht nur auf der Ebene religiöser Gemeinschaften zu fassen ist, sondern auch auf einer individuellen Ebene. Flucht und Migration sind Faktoren, die zur religiösen Pluralisierung in Deutschland maßgeblich beitragen, die sich mit Blick auf Kropač auf mehreren Ebenen feststellen lässt. Sie umfasst zum einen die Vielzahl an Religionen, von denen der Islam sicher die prominenteste ist, zeigt zum anderen aber auch die innere Vielfalt der Religionen, die sich innerchristlich im Zuwachs der in Deutschland vertretenen Konfessionen und Denominationen aus dem Bereich der orientalischen und orthodoxen Kirchenfamilien sowie in unterschiedlichen Ausformungen einer Konfession und Strömungen wie z. B. freikirchlichen Ausprägungen zeigt. Hinzu kommt die weltanschauliche Pluralität außerhalb der institutionalisierten Religionen.[72]

Dem Christentum attestiert Kropač eine nachhaltige Depotenzierung, in dem Sinne, dass die institutionalisierten Kirchen einen Bedeutungsverlust für die Gesellschaft, aber auch für ihre Mitglieder erleiden. Deinstitutionalisierung, Entkirchlichung und Detraditionalisierung der Menschen gehen einher mit dem schwindenden Einfluss der Amtskirchen auf Politik und Gesellschaft.[73] Dieses Phänomen steht in direktem Zusammenhang zur Entplausibilisierung des Christentums in Theologie und Kirche. So wird die religiöse Weltdeutung

---

72   Vgl. Kropač, U.: Religion, Religiosität, Religionskultur, S. 33ff.
73   Vgl. ebd., S. 34.

verdrängt durch ein naturwissenschaftliches Weltbild, die Dominanz instrumenteller Vernunft und den Primat ökonomischen Denkens.[74] Während seitens der Kirchen, insbesondere der katholischen Kirche, v. a. die Inkongruenz der vermittelten und gelebten Werte in Frage gestellt wird, gelingt es der Theologie kaum noch, die Menschen zu erreichen und ihnen den Inhalt des christlichen Glaubens plausibel und verständlich zu vermitteln. Zentrale Inhalte wie der Auferstehungsglaube oder die Sohn-Gottes-Christologie verlieren ihre Anschlussfähigkeit gegenüber den Glaubensüberzeugungen der Menschen.

Als gegenläufiges Phänomen nennt Kropač die Rehabilitierung von Religion, die v. a. auf die Forderung einzelner Stimmen zurückgeht, das unverzichtbare Vernunftpotenzial der Religionen für die Bewältigung der gegenwärtigen Probleme zu nutzen und ein Bewusstsein für das zu entwickeln, „was fehlt"[75]. Zugleich führt die Trennung von Religion und Staat zu einer stärkeren Sichtbarkeit der religiösen *Pluralität* insbesondere von Islam und Judentum, deren Religiosität eben nicht den gleichen Verschiebungen folgt wie die christlich geprägte. Problematisch wird es, wenn durch die Fokussierung auf die christliche *Depotenzierung* die anderen Religionen aus dem Blick geraten. Am Beispiel der Anschläge und Ausschreitungen in Frankreich (z. B. Bataclan, Nizza, Rambouillet, Charlie Hebdo, …) wird deutlich, wie Laizismus und religiöser Fanatismus die Gesellschaft spalten. Damit einher gehen die von Regina Polak beschriebene Tendenz der Herstellung von homogenen Gruppen inner- und außerhalb von Kirchen und Religionsgemeinschaften, die die global anstehenden Herausforderungen der sozial, kulturell und religiös pluralen Welt als Bedrohung wahrnehmen.[76]

Ein Beispiel für solch einen Prozess der Herstellung von homogenen Gruppen beschreibt z. B. Mouhanad Khorchide[77] bei jungen Menschen in der Migrationssituation. Sie tragen ihre Religiosität bewusst nach außen, um zugunsten des Wir-Gefühls im Anderssein die Differenz des Muslim-Seins zum Christ-Sein und zum Deutsch-Sein überzubetonen. Dabei lassen sich die Motive für die homogene Gruppenbildung im Bereich des Affektiven verorten: Es geht um die Bewältigung von Ängsten, um die Sehnsucht nach Gemeinschaft, Sicherheit, Vertrautheit und das Bedürfnis nach einem Zugehörigkeitsgefühl.

In eine andere Richtung geht die Herstellung von homogenen Gruppen, die Schweitzer und Ulfat aufzeigen. Sie warnen davor, dass ein Schattendasein religiöser Gemeinschaften zum Erstarken fundamentalistischer und extremistischer Bewegungen führen kann.[78] Im Gegensatz dazu sollte religiöse Vielfalt sichtbar gemacht werden und somit als „integraler Bestandteil jenes freiheitlichen Gesellschaftsmodells demokratischer Staaten [angesehen werden], in

---

74 Vgl. ebd., S. 34f. Englert spricht in diesem Zusammenhang von der sogenannten „Erosion des Dogmatischen".
75 Ebd., S. 34f.
76 Vgl. Joas, H.: Braucht der Mensch Religion?, S. 40, 85.
77 Vgl. Khorchide, M.: Gegebene, notwendige und zu überwindende Grenzen, S. 18.
78 Vgl. Schweitzer, F. / Ulfat, F.: Dialogisch – kooperativ – elementarisiert, S. 20f.

dem der Einzelne sich mit seinen je eigenen Anlagen, Wünschen und kreativen Kräften auf der Basis der rechtlichen und staatsbürgerlichen Freiheit gleich entfalten kann und soll. Rechtlich drückt sich dies in der Absicherung der Religions-, Bekenntnis- und Gewissensfreiheit"[79] aus. Darüber hinaus kann religiöse Pluralität zur Selbstvergewisserung und Neuorientierung, aber auch zur Reflexion der eigenen Religion, Konfession und Glaubenstradition führen.[80] Was sich zeigt und häufig nicht bedacht wird, ist, dass es sich bei religiöser Pluralität nicht nur um eine gesellschaftliche und politische Gestaltungsaufgabe handelt, sondern bildungspolitische Prozesse immer auch mitschwingen. Denn gerade in der Schule zeigen sich religiöse Unterschiede, die zu Auseinandersetzung mit Fragen bspw. nach der Kleidung, der Ernährung, des Schwimm- und Sportunterrichts führen.[81]

2.3 Säkularisierung als zentraler Faktor religionspädagogischer Debatten

Die Mitgliederzahlen der katholischen und evangelischen Kirchen in Deutschland sinken zunehmen. Es erstaunt somit nicht, dass der EKD Grundlagentext „Religiöse Bildung angesichts von Konfessionslosigkeit – Aufgaben und Chancen" aus dem Jahr 2020 mit einer demografischen Beschreibung beginnt. Denn am Vorabend der Wiedervereinigung Deutschlands gehörten noch ca. 85% der Bevölkerung einer evangelischen oder römisch-katholischen Kirche an. Im Jahr 2021 sind es in Gesamtdeutschland erstmals weniger als 50%: Darunter gehören der katholischen Kirche 22 Millionen, den evangelischen Kirchen ca. 20 Millionen Menschen an. Die drittgrößte Religionsgemeinschaft stellt der Islam mit 5 Millionen Menschen dar. Die viertgrößte Gruppe bildet das orthodoxe Christentum mit 1,5 Millionen Kirchenmitgliedern. Die größte weltanschliche Gruppe bilden die sogenannten Konfessionslosen, und zwar mit ca. einem Drittel der Bevölkerung.[82]

Die umstrittene klassische Säkularisierungsthese beinhaltet drei Aspekte der Säkularisierung: 1. Die Trennung von Religion und Staat, wie sie insbesondere in den laizistischen Staaten vollumfänglich umgesetzt wurde, 2. den Niedergang religiöser Überzeugungen und 3. die Privatisierung des Religiösen.

Zu 1.: Die *Beziehung zwischen Staat und Religion* ist insofern von Bedeutung für die Religiosität, wenn sie in ihrem jeweiligen historischen Kontext gesehen wird.

---

79 Liedhegener, A.: Pluralisierung, S. 350.
80 Vgl. ebd., S. 370.
81 Vgl. Schweitzer, F. / Ulfat, F.: Dialogisch – kooperativ – elementarisiert, S. 21.
82 Vgl. EKD (Hg.): Religiöse Bildung angesichts von Konfessionslosigkeit, S. 24ff.; vgl. Schröder, B.: Religion unterrichten, S. 19f.

Gerade der explizite Glaube an Gott korrelierte laut der Europäischen Wertestudie 2008–2010 mit dem traditionellen Verhältnis von Staat und Religion. Demnach spiele weniger das gegenwärtige Verhältnis von Religion und Staat als das traditionell und kulturell verankerte Verhältnis von Staat und Konfession eine Rolle. So war der Glaube an einen Gott in klassisch protestantischen Ländern wie z. B. Schweden, ehemals kommunistischen Regionen (z. B. Tschechien, Ostdeutschland) und dem laizistischen Frankreich am niedrigsten. Orthodoxe und katholische Länder, die traditionell eine enge Verbindung von Religion und Tradition aufweisen, sind geprägt durch intensive Volksfrömmigkeit (z. B. Polen, Rumänien, Kroatien, Griechenland, Italien). Deutschland als Bundesrepublik, die katholische und protestantische Regionen beinhaltet, lag im mittleren Bereich,[83] obwohl es nach wie vor eine Sonderstellung von Religionsgemeinschaften (z. B. Recht auf Erteilung des Religionsunterrichts, Anspruch auf staatliche Fördermittel) und Kirchen (z. B. Recht auf Erhebung von Kirchensteuer) gibt.

Die etwas anders akzentuierte weltweite Studie „The Global God Divide" aus dem Jahr 2020 fragt in ihrer Erhebung nach der Notwendigkeit des Gottesglaubens für moralisches Handeln. Interessant ist, dass auch hier bezogen auf Europa das orthodox geprägte Griechenland die stärkste Bindung von Moral an den Gottesglauben sieht, und das laizistische Frankreich und das protestantisch geprägte Schweden Menschen ohne Gottesglauben die gleiche Moral zuspricht.[84] Auch die Selbsteinschätzung der Befragten hinsichtlich der Relevanz von Religion in ihrem Leben ist im Ländervergleich ähnlich der Erhebung von 2008–2010. So ist hier das orthodox geprägte Griechenland an der Spitze, gefolgt von den katholisch geprägten Ländern Polen und Italien. Die Schlusslichter bilden auch hier das laizistisch geprägte Frankreich, das protestantische Schweden und der ehemals kommunistische Staat Tschechien.[85] International betrachtet zeigt sich jedoch v. a. eine Korrelation zwischen dem Bruttoinlandsprodukt und der Bindung des Gottesglaubens an Moralität. So bewerten Menschen in ärmeren Ländern den Gottesglauben eher als zentral für die Moralität als Menschen in wohlhabenden Staaten.[86] Auch auf Ebene des Einzelnen zeigt sich ein Zusammenhang zwischen dem individuellen Einkommen und der Bindung des Glaubens an Moralität.[87]

Zu 2.: Der *Niedergang religiöser Überzeugungen* steht in zweierlei Hinsicht in direktem Bezug zum ersten Aspekt. Zum einen wird bei der Zugrundelegung der historischen Betrachtung religiöser Überzeugungen häufig lediglich die formale Zugehörigkeit zu einer Religionsgemeinschaft oder Kirche in den Blick genommen, die gerade in historischen Kontexten häufig mit der engen Verbindung von

---

83 Vgl. Polak, R.: Schule im Spannungsfeld sozioreligiöser Transformationsprozesse, S. 53f.
84 Vgl. Tamir, C. / Connaughton, A. / Salazar, A. M.: The Global God Divide, S. 13.
85 Vgl. ebd., S. 13.
86 Vgl. ebd., S. 7.
87 Vgl. ebd., S. 9.

Kirche bzw. Religion und Staat zu begründen ist, nicht aber die tatsächliche religiöse Überzeugung der Menschen. Der Religionssoziologe Hans Joas zeigt im Gegenzug auf, dass es gerade aufgrund der nur oberflächlichen und unvollständigen Christianisierung Europas bereits seit dem Mittelalter Phasen stärkerer Glaubensüberzeugung und Phasen der Glaubensferne der Kirchenmitglieder gab. Als Beispiele nennt er die Zeit der Reformation und Gegenreformation, die Aufklärung sowie den ersten und zweiten Weltkrieg.[88]

Zum anderen ist auch der Niedergang religiöser Überzeugungen in Abhängigkeit von der Zugehörigkeit der jeweiligen Konfession zu sehen. Demnach kamen 2010 auf eine*n Katholik*in, der*die an Gott glaubt, 0,25 Protestant*innen, die an Gott glauben, und 2,5 Orthodoxe. Auch die inhaltliche Ausgestaltung des Glaubens sowie Moralität und Weltbilder stehen in Abhängigkeit von der jeweiligen Konfession. Während die Intensität der Religiosität zwischen den drei genannten Konfessionen deutlich variiert, stellen Moralität und Weltbilder keine Abstufung zwischen den Konfessionen dar, sondern bilden eher konfessionsspezifische Typologien ab.[89]

Die „Global God Divide"-Studie sieht hier v. a. einen Zusammenhang zu Einkommen und Bildung, insbesondere in Bezug auf die Bewertung der Notwendigkeit des Gottesglaubens für Moralität.[90] Bezüglich der Konfessionen fällt auf, dass v. a. im freikirchlichen, evangelikal geprägten Protestantismus ein stark ausgeprägter Gottesglaube unter den Protestanten erhoben wurde, wie z. B. in Argentinien und den USA. Auch im methodistisch und presbyterianisch geprägten Protestantismus in Kanada und dem calvinistisch geprägten Protestantismus in den Niederlanden wird unter Protestanten die Bedeutung Gottes für das eigene Leben als hoch erachtet.[91] Kritisch anzumerken ist in diesem Kontext, dass für die Bunderepublik Deutschland nur Daten von Katholik*innen, Muslim*innen und Konfessionslosen genannt werden.

Eine andere weltweite Studie, die Faith& Media, zeigt, dass 82% aller Befragten sich selbst als religiös, spirituell oder gläubig bezeichnen. Allerdings ist zu beachten, dass in Europa lediglich Menschen in Spanien, Frankreich und Großbritannien befragt wurden, welche zu den säkularen Staaten gezählt wurden.[92]

Zu 3: Von der *Privatisierung des Religiösen* kann seit der zweiten Hälfte des 20. Jahrhunderts gesprochen werden. Durch die anthropologische Wende im Kontext des Zweiten Vatikanischen Konzils katholischerseits bzw. durch die pädagogische Subjektorientierung im Zuge der 68er Bewegung evangelischerseits kommt es zu einer Aufwertung des erfahrungsbezogenen Glaubens (*fides qua*). Der erfahrungsbezogene Glaube begünstigt eine Subjektivierung des Glaubens und die Entkirchlichung der Glaubenssubjekte. Damit einher geht schließlich die

---

88 Vgl. Joas, H.: Braucht der Mensch Religion?, S. 40, 85.
89 Vgl. Polak, R.: Schule im Spannungsfeld024 soziorengöser Transformationsprozesse, S. 55.
90 Vgl. Tamir, C. / Connaughton, A. / Salazar, A. M.: The Global God Divide, S.11.
91 Vgl. ebd., S. 17.
92 Vgl. Nesho, D.: The Global Faith and Media Study, S. 4.

Verschiebung des Religiösen in den Bereich des Privaten,[93] was eine Ausklammerung des Religiösen aus dem Bereich des Öffentlichen bedeutet. Es findet kaum mehr Kommunikation über den individuellen Glauben statt, der als äußerst intim gilt. Das führt wiederum zu einem Verlust der religiösen Sprachfähigkeit.

Regina Polak betont in diesem Kontext die zunehmenden Individualisierungs- und Pluralisierungsprozesse des Religiösen:

„Gemeint ist damit, dass in postmodernen Gesellschaften Einzelne ihre religiöse Identität nicht mehr durch selbstverständliche Identifikation mit vorfindbaren religiösen Institutionen und deren Lehren und Praktiken erwerben, sondern auf Basis von Freiheit und Autonomie religiöse Identitäten und Zugehörigkeiten selbstbestimmt wählen und weiterentwickeln. [...] Individualisierung forciert die Pluralisierung religiöser Biografien."[94] Parallel dazu verläuft die gegenläufige Tendenz der Formierung von homogenen Gruppen inner- und außerhalb von Kirchen und Religionsgemeinschaften, die die global anstehenden Herausforderungen der sozial, kulturell und religiös pluralen Welt als Bedrohung wahrnehmen und ihnen durch die Homogenisierung des unmittelbaren Umfelds zu entkommen versuchen.[95]

Hieran knüpfen auch Ergebnisse des Faith&Media Indexes von 2022 an. So konstatieren 63% der Befragten eine Notwendigkeit von qualitativ hochwertiger Berichterstattung über Glaube und Religion, wobei zugleich 53% der Medienberichterstattung vorwerfen, Religion als zentralen Aspekt der gegenwärtigen Gesellschaft und Kultur zu ignorieren. Ebenfalls wird die Notwendigkeit gesehen, pluralitätssensibel und differenzierter über Religion zu berichten, um der Komplexität gerecht zu werden.[96]

2.4 Digitalisierung als zentrale Größe gesellschaftlicher Transformationen

Globalisierung resultiert nicht zuletzt aus einer unbegrenzten weltweiten Kommunikationsmöglichkeit aufgrund von Digitalisierungsprozessen. Simojoki konstatiert unter Bezugnahme auf Felix Stalder und Florian Höhne Wechselwirkungen verschiedener Transformationsprozesse, insbesondere der Digitalisierung, Individualisierung und Pluralisierung.[97] Dabei greift es nach Felix Stalder zu kurz, Digitalisierung ausschließlich als Frage veränderter Techniknutzung zu sehen. „Ihre transformative Prägekraft greift viel tiefer, wird greifbar auf der

---

93 Englert, R.: Was wird aus Religion?, S. 103ff.
94 Vgl. Polak, R.: Schule im Spannungsfeld sozioreligiöser Transformationsprozesse, S. 58.
95 Vgl. ebd.
96 Vgl. Nesho, D.: The Global Faith and Media Study, S. 13ff.
97 Vgl. Simojoki, H.: Jugendkulturelle und schulische sowie religionsbezogene Perspektiven Kultur der Religionsdidaktik, S. 25.

Ebene von Interaktionsformen, Lebensstilen, Identitätskonstruktionen und kulturellen Praktiken."[98]

Digitalisierung ist somit nicht nur fachdidaktisch in Hinblick auf den Einsatz digitaler Medien im Religionsunterricht relevant, sondern ist hinsichtlich der damit einhergehenden anthropologischen Dimension von Digitalität ebenso religionspädagogisch zu reflektieren. So formuliert Peter Reichl: „es ist jeweils die Grunderfahrung menschlicher Kontingenz angesichts einer uns fremd gewordenen Welt, welche uns hier in verschiedenen Schattierungen und Intensitäten begegnet, einer Welt also, die uns trotz (oder paradoxerweise gerade aufgrund) des beständig steigenden Grades an Technisierung unverfügbarer denn je geworden zu sein scheint."[99] Henrik Simojoki spricht in diesem Zusammenhang in Anlehnung an Felix Stalder von einer „Kultur der Digitalität", die geprägt sei durch Referenzialität, Gemeinschaftlichkeit und Algorithmizität. „Für heutige Schülerinnen und Schüler sind digitale Medien zuvorderst Mittel der Selbstartikulation und Wirklichkeitserschließung – und folglich immer bedeutsamer für den religionsdidaktisch zentralen Prozess der Identitätsbildung."[100]

Schüler*innen leben also in einer digitalisierten Welt, in einem stark mediatisierten Umfeld. Das hat insofern Konsequenzen für den Religionsunterricht, als die Anthropologie einer digitalisierten Welt mit ihren implizierten Fragen, Dimensionen und Perspektiven selbst zum Unterrichtsgegenstand werden kann. Zugleich ist die digitalisierte und mediatisierte Welt als Bezugssystem zu verstehen, auf das ein subjektorientierter Religionsunterricht rekurrieren muss, um relevant zu sein und identitätsfördernd wirken zu können. Dabei ist es seine Aufgabe, „Jugendliche in der Entwicklung ihres Selbst- und Weltverhältnisses positiv [zu] begleiten, ihre kritische Distanz zu eigener Praxis, zu Markt- und Marketinginteressen [zu] schulen, Begegnung, Diskussion und Miteinander-Aushandeln ein[zu]üben, Offenheit für Brüche und Brucherfahrungen [zu] entwickeln, kritisch die Möglichkeiten und Grenzen des human enhancements [zu] erörtern und im Horizont von Geschöpflichkeit und Gemeinschaftlichkeit [zu] diskutieren sowie zum Mainstream gegenläufige Erzählungen und prophetische Praktiken von Individuen sichtbar [zu] machen. Religionspädagogisch wesentlich ist dabei, das Alltagshandeln von Schülerinnen und Schülern aufmerksam wahrzunehmen und mit ihnen an den Fragen, die sich aus diesem Handeln ergeben, zu arbeiten."[101]

Bezüglich des Einsatzes digitaler Medien im Religionsunterricht konstatiert Pirker zurecht, dass der Religionsunterricht als ein Fach unter vielen zu verste-

---

98 Ebd.
99 Reichl, P.: „Der Mensch lebt nicht vom Bit allein ...", S.56.
100 Simojoki, H.: Jugendkulturelle und schulische sowie religionsbezogene Perspektiven Kultur der Religionsdidaktik, S 27.
101 Pirker, V.: Menschsein im Zeitalter der Digitalität, S. 8.

hen ist, „wenn es um die Erlangung von Medienkompetenz, um den Einsatz mediendidaktisch geprägter Lernsettings, um Medienbildung allgemein geht."[102] Dabei unterscheidet die Medienpädagogik zwischen Lernen „mit", „über" und „durch" Medien. Beim „Lernen mit Medien" geht es um Medien als Werkzeuge. Fachdidaktisch geht es also um die Auslotung neuer Möglichkeiten, Lernumgebungen individualisiert, zeitgemäß, anspruchsvoll, lebensweltnah und motivierend so zu gestalten, dass durch die Digitalisierung ein Mehrwert entsteht oder eine Arbeitserleichterung erfolgt, z. B. durch automatisierte Korrektur oder Feedbackfunktion, Adaptionsmöglichkeiten oder Möglichkeiten der Diagnostik. Die zweite Betrachtungsebene, das „Lernen über Medien", fokussiert Fragen zur Medienkompetenzentwicklung, bspw. welche medialen Themen aus der Lebenswelt der Lernenden im Fachunterricht integriert werden können. So verfügen nicht alle Kinder und Jugendlichen über die gleichen Voraussetzungen, obwohl sie der Genration der digital natives zuzuordnen sind. Die durch die Digitalisierung veränderte Rahmung von Schule und Unterricht wird auf der dritten Betrachtungsebene, dem „Lernen durch Medien", in den Blick genommen. Beispielsweise werden die digitale Verfügbarkeit vielfältiger Informationsquellen und Kommunikationsmöglichkeiten sowie die unterschiedliche Ausstattung von Lernenden mit digitalen Endgeräten diskutiert.[103]

Im gegenwärtigen medienpädagogischen Diskurs wird zunehmend das Potenzial von digitalen Medien für inklusive Lernprozesse diskutiert. Dabei geht der Diskurs weit über assistive Systeme hinaus.[104]

2.5 Politisierung und Entpolitisierung von Gesellschaft und Religionspädagogik

„Der Begriff der Politisierung erfasst ein Phänomen des gesellschaftlichen Wandels. Er beschreibt dynamische Prozesse, die den gegebenen Rahmen der Politik verändern."[105]

Politikwissenschaftliche und öffentliche Diskurse stehen sich derzeit diametral gegenüber bezüglich der Politizität unserer Gesellschaft. Während die Politikwissenschaft an der These eines Trends zur Entpolitisierung der letzten 30 Jahre festhält, sprechen öffentliche Diskurse in den Medien von einer zunehmenden Politisierung oder Repolitisierung der Gesellschaft.[106] So wird in der Politikwissenschaft in Bezug auf die Depolitisierung konstatiert: „Angesichts von

---

102 Pirker, V.: Religiöse Bildung im Kontext der Digitalität, S. 190.
103 Vgl. Baumert, B. u. a.: Lost in transformation?, S. 36.
104 Vgl. Ferencik-Lehmkuhl, D. u. a.: Chancen und Herausforderungen inklusiver Bildung im Kontext Digitalisierung, S. 9–16.
105 Meierring, D. /Schäfer, A.: (Ent-)Politisierung – Debatten, Modelle und Befunde. S. 16.
106 Vgl. ebd., S. 11.

als alternativlos wahrgenommenen systemischen Zwängen verzwerge sich Politik zur Verwaltung von Sachfragen; in einer zunehmend medialisierten Öffentlichkeit verfolgten Parteien nicht mehr voneinander unterscheidbare Programme, sondern konzentrierten sich zunehmend auf inszenierte Persönlichkeitswahlkämpfe; die Bürger*innen entfremdeten sich zunehmend von politischen Prozessen."[107] Doch nicht nur die Öffentlichkeit perspektiviert eine Tendenz zur Politisierung, auch neuere Forschungen identifizieren in den letzten Jahren Phänomene der Repolitisierung. Meiering und Schäfer konstatieren in diesem Kontext, dass die Zunahme internationaler Konflikte aufgrund der Globalisierung dazu führt, dass verstärkt populistische Parteien diese für ihre Narrative und Zwecke funktionalisieren.[108] Zugleich steigt die Anzahl an national und transnational ausgerichtete Protestbewegungen, aus verschiedenen Lagern des politischen Spektrums, die sich meist auf gegenwärtige Krisenbewältigung wie Klimawandel, Corona-Pandemie, Migrations- und Fluchtbewegungen, neu erstarkenden Antisemitismus oder Krieg in Europa beziehen.[109]

Als weitere Phänomene nennen Meiering und Schäfer die Verschränkung von Verwissenschaftlichung der Politik und die Politisierung von Expertise wie sie in der Corona-Pandemie verstärkt begegnete sowie die Radikalisierung rechtspopulistischer und islamistischer Gruppierungen und deren Erstarken.[110] Zudem „diskutieren verschiedene Debattenstränge die Repolitisierung identitätspolitischer Themen wie Geschlechterverhältnisse, religiöse Praktiken oder Aushandlungsprozesse von Zugehörigkeit in der postmigrantischen Gesellschaft."[111] All diese Tendenzen der (Re-)Politisierung weisen auf die Interdependenz der verschiedenen Transformationsprozesse hin. So begünstigen Globalisierung und Pluralisierung die Entstehung von Konflikten und Krisen, sowie deren globale Relevanz. Die Digitalisierung wiederum ermöglicht erst die Informationsfülle zu den verschiedenen Themen, verstärkt die politische Lagerbildung durch individualisierte Algorithmen, die wiederum den Informationsfluss steuern und ermöglicht politischen Protestbewegungen die Vernetzung und überregionale Organisation.

Mit Elisabeth Naurath kann gegenwärtig von einer Wiederentdeckung des Politischen in der Religionspädagogik gesprochen werden.[112] Der „politic turn" ist dabei eher als ein „public turn", zu verstehen, indem die „Öffentliche Religionspädagogik"[113] nach der Rolle der Religion für die Zivilgesellschaft und den Herausforderungen religiöser Bildung zur Befähigung gesellschaftlicher Teil-

---

107 Ebd., S. 11.
108 Vgl. ebd., S. 14.
109 Vgl. Grümme, B.; Pirner, M. L.: Einführung, S 11.
110 Vgl. Meierring, D. / Schäfer, A.: (Ent-)Politisierung – Debatten, Modelle und Befunde, S. 14.
111 Ebd., S. 14
112 Vgl. Naurath, E.: Darf religiöse Bildung politisch sein?, S.7.
113 Vgl. Grümme, B.: Öffentliche Religionspädagogik.

habe fragt. „Es ist daher höchste Zeit, die Frage der politischen Dimension religiöser Bildung nicht nur zu stellen, sondern eingehend zu diskutieren und hinsichtlich des Bildungsauftrags eines durch Theologie und Pädagogik gleichermaßen begründeten Faches zu Positionierungen zu kommen."[114] Für die Religionspädagogik ist u. a. relevant, wie man sich dem facettenreichen Verhältnis von religiöser Bildung und Politik nähern kann. Thomas Schlag macht in diesem Kontext gegen alle Funktionalisierungs- und Verzweckungsabsichten den Eigensinn religiöser und theologischer Argumente für eine Wirklichkeitserschließung des Politischen stark, sodass theologische Aspekte von Gerechtigkeit, Verantwortung, Hoffnung und Deutungsmuster der Anerkennung des anderen hervorgehoben werden.[115] Zahlreiche Themen im Religionsunterricht haben einen genuin politischen Bezug und entsprechende politische Implikationen, sodass die Fragen der politischen Dimension religiöser Bildung nicht nur zu stellen, sondern im Sinne einer christlichen Positionalität „für grundlegende Werte wie Nächstenliebe, Gerechtigkeit, Frieden und Toleranz"[116] zu diskutieren sind. Ansätze einer religiösen Bildung für nachhaltige Entwicklung sensibilisieren Schüler*innen, an den Transformationsprozessen zu einer nachhaltigen Gesellschaft mitzuwirken, sodass ein umweltethisches Lernen u. a. problem-, visions- und partizipationsorientiert ausgerichtet ist.[117] Somit wohnt religiöser Bildung eine politische Dimension inne, die sich dem allgemeinen Bildungsauftrag verpflichtet und den Religionsunterricht stärker legitimieren kann.

In diesem Zusammenhang gilt auch, die Gegenstandsbereiche und Kompetenzperspektiven des Religionsunterrichts, wie sie aktuelle Lehr- und Bildungspläne fixieren, zu überdenken. Dies führt dann zur Integration neuer Themen in Lehr- und Bildungsplänen und einer mehrperspektivischen Ausrichtung des Religionsunterrichts.

3. Konsequenzen für einen zukunftsfähigen konfessionell kooperativen Religionsunterricht

Ein zukunftsfähiger konfessionell kooperativer Religionsunterricht hat sich zunächst einmal als zukunftsfähiger Religionsunterricht auszuzeichnen. Das bedeutet, dass konfessionell kooperativer Religionsunterricht nicht allein auf-

---

114 Naurath, E.: Darf religiöse Bildung politisch sein?, S. 7.
115 Vgl. Schlag, Th.: Religiöse Bildung und Politik, S. 10f.
116 Naurath, E.: Darf religiöse Bildung politisch sein?, S. 9.
117 Vgl. Bederna, K.: Didaktik religiöser Bildung für nachhaltige Entwicklung, S. 325; vgl. ausführlich Bederna, K.: Every Day for Future.; vgl. Gärtner, C.: Corona und das Christentum.

grund seiner Organisationsform zukunftsfähig ist, zumal er in den unterschiedlichen (Bundes-)Ländern sehr unterschiedlich geprägt ist. Als zukunftsfähig erweist er sich, indem er die Schüler*innen als Subjekte ernst nimmt und sich für sie als relevant erweist. Somit muss sich ein konfessionell kooperativer Religionsunterricht an den gleichen Anforderungen messen wie jede andere Form religiöser Bildungsprozesse an Schule. Mit einer konsequenten Subjektorientierung geht immer auch der Lebensweltbezug einher. Die Welt, in der Kinder und Jugendliche heute aufwachsen, ist dabei geprägt von zahlreichen Transformationsprozessen und Einflüssen, die oben skizziert wurden. Religionsunterricht kann nur relevant sein, wenn er im Bewusstsein um diese Transformationsprozesse gestaltet wird und die anthropologischen Dimensionen der sich immer schneller wandelnden, globalisierten Welt einbezieht.

Zugleich erhebt der konfessionell kooperative Religionsunterricht den Anspruch auf Konfessionalität in einer Zeit, in der die Bedeutung von Religion und Konfession durch Säkularisierungs-, Individualisierungs,- und Depotenzierungsprozesse im gesellschaftlichen Diskurs nahezu verschwindet bzw. v. a. im Kontext von Terrorismus, Migrationspolitik und Werte- und Normendiskursen aufgegriffen wird. Insofern zeichnet sich ein zukunftsfähiger konfessionell kooperativer Religionsunterricht dadurch aus, dass er sich als relevant erweist und es ihm gelingt, religiöse Bildungsprozesse anzuregen, die nicht nur thematisch auf die Welt der Gegenwart rekurrieren. Vielmehr ist es seine Aufgabe, das Potenzial religiöser Weltdeutung und christlicher Anthropologie in Auseinandersetzung mit der Gegenwart und Gesellschaft herauszustellen. Dabei ist Konfessionalität als konkrete Ausprägung des Religiösen zu verstehen, wie es sich in der Welt manifestiert und gelebt wird, und nicht als starres Kategoriensystem von Religion, in das es sich einzusortieren gilt.

III. Der konfessionell kooperative Religionsunterricht und seine Kontextualisierung

1. Zur gegenwärtigen Lage des Religionsunterrichts

Der Religionsunterricht befindet sich seit Jahren in einer Legitimationskrise, was v. a. in den Printmedien immer wieder zu Fragen wie „Brauchen wir ‚Reli' noch?" führt – wie es in der ZEIT vom 12. Januar 2017 zu lesen war. Der Religionsunterricht als ordentliches Lehrfach wird kritisch angefragt. So forderte bspw. Hartmut Kreß 2018 „religions- und ethikbezogene Kenntnisse in einem übergreifenden Schulfach zu vermitteln, das neu zu schaffen wäre."[118] Diese Idee ist jedoch nicht neu, und so existieren in Deutschland in den einzelnen Bundesländern verschiedene Modelle religiöser, ethischer und lebenskundlicher Bildungsangebote. In der Regel wird der Religionsunterricht als gemeinsam von Kirche und Staat verantwortetes ordentliches Unterrichtsfach neben einem Ersatzfach wie Ethik, Werte und Normen oder Praktische Philosophie erteilt. Die Grundlage hierfür bildet Art. 7 Abs. 3 des Grundgesetzes (GG). Dieser Artikel bietet seit 1949 nicht nur eine grundsätzliche Garantie religiöser Bildung in der Schule, sondern auch einen durchaus elastischen Rechtsrahmen für die Ausgestaltung des Religionsunterrichts.[119] Blicken wir auf die unterschiedlichen Formen von Religionsunterricht, die im jeweiligen Bundesland rechtsförmig definiert werden und auf einer expliziten, didaktischen und fachwissenschaftlichen Konzeption beruhen. Diese Formen des Religionsunterrichts sind in dreifacher Weise (rechtlich, didaktisch und fachlich) ausgewiesen, sodass anknüpfend an Bernd Schröder eine Typologie vorgenommen werden kann.

1. Konfessionell gebundener Religionsunterricht in homogenen Lerngruppen: In Bayern, Thüringen, dem Saarland sowie weiten Teilen von Hessen, Baden-Württemberg, Nordrhein-Westfalen und Rheinland-Pfalz findet sich derzeit noch der klassische konfessionelle Religionsunterricht, bei dem die evangelischen bzw. die katholischen Schüler*innen in konfessionell weitgehend homogenen Lerngruppe (auch monokonfessionell genannt) von einer Religionslehrperson, die der gleichen Konfession angehört, unterrichtet werden. Der Religionsunterricht erfolgt nach Artikel 7 Absatz 3 GG und wird gemeinsam von der jeweiligen Religionsgemeinschaft, bzw. Kirche und dem Staat verantwortet. Der

---

118 Kreß, H.: Staat und Person, S. 121.
119 Vgl. Schröder, B.: Welche Formen von Religionsunterricht existieren neben dem konfessionellen Religionsunterricht, S. 149.

Religionsunterricht gilt als ordentliches Lehrfach und wird nach religionsgemeinschaftlich und staatlich gemeinsam verantworteten Rahmenlehrplänen und Schulbüchern unterrichtet. Die Religionslehrkräfte müssen an staatlichen Universitäten einen von Land und Religionsgemeinschaft akkreditierten Studiengang absolviert haben und werden bei Einstellung gleichermaßen von Land und Kirche bzw. Religionsgemeinschaft beauftragt. Diese Form des Religionsunterrichts gilt als die klassische Form des Religionsunterrichts, wie sie im Grundgesetz angedacht ist.

2. *Der konfessionell kooperative Religionsunterricht in evangelischer oder katholischer Verantwortung:* Hinter der konfessionellen Kooperation verbirgt sich nach Bernd Schröder und Jan Woppowa „die rechtlich und schulorganisatorisch geregelte, theologisch und didaktisch reflektierte, zeitweilige oder auf Dauer angelegte gemeinsame Unterrichtung von verschiedenen konfessionellen Schülerinnen und Schülern durch verschiedene Lehrkräfte, die aus diesem konfessionsverschiedenen Miteinander einen didaktischen Mehrwert gewinnen will, kann und soll."[120] Mit dem konfessionell kooperativen Religionsunterricht wird seit ca. 30 Jahren ein Konzept religiöser Bildung im Raum der öffentlichen Schule diskutiert, dem angesichts der religiösen Lage in Deutschland ein Zukunftspotenzial zugeschrieben wird. Er ist als eine Organisationsform des Religionsunterrichts nach Art. 7 Abs. 3 GG in Niedersachen (seit 1998), in Baden-Württemberg (seit 2005), in Hessen (seit 2014 als Religionsunterricht in gemischt-konfessionellen Lerngruppen) und in NRW (seit 2018, an Berufsschulen seit 2020) eingeführt. Dabei ist in den Bundesländern allerdings weiterhin der konfessionsgebundene Religionsunterricht der Regelfall und die Einführung der konfessionellen Kooperation muss von jeder Schule individuell beantragt werden. So gibt es für den konfessionell kooperativen Religionsunterricht auch keine eigenen Lehrpläne auf Landesebene, sondern es wird nach den katholischen und evangelischen Lehrplänen unterrichtet. Der Religionsunterricht wird von katholischen oder evangelischen Lehrkräften erteilt, die sich in der Regel durch eine Fortbildung qualifizieren müssen. An einigen Universitätsstandorten ist die konfessionelle Kooperation bereits Teil des Studiums. Die beiden Kirchen empfehlen einen regelmäßigen Wechsel der Lehrperson, damit die Schüler*innen die Perspektive beider Konfessionen in authentischer Sprache kennenlernen und reflektieren können, und eine transparente Positionalität gewährleistet wird.

3. *Gemeinsam verantworteter Christlicher Religionsunterricht als explizit bekenntnisorientierter Religionsunterricht der ev. und kath. Kirchen in Niedersachsen:* Aktuell entwickeln die evangelischen und katholischen Kirchen in Niedersachsen den konfessionell kooperativen Religionsunterricht zu einem gemeinsam verantworteten Christlichen Religionsunterricht (CRU) weiter. Im Frühsommer 2021 wurde bereits ein Positionspapier vorgelegt. Im CRU unterrichtet eine

---

120 Schröder, B. / Woppowa, J.: Einleitung, S 6.

Lehrperson gleich welcher Konfession eine heterogene Lerngruppe im Sinne einer ökumenischen Didaktik der „konfessionellen Perspektivverschränkung". Als zentrale Aufgabe des CRU wird die „Förderung der religiösen Dialog- und Urteilsfähigkeit der Schüler*innen" genannt, zu der auch „die Vermittlung von Grundwissen über den christlichen Glauben und anderen Religionen sowie die reflexive Erschließung von Formen gelebten Glaubens" gehören.[121]

Während die inhaltliche Ausrichtung und Konfessionalität des CRU ähnlich gedacht ist wie beim konfessionell kooperativen Religionsunterricht, ermöglicht die gemeinsame Verantwortung eines Faches die Erstellung eigener Lehrpläne und Unterrichtsmaterialien für den CRU sowie die spezifische Ausbildung von Religionslehrkräften im Rahmen der zweiten Ausbildungsphase. Der CRU soll anders als der konfessionell kooperative Religionsunterricht nicht als Ausnahmeregelung gelten, sondern als Regelfall an allen staatlichen und kirchlichen Schulen in Niedersachsen etabliert werden.[122]

4. Religionsunterricht für alle 2.0 in Hamburg: Der Religionsunterricht wird nach Art. 7 Abs. 3 GG in gemischt-religiösen Lerngruppen erteilt und ist bekenntnisorientiert und dialogisch ausgerichtet. In den 1980er Jahren öffnete sich der evangelische Religionsunterricht im (damals) mehrheitlich protestantischen Hamburg für Schüler*innen aller Konfessionen und Religionen. Er wurde zu einem dialogischen Religionsunterricht für alle, der zunächst von der evangelischen Kirche und seit 1995 in Verbindung eines multireligiös zusammengesetzten ‚Gesprächskreises Interreligiöser Religionsunterricht', verantwortet wurde. In den 2010er Jahren wurde diese Konzeption auf eine neue Grundlage gestellt, indem die Freie und Hansestadt Hamburg mit den islamischen Religionsgemeinschaften, der Alevitischen Gemeinde Deutschland und der Jüdischen Gemeinde in Hamburg Verträge abschloss, um den Religionsunterricht in gemeinsamer Trägerschaft durchzuführen und einen Religionsunterricht für alle 2.0 (RUfa 2.0)[123] gleichberechtigt mitverantworten zu können. Somit wird der Religionsunterricht nach Art. 7 Abs. 3 GG im Klassenverband erteilt und ist bekenntnisorientiert sowie dialogisch angelegt.[124] Seit 2022 beteiligt sich auch die Katholische Kirche am RUfa 2.0. Ab Klasse 7 wird in Hamburg Philosophie als Alternativfach zum RUfa angeboten. Obwohl dieses Modell seit einigen Jahren

---

121 Vgl. Die Katholischen Bistümer Niedersachsens und die evangelische Konförderation der Landeskirchen Niedersachsens. Gemeinsam verantworteter Christlicher Religionsunterricht.
122 Diese Informationen basieren auf den veröffentlichen Beschlüssen von Land und Kirche bis zum Stand von September 2023.
123 Vgl. ausführlich Bauer, J.: Religionsunterricht für alle.
124 In einem Gutachten von 2001 bestätigt Christian Link die Verfassungsgemäßheit des Hamburger Sonderwegs. Vgl. Link, C.: Konfessioneller Religionsunterricht in einer gewandelten sozialen Wirklichkeit, S. 257–285.

breit diskutiert wird und viele Fürsprecher hat, wird es derzeit ausschließlich in Hamburg angeboten.[125]

5. Religionskundlicher Unterricht in staatlicher Verantwortung in Bremen und Brandenburg[126]: Ziel des Faches ist es, über Religion zu informieren. Gegenstand des Unterrichts sind Lehren, Traditionen und Schriften einer oder mehrerer Religionen, die aus einer neutralen Perspektive als Inhalte der jeweiligen Religion vermittelt werden. Dabei wird bewusst eine Metaperspektive eingenommen. Binnenperspektiven und erfahrungsbezogene, affektive oder performative Elemente spielen keine Rolle. Es geht also nicht darum, die eigene oder eine andere Religion zu erleben, erfahrbar zu machen und sich mit der individuellen Religiosität auseinanderzusetzen, sondern um den Erwerb von Wissen über Religion. In Deutschland zählen zu diesem Typ religionskundlicher Bildung das Fach ‚Religion', wie es seit 2014/15 in Bremen unterrichtet wird (vormals seit 1918: ‚Biblischer Unterricht auf allgemein christlicher Grundlage'), und ‚Lebensgestaltung – Ethik – Religionskunde' (LER), wie es nach 1990 in Brandenburg eingeführt wurde. Rechtliche Grundlage für die Erteilung eines solchen religionskundlichen Unterrichts ist nicht Art. 7 Abs. 3 GG, sondern die sogenannte Bremer Klausel Art. 141 GG: „Art. 7 III 1 findet keine Anwendung in einem Lande, in dem am 1. Januar 1949 eine andere landesrechtliche Regelung bestand." Dieser Artikel bezieht sich auf Art. 32 der Landesverfassung Bremens, wo es heißt: „Die allgemein bildenden öffentlichen Schulen sind Gemeinschaftsschulen mit bekenntnismäßig nicht gebundenem Unterricht in Biblischer Geschichte auf allgemein christlicher Grundlage".

Das Bundesland Brandenburg begründet seine Sonderform der religiösen Bildung ebenfalls über die Bremer Klausel, da es 1949 nicht Teil der Bundesrepublik war und somit einer anderen Verfassung unterlag. Juristisch ist diese Anwendung bis heute umstritten, da das BVerfG aufgrund der politischen Brisanz kein abschließendes Urteil fällte.

6. Allein religionsgemeinschaftlich verantworteter Religionsunterricht in den Räumen der Schule als fakultative Ergänzung eines für alle verbindlichen Ethikunterrichts im Bundesland Berlin[127]: Diese Form des Religionsunterrichts ist kein ordentliches Lehrfach. Es ist kein Element des obligatorischen Fächerkanons und wird auch nicht benotet. Der Religionsunterricht ist katechetisch angelegt und wird von der jeweiligen Religionsgemeinschaft für die Angehörigen dieser Religionsgemeinschaft angeboten. Lehrpläne und Unterrichtsmaterial werden ausschließlich von den Religionsgemeinschaften selbst verantwortet und nicht durch das Bundesland mitbestimmt. Allerdings orientieren sich die Kirchen bei

---

125 Vgl. Teschmer, C.: Religionsunterricht für alle, S. 26–29.
126 Vgl. Schröder, B.: Welche Formen von Religionsunterricht existieren neben dem konfessionellen Religionsunterricht, S. 154.
127 Ebd., S. 155.

der inhaltlichen Ausrichtung der Lehrpläne und Auswahl der Unterrichtsmaterialien an den staatlichen Vorgaben durch die Kultusministerkonferenz, um eine Vergleichbarkeit zum konfessionellen Religionsunterricht in den anderen Bundesländern herzustellen. Unterrichten dürfen sowohl ausgebildete Religionslehrkräfte als auch beauftragte Personen der jeweiligen Religionsgemeinschaften. In Deutschland findet diese Form des Religionsunterrichts ausschließlich in Berlin statt und wird dort nur von der katholischen und evangelischen Kirche angeboten. Seit 2006/07 ist in Berlin ‚Ethik' das obligatorische Pflichtfach für alle, Religion wird in der oben genannten Form als Wahlfach angeboten.[128]

2. Entwicklungslinien des konfessionell kooperativen Religionsunterrichts

Die ersten Überlegungen zur Einführung des konfessionell kooperativen Religionsunterrichts liegen nun mehr als 30 Jahre zurück. Durch die Denkschrift der Evangelische Kirche in Deutschland (EKD) zu Fragen des Religionsunterrichts aus dem Jahr 1994[129] erfolgte eine richtungsweisende Positionierung der evangelischen Kirche für die konfessionelle Kooperation als zukunftsweisendes Modell religiöser Bildung. Zu diesem Zeitpunkt wurde die Idee durch die Deutsche Bischofskonferenz (DBK) zunächst zurückhaltend aufgenommen.[130] Schließlich eröffneten 1998 die DBK und die EKD 1998 die Möglichkeit der „Kooperation von Evangelischem und Katholischem Religionsunterricht", bei entsprechender Vereinbarungen der betreffenden Landeskirchen und Bistümer mit der jeweiligen Landesregierung.[131] Ende 2016 stimmte die DBK der „erweiterten Kooperation" von katholischem und evangelischem Religionsunterricht zu.[132] 2018 legte die EKD eine entsprechende Handreichung vor.[133] Schröder konstatiert in diesem Zusammenhang, dass neben den sichtbaren Verlautbarungen und Positionspapieren von Kirchen und Ländern zahlreiche weitere Einflüsse und Bewegungen zu nennen seien, bestehend aus „Entwicklungen in der schulischen bzw.

---

128 Vgl. ebd., S. 153–159.
129 Vgl. Kirchenamt der EKD (Hg.): Identität und Verständigung.
130 Vgl. Deutsche Bischofskonferenz: Die bildende Kraft des Religionsunterrichts. – Auch wenn die katholische Kirche an der konfessionell homogenen Trias (römisch-katholische Lehrkräfte, römisch-katholische Inhalte, römisch-katholische Schüler*innen) festhält, „ist es [...] dem Religionsunterricht nicht verwehrt [...], daß er kooperiert." (Ebd. S. 58).
131 Vgl. Evangelische Kirche in Deutschland und Deutsche Bischofskonferenz.
132 Vgl. Sekretariat der Deutschen Bischofskonferenz (Hg.): Die Zukunft des konfessionellen Religionsunterrichts.
133 Vgl. Kirchenamt der EKD (Hg.): Konfessionell-kooperativ erteilter Religionsunterricht.

religionsunterrichtlichen Praxis, aus der gesellschaftlichen bzw. religionsdemografischen ‚Großwetterlage' (Ernst Lange), aus ‚religionspädagogischen' Diskussionen in ungezählten schulischen Fachkonferenzen, Religionspädagogischen Instituten der Landeskirchen und Diözesen sowie in der Religionspädagogik als Wissenschaft".[134]

Folgende Schlaglichter aus den verschiedenen Bundesländern sollen derartige Prozesse skizzieren, die maßgeblich zur Entwicklung regionalspezifischer Formen der konfessionellen Kooperation beitrugen. Dabei erheben wir keinen Anspruch auf Vollständigkeit, sondern wollen vielmehr die Bandbreite der verschiedenen Entwicklungslinien sowie die regionalen Besonderheiten verdeutlichen.

2.1 Die Anfänge in Baden-Württemberg

Einen ersten Modellversuch starteten die Baden-Württembergischen evangelischen Landeskirchen mit den beiden Diözesen Rottenburg-Stuttgart und Freiburg bereits im Jahr 1993, noch vor Erscheinen der Denkschrift der EKD (1994). Beginnend mit der Erprobung einzelner gemeinsamer Unterrichtsphasen und Zusammenarbeit bei fächerübergreifenden Themen an ausgewählten Schulen startete der Prozess einer intensiveren Zusammenarbeit zwischen den Konfessionen am Bildungsort Schule. Grundlage dieses Modellversuchs bildete der entsprechende Beschluss der Schulreferenten der beiden Bistümer vom 17.02.1993.[135] 1997 erfolgte unter der Leitung von Albert Biesinger und Friedrich Schweitzer ein groß angelegtes Entwicklungs- und Forschungsvorhaben der Tübinger Projektgruppe an 6 Grundschulen mit einer zweijährigen Erhebungsphase und anschließender Auswertung.[136] Nachdem 2003 im Rahmen einer groß angelegten Religionslehrerstudie die Bereitschaft zur konfessionellen Kooperation erhoben wurde, folgte 2005 gemäß der gemeinsamen Verlautbarung der EKD und DBK von 1998 eine Vereinbarung der beiden Bistümer und der Landeskirchen mit dem Land Baden-Württemberg, die nun die Beantragung des konfessionell kooperativen Religionsunterrichts aufgrund regionaler Besonderheiten grundsätzlich ermöglichte.[137] Der Unterricht wurde wie folgt organisiert: „Es werden gemischt-konfessionelle Lerngruppen gebildet, die im Wechsel von einer Lehrkraft des Unterrichtsfaches Evangelische Religionslehre und Katholische Religionslehre unterrichtet werden. Dabei wird in qualifizierter

---

134 Schröder, B.: Die Diskussion um den konfessionell-kooperativen Religionsunterricht seit 1993 bis heute, S. 6.
135 Vgl. Schröder, B.: Die Diskussion um den konfessionell-kooperativen Religionsunterricht seit 1993 bis heute, S. 5.
136 Vgl. Bayer-Wied, D.: Ökumenisch ja – aber bitte getrennt?, S.252f. Zur Studie ausführlich: Schweitzer, F. / Biesinger, A. (Hg.): Gemeinsamkeiten stärken.
137 Vgl. Kuld, L. u. a. (Hg.): Im Religionsunterricht zusammenarbeiten, S.14f.

Zusammenarbeit das konfessionelle Profil beider Kirchen in den Religionsunterricht eingebracht. Die Kirchen erstellen für diesen Unterricht auf der Basis der geltenden Bildungspläne jeweils einen schulartspezifisch verbindlichen Rahmen, dessen Verbindlichkeit durch übereinstimmende Erklärung der Schulverantwortlichen der Kirchen festgestellt wird."[138] Als Voraussetzung für die Einführung des konfessionell kooperativen Religionsunterrichts galt neben der Erarbeitung eines gemeinsamen Unterrichtsplans auf Basis der konfessionsspezifischen Bildungspläne des Landes die Teilnahme der Lehrkräfte an einer entsprechenden Fortbildung als verpflichtend. Die Genehmigung war befristet und nur für bestimmte Jahrgangsstufen vorgesehen.[139] Die Einführung des konfessionell kooperativen Religionsunterrichts wurde wissenschaftlich begleitet und evaluiert. Die Ergebnisse der umfassenden Studie wurden 2009 publiziert.[140] Als Reaktion auf die Ergebnisse der Evaluationsstudie wurde 2009 eine Überarbeitung der Vereinbarung vorgenommen und folgende Anpassungen vorgenommen:[141]

1. Nach jedem Halbjahr erfolgt ein Wechsel der Lehrkraft mit der jeweils anderen Konfession.
2. Es dürfen jahrgangsübergreifende Lerngruppen eingerichtet werden.
3. Die Eltern müssen ihr Einverständnis zum konfessionell kooperativen Religionsunterricht erklären.
4. Die Nomenklatur des Religionsunterrichts richtet sich nach der Konfession der Lehrkraft, nicht nach der der jeweiligen Schüler*in.

Eine Novellierung der Vereinbarung erfolgte in 2015, also noch vor Erscheinen der Verlautbarung zur erweiterten konfessionellen Kooperation der DBK. Folgende Bedingungen für die Einrichtung konfessionell kooperativer Lerngruppen wurden formuliert und gelten bis heute:[142]

1. Der konfessionell kooperative Religionsunterricht darf nur an Schulen erteilt werden, an denen Religionsunterricht beider Konfessionen stattfindet. Damit soll sichergestellt werden, dass für die konfessionelle Kooperation Lehrkräfte beider Konfessionen zur Verfügung stehen.
2. Anträge beziehen sich immer nur auf einen konkreten Zeitraum.

---

138 Vereinbarung zwischen der Evangelischen Landeskirche in Baden, der Evangelischen Landeskirche in Württemberg, der Erzdiözese Freiburg und der Diözese Rottenburg-Stuttgart zur konfessionellen Kooperation im Religionsunterricht an allgemeinbildenden Schulen vom 1. März 2005, S.10.
139 Vgl. ebd., S. 10.
140 Vgl. Kuld, L. u. a. (Hg.): Im Religionsunterricht zusammenarbeiten.
141 Vgl. Pemsel-Maier, S. / Weinhardt, J. / Weinhardt, M.: Konfessionell-kooperativer Religionsunterricht als Herausforderung, S. 24.
142 Vgl. Verbindlicher Rahmen für den konfessionell-kooperativ erteilten Religionsunterricht an Grundschulen, Hauptschulen/Werkrealschulen, Realschulen, Gemeinschaftsschulen und allgemeinbildenden Gymnasien.

3. Das Einverständnis der Eltern muss vor Beginn jeden Schuljahres eingeholt werden.
4. Es wird eine enge Zusammenarbeit der Lehrkräfte der verschiedenen Konfessionen gefordert. Voraussetzung zur Erteilung des konfessionell kooperativen Religionsunterrichts ist die verbindliche Teilnahme an einer standardisierten Fortbildung.
5. Nach einem zuvor festgelegten Zeitraum erfolgt ein Wechsel der Lehrkraft mit der jeweils anderen Konfession.
6. Der Religionsunterricht wird auf dem Zeugnis der Konfession der Lehrkraft entsprechend ausgewiesen und mit dem Zusatz versehen, dass er konfessionell kooperativ erteilt wurde.
7. Die Lehrkräfte beider Konfessionen erarbeiten einen gemeinsamen Unterrichtsplan auf Basis der Bildungspläne beider Konfessionen.

2.2 Die Entwicklungen in Niedersachsen als Vorreiter der konfessionellen Kooperation

Als Startpunkt der Entwicklungen des konfessionell kooperativen Religionsunterrichts in Niedersachsen lässt sich ein 1991 ergangenes Gerichtsurteil des Verwaltungsgerichts Braunschweig identifizieren, wonach einem katholischen Kind die Teilnahme am evangelischen Religionsunterricht nach Elternwunsch im Sinne der Religionsfreiheit zuzugestehen sei. Dieses Urteil brachte in Niedersachsen den Beratungsprozess der niedersächsischen katholischen Bistümer und der Konföderation der evangelischen Kirchen Niedersachsens in Gang. Erstes Ergebnis der Beratungsprozesse war eine 1992 formulierte Vereinbarung im Sinne einer Notstandsregel, die grundsätzlich ein Gastrecht bei der jeweils anderen Konfession einräumte. Diese trat jedoch nie in Kraft, da angesichts der Lage in den berufsbildenden Schulen und Grundschulen auf eine grundsätzlichere Vereinbarung gedrängt wurde.[143] So wurde im Rahmen einer gemeinsamen Fachtagung der Schulreferent*innen der Diözesen und Landeskirchen im März 1993 der Entwurf einer gemeinsamen Erklärung formuliert, die schließlich im September nach mehrfacher Überarbeitung als „Erklärung zu ökumenischer Kooperation im Religionsunterricht. Ein Bericht kirchlicher Schulreferenten in Niedersachsen" veröffentlicht wurde. Die Bischöfe der Bistümer Hildesheim und Osnabrück erklären in diesem Zusammenhang, dass es sich lediglich um einen

---

143 Vgl. Schröder, B.: Die Diskussion um den konfessionell-kooperativen Religionsunterricht seit 1993 bis heute, S. 8f. – In Bezug auf die Lage an den Grundschulen und Berufsschulen ist v. a. der Lehrkräftemangel katholischerseits zu nennen sowie die Pluralität der Schülerschaft in kleinen Lerngruppen, die eine Separation nach Konfession erschwerten.

Bericht handle, der „als Diskussionsbeitrag und Beratungsergebnis der niedersächsischen kirchlichen Schulreferenten"[144] zu verstehen sei und somit der Kommissionsarbeit auf Ebene der deutschen Bischofskonferenz nicht vorgreife.[145] Es folgten positive Reaktionen seitens der Religionslehrkräfte, der Gesellschaft und der Politik. Die schulrechtliche Regelung wurde v. a. seitens der evangelischen Kirche stark vorangetrieben, während die katholische Kirche auf eine einheitliche Position der deutschen Bischöfe wartete.[146] Diese stärkte jedoch in ihrer Verlautbarung „Die bildende Kraft des Religionsunterrichts" von 1996 die Trias von Inhalt, Lehrkraft und Schüler*in und hielt an dem konfessionsgebundenen Religionsunterricht fest: „Die Bischöfe möchten freilich bei aller Bereitschaft zur Kooperation und zur Modifikation des Konfessionalitätsprinzips in einzelnen Situationen stärker an derselben Konfessionalität der Kinder und Jugendlichen festhalten, ohne daß der Religionsunterricht dadurch gehindert wäre, sich auf die Ökumene hin zu öffnen und auch konfessionell nicht oder noch nicht gebundene Schülerinnen und Schüler aufzunehmen."[147] Die Bischöfe befürworten an dieser Stelle das Gastprinzip, also die Teilnahme von nicht katholischen Schüler*innen am katholischen Religionsunterricht, plädieren aber für den Erhalt des konfessionsgebundenen Religionsunterrichts, um der Konfessionalität der Kinder und Jugendlichen gerecht zu werden. Es folgte noch im selben Jahr ein entsprechender Fachtag der Kirchen, um das Projekt der konfessionellen Kooperation dennoch voranzubringen,[148] denn gerade die katholischen Bistümer in Niedersachsen sahen in weiten Teilen des mehrheitlich protestantischen Bundeslandes die Sicherstellung eines katholischen Religionsunterrichts gefährdet. Somit war für diese Bistümer die konfessionelle Kooperation eine Möglichkeit, den katholischen Schüler*innen in protestantischen Gebieten auch konfessionsspezifische Inhalte und Perspektiven des Katholizismus anzubieten und sie nicht einfach in den evangelischen Religionsunterricht zu schicken.

1998 erfolgte schließlich der auf Basis gemeinsamer Formulierungen entstandene Ministerialerlass, der die Einrichtung konfessionell übergreifender Lerngruppen auf Antrag ermöglichte.[149] Zeitgleich erschien das gemeinsame

---

144 Schröder zitiert einen „Vermerk" zu einem Gespräch u. a. zwischen den Bischöfen Dr. Averkamp, Dr. Homeyer und D. Hirschler am 20. September 1993– Archiv, o. J., Bd. I, S. 158.
145 Vgl. Schröder, B.: Die Diskussion um den konfessionell-kooperativen Religionsunterricht seit 1993 bis heute, S. 8f.
146 Vgl. ebd. S.11.
147 Die Deutschen Bischöfe: Die bildende Kraft des Religionsunterrichts, S. 50
148 Vgl. Schröder, B.: Die Diskussion um den konfessionell-kooperativen Religionsunterricht seit 1993 bis heute, S. 10.
149 Vgl. ebd., S. 10.

Dokument der EKD und DBK „Zur Kooperation von Evangelischem und Katholischem Religionsunterricht"[150], das wiederum als Referenzpunkt für ganz Deutschland zu verstehen ist, und dabei sowohl auf die regionalen Bemühungen in Niedersachsen und Baden-Württemberg reagierte als auch Signalwirkung für andere Bundesländer und Regionen im Blick hatte. So sprach sich das Papier unter Berufung auf das 1994 erschienene Positionspapier der DBK für die Beibehaltung der Konfessionalität bei gleichzeitiger Befürwortung bestimmter Formen der Kooperation aus. Dabei ging es vorwiegend um zeitlich beschränkte, projekthafte Kooperationen auf Unterrichtsebene und stärkere Verzahnungen auf Ebene der Unterrichtsinhalte, Unterrichtsmaterialien und Schulpastoral/Schulseelsorge sowie die gegenseitige Öffnung für Gäste und Perspektiven der anderen Konfession. Zudem wurden Perspektiven für die Lehrer*innenbildung mit Blick auf die Notwendigkeit von Aus-, Fort- und Weiterbildungen zu Inhalt und Tradition der anderen Konfession eröffnet. Eine weitergehende Kooperation im Sinne einer Einrichtung eines gemeinsamen Unterrichts wurde als Ausnahmeregelung aufgrund regionaler Besonderheiten nicht ausgeschlossen, aber auf die Notwendigkeit einer gesonderten Vereinbarung für derartige Formate zwischen Landeskirchen, Diözesen und Landesregierung hingewiesen.[151] Eine solche Vereinbarung lag nun in Niedersachsen mit dem Ministerialerlass vor, sodass der konfessionell kooperative Religionsunterricht als mögliche Form religiöser Bildung an öffentlichen Schulen ab 1998 beantragt werden konnte.

Gegenwärtig bereiten die Kirchen mit dem Land Niedersachsen die Einführung des bereits im Abschnitt III.1 vorgestellten Christlichen Religionsunterrichts als verbindliche Form des Religionsunterrichts an allen niedersächsischen Schulen vor.

2.3 Die Entwicklungen in Nordrhein-Westfalen

Im Mai 1998 veröffentlichten die evangelischen Landeskirchen und die katholischen Bistümer in Nordrhein-Westfalen ein gemeinsames Votum mit konkreten Bedingungen, unter denen Kinder verschiedener Konfessionen gemeinsam unterrichtet werden können. So wurde für die ersten Klassen an Grundschulen der Religionsunterricht im Klassenverband für die ersten 10 Wochen befürwortet, was von den meisten Schulen für das gesamte erste Schuljahr beibehalten wurde. Grundsätzlich sprachen sich die Kirchen für die Beibehaltung konfessioneller Lerngruppen aus, die klassenübergreifend oder jahrgangsübergreifend (jeweils 2 Jahrgänge gemeinsam) gebildet werden sollten. Wo es nicht möglich

---

150 Die Deutsche Bischofskonferenz und die Evangelische Kirche in Deutschland: Zur Kooperation von Evangelischem und Katholischem Religionsunterricht.
151 Vgl. ebd., S. 1f.

war, Lerngruppen der verschiedenen Konfessionen zu bilden, sollte im Einvernehmen mit Lehrkräften und Eltern der Religionsunterricht in gemischt konfessionellen Lerngruppen erteilt werden. Der Religionsunterricht galt dennoch entweder als katholisch (wenn er von einer katholischen Lehrkraft erteilt wurde) oder als evangelisch (wenn er von einer evangelischen Lehrkraft erteilt wurde). Insgesamt bezog sich das Votum ausschließlich auf die Grundschule und den Bereich der Sekundarstufe I.[152]

Eine weitergehende Vereinbarung, wie sie durch das Dokument von DBK und EKD 1998 ins Auge gefasst wurde, schlossen schließlich 2005 das Erzbistum Paderborn und die Lippische Landeskirche. Die Vereinbarung geht auf die Evaluation von zwei Modellprojekten aus dem Jahr 2001 an zwei Grundschulen im Raum Lippe zurück, die in einer vorwiegend protestantischen Region nach Perspektiven für katholische Kinder durch konfessionelle Kooperation suchten. Dabei war es sowohl möglich, dass wenige katholische Kinder am klassischen, evangelischen Religionsunterricht teilnahmen, dieser jedoch verstärkt auch die katholische Perspektive berücksichtigte, als auch, dass eine katholische Lehrkraft vorwiegend evangelische Kinder und wenig katholische Kinder unterrichtete, den Unterricht im Klassenverband aber so gestaltete, dass er auch den evangelischen Schüler*innen gerecht wurde.[153] Damit Lehrkräfte die Anforderung erfüllen können, auch die Perspektive der anderen Konfession einzubringen, richteten das Erzbistum Paderborn und die Lippische Landeskirche bereits 2002 entsprechende Fortbildungsangebote ein. Die Modellprojekte wurden wissenschaftlich begleitet in Form einer theologischen Begleitung und empirischen Erhebung und führten zu positiven Ergebnissen, sodass 2005 die Möglichkeit der konfessionellen Kooperation für das ganze Lippe-Gebiet eröffnet wurde.[154] In ihrer Verlautbarung „Die Zukunft des Religionsunterrichts. Empfehlungen für die Kooperation des katholischen mit dem evangelischen Religionsunterricht" aus dem Jahr 2016 bezogen sich die Deutschen Bischöfe ausdrücklich auf die Modelle von Baden-Württemberg, Nordrhein-Westfalen und Niedersachsen und sprachen sich für jeweils regionalspezifische Lösungen bezüglich der konfessionellen Kooperation aus, die folgenden Grundsätzen zu entsprechen haben:[155]

1. Eine verfassungskonforme Umsetzung gemäß Artikel 7 Absatz 3 GG. Der konfessionell kooperative Religionsunterricht muss entsprechend in Übereinstimmung mit den Grundsätzen der katholischen Kirche erteilt werden. Demgemäß sei eine theologische Reflexion der Kooperation unabdingbar.
2. Ein schülerorientierter konfessionell kooperativer Religionsunterricht müsse hinsichtlich seiner Ziele, Inhalte und Unterrichtsgestaltung religionspädagogisch neu gedacht werden.

---

152 Vgl. Bayer-Wied, D.: Ökumenisch ja – aber bitte getrennt?, S. 304f.
153 Vgl. ebd., S. 306.
154 Vgl. ebd., S. 306f.
155 Vgl. Die deutschen Bischöfe: Die Zukunft des Religionsunterrichts, S. 25f.

3. Der konfessionell kooperative Religionsunterricht ist ordentliches Lehrfach und muss entsprechend der geltenden Gesetzgebungen umgesetzt werden. Als Reaktion darauf erfolgte in 2017 ein entsprechender Ministerialerlass des Landes Nordrhein-Westfalen, der die grundsätzliche Möglichkeit der Beantragung des konfessionell kooperativen Religionsunterrichts im gesamten Bundesland eröffnet. Hier wird die konfessionelle Kooperation wie folgt geregelt: „Hierbei werden in einer Schule anstelle des [konfessionsgebundenen] Religionsunterrichts [...] gemischt-konfessionelle Lerngruppen für sowohl den evangelischen als auch den katholischen Religionsunterricht gebildet. Darin wird der Unterricht im Wechsel von Lehrerinnen und Lehrern für den evangelischen und für den katholischen Religionsunterricht mit kirchlicher Bevollmächtigung [...] erteilt. Evangelische Religionslehre und katholische Religionslehre bleiben eigenständige Fächer."[156] Die Weiterentwicklung des konfessionell kooperativen Religionsunterrichts in Nordrhein-Westfalen nach einheitlichen Maßstäben nimmt somit Fahrt auf. Auf Basis der wissenschaftlichen Evaluation des konfessionell kooperativen Religionsunterrichts in Nordrhein-Westfalen durch Ulrich Riegel und Mirjam Zimmermann[157] sowie in Abgrenzung zum Religionsunterricht für alle 2.0 in Hamburg und dem Christlichen Religionsunterricht in Niedersachsen (s. hierzu Abschnitt III.1) wurde 2023 das „Thesenpapier der Evangelischen Landeskirchen und der Katholischen Diözesen in Nordrhein-Westfalen"[158] veröffentlicht, das sich dezidiert für einen konfessionell kooperativen Religionsunterricht als Regelfall ausspricht. Ziel ist es, den gesellschaftlichen und religiösen Transformationsprozessen der Gegenwart Rechnung zu tragen und angemessen auf sie zu reagieren. Demzufolge ist der konfessionell kooperative Religionsunterricht pluralitätsfähig zu gestalten und klar von rein religionskundlichen Formen abzugrenzen. So behält er seine Konfessionalität bei und denkt die Notwendigkeit interreligiöser Bildungsprozesse mit. Religiöse Bildung wird als zentraler Bestandteil einer umfassenden schulischen Bildung verstanden und Religion als zentrale Lebensressource von Menschen postuliert.[159] Als zentrale Grundsätze für die Zukunftsfähigkeit des Religionsunterrichts werden festgehalten:

---

156 Ministerialerlass des Ministeriums für Schule und Bildung des Landes Nordrhein-Westfahlen: Runderlass an Schulen; Konfessionelle Kooperation im Religionsunterricht vom 15.08.2017.
157 Vgl. ausführlich Zimmermann, M. / Riegel, U.: Befunde zum Lernen und Lerneffekt im konfessionell-kooperativen Religionsunterricht.
158 Evangelischen Landeskirche und der Katholischen Diözesen in Nordrhein-Westfalen: Thesen für einen zukunftsfähigen Religionsunterricht in NRW. Eine Grundorientierung. Ein Thesenpapier der Evangelischen Landeskirche und der Katholischen Diözesen in Nordrhein-Westfalen.
159 Vgl. Evangelischen Landeskirche und der Katholischen Diözesen in Nordrhein-Westfalen: Thesen für einen zukunftsfähigen Religionsunterricht in NRW. Eine Grundorientierung. Ein Thesenpapier der Evangelischen Landeskirche und der Katholischen Diözesen in Nordrhein-Westfalen, (Thesen 1–5).

- „Bleibende Bekenntnisbezogenheit gem. Art 7(3) GG
- Ausweitung des konfessionell-kooperativen Religionsunterrichts als qualitäts-sichernde Antwort auf die Grauzonen und als Ausdruck der (wachsenden) ökumenischen Zusammenarbeit
- Zeitnahe Entwicklung von Modellen, Leitlinien und Qualitätsstandards der Zusammenarbeit mit anderen Religionsunterrichten (z. B. Islamischer Religionsunterricht) und dem Ersatzfach (Themen, Projekte)
- Wissenschaftliche Auswertung und Austausch der entsprechenden Forschungsdesigns und Praxiserfahrungen
- Stärkung der Positionalität und Differenzsensibilität der Lehrkräfte als zentrales Anliegen der Lehrkräfte(fort)bildung
- Einrichtung kooperativer Lehrveranstaltungen in Hochschule, schulpraktischer Ausbildung und Lehrkräftefortbildung"[160]

2.4 Konfessionelle Kooperation unter dem Radar in Schleswig-Holstein

In Schleswig-Holstein ist der Anteil an katholischen Christ*innen sehr gering und lag im Dezember 2021 bei 5,6% der Gesamtbevölkerung.[161] Der Anteil der Protestanten lag 2018 noch bei 44%.[162] Diese Diasporasituation der Katholik*innen erschwerte bereits in den 1990er Jahren die flächendeckende Sicherstellung des katholischen Religionsunterrichts. So wurde der katholische Religionsunterricht häufig nur einstündig in klassen- und jahrgangsübergreifenden Lerngruppen erteilt. Der Mangel an katholischen wie evangelischen Religionslehrkräften im gesamten Bundesland führte zudem dazu, dass Lehrkräfte beider Konfessionen ohne Facultas als sogenannte Neigungslehrer*innen nach Teilnahme an einer Fortbildung Religionsunterricht erteilen durften.[163] Bereits 1995 wurde ein gemeinsamer Runderlass der katholischen und evangelischen Kirchen in Schleswig-Holstein von den Ministerien für Frauen, Bildung, Weiterbildung und Sport herausgegeben, der zwar an der konfessionsspezifischen Ausrichtung des Religionsunterrichts festhielt, jedoch in seinen Ausführungsbestimmungen von 1997 die Möglichkeiten der Kooperation eröffnete und gemein-

---

160 Ebd., S. 4.
161 Die Zahlen basieren auf: Erzbistum Hamburg, Kirchliche Statistik 2021.
162 Vgl. Bundeszentrale für Politische Bildung: Kirche nach Bundesländern. Stand: 10.08.2020.
163 Vgl. Bayer-Wied, D.: Ökumenisch ja – aber bitte getrennt? Konfessionelle Kooperation in der Grundschule. Frankfurt a. M. 2011, S. 318.

samen Religionsunterricht über das erste Schuljahr hinaus auf Antrag ermöglichte.[164] Die inhaltlichen Bestimmungen ähneln dabei dem 1998 erschienenen Erlass von EKD und DBK „Zur Kooperation von Katholischem und Evangelischem Religionsunterricht". Obwohl die Bedingungen für eine Antragstellung sehr offen gehalten sind, wurden in den folgenden Jahren kaum Anträge gestellt.[165] Das änderte auch der 2010 aktualisierte Ministerialerlass nicht, der bezüglich des Antragsverfahrens keine Änderungen vornimmt, aber die Bereitschaft der beiden Kirchen zur ökumenischen Zusammenarbeit in Bezug auf den Religionsunterricht hervorhebt.[166] So zeigt Uta Pohl-Patalong in ihrer 2016 erschienenen Studie, dass 9.400 Lerngruppen konfessionsgetrennt unterrichtet werden, nur 47 Lerngruppen konfessionell kooperativ nach erteilter Antragstellung und weitere 1.438 Lerngruppen katholisch-evangelisch gemischt, ohne erfolgte Antragstellung.[167] Insgesamt sind bis September 2021 in ganz Schleswig-Holstein lediglich 140 Anträge auf konfessionell kooperativen Religionsunterricht eingegangen.[168]

2.5 Religionsunterricht in gemischt-konfessionellen Lerngruppen in Hessen

In Hessen wird der Religionsunterricht in der Regel in konfessionsgetrennten Lerngruppen erteilt. Allerdings gibt es auch hier Sonderregelungen. So regelt der Ministerialerlass von 1999 die Einrichtung von gemischt konfessionellen Lerngruppen in Diasporasituationen.[169] Konkret heißt es dort: „Der Religionsunterricht ist einzurichten, wenn mindestens acht Schülerinnen und Schüler teilnehmen und zu einer pädagogisch und schulorganisatorisch vertretbaren Lerngruppe zusammengefasst werden können."[170] andernfalls haben die Kirchen und

---

164 Vgl. ebd.; vgl. Ministerium für Bildung, Wissenschaft, Forschung und Kultur Schleswig-Holstein (MBWFK): Durchführungsbestimmungen zu § 2 Absatz 3 Satz 2 und 3 des Runderlasses Religionsunterricht an den Schulen in Schleswig-Holstein., S. 12–14.
165 Vgl. Sajak, C. P.: Formate der Kooperation in Schleswig-Holstein, Niedersachsen, Baden-Württemberg, Nordrhein-Westfalen und Hessen, S. 22.
166 Vgl. Ministerium für Bildung und Kultur Schleswig-Holstein (MBK): Religionsunterricht an den Schulen in Schleswig-Holstein, S. 8ff.
167 Vgl. Pohl-Patalong, U. u. a.: Konfessioneller Religionsunterricht in religiöser Vielfalt, S. 13.
168 Vgl. Sajak, C. P.: Formate der Kooperation in Schleswig-Holstein, Niedersachsen, Baden-Württemberg, Nordrhein-Westfalen und Hessen, S. 22.
169 Vgl. Bayer-Wied, D.: Ökumenisch ja – aber bitte getrennt?, S. 285f.
170 Ministerium für Bildung, Wissenschaft, Forschung und Kultur Schleswig-Holstein (MBWFK), Durchführungsbestimmungen zu § 2 Absatz 3 Satz 2 und 3 des Runderlasses Religionsunterricht an den Schulen in Schleswig-Holstein, S. 28.

Religionsgemeinschaften das Recht, auf eigene Kosten ordentlichen Religionsunterricht zu erteilen. Weiter heißt es:
1. „Ist in einem Schuljahr die Bildung von Lerngruppen für beide Konfessionen […] zum Beispiel wegen Mangel an Lehrkräften oder wegen schulorganisatorischer Schwierigkeiten nicht möglich, können die Schülerinnen und Schüler am Religionsunterricht jeweils der anderen Konfession unter folgenden Voraussetzungen teilnehmen:
a) Die Schulleitung beantragt unter Angabe von Gründen die Zustimmung zur Erteilung von Religionsunterricht in einer konfessionell gemischten Lerngruppe über das staatliche Schulamt bei den zuständigen Behörden beider Kirchen […]. Sie fügt eine Stellungnahme der beiden Fachkonferenzen, soweit sie bestehen, sowie das Einverständnis der betroffenen Religionslehrerinnen und Religionslehrer bei.
b) Nach Zustimmung der kirchlichen Behörden informiert die Schulleitung die Schülerinnen und Schüler, die am Religionsunterricht der anderen Konfession teilnehmen können, und deren Eltern […].
1. Grundlage des Unterrichts ist der jeweilige Lehrplan. Bei der Auswahl der Unterrichtsinhalte sollen die konfessionellen Besonderheiten und Prägungen mit dem Ziel gegenseitigen Verstehens behandelt werden."[171]

Mit erteilter Genehmigung eines solchen Antrags ist in der Regel auch eine Fortbildung verbunden, um den konfessionellen Besonderheiten und Prägungen der anderen Konfession gerecht zu werden. Häufig ist Ziel dieser Anträge nicht nur die konfessionell kooperative Ausrichtung des Religionsunterrichts, sondern ein Religionsunterricht im Klassenverband, der auch Schüler*innen anderer Religionen einbindet, der neben der Ausrichtung an den katholischen und evangelischen Lehrplänen auch religionskundliche Perspektiven auf andere Religionen verstärkt einbringt und eine allgemeine Wertevermittlung in den Fokus rückt.[172] Gemäß dem Ministerialerlass sollen außerdem Projekte gefördert werden, die fächerverbindend und fächerübergreifend agieren. Hier sind v. a. Unterrichtsprojekte von Evangelischem und katholischem Religionsunterricht, aber auch Kooperationen mit dem Ersatzfach Ethik angedacht.[173] Diese Form des Religionsunterrichts wird schulrechtlich nicht als konfessionell kooperativer Religionsunterricht verstanden, sondern als konfessioneller Religionsunterricht mit gemischten Lerngruppen nach dem Gastprinzip.[174] Aufgrund der klaren Bedingungen, die als Voraussetzung für diese Unterrichtsorganisation festgelegt sind sowie der expliziten Einbindung fremdkonfessioneller Themen und Perspektiven, plädiert Clauß Peter Sajak aus religionspädagogischer Perspektive dafür,

---

171 Ebd., S. 29.
172 Vgl. Bayer-Wied, D.: Ökumenisch ja – aber bitte getrennt, S. 287.
173 Vgl. ebd., S. 288.
174 Vgl. Sajak, C. P.: Formate der Kooperation in Schleswig-Holstein, Niedersachsen, Baden-Württemberg, Nordrhein-Westfalen und Hessen, S. 26; Bayer-Wied, D.: Ökumenisch ja – aber bitte getrennt?, S. 286.

auch diese Unterrichtsform zum konfessionell kooperativen Religionsunterricht zu zählen.[175] Tatsächlich wird diese Unterrichtsform in Hessen häufig umgesetzt. So erteilen nach Angabe der kirchlichen Schulverwaltungen ca. 48,1% aller Schulen in Hessen Religionsunterricht in gemischt konfessionellen Lerngruppen.[176] Derzeit wird zudem auch die schulrechtliche Einführung des konfessionell kooperativ Religionsunterrichts diskutiert. So startete 2016 ein zweijähriger, wissenschaftlich begleiteter Modellversuch an vier hessischen Gesamtschulen des Bistums Fulda, dessen Ergebnisse 2021 in einer umfassenden Studie veröffentlicht wurden.[177] Sowohl Schüler*innen als auch Lehrer*innen würdigten diese Unterrichtsform positiv, wobei die Lehrkräfte auf die Notwendigkeit einschlägiger Fortbildungen hinwiesen.[178]

2.6 Auf dem Weg zur konfessionellen Kooperation in Rheinland-Pfalz

In Rheinland-Pfalz findet der Religionsunterricht in konfessionell getrennten Lerngruppen statt. Seit 1998 wird der Religionsunterricht gemäß den Empfehlungen von EKD und DBK in den ersten Wochen der ersten Klasse im Klassenverband erteilt, wofür das Bistum Trier ein Curriculum und eine konfessionell kooperative Arbeitsgruppe eine Arbeitshilfe „Hand in Hand" entwickelt hat, die in der Praxis häufig verwendet wird. In den 1990er Jahren erfolgten auf Initiative der evangelischen Landeskirchen Vorgespräche für eine erweiterte konfessionelle Kooperation, die jedoch von katholischer Seite nicht weitergeführt wurden.[179] Durch die offiziellen Verlautbarungen zur erweiterten konfessionellen Kooperation der DBK 2016 und der EKD 2018 wurden die Verhandlungen für die Einrichtung eines konfessionell kooperativen Religionsunterrichts wieder aufgenommen. Auf dem Bildungsserver des Landes Rheinland-Pfalz heißt es diesbezüglich: „Die Grundlagen, Standards und Zielsetzungen des konfessionellen Religionsunterrichts' der EKD (BESRK) im Jahr 2016 wurden von drei Landeskirchen in Rheinland-Pfalz als Grundlage übernommen. Eine Einigung auf Landesebene, die die Rahmenbedingungen konkretisiert, soll nun folgen. Die ökumenischen Gespräche werden in der ‚Interkonfessionellen Schulreferenten-Kon-

---

175 Vgl. Sajak, C. P.: Formate der Kooperation in Schleswig-Holstein, Niedersachsen, Baden-Württemberg, Nordrhein-Westfalen und Hessen, S. 26.
176 Vgl. ebd., S. 27.
177 Vgl. Gennerich, C. / Käbisch, D. / Woppowa, J.: Konfessionelle Kooperation und Multiperspektivität, S. 11.
178 Vgl. Bohl, J. / Kaloudis, A. / Marker, C.: Religionsunterricht in konfessioneller Kooperation, S. 2.
179 Vgl. Bayer-Wied, D.: Ökumenisch ja – aber bitte getrennt?, S. 310.

ferenz' fortgesetzt mit dem Ziel, gemeinsame belastbare Regelungen zu formulieren. Die KoKo [Konfessionelle Kooperation] setzt ein entsprechendes Curriculum sowie eine eigene Didaktik voraus, über das sich das Land und die Kirchen in einem nächsten Schritt verständigen müssen."[180] Gegenwärtig findet an vielen Schulen aus schulorganisatorischen Gründen ein sogenannter ökumenischer Religionsunterricht im Klassenverband statt, der jedoch schulrechtlich nicht geregelt ist.[181]

2.7 Konfessionelle Kooperation in den katholisch geprägten Bundesländern Bayern und Saarland

Bayern

In *Bayern* findet konfessionell getrennter Religionsunterricht statt. Die konfessionelle Kooperation beschränkt sich auf zeitlich begrenzte Projekte und konkrete Themen. Für den Grundschulunterricht sind entsprechende Themen, die sich für die Kooperation eignen, in Lehrplänen gekennzeichnet. In Gebieten, in denen aus schulorganisatorischen Gründen kein evangelischer Religionsunterricht zustande kommt, nehmen evangelische Kinder am katholischen Religionsunterricht teil. In der Praxis wird v. a. an Grund- und Hauptschulen sowie an Berufsschulen und Förderschulen ein gemeinsamer sogenannter „ökumenischer Religionsunterricht" erteilt, der nicht schulrechtlich geregelt ist.[182] Gegenwärtig wird auch in Bayern über Möglichkeiten der Einführung der konfessionellen Kooperation diskutiert. So startete im Schuljahr 2019/20 ein zweijähriger Projektversuch „Konfessioneller Religionsunterricht in erweiterter Kooperation" ähnlich dem hessischen Ansatz. Trotz konfessionell gemischter Lerngruppen wird der Religionsunterricht nach dem Lehrplan der Konfession der Lehrkraft und der Mehrheit der Schüler*innen erteilt.[183]

Saarland

Das *Saarland* zählt zu den katholisch geprägten Bundesländern und hielt lange ausschließlich am Modell des monokonfessionellen Religionsunterrichts fest.[184] Auch gegenwärtig bildet diese Form des Religionsunterrichts den Regelfall. So heißt es im Ministerialerlass des Saarlandes von 2021: „Es wird vom Grundsatz

---

180 Bildungsserver Rheinland-Pfalz: Konfessionelle Kooperation im Religionsunterricht.
181 Vgl. Bayer-Wied, D.: Ökumenisch ja – aber bitte getrennt?, S. 310.
182 Vgl. Bayer-Wied, D.: Ökumenisch ja – aber bitte getrennt?, S. 260.
183 Vgl. Bayerisches Staatsministerium für Unterricht und Kultus: Konfessioneller Religionsunterricht in erweiterter Kooperation.
184 Vgl. Meyer, K. / Maier, A.: Religion unterrichten im Saarland, S. 217.

ausgegangen, dass im Religionsunterricht die konfessionelle Homogenität von Lehrkräften, Schülerinnen und Schülern und Lehre gegeben ist."[185] Aufgrund der Minderheitensituation der Protestant*innen wurde bereits 1985 im Einvernehmen zwischen dem Katholischen Büro des Saarlandes, dem Beauftragten der Evangelischen Kirchen im Saarland und dem Ministerium für Kultus, Bildung und Wissenschaft Grundlagen für die Teilnahme konfessionsfremder oder konfessionsloser Schüler*innen am Religionsunterricht formuliert. So können Schüler*innen auf Antrag als konfessionslose oder konfessionsfremde Schüler*in am konfessionellen Religionsunterricht der jeweils anderen Konfession teilnehmen, wenn die jeweilige Lehrkraft ihr Einverständnis erklärt und für die eigene Konfession aus schulorganisatorischen Gründen kein Unterricht angeboten werden kann.[186] Seit dem Schuljahr 2021/22 ist zudem die Antragstellung auf Einrichtung von konfessionell kooperativen Lerngruppen für die Grundschule und Sekundarstufe I möglich. Die Grundlage hierfür bildet die Vereinbarung „Konfessionelle Kooperation im evangelischen und katholischen Religionsunterricht im Saarland. Den konfessionellen Religionsunterricht stärken – Perspektiven konfessioneller Kooperation" von 2021 zwischen der Evangelischen Kirche der Pfalz (Protestantische Landeskirche) und dem Bistum Speyer sowie zwischen der Evangelischen Kirche im Rheinland und dem Bistum Trier. Die Einrichtung konfessionell kooperativer Lerngruppen ist nur möglich, wenn an der Schule Religionsunterricht beider Bekenntnisse stattfindet und Einvernehmen zwischen der Schulleitung und den Fachkonferenzen bzw. Fachlehrkräften besteht. Der Antrag ist bei der zuständigen Schulaufsichtsbehörde zu stellen, die wiederum Einvernehmen mit den kirchlichen Oberbehörden herstellt. Der konfessionell kooperative Religionsunterricht wird auf Basis eines fachdidaktischen Konzeptes erteilt, das die Fachkonferenzen beider Konfessionen auf Basis der jeweiligen Lehrpläne entwickeln. Voraussetzung für die Erteilung des konfessionell kooperativen Religionsunterrichts ist zudem die Teilnahme an verbindlichen Fortbildungen, die von den Kirchen konzipiert und angeboten werden.[187]

---

185 Ministerium für Bildung und Kultur des Saarlandes: Erlass über die Teilnahme konfessionsfremder oder konfessionsloser Schülerinnen und Schüler am Religionsunterricht und über die konfessionelle Kooperation im Religionsunterricht, I. 1
186 Vgl. ebd.
187 Vgl. ebd., II, 1.-6.

2.8 Konfessionelle Kooperation in den „neuen" Bundesländern Sachsen, Sachsen-Anhalt, Thüringen und Mecklenburg-Vorpommern

Die Wiedervereinigung der Bundesrepublik Deutschland hat sich inzwischen zum 30. Mal gejährt, sodass der Begriff der „neuen" Bundesländer kritisch zu betrachten ist. Bezüglich der demografischen Zusammensetzung der Schüler*innen und (potenziellen) Lehrkräfte hatte die Zeit des Sozialismus in der DDR gravierende Auswirkungen auf die religiöse Sozialisation und die Kirchenzugehörigkeit, die bis in die Gegenwart reichen. Insofern wird im religionspädagogischen Diskurs noch immer zwischen den sogenannten „neuen" und „alten" Bundesländern unterschieden. Im Folgenden werden die Bundesländer Sachsen, Mecklenburg-Vorpommern, Sachsen-Anhalt und Thüringen als Gruppe von Bundesländern mit ähnlichen Voraussetzungen mit Blick auf den konfessionell kooperativen Religionsunterricht in den Blick genommen. Die Bundesländer Berlin und Brandenburg werden unter den Sonderformen religiöser Bildung in Schule in Abschnitt III.1 behandelt.

Sachsen

Im ursprünglich mehrheitlich protestantischen *Sachsen* ist die Mehrheit der Schüler*innen, geprägt durch die religionsferne Sozialisation im Sozialismus der DDR, konfessionslos. Der Anteil an Katholik*innen liegt insgesamt bei ca. 3,7 %, der Anteil der Protestant*innen bei ca. 18,5 %. Hinzu kommen starke regionale Unterschiede, sodass es sowohl stark protestantisch geprägte ländliche Gebiete im Erzgebirge als auch stark katholisch geprägte ländliche Regionen in der Oberlausitz gibt. Diese Konstellation führte dazu, dass in den Jahren nach der Wende der katholische und evangelische Religionsunterricht lediglich als Wahlfach neben dem Fach Ethik eingeführt wurde und bis heute nicht flächendeckend angeboten wird.[188]

Im Jahr 2002 trafen sowohl die evangelische Kirche der schlesischen Oberlausitz und das Bistum Görlitz als auch die Evangelisch-Lutherische Landeskirche Sachsens und das Bistum Dresden-Meißen eine Vereinbarung zur konfessionellen Kooperation auf Basis des Positionspapiers von EKD und DBK aus dem Jahr 1998. Dabei beschränkten sich die Vereinbarungen jedoch auf die nicht genehmigungspflichtigen Kooperationen wie die Durchführung ökumenischer

---

188 Vgl. Scheidler, M. / Lütze, F. M.: Religion unterrichten in Sachsen, S. 343f.

Schulgottesdienste, Durchführung ökumenischer bzw. konfessionell kooperativer Projekte, gemeinsamer Fachkonferenzen und Fortbildungen.[189] Eine erweiterte Form der Kooperation erfolgte beginnend mit dem Schuljahr 2003/2004 im Rahmen eines Modellprojekts. Dort fand an zwei Grundschulen bei Dresden konfessionell kooperativer Religionsunterricht in gemischt konfessionellen Lerngruppen statt. Der Modellversuch wurde wissenschaftlich begleitet durch Monika Scheidler und Roland Biewald. Trotz der positiven Evaluation wurde der Modellversuch 2007 beendet. 2019 veröffentlichen die Evangelische Lutherische Landeskirche Sachsen und das Bistum Dresden-Meißen ein neues Positionspapier „Konfessionelle Kooperation im Religionsunterricht im Freistaat Sachsen". Darin wird unter Berufung auf die Empfehlungen von DBK und EKD die Möglichkeit zur Antragstellung auf eine erweiterte Kooperation im Sinne eines konfessionell kooperativen Religionsunterrichts eröffnet.[190] Allerdings ist die Antragstellung streng reglementiert und die Bedingungen so eng gefasst, dass sie für viele Schulen nicht in Frage kommt.[191] So werden von den Kirchen und den Schulbehörden konkrete Standorte für den Modellversuch ausgewählt. Voraussetzung ist, dass bereits durch kirchliche Fortbildungen qualifizierte Lehrkräfte beider Konfessionen an den Schulen unterrichten. Diese entwickeln auf Basis der jeweiligen Lehrpläne ein gemeinsames Curriculum. Schuljahresweise soll ein Lehrkräftewechsel erfolgen. Die Antragstellung erfolgt bei den Kirchen, wird durch die Schulaufsichtsbehörde geprüft und muss von allen drei Seiten positiv beurteilt werden. Die Genehmigung erfolgt für maximal 2 Jahre. Zudem muss das Einverständnis der Schüler*innen bzw. der Erziehungsberechtigten eingeholt werden. Der Modellversuch muss evaluiert werden.[192]

Sachsen-Anhalt

Die Geschichte des Religionsunterrichts in Sachsen-Anhalt verlief ähnlich wie in Sachsen. Auch hier wurde nach der Wiedervereinigung zunächst konfessionell getrennter Religionsunterricht katholisch und evangelisch sowie das Unterrichtsfach Ethik eingerichtet, die als Wahlpflichtfächer angeboten wurden. Die Schüler*innen bzw. deren Erziehungsberechtigte können das zu besuchende Fach frei wählen, unabhängig von ihrer Konfession, insofern es an ihrer Schule

---

189 Vgl. Vereinbarung zur konfessionellen Kooperation im Religionsunterricht zwischen der Evangelischen Kirche der schlesischen Oberlausitz und dem Bistum Görlitz vom 18. November 2002; Vereinbarung zur konfessionellen Kooperation im Religionsunterricht zwischen der Evangelisch-Lutherische Landeskirche Sachsens und das Bistum Dresden-Meißen vom 12. März 2002.
190 Vgl. Evangelische Lutherische Landeskirche Sachsen und das Bistum Dresden-Meißen: Konfessionelle Kooperation im Religionsunterricht im Freistaat Sachsen.
191 Vgl. Scheidler, M. / Lütze, F. M.: Religion unterrichten in Sachsen, S. 348.
192 Vgl. Evangelische Lutherische Landeskirche Sachsen und das Bistum Dresden-Meißen: Konfessionelle Kooperation im Religionsunterricht im Freistaat Sachsen.

eingerichtet ist.[193] Die Fächer Religion und Ethik bilden somit eine gemeinsame Fächergruppe. Der katholische und evangelische Religionsunterricht wurde zwischen 1991 und 1992 eingerichtet und zunächst von kirchlichen Angestellten unterrichtet. Eine eigene Religionslehrer*innenbildung an Universitäten in Sachsen-Anhalt erfolgte erst ab 1998, als eine vertragliche Vereinbarung zwischen dem Heiligen Stuhl und dem Land Sachsen-Anhalt getroffen wurde.[194] Tatsächlich findet der evangelische Religionsunterricht in Sachsen-Anhalt heute flächendeckend nur an Gymnasien statt, der katholische Religionsunterricht hauptsächlich an kirchlichen Schulen, sodass eine tatsächliche Wahlfreiheit, wie sie im Schulgesetz angedacht ist, nicht gegeben ist. Der Großteil der Schüler*innen besucht den Ethikunterricht.[195] Der Religionsunterricht wird eingerichtet, wenn mindestens sechs Schüler*innen eine Lerngruppe bilden. Dabei kann die Einrichtung einer Lerngruppe klassen-, jahrgangs-, schul-, und sogar schulformübergreifend erfolgen.[196] Diese Variante betrifft v. a. den katholischen Religionsunterricht, wobei er dann häufig nicht an den Schulen im Rahmen des Stundenplans stattfindet, sondern nachmittags in der Kirchengemeinde durch pastorales Personal erteilt wird und sich durch katechetische Züge auszeichnet.[197] Konfessionelle Kooperation spielt in Sachsen-Anhalt keine Rolle, obwohl sie durch das Land Sachsen-Anhalt 2005 ausdrücklich empfohlen wurde: „Sofern die Religionsgemeinschaften für ihren Religionsunterricht konfessionsübergreifende oder konfessionelle Kooperation vereinbaren, ist diese möglich. Seitens des Landes kann eine solche Kooperation aus verfassungsrechtlichen Gründen nicht gefordert werden, sie ist aber in jedem Fall wünschenswert und sinnvoll."[198]

Thüringen

Die Ausgangslage in Thüringen ist mit der in Sachsen und Sachsen-Anhalt vergleichbar. Auch hier waren nach der Wende die Mehrheit der Schüler*innen konfessionslos, etwa ein Viertel evangelisch und die Minderheit katholisch. Auch hier wurde das Fach Ethik in einer Fächergruppe mit katholischem und evangelischem Religionsunterricht eingerichtet, zu der hier aber auch der jüdische Religionsunterricht zählt.[199] Aufgrund von fehlenden Lehrkräften findet der Religionsunterricht jedoch nicht flächendeckend statt. Der evangelische Religionsunterricht wird dort, wo es ihn gibt, insgesamt gut angenommen und

---

193 Vgl. Bayer-Wied, D.: Ökumenisch ja – aber bitte getrennt?, S. 316.
194 Vgl. Domsgen, M. / Schwillus, H.: Religion unterrichten in Sachsen-Anhalt, S. 370.
195 Vgl. ebd., S. 373.
196 Vgl. Bayer-Wied, D.: Ökumenisch ja – aber bitte getrennt?, S. 316.
197 Vgl. Domsgen, M. / Schwillus, H.: Religion unterrichten in Sachsen-Anhalt, S. 373.
198 Bildungsserver Sachsen-Anhalt: Schulverwaltungsblatt des Landes Sachsen-Anhalt Nr. 3/2005 vom 21.03.2005.
199 Vgl. Bayer-Wied, D.: Ökumenisch ja – aber bitte getrennt?, S. 321.

auch von zahlreichen konfessionslosen Schüler*innen besucht. Der katholische Religionsunterricht kommt häufig nur in katholisch geprägten Gebieten und an katholischen Schulen zustande. Ansonsten findet er in Diasporasituationen schulübergreifend nachmittags in Räumen der Kirchengemeinden statt.[200] Grundlage hierfür ist der aus dem Jahr 2000 stammende Beschluss des Kultusministeriums „Religionsunterricht in extremen Diasporasituationen", der schulisch anerkannten Religionsunterricht an einem Samstag im Monat im Rahmen eines gemeinsamen Unterrichtstages für Schüler*innen eines größeren Einzugsgebiets gestattet.[201]

Ein erster Modellversuch der konfessionellen Kooperation fand Anfang der 2000er Jahre an einem evangelischen Gymnasium in Jena statt.[202] Das Bistum Erfurt wehrte sich jedoch zunächst gegen eine flächendeckende Einführung des konfessionell kooperativen Religionsunterrichts, da es aufgrund der klaren Mehrheitsverhältnisse zugunsten der evangelischen Kirche keine Kooperation auf Augenhöhe sah, sondern befürchtete, die Teilnahme von katholischen Schüler*innen am evangelischen Religionsunterricht käme der Abschaffung des katholischen Religionsunterrichts gleich.[203] Vermutlich beeinflusst durch die positiven Erfahrungen in anderen Bundesländern (insbesondere der Bistümer Dresden-Meißen und Fulda) stieß die katholische Kirche jedoch Ende der 2010er Jahre Gespräche zur Einführung des konfessionell kooperativen Religionsunterrichts an und konnte 2019 eine Vereinbarung zwischen der Evangelischen Kirche Mitteldeutschland, den katholischen Bistümern Erfurt, Sachsen-Meißen und Fulda zur Einführung des konfessionell kooperativen Religionsunterrichts beschließen.[204] Im gleichen Jahr wurde eine Arbeitsstelle „Konfessionell-kooperativer Religionsunterricht in Thüringen" an der Friedrich-Schiller-Universität Jena eingerichtet.[205] Auf Basis der Vereinbarung zwischen den Kirchen erfolgte im Sommer 2022 die „Vereinbarung über das Modellprojekt eines konfessionell-kooperativen Religionsunterrichtsangebots an ausgewählten öffentlichen Schulen im Freistaat Thüringen" zwischen den katholischen Bistümern, den evangelischen Landeskirchen und dem Freistaat Thüringen. Das Modellprojekt bezieht sich auf die Diasporasituation von katholischen Schüler*innen, für die kein katholischer Religionsunterricht eingerichtet werden kann. Dort kann ab dem Schuljahr 2023/24 an ausgewählten Schulen für die Dauer von zunächst 4 Jahren der Religionsunterricht konfessionell kooperativ erfolgen. Bedingungen sind, dass katholische und evangelische Schüler*innen am Unterricht teilnehmen

---

200 Vgl. Wermke, M. / Widl, M.: Religion unterrichten in Thüringen, S. 429.
201 Vgl. Bayer-Wied, D.: Ökumenisch ja – aber bitte getrennt?, S. 322.
202 Vgl. Wermke, M. / Widl, M.: Religion unterrichten in Thüringen, S. 426.
203 Vgl. Vgl. Bayer-Wied, D.: Ökumenisch ja – aber bitte getrennt?, S. 322.
204 Vgl. Wermke, M. / Widl, M.: Religion unterrichten in Thüringen, S. 427.
205 Vgl. Forschungszentrums für Religion und Bildung: Arbeitsstelle „Konfessionell-kooperativer Religionsunterricht in Thüringen".

und der Unterricht im Wechsel von einer katholischen und evangelischen Lehrkraft erteilt wird. Das zuständige Schulamt wählt die betreffenden Schulen aus, die von Bistümern und Landeskirchen vorgeschlagen werden. Die Lehrkräfte müssen verbindlich an Fortbildungen teilnehmen und die Lehrpläne um gemeinsam verantwortete Lehrplanhinweise ergänzen. Der Modellversuch ist begrenzt bis zum 31.07.2027, kann aber durch eine neue Vereinbarung verlängert werden.[206]

Mecklenburg-Vorpommern

In Mecklenburg-Vorpommern wird in der Regel evangelischer Religionsunterricht erteilt, der für katholische und konfessionslose Schüler*innen geöffnet ist. Obwohl die meisten Schüler*innen konfessionslos sind, nahmen 2018 ca. 42% am evangelischen Religionsunterricht teil.[207] 1997 wurde außerdem eine von den evangelischen Kirchen entwickelte Konzeption vom Kultusministerium bestätigt und von den katholischen Bistümern mit Einschränkung bestätigt, wonach eine Kooperation zwischen den Fächern Philosophie, katholischer Religionsunterricht und evangelischer Religionsunterricht angestrebt wird. Diese Kooperation ist auch in der gegenwärtig gültigen Fassung des Landesschulgesetzes enthalten: „Die Unterrichtsfächer evangelische Religion, katholische Religion und Philosophieren mit Kindern oder Philosophie können zeitweilig auch als Fächergruppe angeboten werden. Innerhalb dieser Fächergruppe sollen die einzelnen Fächer unter Wahrung ihrer Eigenständigkeit und ihrer Besonderheiten und der Rechte der Schülerinnen, Schüler und Erziehungsberechtigten in kooperativer Form unterrichtet werden."[208] Die Kooperation ist dabei auf Ebene des Austausches zwischen den Lehrkräften und der Umsetzung gemeinsamer Projekte angedacht, was jedoch durch den akuten Mangel an Lehrkräften erschwert wird.[209]

---

206 Vgl. Vereinbarung über das Modellprojekt eines konfessionell-kooperativen Religionsunterrichtsangebots an ausgewählten öffentlichen Schulen im Freistaat Thüringen vom 04.07.2022.
207 Vgl. Schwarz, S.: Konfessionslose und konfessionell-kooperativer Religionsunterricht – ein Widerspruch?, S. 15.
208 Land Mecklenburg-Vorpommern: Schulgesetz für das Land Mecklenburg-Vorpommern, §8.
209 Vgl. Bayer-Wied, D.: Ökumenisch ja – aber bitte getrennt?, S. 292.

IV. Konfessionelle Kooperation zukunftsfähig gestalten

1. Kontextualisierung

Wenig golden erscheinen die 20er Jahre dieses Jahrhunderts im Blick auf die Zukunft des konfessionsgebundenen Religionsunterrichts. Im säkularisierten Deutschland, in dem die Zahl der konfessionslosen Schüler*innen stetig steigt und auch die religiöse Sozialisation der getauften Schüler*innen immer weiter zurückgeht, scheinen Konfessionalität und insbesondere ein konfessioneller Religionsunterricht nicht mehr zeitgemäß. Religion, Glaube, Spiritualität und Religiosität verschwinden zunehmend aus dem Bewusstsein und der Öffentlichkeit. Eine übergreifende Ethik, Toleranz- und Dialogfähigkeit sollen ihren Platz einnehmen. So fordert u. a. Hartmut Kreß einen für alle verbindlichen „Ethik- und Werteunterricht", der der „normativen Logik des weltanschaulich neutralen Staates, den Gegebenheiten einer pluralistischen Gesellschaft und dem Verfassungsziel der Toleranz [...] sehr viel mehr entsprechen [würde] als das Modell des konfessionell-partikularen bekenntnisorientierten Religionsunterrichts."[210]

Andere Stimmen fordern multireligiös angelegte Lerngruppen religiöser Bildung in Schule, um der Pluralität gerecht zu werden und die Dialogfähigkeit zu stärken. Gleichzeitig beobachten wir eine zunehmende Verbreitung rechtspopulistischen Gedankenguts, einen verstärkt in die Öffentlichkeit drängenden Antisemitismus und Fundamentalismus sowie das Erstarken demokratiefeindlicher politischer Bewegungen und Parteien. Angesichts dieser Tendenzen ergibt sich die Notwendigkeit eines Unterrichtsfaches, das genau diese angestrebte Toleranz- und Dialogfähigkeit fördert. Es stellt sich jedoch die Frage, ob dies ein allgemeiner Werte- und Normenunterricht oder ein multireligiöser Unterricht leisten kann. Zwar lässt sich diese Frage hermeneutisch ohne einschlägige empirische Befunde nicht beantworten, aber im vorliegenden Zusammenhang zumindest präzisieren:

1. Ein allgemeiner Werte-und-Normen-Unterricht, der in der Regel religionskundlich angelegt ist, hat zum Ziel, Schüler*innen in ihrer moralischen und ethischen Urteilsbildung anzuleiten, sie zu unterstützen und ihnen Orientierung zu geben. Das suggeriert jedoch, dass sämtliche menschliche Handlungen ausschließlich nach ethischen und moralischen Gesichtspunkten zu beurteilen sind. Religiöse, spirituelle oder gar traditionell-rituelle Begründungsmuster einer Handlung würden als „unvernünftig" entlarvt.

---

210 Kreß, H.: Staat und Person, S. 121.

Während sich der Verzicht auf Fleischprodukte aus Massentierhaltung oder Tierprodukte im Allgemeinen durchaus ethisch und moralisch begründen lässt, gilt dies für den Verzicht auf Schweinefleisch aus religiösen Motiven nicht – und könnte somit als unvernünftig disqualifiziert werden. Hieraus ergibt sich die Frage, inwieweit ein solcher Ethikunterricht zwar die Toleranz gegenüber Vegetarier*innen, Tierschützer*innen und Veganer*innen fördert, einem Verständnis für muslimische oder jüdische Speiserituale jedoch entgegenwirkt. Bejaht man die Frage, erscheint eine Ausblendung des Religiösen demnach weder geeignet, Toleranz gegenüber (anderen) Religionen zu fördern, noch eine (interreligiöse) Dialogfähigkeit zu schulen.

Gesellschaftlich steht es außer Frage, dass die Beschäftigung mit interreligiösen Fragestellungen notwendig ist. Somit lässt sich religiöse Bildung in der Schule in den 2020er Jahren kaum ohne interreligiöse Perspektiven denken. Durch die Pluralisierung findet sich eine religiöse, kulturelle und weltanschauliche Vielfalt an Schulen, die religionsunterrichtlich organisiert werden und in einen dialogischen Prozess des toleranten und respektvollen Miteinanders gebracht werden muss. Hier stellt sich die Frage, wie eine solche Organisation auszusehen hätte. Wäre es tatsächlich sinnvoll, einen interreligiösen Religionsunterricht für alle Religionen, Konfessionen und Konfessionslose zu praktizieren, der von einer einzigen Lehrkraft durchgeführt wird?

An dieser Stelle greift ein zweiter Denkanstoß, der sich in ähnlicher Weise als Antithese zum übergreifenden Werte- und Normen-Unterricht verstehen lässt:

2. Zur Ausbildung einer echten Dialogfähigkeit bedarf es zunächst eines eigenen Standpunktes. So basiert die Idee eines Dialogs auf einem Gespräch zwischen zwei Personen, die einen unterschiedlichen Standpunkt einnehmen. Um jedoch einen Standpunkt im Hinblick auf Religion einnehmen zu können, bedarf es auch religiöser Bildung sowie religiöser Sprachfähigkeit. Wird zudem eine echte Verständigung im Sinne eines gegenseitigen Respekts, gegenseitiger Achtung und gegenseitigen Verstehens angestrebt, kann dieses Ziel nur erreicht werden, wenn beide Dialogpartner*innen aus einer eigenen reflektierten Nicht-/Glaubenspraxis heraus Religion als anerkennungswürdigen Faktor billigen. Das beinhaltet auch die Fähigkeit zum Perspektivwechsel. Gerade das leistet ein religionskundlicher sowie ein religionsübergreifender Unterricht nicht, der auf der pluralistischen Theologie aufbaut, da diese einer Art „globalen Airports" gleicht, „deren Sicht gerade nicht von den religiösen Akteuren vor Ort oder von der Selbstauskunft der Religionsgemeinschaften gedeckt ist, mit denen und auf die hin man Religionsunterricht zu konstruieren hat. Vielmehr steht sie ihnen tendenziell sogar entgegen."[211] Interreligiöse Bildung stellt somit eine Dimension von Bildung dar, „die sich auf die Wahrnehmung eigener und anderer Religionen und ihr Verständnis zueinander bezieht, die auf wechselseitigem

---

211 Scheliha, A. v.: Religionsunterricht 4.0., S. 381.

Verstehen beruhende dialogische Einstellungen anstrebt und zu einem gesellschaftlichen Zusammenleben im Sinne von Frieden und Toleranz, Anerkennung des Anderen und Respekt voreinander befähigt."[212]

Neben interreligiöser Bildung und religiöser Bildung im Allgemeinen ist es für einen zukunftsfähigen Religionsunterricht, der als gesellschaftlich relevant gesehen wird, unumgänglich, auch säkulare, weltanschauliche Perspektiven, Überzeugungen und Normen einzubeziehen und als anerkennungswürde Perspektiven für religiöse und weltanschauliche Fragen zu würdigen.

Unseres Erachtens kann dies in der gegenwärtigen gesellschaftlichen Situation elementar ein konfessionell kooperativer Religionsunterricht leisten, wenn dieser theologisch, religionspädagogisch und fachdidaktisch stringent angelegt ist. Religiöse Bildung wird dann zunächst in der Bezugs-Religion verortet, um darauf aufbauend in den (inter-)religiösen Dialog zu treten. Um einen eigenen religionsbezogenen Standpunkt zu entwickeln, der die Voraussetzung für eine ausgeprägte Toleranz- und Dialogfähigkeit bildet, ist nach unserem Verständnis die Perspektivgebundenheit religiöser Bildung unumgänglich.

2. *Anforderungen an eine Didaktik zum konfessionell kooperativen Religionsunterricht*

Aktuelle Veröffentlichungen zum konfessionell kooperativen Religionsunterricht sowie die Ausführungen zur gegenwärtigen Situation des Religionsunterrichts haben gezeigt, dass ein Desiderat hinsichtlich einer Didaktik des konfessionell kooperativen Religionsunterrichts besteht.[213] Die empirischen Studien zur Praxis des konfessionell kooperativen Religionsunterrichts weisen in diesem Zusammenhang auf die Dringlichkeit dieses Unterfangens hin.[214] Die anstehende

---

212 Schweitzer, F.: Interreligiöse Bildung, S. 132.
213 Vgl. Lindner, D. / Krobath, T.: Das Modell eines dialogisch-konfessionellen Religionsrichtes in Wien, S. 227–267; vgl. Boschki, R. / Schweitzer, F.: Ökumenisches Lernen braucht eine eigene Didaktik, S. 87–97; vgl. Schweitzer, F.: Konfessionalität – Ökumene, Pluralitätsverarbeitung, S. 201–217.
214 Ergebnisse des Tübinger Modells (Schweitzer, F. / Biesinger, A.: Gemeinsamkeiten stärken – Unterschieden gerecht werden.; Schweitzer, F. u. a.: Dialogischer Religionsunterricht), ein konfessionell-kooperatives Modell in Wien (Bastel, H. u. a. (Hg.): Das Gemeinsame entdecken), Konzeptionelle Überlegungen und Appelle für konfessionell-kooperativen Religionsunterricht (Ziller, K.-J.: Gemeinsame Verantwortung der evangelischen und katholischen Kirche für den Religionsunterricht in Ostdeutschland), Evaluation des kokoRU in Baden-Württemberg (Kuld, L. u. a. (Hg.): Im Religionsunterricht zusammenarbeiten), Evaluation des kokoRU in Niedersachsen (Gennerich, C. / Mokrosch, R.: Religionsunterricht kooperativ), konfessionell-kooperative Seminare in der Religionslehrerbildung (Feige, A. / Friedrichs, N. / Köllmann, M.: Religionsunterricht von Morgen?; Ritzer, G. u. a.:

Einführung des CRU in Niedersachsen sowie die geplante Einführung des konfessionell kooperativen Religionsunterrichts in weiteren Bundesländern aktualisieren dieses Anliegen erneut. An dieser Stelle sollen sowohl die Anforderungen an eine Didaktik zum konfessionell kooperativen Religionsunterricht skizziert werden, als auch das Profil unserer Didaktik aufgezeigt werden.

Schweitzer nennt in Bezug auf eine zu konzipierende Fachdidaktik für den konfessionell kooperativen Religionsunterricht die theologischen Anforderungen, die pädagogischen Anforderungen, die Berücksichtigung der unterschiedlichen Möglichkeiten im Kindes- und Jugendalter sowie die unterschiedlichen Organisationsformen der Lerngruppe innerhalb der konfessionellen Kooperation.[215] Wir ergänzen diese Anforderungen um die religionspädagogische Verortung.

Die theologischen Anforderungen an unsere Fachdidaktik interpretieren wir dahingehend, dass sie auf der Basis einer konfessionell kooperativen Theologie formuliert werden muss, die die zentralen Lehren der katholischen und evangelischen Kirchen sowie die aktuellen theologischen Diskurse aufgreift, kritisch katholisch wie evangelisch theologisch reflektiert, gesellschaftskritisch anfragt und für einen konfessionell kooperativ angelegten Religionsunterricht kontextualisiert. Bezüglich der inhaltlichen Ausgestaltung des Unterrichts ist folglich zu beachten, dass im gegenwärtig praktizierten konfessionell kooperativen Religionsunterricht die bearbeiteten konfessionellen Differenzen vorwiegend im Bereich der kirchlichen Lehre bearbeitet werden, während die gegenwärtigen Didaktiken des Religionsunterrichts Religion als Erlebnisgestalt, als Erzählung oder Ausgangspunkt ethischer Diskussionen thematisieren.[216] Hier gilt es einerseits kritisch zu prüfen, inwiefern die verstärkte Thematisierung der kirchlichen Lehre anschlussfähig für die Lebenswelt der Schüler*innen ist bzw. zu ihr in einen fruchtbaren Dialog treten kann. Andererseits sollte das Erleben von Religion, Konfession und konfessioneller Differenz verstärkt thematisiert und reflektiert werden. Nur so kann der Umgang mit Differenz, Pluralität und Heterogenität im konfessionell kooperativen Religionsunterricht einen Beitrag „zum Umgang mit gesellschaftlicher und kultureller Differenz und Heterogenität"[217] leisten. Zentral ist hierbei, dass es nicht um eine bloße vergleichende Darstellung des „typisch Katholischen" oder „typisch Evangelischen" geht, sondern der Religionsunterricht von einem konfessionell kooperativ entwickelten Bildungsplan ausgeht, der eine umfassende religiöse Bildung der Schüler*innen im

---

Konfessionell-kooperativer Unterricht in der Religionslehrer- Innenausbildung auf dem Prüfstand; Pemsel-Maier, S. / Weinhardt, J. / Weinhardt, M.: Konfessionell-kooperativer Religionsunterricht als Herausforderung), Umgang mit konfessioneller Differenz im kokoRU (Caspary, C.: Umgang mit konfessioneller Differenz im Religionsunterricht).

215 Vgl. Schweitzer, F.: Konfessionalität – Ökumene – Pluralitätsvereinbarungen, S. 209; Christiane Caspary bestätigt 2016 diese Aussage.
216 Vgl. Caspary, C.: Umgang mit konfessioneller Differenz im Religionsunterricht, S. 70.
217 Ebd.

Anforderungen an eine Didaktik

Blick hat und eben nicht ausschließlich die Konfessionalität zum Thema macht. Andersherum muss sich die Qualität konfessionell kooperativer Bildung in Bezug auf ihre theologische Verortung daran messen lassen, dass sie die einzelnen Themen eben auch nicht einfach aus einer allgemein christlichen Perspektive beleuchtet, sondern dezidiert im Sinne einer theologischen Multiperspektivität spezifisch katholische, spezifisch evangelische aber auch nicht eindeutig zuordenbare Positionen und Perspektiven einbringt. Das erfordert neben umfassend neu erarbeiteten Bildungsplänen auch eine umfassende theologische Kompetenz der Lehrkräfte, auf die in Kapitel V noch näher eigegangen wird.

Ausgehend von einem ‚ganzheitlich' geprägten Menschenbild folgen wir in Bezug auf die pädagogischen Leitlinien dem humboldtschen Bildungsideal der Freiheit, das eine Verknüpfung des Ichs mit der Welt postuliert, verbunden mit einer konsequent kompetenz- und subjektorientierten Ausrichtung von Unterricht.[218] Dabei wird die Subjektorientierung wie bereits angesprochen zwischen Theologie und Lebenswelt verortet, in dem Sinne, dass die Perspektive der Schüler*innen mit ihrer jeweils individuellen Einstellung, Perspektivität und Weltsicht ernstgenommen und in den Unterricht eingeholt wird. Durch die Konfrontation mit Fremdperspektiven, theologischen Positionen sowie neuen Erfahrungen und Sachwissen ist der Religionsunterricht so ausgelegt, dass die Schüler*innen eben nicht an ihrem Ausgangspunkt verharren. Durch Perspektivwechsel, Perspektiverweiterung, Erkenntnisgewinn und Reflexion entwickeln sie einen eigenen (neuen) Standpunkt[219] in Bezug auf Religion und Glaubensfragen, erlernen religiöse Sprachfähigkeit und Dialogfähigkeit und entwickeln im besten Fall eine Haltung von Toleranz gegenüber Nicht- und Anders-Gläubigen.

Religionspädagogisch verorten wir uns im Rahmen eines theologisch fundierten und empirisch begründeten Verständnisses von religiöser Bildung, die sich einerseits von einer missionarischen Ausrichtung und katechetischen Zugängen des Religionsunterrichts distanziert, andererseits aber auch von einer rein versachkundlichten Vermittlung religiöser Inhalte abgrenzt.[220] Die Ausrichtung liegt auf einer starken theologischen Professionalisierung und Positionalisierung einerseits und religiösen Orientierung andererseits. Die unterschiedlichen Möglichkeiten im Kindes- und Jugendalter berücksichtigen wir, indem wir pluralitätssensibel die verschiedenen Heterogenitätsdimensionen der Lerngruppe im Blick haben.

Konkret werden im Rahmen dieser Fachdidaktik verschiedene religionsdidaktische Ansätze, analysiert, reflektiert und für den konfessionell kooperativen Religionsunterricht modifiziert.

---

218 Vgl. Humboldt, W.: Schriften zur Bildung, S. 7; vgl. Baumert, Britta u. a. Eine Schule für alle – Wie geht das?, S. 11.
219 Vgl. hierzu Woppowa, J.: Religionsdidaktik, S.189; Tautz, M.: Art. Perspektivwechsel.
220 Vgl. hierzu: Englert, R.: Wird aus dem Religionsunterricht eine Sachkunde „Religion"?.

3. Theologische Positionierung und religiöse Orientierung als Zielperspektiven des konfessionell kooperativen Religionsunterrichts 2.0

Positionalität stößt im gegenwärtigen Diskurs auf eine große Popularität, doch ist noch nicht ausreichend geklärt, was unter Positionalität der Lehrperson im konfessionell kooperativen Religionsunterricht zu verstehen ist. Positionalität ist nach Stefanie Lorenzen eine „räumlich ausgerichtete Metapher, die sich auf Lokalisierung angesichts eines umrahmten Kontexts bezieht. Sie ist weniger stark mit einer aktiven Handlung verbunden, sondern kann auch auf eine Vorfindlichkeit rekurrieren, insofern es unmöglich ist, keine Position in einer Umgebung einzunehmen."[221] Positionalität zeichnet sich folglich durch Offenheit und Relationalität aus und geht immer auf Beziehungen zu anderen Positionen zurück oder bezieht sich auf ein Umfeld. Dabei zielt Positionalität darauf ab, angesichts eines religiösen Impulses die Frage nach Identität zu stellen und Antwortmöglichkeiten zu finden. Der Akt der Positionierung kann durch die verschiedenen Akteur*innen des Religionsunterrichts, also sowohl durch die Lehrkräfte als auch durch die Schüler*innen erfolgen.

3.1 Kirchliche Perspektiven auf Positionalität von Religionslehrer*innen und Schüler*innen

Wenn in der Religionsdidaktik von Positionalität die Rede ist, liegt der Fokus in der Regel auf den Lehrkräften.[222] Ausgangspunkt ist in diesem Kontext katholischerseits häufig die von der Kirche geforderte Zeugenschaft der Religionslehrkräfte: „Erst in der Begegnung mit einer Person, die sich entschieden hat und eine Glaubensposition für sich verbindlich gemacht hat, erfährt der Schüler, dass religiöse Fragen den Menschen vor die Entscheidung stellen. Ein Lehrer ohne eigene Glaubensposition würde den Schülern nicht das gewähren, was er in diesem Bereich schuldet. Religionslehrerinnen und Religionslehrer stehen auch mit ihrer Person für den Glauben der Kirche ein und sind gesandt, Zeugen des Glaubens in der Schule zu sein."[223] Ähnlich argumentiert auch die evangelische Kirche hinsichtlich der Positionalität ihrer Lehrkräfte: „Guter Religions-

---

221 Lorenzen, S.: Entscheidung als Zielhorizont des Religionsunterrichts?, S. 20.
222 Vgl. Verburg, W.: Welche Positionierung braucht religiöse Bildung?
223 DBK: Positionspaper: Kirchliche Anforderungen an die Religionslehrerbildung, 2010, S.47, ähnlich auch in DBK: Positionspapier: Der Religionsunterricht vor neuen Herausforderungen 2005, S. 29, 34.

unterricht lebt immer auch davon, dass er von glaubwürdigen Personen unterrichtet wird. Glaubensüberzeugungen sind Gegenstand des Religionsunterrichts, aber dies schließt notwendig die Dimension persönlicher Auseinandersetzung und Klärung des eigenen Glaubens ein."[224] Oder sind mit Schröder gesprochen „[d]ie Religionslehrerinnen und Religionslehrer als vorbildliche Rollenmuster für Christsein in der Moderne [...]"[225] zu verstehen? Diese Fokussierung wird im religionspädagogischen Diskurs durchaus kritisch gesehen, da mit der verstärkten Einforderung des Zeuge-Seins der Religionslehrkraft der Versuch einer Re-Katechetisierung des Religionsunterrichts in Verbindung gebracht wurde.[226]

Dieser Einwand erscheint durchaus berechtigt, wenn man beachtet, dass Positionalität seitens der Kirchen in diesem Kontext häufig mit Konfessionalität gleichgesetzt wird. So geht es in den ausführenden Dokumenten der DBK und EKD immer um die konfessionsspezifische Position, die von der Lehrkraft als authentische Glaubenszeugin vertreten werden soll. Sie soll für ihren Glauben und den Glauben der Kirche einstehen, ihn als lebbar und erfahrbar demonstrieren und so die konfessionelle Binnenperspektive des Religionsunterrichts einbringen. Interessanterweise erfolgt diesbezüglich eine Verschiebung der Positionierung im Kontext des konfessionell kooperativen Religionsunterrichts. Dadurch, dass der konfessionell kooperative Religionsunterricht entweder von katholischen oder evangelischen Lehrkräften durchgeführt wird, kann die Konfessionalität nicht mehr hauptsächlich durch die Zeugenschaft der Lehrkräfte eingespielt werden. So verschiebt sich in den Positionspapieren der Anspruch der Positionalität von der Lehrkraft auf die Schüler*innen: „In der unterrichtlichen Beschäftigung mit dem Wahrheitsanspruch einer bestimmten religiösen Tradition werden die Schülerinnen und Schüler herausgefordert, eine eigene, reflektierte Position zu religiösen und moralischen Fragen einzunehmen und anderen gegenüber argumentativ zu vertreten."[227] Die Positionalität der Lehrkraft spielt im gesamten Dokument keine Rolle. Gleiches gilt für das Positionspapier der EKD: „Vielmehr gilt es, die unterschiedlichen Wertvorstellungen, Wahrheitsansprüche und religiösen Praxen angemessen in ihrer Unterschiedlichkeit von einer bekenntnis- und weltanschaulich transparenten Position her den Schülerinnen und Schülern zu vermitteln."[228]

---

224 EKD: Religiöse Orientierung gewinnen, S. 50.
225 Schröder, B.: Konfessionalität und kooperativer Religionsunterricht aus evangelischer Perspektive, S. 38.
226 Vgl. Schambeck, M.: Hilfe! Muss ich dauernd von Gott reden?, S. 28.
227 Sekretariat der deutschen Bischofskonferenz (Hg,): Positionspapier: Die Zukunft des konfessionellen Religionsunterrichts, S.7.
228 Kirchenamt der Evangelischen Kirche in Deutschland: Konfessionell-kooperativ erteilter Religionsunterricht Grundlagen, Standards und Zielsetzungen, S. 11.

Die Verantwortung, die konfessionsspezifische Perspektive in den Religionsunterricht einzuspielen, wird hier also auf die Schüler*innen der jeweiligen Konfession übertragen, da die Lehrkraft immer nur als Repräsentantin einer Konfession gesehen wird.

Erstaunlicherweise erfolgt im Positionspapier zum CRU, der zukünftig in Niedersachsen den konfessionell kooperativen Religionsunterricht ersetzen soll, eine Rückverschiebung auf die Lehrkraft. Hier scheinen die Kirchen den statistischen Erhebungen zu folgen, die deutlich zeigen, dass die Religionszugehörigkeit zu den großen Kirchen, die religiöse Sozialisation der Schüler*innen sowie das Konfessionsbewusstsein immer weiter abnehmen,[229] sodass die Schüler*innen gar nicht dazu in der Lage sind, eigenverantwortlich die Konfessionalität als Positionalität in den Religionsunterricht einzuspielen. Insofern gewinnt die Positionalität der Lehrkräfte – wieder im Sinne einer repräsentierten Konfessionalität – im CRU an Bedeutung. „Zu Recht wird die Wichtigkeit der Konfessionalität der Lehrenden und die damit verbundene Transparenz der Positionen im Unterrichtsgeschehen betont."[230] In Bezug auf die konfessionsspezifische Ausrichtung des Religionsunterrichts unter Berücksichtigung beider Konfessionen wird weiter ausgeführt: „Eine Sicherstellung von spezifischen Wahrheitsinhalten der je eigenen Konfession ist gegeben und wird gerade durch einen Wechsel der Lehrkräfte, die entweder evangelisch oder katholisch sind, zusätzlich abgesichert, weil dann die „differenten" Wahrheitssätze jeweils in besonderer Weise authentisch und positionell vertreten werden können und damit dem Recht der Schüler*innen auf religiöse Erziehung in der eigenen Konfession einschließlich ihrer spezifischen Wahrheitssätze und damit ihrer Religionsfreiheit Sorge getragen wird."[231] Die Kirchen sehen also einerseits die Religionslehrkräfte in der Verantwortung, die Konfessionalität beider Konfessionen des Religionsunterrichts sicherzustellen, sind sich jedoch auch bewusst, dass die Lehrkraft jeweils nur die eigene Konfession authentisch vertreten kann. Dieser Problematik begegnen sie wie auch zuvor andere Bundesländer im konfessionell kooperativen Religionsunterricht mit einem regelmäßigen, verpflichtenden Lehrkräftewechsel.

Des Weiteren wird in Bezug auf die Konfessionalität mit Schröder weiter ausgeführt: „Sie [die Lehrkräfte] gehören einer ‚real existierenden' Religionsgemeinschaft an und vertreten – transparent für Schüler*innen, Eltern, Schulleitungen und Religionsgemeinschaft(en) – je bestimmte Positionen, dies allerdings, evangelisch gesprochen: in aller Freiheit, d. h. in Bindung an wissenschaftliche Redlichkeit, Gewissen und den Grundsatz der Authentizität, aber

---

229 Vgl. Kropač, U.: Art. Religiosität, Jugendliche, S. 3–8.
230 Vgl. Die Katholischen Bistümer Niedersachsens und die evangelische Konförderation der Landeskirchen Niedersachsens: Gemeinsam verantworteter Christlicher Religionsunterricht, S. 29.
231 Vgl. ebd.

unter Wahrung des ‚Zusammenhang[s] mit Zeugnis und Dienst der Kirche'."[232] Positionalität wird hier demnach v. a. auf einer repräsentativen Ebene verstanden.[233] Dabei wird jedoch die individuelle Ebene der Positionierung mitgedacht, sodass die Positionalität nicht einfach mit dem Bekenntnis zur kirchlichen Lehre einhergeht, sondern durch den Verweis auf die Rolle des Gewissens die individuelle Perspektive der Lehrkraft mitdenkt. Wie offen diese Positionalität ausgelegt werden kann, bleibt im Dokument jedoch unklar. Zugleich wird Positionierung im Angesicht der Pluralität mehrdimensional gedacht: „Insofern stellt sich der Religionsunterricht hinein in eine bestehende Tradition von Überzeugungen und Einsichten, ist aber zugleich offen für die produktive Weiterentwicklung und modifizierende Aneignung religiöser Positionen. [...] Der Religionsunterricht unterstützt dabei die Fähigkeit, mit der Spannung von Eindeutigkeit und Pluralität produktiv umgehen zu können."[234] So werden neben der Positionalität der Lehrkräfte weitere Positionen in ihrer Pluralität eingebracht, die als Grundlage für den religiösen und theologischen Diskurs dienen und den Ausgangspunkt für die Positionierung der Schüler*innen bilden.[235] Die Positionierung der Schüler*innen findet sich in den beigefügten Bildungsplänen wieder, die auf Ebene der Urteilskompetenz, Dialogkompetenz, Deutungskompetenz und Handlungskompetenz Positionierung anführen.[236]

3.2 Religionsdidaktische Perspektiven auf die Positionalität von Religionslehrer*innen

Die Positionalität von Lehrkräften wird jedoch nicht nur seitens der Kirche als zentrales Element des Religionsunterrichts gesehen, sondern auch von zahlreichen Befürwortern des bekenntnisorientierten Religionsunterrichts als Gegenpol zum religionskundlichen Religionsunterricht verstanden.[237] So argumentiert Schröder beispielsweise über die rechtliche Verortung des Religionsunterrichts: „In diesem Lernprozess sind die Person und das Rollenverständnis der Religionslehrenden der Dreh- und Angelpunkt. Wenn sie sich eine transparent positio-

---

232 Schröder, B.: Was heißt Konfessionalität des Religionsunterrichts heute?, S. 167; vgl. Die Katholischen Bistümer Niedersachsens und die evangelische Konförderation der Landeskirchen Niedersachsens: Gemeinsam verantworteter Christlicher Religionsunterricht, S. 34.
233 Vgl. Bauer, J.: Religionsunterricht für alle, S. 430.
234 Die Katholischen Bistümer Niedersachsens und die evangelische Konförderation der Landeskirchen Niedersachsens: Gemeinsam verantworteter Christlicher Religionsunterricht, S. 11.
235 Vgl. ebd. S. 24.
236 Vgl. ebd. S. 55f.
237 Vgl. Schambeck, M.: Hilfe! Muss ich dauernd von Gott reden?, S. 28.

nelle Orientierung nicht zu eigen machen können, wird sich ein Religionsunterricht nach Art 7 Abs. 3 GG nicht länger halten lassen."[238] Mirjam Schambeck plädiert zwar ebenfalls für den konfessionsgebundenen Religionsunterricht, sieht die Bekenntnisorientierung jedoch nicht in erster Linie an die Positionalität der Lehrkräfte gebunden. Sie konstatiert, „dass die Unterscheidung von bekenntnisorientiertem und religionskundlichem Unterricht nur sekundär vom Vorkommen existentieller Sprechakte [also der Positionalität der Lehrkräfte] abhängt, und sich primär an der Frage entscheidet, ob und wie die existentielle Dimension von Religion im Unterricht eine Rolle spielt, sodass sich Schüler/-innen zu Religion positionieren können."[239] Dieser These schließen wir uns grundsätzlich an, sehen jedoch unmittelbare Zusammenhänge zwischen der Lehrer*innen- und Schüler*innenperspektive. Daher sollen die Ausführungen zur Positionalität von Lehrkräften mit der Positionierung und Positionierungsmöglichkeiten von Schüler*innen verschränkt werden. Dabei gehen wir mit Jochen Bauers fachdidaktischem Entwurf von fünf Ebenen einer Positionalität der Lehrkraft aus. Im Folgenden diskutieren wir diese in Hinblick auf ihre Tragfähigkeit für einen konfessionell kooperativen Religionsunterricht auf Seiten der Lehrkräfte und in einem zweiten Schritt in Bezug auf die Positionierung von Schüler*innen.

1. Theologische Ebene: Die theologische Ebene der Positionalität von Lehrkräften leitet Bauer über den Wahrheitsbegriff her. Religiöse Wahrheitsansprüche seien demnach stets wissenschaftsorientiert, also theologisch zu erschließen. Somit sei die Fähigkeit zur theologischen Positionalität an die theologische Argumentationsfähigkeit und das theologische Fachwissen der Lehrkräfte geknüpft.[240] „Die Positionalität einer Religionslehrkraft ist an ihre theologische Ausbildung geknüpft. Diese verhilft ihr dabei, den eigenen Glauben wissenschaftlich-theologisch zu durchdringen und ein reflektiertes Verständnis der eigenen Religion zu erwerben."[241] Unseres Erachtens spielen hier weitere Faktoren eine Rolle. So ist die Fähigkeit zur Reflexion des eigenen Glaubens immer auch an die religiöse Sozialisation und die damit verbundene Religiosität sowie die gelebte und gelehrte Religion der Bezugs-Religionsgemeinschaft von Bedeutung. Demnach werden sich vermutlich Studierende aus dem freikirchlichen Kontext theologisch anders verorten und für andere theologische Argumente offen sein als Studierende der reformierten Kirche.

2. Repräsentative Ebene: Auf Ebene der Repräsentation geht es darum, etwas nach außen zu vertreten. Im Religionsunterricht gilt die Religionslehrkraft daher als Repräsentantin der eigenen Religion, konkreter als Repräsentantin der eigenen Konfession. Diese repräsentative Ebene der Positionalität forcieren die

---

238 Vgl. Die Katholischen Bistümer Niedersachsens und die evangelische Konförderation der Landeskirchen Niedersachsens: Gemeinsam verantworteter Christlicher Religionsunterricht, Anhang: Bildungspläne.
239 Schambeck, M.: Hilfe! Muss ich dauernd von Gott reden?, S. 29.
240 Vgl. Bauer, J.: Religionsunterricht für alle, S. 428.
241 Ebd.

Kirchen, wenn sie von Zeugenschaft und authentischen Glaubensüberzeugungen sprechen, die eine Religionslehrkraft im Religionsunterricht vertreten soll. Sie ist jedoch nur eine Facette von Positionalität, deren Überbetonung unter Ausblendung der anderen Ebenen zu einer Schieflage führt und durchaus die Gefahr der Re-Katechetisierung des Religionsunterrichts birgt. Bezogen auf den konfessionell kooperativen Religionsunterricht lässt sich somit auch von einer konfessionellen Ebene der Positionalität sprechen, indem die Lehrkraft ihre Konfessionalität (katholisch oder evangelisch) nach außen vertritt und somit als Repräsentantin ihrer Konfession fungiert.

3. Authentische Ebene: Bauer unterscheidet hinsichtlich der authentischen Ebene von Positionalität zwischen der Objektauthentizität und der Subjektauthentizität. Auf Ebene der Objektauthentizität hebt er die Relevanz der eingespielten Materialien und Zeugnisse und deren Authentizität hervor, gerade wenn sie eine Multiperspektivität in den Religionsunterricht einspielen sollen, die auf Ebene der Pluralität angesiedelt ist.[242] An dieser Stelle lässt sich ein Bezug zu Mirjam Schambeck herstellen, die bereits in der Themenwahl, der Zielperspektive der Unterrichtsstunde, den gewählten Lernwegen, Materialien und Medien implizite Formen der Positionalität der Lehrkraft sieht.[243] Somit impliziert die Frage nach der Objektauthentizität immer auch die Positionalität der Lehrkraft im Sinne einer Subjektauthentizität. Denn das eingespielte Material muss sowohl aus sich heraus authentisch sein, als auch zum Unterrichtsstil und Standpunkt der Lehrkraft passen. Das bedeutet nicht, dass alle eingespielten Positionen der Meinung der Lehrkraft entsprechen müssen. Allerdings wird eine pluralitätssensible Lehrkraft eher Fremdperspektiven im Sinne einer Multiperspektivität einspielen, als eine Lehrkraft mit eindimensionaler Sichtweise. Die Subjektauthentizität bezieht Bauer explizit auf die Lehrkraft. Hier geht es darum, dass sie ihre individuelle Religiosität, ihren Glauben, ihre Lebenserfahrung, ihre Persönlichkeit authentisch in den Religionsunterricht einbringen soll im Sinne einer subjektiv-authentischen Positionalität.[244]

4. Dialogische Ebene: Im Religionsunterricht kommt es zu vielfältigen Begegnungsformen zwischen Lerngruppe, Lehrkrafttausch sowie einem didaktisch strukturierten Lernen an der eigenen Identität mit dem Blick auf andere.[245] Bauer hebt hervor, dass ein dialogischer Religionsunterricht eine Lehrperson erfordert, die selbst dialogisch agiert und die Begrenztheit menschlicher Verstehensbedingungen im Blick hat. Gemeinsamkeiten und Unterschiede zwischen den Konfessionen sind zuzulassen und anzuerkennen.[246] Der konfessionell ko-

---

242 Vgl. ebd., S.432; vgl. hier Kapitel Maximen.
243 Vgl. Schambeck, M.: Hilfe! Muss ich dauernd von Gott reden?, S. 37f.
244 Vgl. Bauer, J.: Religionsunterricht für alle, S. 432.
245 Vgl. Langenhorst, G. / Naurath, E.: Zur Bedeutung (inter-)religiöser Bildung in pluralen Kontexten, S. 34.
246 Vgl. Bauer, J.: Religionsunterricht für alle, S. 433.

operative Religionsunterricht ist konfessionell und vielfältig zugleich. Der Umgang mit Konfessionalität vollzieht sich im Prozess des Austausches zwischen Menschen unterschiedlicher Konfessionen. Bezogen auf die Positionalität der Lehrkraft bedeutet das, eine Haltung auszustrahlen und zu vermitteln, die Toleranz, Offenheit, Neugierde und Respekt gegenüber anderen religiösen und weltanschaulichen Positionen und Perspektiven ausstrahlt.

5. Institutionelle Ebene: Mit der Person der Religionslehrkraft sind unmittelbar bestimmte institutionelle Konnotationen verbunden. Ihr Habitus ist dementsprechend allein aus der Rolle heraus festgeschrieben als Autoritätsperson, Machtinhaberin über die Leistungsbeurteilung einerseits und Vertreterin einer bestimmten Konfession, einer konkreten Kirche, sowie die Rolle der Seelsorgerin und Lernbegleiterin andererseits, die authentisch ihre Position zum Ausdruck bringt, empathisch gegenüber den Schüler*innen agiert und mit ihnen in einen Dialog tritt. Für Bauer kommen auf der institutionellen Ebene die vier anderen Ebenen der Positionalität zusammen und verursachen eine Art Rollenkonflikt, zu dem sich die Lehrkraft verhalten – ja positionieren muss.[247] Das hat auch Auswirkungen auf die Schüler*innen. So lässt sich in diesem Kontext beobachten, dass Schüler*innen nicht selten das sogenannte „Religionsstunden-Ich" annehmen, ohne die Position der Lehrperson zu hinterfragen. Was sich hier zeigt, ist die Asymmetrie des Unterrichtsgeschehens.

Sieht man die fünf Ebenen der Positionalität nach Bauer im Zusammenhang, lässt sich eine Zweiteilung vornehmen:

1. Theologische Ebene
2. Repräsentative Ebene
3. Authentische Ebene

---

4. Dialogische Ebene
5. Institutionelle Ebene

So lassen sich die ersten drei Ebenen auf religiöse Positionalität im Allgemeinen beziehen, während die Ebenen vier und fünf konkret auf die Lehrer*innen-Rolle bezogen sind. Im religionsdidaktischen Diskurs wird zwischen dem theologischen Expertentum und dem religiös-existentiellen Sprechen der Lehrkraft unterschieden, insofern der Ich-Anteil der Religionslehrkraft im Unterricht als positionaler Akt verstanden wird.[248] Positionalität in Bezug auf die Lehrkraft bedeutet also einerseits, die Fähigkeit, theologische und kirchliche Positionen in den Religionsunterricht einzuspielen und somit theologisch zu argumentieren und zu reflektieren. Andererseits geht es darum, den eigenen Glauben, die eigene Religiosität und Spiritualität unaufgeregt einzubringen und sich folglich

---

247 Vgl. ebd., S. 434.
248 Vgl. Schambeck, M.: Hilfe! Muss ich dauernd von Gott reden?, S. 28.

konfessorisch zu zeigen, ohne die Schüler*innen in ihrem Denken einzuengen. Mit Bauer gesprochen bewegen wir uns hier zwischen der theologischen und der authentischen Ebene. Während also die Kirchen die repräsentative Ebene der Positionalität überbetonen, werden im fachdidaktischen Diskurs die theologische und die authentische Ebene hervorgehoben. Gleichzeitig wird die repräsentative Ebene im Kontext der Kritik an der eingeforderten Positionalität der Lehrkraft in den Blick genommen. Bezogen auf unser Konzept stehen ebenfalls die theologische und die authentische Ebene im Fokus, die repräsentative Ebene wird als implizit mitlaufende Zuschreibung gedacht, die die Prozesse im Religionsunterricht beeinflusst. Diese Ebene bedarf entsprechend der Reflexion, sollte unseres Erachtens jedoch nicht überbetont werden.

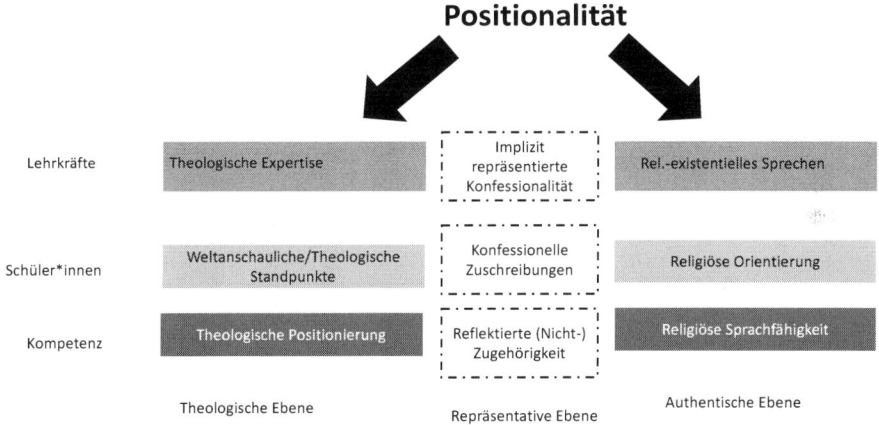

Abb. 1: Schaubild Positionalität

Die Lehrkräfte bringen ihre theologische Expertise in den konfessionell kooperativen Religionsunterricht ein, indem sie theologische Inhalte, Perspektiven und Positionen einspielen, Argumentationslinien nachzeichnen, selbst theologisch argumentieren und Plausibilitäten aufzeigen und hinterfragen. Dabei benötigen Sie sowohl katholisch-theologische als auch evangelisch-theologische Expertise, um den Anforderungen des konfessionell kooperativen Religionsunterrichts in Multiperspektivität gerecht zu werden. Auf der authentischen Ebene bringt die Lehrkraft religiös-existentielle Sprechakte ein, die die Schüler*innen dazu ermutigen, sich selbst konfessorisch zu zeigen.

Die Konfessionalität soll dabei nicht als persönliches, repräsentiertes Zeugnis der Lehrkraft eingespielt werden, sondern bleibt in Bezug auf die Positionalität als eigene Größe implizit im Hintergrund. Die repräsentative Ebene der Positionalität als Konfessionalität soll zum einen deshalb zurücktreten, weil der konfessionell kooperative Religionsunterricht ja gerade beide Konfessionen als

Binnenperspektive und Bezugsfolie einbringen will, zum anderen, weil die Fokussierung auf die Repräsentation Gefahr läuft, eine Eindeutigkeit zu suggerieren, die die Pluralität gelebter Religion und realer Religiosität innerhalb der Konfessionen konterkariert. Daher bleibt die Konfession auf repräsentativer Ebene der Positionalität implizit, indem die konfessionelle Prägung und Sozialisation die explizite theologische Positionierung wie auch die explizite, authentische Positionierung beeinflusst. Die eigene Konfessionalität der Lehrkraft ist also durchaus in den Religionsunterricht einzubringen und v. a. zu reflektieren. Dabei ist die Lehrkraft mit ihrer Konfessionalität aber eben nicht auf ihre Rolle als bloße Repräsentant*in einer Konfession festzulegen, sondern gleichermaßen in ihrer Rolle als Theolog*in und religiöser Mensch gefordert. Hier lässt sich wieder an Lorenzen anknüpfen. Denn wir verorten die repräsentative Positionalität als Lokalisation innerhalb eines Kontextes im Sinne eines Rekurrierens auf eine Verbindlichkeit und eben nicht als aktive Handlung.[249]

Explizit und als Projektionsfolie der Auseinandersetzung wird die Konfessionalität wiederum auf Ebene der Theologie eingespielt – z. B. als explizit kirchliche Position oder als authentisches, exemplarisches Glaubenszeugnis in Vielfalt. Dabei handelt es sich um Deutungsangebote, die die Schüler*innen adaptieren, reflektieren und modifizieren können.

3.3 Religionsdidaktische Perspektive auf die Positionalität von Schüler*innen

Schambeck betont in ihren Ausführungen zur Positionalität, dass die Ermöglichung der Positionierung der Schüler*innen zentrales Element eines Religionsunterrichtes ist, der sich von einer Religionskunde oder einem sachkundlichen Religionsunterricht abgrenzen will.[250] Konstantin Lindner postuliert für den konfessionell kooperativen Religionsunterricht die Auseinandersetzung mit konfessionellen Perspektiven, „indem die Schülerinnen und Schüler motiviert werden, im Austausch mit konfessionsgeprägten Erfahrungen und Überzeugungen sowohl die eigene Position als auch andere Ansichten ernst zu nehmen und reflexiv zu erschließen".[251] Woppowa spricht in diesem Zusammenhang von „Standpunkt befähigenden Lernprozessen"[252]: „Multiperspektivische Zugänge fordern die Lernenden dazu heraus, im Prozess der Verschränkung verschiedener Perspektiven, einen eigenen Standpunkt in religiösen Fragen auszubilden,

---

249 Vgl. Lorenzen, S.: Entscheidung als Zielhorizont des Religionsunterrichts?, S. 20.
250 Vgl. Schambeck, M.: Hilfe! Muss ich dauernd von Gott reden?, S. 29.
251 Lindner, K.: Überlegungen zur Didaktik eines konfessionell-kooperativen Religionsunterrichts, S. 80.
252 Woppowa, J.: Religionsdidaktik, S. 187.

indem sie selbstständig und problemorientiert eine vorliegende inhaltliche Kontroversität aus ihrer individuellen Perspektive bearbeiten."[253] Das Standpunktbefähigende Lernen geht also davon aus, dass Schüler*innen von sich aus wenig geübt sind, argumentativ einen eigenen Standpunkt zu beziehen, sich zu positionieren oder eine bestimmte Haltung zu repräsentieren, insbesondere wenn es um religiöse Fragestellungen geht. Diese Kompetenz muss erst im Rahmen von religiösen Bildungsprozessen erworben werden. Andersherum wird hier die Sozialisation und Ausgangslage, mit der Schüler*innen in den Religionsunterricht kommen, kaum berücksichtigt. Zwar nimmt die religiöse Sozialisation von Schüler*innen immer weiter ab, die Präsenz von Kirchengebäuden in Städten, Kirche als Thema in Medien, religiöse Motive in Büchern, Film und Serien sowie die naturgegebene Affinität zu existentiellen Fragen führt jedoch dazu, dass Schüler*innen durchaus mit bestimmten Standpunkten zu den verschiedenen Themen und Fragestellungen in den Unterricht kommen. Diese sind zwar in der Regel wenig reflektiert und müssen keineswegs gefestigt sein, sondern bilden Standpunkte im Sinne von Meinungen, Ausgangspunkten von Perspektiven, möglichen Blickrichtungen und Sichtweisen. Denn wir verstehen Schüler*innen als Subjekte, die einerseits durch die ihnen angeborenen Anlagen wie kognitive und körperliche Voraussetzungen, dem biologischen Geschlecht, dem sozialen Gender, den individuellen Charakterzügen und Eigenschaften, Begabungen und persönlichen Ressourcen und andererseits durch Umwelteinflüsse wie soziale Bedingungen, kulturellen Kontext, familiären Hintergrund, gesellschaftliche, ökonomische und politische Bedingungen geprägt werden.[254] Im Zusammenspiel von Anlagen und Umwelteinflüssen macht das Subjekt im Laufe seines Lebens zahlreiche Erfahrungen auf sozialer, kognitiver, emotionaler, familiärer, gesellschaftlicher und biografischer Ebene, die, geprägt durch die situative und subjektive Wahrnehmung, unterschiedliche Auswirkungen auf die Subjektbildung und Identitätsentwicklung nehmen können (s. II.1 Subjektorientierung im Religionsunterricht und IV.5 Identitätsbildung und konfessionsbezogene Ich-Identität). Somit bringen Schüler*innen als Subjekte in ihrem sozialen Kontext durchaus Standpunkte mit, die wiederum bestimmte Perspektiven implizieren.

Aufgrund dieser soziologischen Annahmen sprechen wir von Standpunkten im Sinne einer Ausgangslage, die die Schüler*innen mitbringen und aufgrund ihrer Sozialisation unbewusst einnehmen. Diese sind mit einer spezifischen Perspektive verbunden, denn Perspektivität bedarf immer eines Standpunktes, von dem aus eine Perspektive eingenommen wird. Dieser Standpunkt ist jedoch keinesfalls als statisch zu verstehen, sondern als variabel und veränderbar. Standpunkte können dabei ähnlich wie Perspektiven temporär eingenommen und

---

253 Ebd., S. 189.
254 Vgl. zu Anlagen und Umwelteinflüssen: Bertram, B. / Bertram, H.: Familie, Sozialisation und die Zukunft der Kinder, S. 134.

wieder verworfen oder bewusst im Sinne einer Positionierung neu bestimmt werden. Somit sprechen wir nicht von einer Standpunktfähigkeit, die erlernt werden muss, sondern gehen davon aus, dass es Menschen ureigen ist, als Subjekte in der Welt einen (veränderbaren) Standpunkt im Sinne einer Disposition zu haben. Erlernen müssen die Schüler*innen jedoch eine Standpunktreflexion[255], „die sich selbst und die eigene Perspektive auf die Wirklichkeit in die Vielfalt perspektivischer Wahrnehmungen, Deutungen und Urteile einordnet."[256] Wir sprechen an dieser Stelle von einer theologischen Positionierung.

Kommen wir zurück auf die Positionalitätsebenen nach Bauer. Es lassen sich die theologische Ebene, die repräsentative Ebene und die authentische Ebene der Positionalität auch auf Schüler*innenseite identifizieren. So bringen diese bereits eigene theologische oder weltanschauliche Standpunkte in den Religionsunterricht ein, die sich, wenn sie als Statements eingebracht werden, auf der theologischen Ebene der Positionalität verorten lassen. Das Einbringen von individueller Religiosität in Form von religiösen Erfahrungen, Glaubensüberzeugungen, spirituellen Suchbewegungen oder gelebter Praxis bewegt sich auf der authentischen Ebene der Positionalität. In diesem Kontext sprechen wir von religiöser Orientierung, weil es in diesem Zusammenhang um individuelle Suchbewegungen geht, die die eigene Religiosität und religiöse Verortung betreffen. Implizit spielt an dieser Stelle wieder die repräsentative Ebene eine Rolle. So werden die am Religionsunterricht teilnehmenden Schüler*innen als katholisch, evangelisch, orthodox, muslimisch, jüdisch, jesidisch oder konfessionslos gelistet. Mit dieser Listung geht automatisch eine implizite Zuschreibung von Konfessionalität einher. Hier ist seitens der Lehrkräfte darauf zu achten, dass diese Etikettierung keinesfalls kongruent mit der religiösen Sozialisation zu verstehen ist. So gilt es neben der Pluralität der konfessionellen und religiösen Zugehörigkeit auch die intrakonfessionelle Heterogenität der religiösen Sozialisierung zu berücksichtigen. Die repräsentative Positionalität auf Schüler*innenebene ist demnach eine implizite Größe, die es auf Seiten der Lehrkraft zu hinterfragen und im Sinne eines blinden Flecks kritisch zu reflektieren gilt.

Aufgabe der Religionslehrkraft ist es jedoch nicht nur, die Ausgangslage der Schüler*innen zu identifizieren und zu berücksichtigen, sondern auf Basis dieser diagnostischen Perspektive den Kompetenzerwerb im Bereich der religiösen Bildung zu initiieren. So sollen die Schüler*innen befähigt werden, sich in Auseinandersetzung mit kirchlichen und theologischen Positionen selbst zu verorten und theologisch zu positionieren, und gleichzeitig eine religiöse Sprachfähigkeit entwickeln, die ihnen ermöglicht, ihre religiöse Orientierung zu verbalisieren. Gleichzeitig soll der Religionsunterricht Hilfestellungen geben, durch die Auseinandersetzung mit religiös-existentiellen Themen, Perspektiven, Fragestellun-

---

255 Vgl. Bergmann, K.: Multiperspektivität, S. 38.
256 Woppowa, J.: Religionsdidaktik, S. 186.

gen und Positionen eine eigene religiöse Orientierung zu entfalten, also Orientierung zu gewinnen in Glaubensfragen, bezüglich der eigenen Religiosität und Spiritualität aber auch hinsichtlich der eigenen Konfessions- und Religionszugehörigkeit. So lässt sich mit Blick auf die Kompetenzen von einer angestrebten theologischen Positionierung seitens der Schüler*innen auf theologischer Ebene der Positionalität sprechen, und auf der authentischen Ebene von der angestrebten religiösen Sprachfähigkeit. Auf repräsentativer Ebene geht es schließlich im Kontext der Kompetenzen um eine reflektierte Auseinandersetzung mit der eigenen Konfessionszugehörigkeit bzw. Nicht-Zugehörigkeit. Diese repräsentative Positionalität kann dabei sowohl implizit als auch explizit erfolgen und zu einer Modifikation führen.

4. *Religiöse Sprachfähigkeit*

Sprache ist eine angeborene Fähigkeit des Menschen, wird in einem jahrelang andauernden Prozess erlernt und ist das wichtigste Medium des Lernens. Dabei ist Sprache (zumindest in religiösen und weltanschaulichen Kontexten) eng mit Kultur und Religion verknüpft, dient der sozialen Kommunikation und befähigt den Menschen dazu, die eigenen Gedanken auszudrücken. Kurzum: Menschen erschließen sich mit Hilfe der Sprache die Wirklichkeit.[257]

Die Theologie wiederum fragt ihrerseits nach der Erfahrbarkeit und Sagbarkeit Gottes in der Wirklichkeit. „Mit der anthropologisch-theologischen Frage nach der *Sagbarkeit* Gottes in der Geschichte und Gegenwart wird der hermeneutische Rahmen des Sprachproblems der Gottesrede abgesteckt."[258] So erschließt sich im Medium Sprache zum einen die existenzielle Bedeutsamkeit von Religion, andererseits „kann nur eine versprachlichte Religion anschlussfähig für die öffentlichen Debatten einer pluralisierten und interreligiösen Öffentlichkeit sein."[259]

Religiöse Sprache zeichnet sich dadurch aus, dass sie nicht nur die Realität abbildet, sondern auch transzendente Erfahrungen artikuliert, individuelle Religiosität auszudrücken vermag sowie den intersubjektiven Austausch über Religion und das Religiöse ermöglicht. „Sie nutzt zwar den Wortschatz der Alltagssprache, hat aber ihre Eigenart darin, dass sie durchweg symbolisch, metaphorisch oder narrativ geformt ist."[260] Sprache im Unterricht und somit auch religiöse Sprache ist keine Alltagssprache. Ein sprachbewusster Religionsunterricht sensibilisiert Schüler*innen für die Auseinandersetzung mit religiöser

---
257 Vgl. Reese-Schnitker, A.: Sprache, S. 406f.
258 Schulte, A.: Art. Sprache, S. 2.
259 Breul, M.: Die Versprachlichung des Religiösen, S. 6.
260 Schulte, A.: Art. Sprache, S. 2.

Sprache. Stefan Altmeyer unterscheidet Aspekte im „Feld der religiösen Sprache". Dabei differenziert er zwischen „Sprache für Religiöses" und „Sprache der Religion", um einerseits einen subjektiven und andererseits einen objektiven Pol abzugrenzen. In diesem Zusammenhang unterscheidet er zwischen einer inneren (im Glauben beheimateten) Perspektive sowie einer äußeren (auf Religion schauenden) Perspektive. Durch die Unterscheidung des „religiösen Sprechens" von innen und einem „Sprechen über Religion" von außen sowie der Sprache für Religiöses als subjektivem Sprechakt und der Sprache der Religion als objektivem Sprechakt wird der Blick im Kontext eines religiösen Spracherwerbs geweitet.[261] Altmeyer unterscheidet drei Modi der sprachlichen Kompetenzen: Verstehbarkeit von (religiöser) Sprache; Aktive Verwendung von (religiöser) Sprache; (religiöse) Dialog- und Verständigungsbereitschaft.[262]

Bezogen auf den konfessionell kooperativen Religionsunterricht und in Anlehnung an die Modi von Altmeyer bedeutet das zunächst, die Schüler*innen mit religiöser Sprache in ihren konfessionellen Erscheinungsformen vertraut zu machen und ihnen die Kompetenz zu vermitteln, religiöse Motive, Symbole, Metaphern und Narrative zu deuten, kurzum die Verstehbarkeit religiöser Sprache zu ermöglichen.

Bezüglich der aktiven Verwendung religiöser Sprache unterscheiden wir zwischen zwei Ebenen. Die erste Ebene betrifft die korrekte Verwendung religiöser Sprache im Kontext von inhaltlichen Auseinandersetzungen mit religiösen Inhaltsbereichen und Gegenständen. Es geht also um eine Anwendungskompetenz in dem Sinne, dass das zuvor erworbene religiöse Vokabular richtig angewandt wird. Das gilt insbesondere, wenn über konkrete Religionen gesprochen wird.

Die zweite Ebene betrifft die Versprachlichung eigener religiöser Erfahrungen, der eigenen Religiosität, Spiritualität und des eigenen Glaubens. Das Problem hierbei besteht darin, dass die zuvor gemachten Erfahrungen, die es zu verbalisieren gilt, zunächst in einem ersten Schritt gedeutet und in den religiösen Kontext eingeordnet werden müssen, ehe sie mithilfe der religiösen Sprachkompetenz versprachlicht werden können. So Norbert Mette: „In diesem Zusammenhang scheint gegenwärtig das Problem nicht darin zu bestehen, dass gar keine Transzendenzerfahrungen mehr gemacht werden, sondern dass es an überzeugenden Mustern zur Deutung solcher Erfahrungen fehlt, so dass diese unbestimmt bleiben oder von der jeweiligen subjektiven Gefühlslage her interpretiert werden."[263] Der religiösen Sprachkompetenz geht also in diesem Kontext die Deutungskompetenz voraus. Hieran knüpft dann auch unmittelbar der Modus der religiösen Dialog- und Verständigungsbereitschaft an. Wenn nämlich

---

261 Vgl. Altmeyer, S.: Sprachsensibler Religionsunterricht, S. 25.
262 Vgl. Altmeyer, S.: Zum Umgang mit sprachlicher Fremdheit in religiösen Bildungsprozessen, S. 194ff.
263 Mette, N.: „Gottesverdunstung", S. 13.

religiöse Erfahrungen, die eigene Religiosität, Spiritualität und Glaube zur Sprache kommen sollen, bedarf es einer grundsätzlichen Bereitschaft, die eigene Religiosität zur Sprache zu bringen. Dabei handelt es sich nicht um eine Kompetenz im eigentlichen Sinne, sondern vielmehr um ein Vertrauen, bzw. eine vertraute Atmosphäre, die es im Setting des konfessionell kooperativen Religionsunterrichts aufzubauen gilt. Somit ist religiöse Sprachfähigkeit ein wechselseitiger Prozess, der zwischen Schüler*innen und Religionslehrkraft angebahnt werden muss.

5. Identitätsbildung und konfessionsbezogene Ich-Identität

Als zentrales Merkmal eines konfessionellen bzw. konfessionell kooperativen Religionsunterrichts als Gegenpol zum religionskundlichen Religionsunterricht wird häufig das identitätsstiftende Potenzial religiöser Bildung herangezogen. Auch in unserem Verständnis eines konfessionell kooperativen Religionsunterrichts ist die Initiierung und Stärkung identitätsbildender Prozesse zentral. Somit widmet sich der folgende Unterpunkt zunächst dem grundsätzlichen Verständnis von Identität im religionspädagogischen Diskurs, um daran anknüpfend unter Punkt 5.2 die spezifisch konfessionell kooperativen Konsequenzen zu entfalten.

5.1 Identitätsbildung im religionspädagogischen Diskurs

Mit Identität wird das Verhältnis von Individuum und Gesellschaft sowie das Selbstverhältnis des Menschen in den Blick genommen. Viera Pirker hebt in diesem Zusammenhang hervor, dass die wissenschaftliche Erforschung der Identität nach dem Zentrum dessen sucht, was Menschsein in der Gegenwart auszeichnet.[264] Somit zeigt sich die anthropologische Frage einerseits nach den Bedingungen und andererseits nach den Möglichkeiten des Menschseins und der Frage „Wer ist der Mensch, der ich bin?".[265]

---

264 Vgl. Pirker, V.: Fluide und fragil, S. 11.
265 Vgl. ausführlich ebd.

In der zutiefst intrinsischen Frage „Wer bin ich?" werden folglich Begriffe unterschiedlicher Traditionslinien sichtbar: Identität, Person und Selbst. Gemeinsam ist allen Begriffen die Frage nach dem ‚Ich' des Menschen.[266] Der Identitätsbegriff ist nicht leicht zu fassen und nie ohne den Bezug einer konkreten Lebenspraxis zu denken. Bei aller Aktualität der Thematik scheint der Umgang mit dem Terminus jedoch einer gewissen Beliebigkeit ausgesetzt. Seit dem 20. Jahrhundert hat sich der Identitätsbegriff zu einem interdisziplinären Terminus innerhalb des wissenschaftlichen Diskurses entwickelt.[267] Im religionspädagogischen Kontext wird Identität prominent im Zusammenhang religiöser Bildungsprozesse betrachtet. Für die Religionspädagogik ist dabei v. a. der Zusammenhang zwischen Identität und Entwicklung, Individualität und Subjektivität bedeutsam. Im Horizont zunehmender Pluralisierungs- und Individualisierungsprozesse erhebt Schweitzer zu Recht Kritik am Identitätsbegriff und macht dafür drei Termini geltend: Fragment, Gewebe, Problem.[268]

Blicken wir zunächst auf das Fragment: Hier kann auf Henning Luther und seine programmatischen Überlegungen zum Menschen als Fragment rekurriert werden. Das menschliche Leben als Fragment wird von Luther theologisch begründet und in den Fokus seines praktisch-theologischen Denkens gestellt. Der Terminus des Fragments erfasst dabei die Ambivalenz des menschlichen Daseins: „Wir sind immer zugleich auch gleichsam Ruinen unserer Vergangenheit, Fragmente zerbrochener Hoffnungen, verronnener Lebenswünsche, verworfener Möglichkeiten, vertaner und verspielter Chancen. Wir sind Ruinen aufgrund unseres Versagens und unserer Schuld ebenso wie aufgrund zugefügter Verletzungen und erlittener und widerfahrener Verluste und Niederlagen."[269] Mit dem Begriff Fragment wird die Unabgeschlossenheit der menschlichen Existenz deutlich und der Hoffnung auf Vollendung Ausdruck verliehen: Wir sind nach Luther auch „Ruinen der Zukunft, Baustellen von denen wir nicht wissen, ob und wie an ihnen weitergebaut wird; wir wissen immer nur, dass der Bau noch nicht vollendet ist. Gegen die Erstarrung steht die Sehnsucht, die Bewegung der Selbsttranszendenz."[270] Identität ist also in sich fragmentarisch und besteht folglich aus nicht fertigen und aus nicht zwingend zueinander passenden Teilen. Der Mensch ist in und mit seiner Identität ein Fragment.

Hans-Georg Ziebertz beschreibt Identität demgegenüber als Gewebe, das durch andauernde Interaktionen Veränderungen erfährt und nie in sich abgeschlossen beschreibbar ist. Identität ist nicht willkürlich, zufällig, jederzeit ersetzbar oder ohne einen biografischen Längsschnitt zu verstehen.[271] In dieser Metapher für Identität wird die Identität des Menschen als ein Ganzes in sich

---

266 Vgl. Schwab, U.: Identität/Person/Selbst, S. 217.
267 Vgl. Pirker, V.: Identität, S. 38.
268 Vgl. Schweitzer, F.: Kollektive und individuelle Identitäten im Wandel, S. 114.
269 Luther, H.: Religion und Alltag, S. 168f.
270 Ebd., S. 170.
271 Vgl. Ziebertz, H.-G.: Religion, Christentum und Moderne, S. 81.

stimmiges Konstrukt verstanden, das zwar aus dem Zusammenspiel verschiedener Einflüsse und Erfahrungen besteht, jedoch nicht ohne weiteres in seine Einzelteile zerlegt werden kann. Das bedeutet für den religiösen Kontext, dass die religiöse Identität eines Menschen nicht isoliert betrachtet werden kann, sondern immer in Interrelation zu den anderen Facetten menschlicher Identität zu deuten ist.

In seiner 1985 erschienenen Dissertation „Identität und Erziehung" betont Schweitzer, dass der Identitätsbegriff für die Pädagogik „unentbehrlich" ist, da er Probleme bezeichnet, mit denen sich Jugendliche auseinandersetzen. Probleme als Identitätsprobleme verweisen explizit auf einen Wandel lebensweltlicher Erfahrungen. Dabei ist „[d]as Verhältnis zwischen Problem und Lösung [...] weit komplexer, als es die kurzschlüssige Verbindung von *Identitätsproblemen* auf der einen und *Identitätsbildung als pädagogischem Programm* auf der anderen Seite suggeriert"[272]. Berücksichtigt man in dieser Konstellation die Bedeutung individueller Deutungszugänge eines Problems, wird ersichtlich, dass ein und dasselbe Problem bei unterschiedlichen Jugendlichen verschiedene Beurteilungen hervorruft. So variiert das Intensitätserleben des Problems die emotionale Belastung sowie das Relevanzempfinden des jeweiligen Jugendlichen immens. Das subjektive Problembewusstsein ist somit geprägt von den individuellen Anlagen (Voraussetzungen), äußeren Einflüssen sowie den bisher gemachten Erfahrungen. Gleiches gilt in potenzierter Weise für die jeweilige Problemlösestrategie. Dabei hängt die jeweilige Problemlösung nicht nur an der bevorzugten Wahl, sondern notwendigerweise immer auch an den zur Verfügung stehenden Optionen, die wiederum ihrerseits in Abhängigkeit zu der individuellen Voraussetzung, äußeren Einflüssen und gemachten Erfahrungen stehen.

Silke Leonhard zeigt auf, dass Identität im Zuge des Komplexitätszuwachses und der zunehmenden Unübersichtlichkeit nicht mehr als Herausbildung eines inneren Kerns betrachtet werden kann, sondern v. a. als prozessualer „Projektentwurf des eigenen Lebens"[273]. Auf der Suche nach Ich-Identität ist das Subjekt der sich stetig selbstthematisierende und über sich reflektierende Mensch. Identitätskonstruktionen gleichen einer Patchwork-Identität, die chancenreiche sowie herausfordernde Konstruktionsleistungen des Subjekts vereinen. Im Rahmen der alltäglichen Identitätsarbeit erleben Heranwachsende Momente der Kohärenz, Handlungsfähigkeit, Anerkennung und Authentizität. Dabei orientiert sich das Identitätskonzept allerdings eher an den fluiden Momenten der zustande kommenden Kohärenz mit dem Ziel einer aktiven Passungsleistung. Das Subjekt ist herausgefordert, je nach Situation stimmige Passungen zwischen inneren sowie äußeren Wahrnehmungen und Erfahrungen zu schaffen und unterschiedliche Teilidentitäten miteinander zu verknüpfen. Dabei be-

---

272 Schweitzer, F.: Identität und Erziehung, S. 110.
273 Leonhard, S.: Religionspädagogische Professionalität, S. 378.

dienen sich Kinder und Jugendliche eines Inventars kopierbarer Identitätsmuster, wobei sie sich stetig um eine Identitätsbalance beim Umgang mit Vielfalt und Individualität bemühen. Identitätsprozesse sind sowohl mit sinnleitenden und handlungsorientierten Selbstbestimmungen sowie Selbstdeutungen als auch mit einer Intersubjektivität verwoben. Identität steht deshalb immer in einem Verhältnis der Anerkennung von außen.[274] Schweitzer konstatiert in diesem Zusammenhang bezugnehmend auf Jürgen Habermas drei Formen der Genese von Identität: 1. Natürliche Identität (das Subjekt sieht sich selbst als Teil eines Ganzen); 2. Rollenidentität (die normativen Verhaltenserwartungen der anderen und der Gesellschaft setzen sich im Ich fest); 3. Ich-Identität (durch Autonomie und Mündigkeit, mit Freiheit und Individualisierung entstehen in komplexen Rollensystemen universalistische Ich-Strukturen).[275]

5.2 Identitätsbildung im konfessionell kooperativen Religionsunterricht 2.0

Ziel des konfessionell kooperativen Religionsunterrichts 2.0 ist es, einen Möglichkeitsgrund für die Anbahnung einer konfessionsbezogenen Ich-Identität zu schaffen. Diese ist bewusst im Kontext der Ich-Identität nach Schweitzer anzusiedeln und nicht auf Ebene einer konfessionellen Identität im Sinne einer Rollenidentität. Die existentielle Auseinandersetzung mit der Konfessionalität und die Sensibilisierung für die Ausbildung einer konfessionsbezogenen Ich-Identität erfolgt in einem konfessionell kooperativen Religionsunterricht 2.0 im Kontext einer heterogenen Lerngruppe, die von evangelischen, katholischen und weltanschaulichen Perspektiven geprägt ist. Das zunächst Fremde wird zum Gegenstand des Religionsunterrichts und fungiert als Bezugsfolie der subjektiven Auseinandersetzung mit Religion, Religiosität und Konfessionalität. Dabei wird nicht nur die durch die Lehrperson eingespielte exemplarische Konfession offenbar, sondern gleichsam die individuellen konfessionellen Perspektiven der Schüler*innen. In den Fokus rückt also die diskursive und subjektive Auseinandersetzung mit der Konfession. Geprägt wird die Auseinandersetzung immer auch in Konfrontation mit der christlich-theologischen Binnenperspektive, die ebenfalls durch die Lehrkraft eingespielt wird. Somit erfolgt eine Verortung zwischen Theologie und Lebenswelt. Dabei bewegen wir uns im Kontext der Teilidentitäten und beziehen uns konkret auf die religiöse Teilidentität. Betrachten wir die religiöse Teilidentität im gegenwärtigen Zeitalter der zunehmenden Kirchenkritik und Religionsferne, lässt sich die Frage nach dem, was das Menschsein auszeichnet, nicht mehr selbstverständlich über den Religiositätsbegriff

---

274 Vgl. Grümme, B.: Menschen bilden?, S. 238–245.
275 Vgl. Schweitzer, F.: Pädagogik und Religion, S. 149ff.

oder gar über die Bezogenheit des Menschen auf Gott beantworten. Wenn aber Identität gekennzeichnet ist durch Aushandlungsprozesse zwischen Individuum und Gesellschaft einerseits und der Introspektion des Menschen andererseits und somit Identität immer mit dem Ziel, eine Passung zwischen innerer und äußerer Erfahrung herzustellen, verbunden ist, zeigt sich die Brisanz hinsichtlich der Konfessionalität. So wird Konfessionalität in der Gesellschaft ausschließlich mit den jeweiligen Kirchen identifiziert, die gegenwärtig v. a. im Kontext der Machtfrage und Missbrauchsskandale zu Recht in der Kritik stehen. Zugleich ist das Individuum, in unserem Fall die Schüler*innen, in der eigenen Biografie entweder kaum mit Konfessionalität konfrontiert, sodass sich auch auf Ebene der inneren Erfahrung eine Gleichgültigkeit oder Ablehnung in Bezug auf Konfession äußert, oder es ist geprägt durch positive oder negative konfessionelle Erfahrungen, die der ablehnenden Haltung der Gesellschaft entsprechen oder zu ihr in Diskrepanz stehen. Für die letzte Gruppe stellt sich hier im Sinne Schweitzers ein Problem dar, dass es mit Blick auf die Identitätsbildung zu lösen gilt. Dieses besteht konkret in der Frage, inwiefern die eigene Konfessionalität weiterhin Teil der religiösen Identität bleiben kann angesichts der gegenwärtigen gesellschaftlichen Kritik. Insofern ist ein konfessionell kooperativer Religionsunterricht in besonderer Weise gefordert, Konfessionalität für die übrigen Gruppen überhaupt als relevant für die eigene Lebenswelt einzuspielen, ohne die gegenwärtige gesellschaftliche Perspektive zu konterkarieren. Daher ist der konfessionell kooperative Religionsunterricht in besonderer Weise gefordert, über die theologische Dimension von Konfessionalität einerseits und die Differenzierung von gelehrter und gelebter Religion andererseits das existenzielle Potenzial des Christentums auch in seinen konfessionsspezifischen Ausprägungen sichtbar zu machen. Die gesellschaftliche Perspektive auf Christentum, Kirche und Konfession bildet hier weiterhin eine relevante einzuspielende Perspektive, wird jedoch durch eine theologische und religionspädagogische Akzentuierung didaktisch ergänzt. Die Konfrontation mit der theologischen Perspektive bietet hier eine Chance, die religiöse Anlage im Individuum zu stimulieren und ihr Potenzial für die Entwicklung einer religiösen Ich-Identität zu entfalten. Hierbei ist stets die Prozesshaftigkeit von Identitätsbildung im Blick zu behalten, sodass Suchbewegungen, Phasen der Selbstreflexion und Synthetisierung in das Unterrichtsgeschehen zu integrieren sind. An dieser Stelle wird wieder die Notwendigkeit des Lebensweltbezugs deutlich. So ist die Orientierung an fluiden Momenten und die Herstellung von situativen Passungen nur unter Einbeziehung der persönlichen Erfahrungen der relevanten Lebenswelt möglich.

Für Norbert Mette bildet die religiöse Dimension ein Moment personaler Identität, das durch ein Nichtverfügenkönnen, ein Ausgegrenztsein sowie die Spannung zwischen Freiheit und Endlichkeit aber auch zwischen Autonomie und Gesetztsein markiert wird.[276] Hier wird deutlich, dass zur Ausbildung einer konfessionsbezogenen Ich-Identität die Differenzierung zwischen gelebter und gelehrter Religion sowie die Auseinandersetzung mit individueller Religiosität und dem eigenen Glauben eine wichtige Rolle spielen. So zeigt sich ein breites Spektrum an Gestaltungsformen, an die ein konfessionell kooperativer Religionsunterricht anknüpfen kann. Indem das Verbindende und Differente der konfessionsspezifischen, gemeindespezifischen oder gruppenspezifischen Varianten thematisiert und transparent gemacht wird, ohne dabei in das Muster „typisch evangelisch; typisch katholisch" zu verfallen, ergeben sich Anknüpfungspunkte zur Selbstreflexion der eigenen Religiosität, die identitätsstiftend fungieren können. Schüler*innen sind in diesem Kontext keine unbeschriebenen Blätter, sie bringen Erfahrungen und somit auch konfessionsbezogene Teilidentitäten mit.

Hier lässt sich an die Vorstellung einer fragmentarischen Identität anknüpfen, indem einerseits Teilidentitäten der Schüler*innen in den Blick genommen werden und andererseits der Religionsunterricht selbst nur fragmentarisch agieren und somit fragmentarische Perspektiven, Erfahrungen und Erkenntnisse einbringen und hervorrufen kann. Die von Ziebertz eingebrachte Gewebemetapher zeigt jedoch, dass die Fragmentarität nicht zwingend als solche bestehen bleibt, sondern zum Faden werden kann, den die Schüler*innen individuell aufgreifen und in ihr bestehendes Identitätsgewebe einflechten.

Die zunächst fremde Konfession kann somit durch die Thematisierung zu einer Mitkonstituentin der eigenen konfessionsbezogenen Ich-Identität werden, ohne dass den Schüler*innen eine Art Schalen- oder Rollenidentität übergestülpt wird. Denn erst in der kritischen und konstruktiven Auseinandersetzung entsteht das Potenzial zur Identitätsarbeit. Da Schüler*innen jedoch dazu neigen, Identitätsmuster zu kopieren und Rollenidentitäten wie das sogenannte Religionsstunden-Ich anzunehmen, ist an dieser Stelle zu konstatieren, dass echte Identitätsarbeit zwar intendiert und angebahnt, jedoch nicht verlässlich hervorgerufen werden kann. Unterrichtspraktisch erfolgt in diesem Kontext die Initiierung eines existentiellen, dialogischen Durchdenkens von Impulsen verschiedener konfessioneller Vorstellungen. Die Identitätsbildung erfolgt sowohl im intrasubjektiven Dialog mit der Konfession als auch im intersubjektiven Dialog über die Konfession. Wir sprechen in diesem Kontext von einer konfessionsbezogenen Ich-Identität. Konkret bedeutet das eine Distanzierung von einem konfessionalistischen Zugang. Es geht um die individuelle Suche nach einer theologischen Positionierung, die in Auseinandersetzung mit einer bzw. zwei konkreten Konfession(en) ausgebildet wird.

---

276 Vgl. ausführlich Mette, N.: Identität aus Gratuität, S. 433–451; vgl. Mette, N.: Art.: Identität, S. 847–854.

6. Maximen für einen zukunftsfähigen konfessionell kooperativen Religionsunterricht

Die folgenden Maximen bilden unser Selbstverständnis eines zukunftsfähigen Religionsunterrichts ab, der eine umfassende religiöse Bildung auch mit Blick auf interreligiöse Dialogfähigkeit und Toleranzbildung fokussiert. Sie basieren auf den von Friedrich Schweitzer formulierten Anforderungen an konfessionell kooperative Bildung[277], an den von Clauß Peter Sajak formulierten Kernpunkten religiöser Bildung[278] sowie den Ausführungen zur Perspektivität im konfessionell kooperativen Religionsunterricht von Jan Woppowa[279].

6.1 Religionsunterricht als Ort der Kontingenz

Befürworter*innen des bekenntnisorientierten Religionsunterrichts zeigen bestimmte Vorteile dieser Organisationsform in Abgrenzung zu interreligiösen oder religionskundlichen Organisationsformen auf. So plädiert beispielsweise Konstantin Lindner für die Bekenntnisorientierung, um eine „kritisch-produktive Auseinandersetzung mit konfessionellen Zugängen, die zeigen, wie die Welt aus gläubiger Perspektive interpretierbar und gestaltbar ist"[280], anzuregen. Somit würden die Schüler*innen motiviert, in den Austausch mit konfessionell geprägten Erfahrungen zu treten und sowohl die eigene Position als auch andere Ansichten ernst zu nehmen und reflektiert zu erschließen.[281] Elisabeth Naurath und Georg Langenhorst setzen die Bekenntnisorientierung explizit dem religionskundlichen Ansatz entgegen: „anthropologisch seien genuin existenzielle Fragen des Menschen nicht religionskundlich, sondern bekenntnisorientiert zu beantworten [...]."[282] Woppowa expliziert über den Begriff des konfessorischen Lernens die Ausbildung eines eigenen Standpunktes im bekenntnisorientierten Religionsunterricht als Ausgangspunkt für die Ausbildung einer Dialogfähigkeit im Angesicht der religiösen Pluralität: „Der in diesem Zusammenhang bemühte Begriff des konfessorischen Lernens im Sinne eines bekenntnisbildenden Lernens hebt darauf ab, dass es weit vor einem institutionell-konfessionellen Bekenntnis um die grundlegende Fähigkeit des Subjekts gehen

---

277 Vgl. Schweitzer, F.: Konfessionalität – Ökumene, Pluralitätsverarbeitung, S. 209.
278 Vgl. Sajak, C. P.: Ist der ‚Religionsunterricht für alle' die Lösung?, S. 30.
279 Vgl. Schröder, B. / Woppowa, J.: Einleitung, S. 39f.; Woppowa, J.: Religionsdidaktik, S.189.
280 Lindner, K.: Überlegungen zur Didaktik eines konfessionell-kooperativen Religionsunterrichts, S. 80.
281 Vgl. ebd.
282 Langenhorst, G. / Naurath, E.: Zur Bedeutung (inter-)religiöser Bildung in pluralen Kontexten, S. 33.

muss, sich in Fragen von Religion und Glauben überhaupt verhalten zu können und einen eigenen Standpunkt in religiöser Pluralität zu gewinnen – kurzum sich konfessorisch zu zeigen."[283]

Aus unserer Perspektive spricht diese Argumentation jedoch nicht zwingend für eine Bekenntnisorientierung in dem Sinne, dass das Bekenntnis zu einer konkreten Religion oder sogar Konfession Voraussetzung für die Teilnahme am oder sogar das Ziel von Unterricht sein soll, sondern lediglich, dass das Bekenntnis einer Religion im Sinne eines authentischen Zeugnisses, also als Binnenperspektive den Ausgangspunkt für religiöse Lernprozesse bildet. Das bedeutet, dass in unserem Fall die christliche Religion, konkret in den Konfessionen katholisch/evangelisch als Projektionsfolie für theologische Auseinandersetzung, religiöse und spirituelle Erfahrungsräume, performative Lernanlässe und subjektive Zugänge zur eigenen Religiosität dienen. Damit knüpfen wir inhaltlich an Sajak an, der in Anlehnung an die Würzburger Synode dafür plädiert, „Lernprozesse so zu gestalten, dass die [religiösen] Weltzugänge erst einmal erschlossen und reflektiert werden müssen, über die dann entschieden werden soll."[284] Dementsprechend kann sich der Unterrichtsgegenstand nicht ausschließlich aus säkularen Themen speisen, die den Religionsunterricht zu einem Sozialkundeunterricht oder Ethikunterricht werden lassen, und eben auch nicht rein aus Zugängen der pluralistischen Theologie, die durch das Einnehmen einer Metaperspektive Zuschreibungen vornimmt, die der Innenperspektive der Religionen nicht gerecht werden. Denn eine echte „Entscheidungsfähigkeit in Sachen Glauben, Religion und Weltanschauung"[285] kann nur erreicht werden, wenn eine echte Auseinandersetzung mit konkreten religiösen Kernthemen im Rahmen einer Binnenperspektive erfolgt. Konfessionell kooperativ wird die religiöse Bildung dadurch, dass sowohl katholische als auch evangelische Kernthemen in der Binnenperspektive eingebracht werden, wobei die Lehrkraft immer die Binnenperspektive der eigenen Konfession unter Einbezug der kritischen Glaubensreflexion zu vertreten hat.

Evangelischerseits beziehen wir uns auf Friedrich Schweitzer, der für einen christlichen Religionsunterricht plädiert, der auch in interreligiösen Lernprozessen den Ausgangspunkt in der christlichen Religion nimmt und sich somit von einem rein religionskundlichen Zugang distanziert.[286] Er postuliert wechselseitiges Verstehen im Dialog als eine Grundvoraussetzung für interreligiöse Bildung: „Interreligiöse Bildung ist eine Dimension von Bildung, die sich auf die Wahrnehmung eigener und anderer Religionen und ihr Verständnis zueinander bezieht, die auf wechselseitigem Verstehen beruhende dialogische Einstellungen anstrebt und zu einem gesellschaftlichen Zusammenleben im Sinne von

---

283 Woppowa, J.: Religionsunterricht mit Schüler*innen unterschiedlicher Konfessionen, S. 91.
284 Sajak, C. P.: Ist der ‚Religionsunterricht für alle' die Lösung?, S. 31.
285 Ebd.
286 Vgl. Schweitzer, F.: Interreligiöse Bildung, S. 167.

Frieden und Toleranz, Anerkennung des Anderen und Respekt voreinander befähigt".[287] Somit wird der Religionsunterricht nicht zu einem Ort des Bekennens bzw. einem bekenntnisfordernden Ort im Sinne einer Missionierung oder einem exkludierenden Ort für Bekennende, sondern zu einem Ort der Kontingenz, indem die christliche Religion mit ihrer Theologie zunächst als kontingent vorausgesetzt wird[288] und in der kognitiven, affektiven und aktionalen Auseinandersetzung vom Subjekt individuell als Bekenntnis angenommen, abgelehnt oder indifferent bleibend verstanden werden kann. Das Ziel besteht somit in einer Positionalität, die nicht an ein Bekenntnis gebunden ist, sondern in ihm ihren Ausgangspunkt nimmt. So folgen wir durchaus den Argumentationslinien der Befürworter*innen, des bekenntnisorientierten Religionsunterrichts, sehen jedoch in unserem Kontext den Begriff der „Bekenntnisorientierung" kritisch und ersetzen diesen durch den Begriff der Kontingenz.

6.2 Subjektivität und Multiperspektivität als mehrdimensionale Herausforderung

Der konfessionell kooperative Religionsunterricht ist geprägt durch verschiedene Dimensionen von Perspektivität. Eine unvermeidbare Gegebenheit der menschlichen Wahrnehmung und Deutung stellt die Perspektivität dar, indem das Subjekt die Wirklichkeit immer nur aus der eigenen Perspektive wahrnimmt. Im Religionsunterricht spielt die Perspektivität in vielerlei Hinsicht eine Rolle und kann durch einen methodisch kontrollierten Perspektivwechsel bzw. eine Perspektivverschränkung herbeigeführt werden.[289] Woppowa hat in diesem Zusammenhang in seiner Fachdidaktik folgende Perspektiven zusammengetragen[290]:

1. subjektive Perspektiven der Schüler*innen
2. subjektive Perspektive der Lehrkraft
3. inhaltliche Perspektiven aus kultur- und geistesgeschichtlicher Sicht
4. inhaltliche Perspektiven aus christlicher und konfessionsspezifischer Sicht
5. inhaltliche Perspektiven aus fremdreligiöser Sicht

Im Sinne der Multiperspektivität ist jedoch zu bedenken, dass eigentlich jede dieser fünf Perspektiven keine Einzelperspektive darstellt, sondern lediglich ein Sammelbegriff für jeweils in sich wiederum heterogene Perspektiven bildet. So sind die Einzelperspektiven der Schüler*innen ebenso von Vielfalt geprägt wie die kultur- und geistesgeschichtlichen Perspektiven und die fremdreligiösen

---

287 Schweitzer, F.: Interreligiöse Bildung, S. 132.
288 Vgl. Reis, O: Der lernende Gott braucht lernende Menschen, S. 139ff.
289 Vgl. Schröder, B. / Woppowa, J.: Einleitung, S. 39f.
290 Vgl. Woppowa J.: Religionsdidaktik, S. 189.

Perspektiven. Selbst die konfessionsspezifischen Perspektiven bilden in sich keine geschlossene Einheit, sondern sind in sich vielfältig.

Woppowa spricht von der Notwendigkeit einer Perspektivverschränkung unter Einbeziehung ihrer Kontroversität. „Multiperspektivische Zugänge fordern die Lernenden dazu heraus, im Prozess der Verschränkung verschiedener [...] Perspektiven einen eigenen Standpunkt in religiösen Fragen auszubilden, indem sie selbstständig und problemorientiert eine vorliegende inhaltliche Kontroversität aus ihrer individuellen Perspektive bearbeiten."[291] Dabei geht dem Prozess der Perspektivverschränkung notwendigerweise ein Perspektivwechsel voraus. Beim Perspektivwechsel handelt es sich um ein mehrdimensionales Konstrukt, dass sowohl eine kognitive wie auch soziale und emotionale Ebene beinhaltet. Durch die Initiierung von Perspektivwechseln, die durch die Kontroversität und Vielfalt eine Irritation hervorrufen, werden die Schüler*innen herausgefordert, durch eine Perspektiverweiterung ihren Standpunkt zunächst zu verlassen, um sich, angeregt durch die Multiperspektivität, neu zu positionieren und einen eigenen, reflektierten Standpunkt auszubilden.

Beim Einbringen der Schüler*innenperspektiven sowie der Einforderung von Positionalität ist zu bedenken, dass die subjektive Fähigkeit gefragt ist, die eigene Wirkung auf ein Gegenüber reflektieren zu können.[292] Anders formuliert geht es darum, dass ich „nur in meiner Perspektive die eines Anderen imaginieren kann, nie und nimmer aber mich so zu sehen vermag, wie ein Anderer."[293] Dennoch kommt das Subjekt auch beim Wechsel der Perspektiven nie aus der eigenen Perspektive heraus. Entscheidend ist also nicht nur die Fähigkeit zum Perspektivwechsel, sondern auch die damit verbundene Zielrichtung, die mit der Relevanzfrage einhergeht, sodass es zu einer Perspektiverweiterung kommt. Das hat nun mit Blick auf die Perspektivverschränkung zweierlei Konsequenzen:

1. Das Einbringen der Schüler*innenperspektive ist ein hochsensibler Prozess. Insbesondere wenn das Selbst der Schüler*innen zum Gegenstand des Unterrichts wird. Denn Schüler*innen, die dazu in der Lage sind, Fremdperspektiven auf ihr selbst zu antizipieren, können gehemmt werden, ihre tatsächliche Perspektive einzubringen, weil sie eine negative Reaktion fürchten. Gleichzeitig können Schüler*innen, die nicht dazu in der Lage sind, die Perspektive eines anderen auf sich selbst zu imaginieren, Gefahr laufen, Ziel von Diskriminierung oder gar Mobbing zu werden, weil die anderen Schüler*innen ihre subjektive Perspektive nicht nachvollziehen können und diese als nicht-Peergroup-konform abstempeln.

2. Durch die nur bedingt mögliche Perspektivübernahme muss berücksichtigt werden, dass nicht jeder im Religionsunterricht initiierte Perspektivwechsel

---

291 Woppowa, J.: Religionsdidaktik, S. 189.
292 Vgl. Tautz, M.: Art. Perspektivenwechsel, S. 2.
293 Dalferth, I. U. / Stoellger, P.: Perspektive und Wahrheit, S. 13.

auch gelingt. Das Einspielen von Fremdperspektiven und inhaltlichen Perspektiven muss daher so gestaltet sein, dass die neue Perspektive zumindest im Horizont der Schüler*innenperspektive liegt bzw. von ihnen erreicht werden kann und zugänglich ist. Letztlich gilt hier wieder das Prinzip der Zielgruppenorientierung.

6.3 Die Wahrheitsfrage als zentrales Anliegen religiöser Bildung im konfessionell kooperativen Religionsunterricht

„Christlicher Religionsunterricht in der öffentlichen Schule muss von seiner theologischen Orientierung her wie auch im Blick auf die Zielsetzung der Bildung die Auseinandersetzung mit der Wahrheitsfrage fördern und einüben"[294] postuliert Hans-Günther Heimbrock.

Katholischerseits plädiert Sajak für die Einbeziehung der Wahrheitsfrage in Abgrenzung von einer Fokussierung auf die Ethik und spricht in diesem Kontext von der epistemischen Dimension religiöser Bildung. Sajak formuliert diesen Anspruch religiöser Bildung in seiner kritischen Auseinandersetzung mit dem Hamburger Modell und sieht in diesen religionsübergreifenden Formen des Religionsunterrichts das Problem, dass durch die Suche nach Gemeinsamkeiten und dialogischen Lernprozessen die Wahrheitsfrage und die Debatte um konkurrierende Wahrheitsansprüche zugunsten allgemeiner ethischer Fragestellungen ausgeklammert werden.[295]

Diese Kritik lässt sich im Grunde auch auf alle religionskundlichen Organisationsmodelle übertragen. Wahrheitsansprüche werden dort allenfalls als perspektivische Konstrukte wahrgenommen und deskriptiv bearbeitet. Es erfolgt jedoch keine inhaltliche Auseinandersetzung. Auch wenn einschlägige empirische Untersuchungen zeigen, dass das Ausklammern der Wahrheitsfrage nicht nur religionsübergreifende Organisationsmodelle betrifft, sondern längst auch ein Problem des konfessionellen Religionsunterrichts ist, sehen wir es gerade als Aufgabe des konfessionell kooperativen Religionsunterrichts, die Wahrheitsfrage wieder als zentrales Element religiöser Bildung zu stärken, v. a. weil die beiden Konfessionen ja auf einem gemeinsamen Glaubens-Fundament stehen. Andernfalls besteht die Gefahr, „dass das, was Religion zum alltäglichen Thema in Medien und Politik macht, im Religionsunterricht keinen Ort finden kann: Der Anspruch von Religion, nur allzu oft mit Gewalt gegen andere Religionen oder Nicht-Gläubige verbunden, dass die eigene Wahrheit inklusiv oder sogar exklu-

---

294 Heimbrock, H.-G.: Art. Wahrheit, S. 8.
295 Vgl. Sajak, C. P.: Ist der ‚Religionsunterricht für alle' die Lösung?, S. 30.

siv mit einem Vorrang für die eigene Position gegenüber anderen Wahrheitsansprüchen vorzuziehen ist, wird im Unterricht [Religionsunterricht für alle, Anm. d. Verf.] keine Rolle spielen und damit letztendlich als eine elementare Facette von Religion mit fundamentaler gesellschaftlicher Bedeutung ausgeklammert."[296]

Ein exklusiver Wahrheitsanspruch steht somit nie für sich allein, sondern stellt immer einen Teil menschlicher Einstellungs- und Handlungsmuster dar, die nicht nur eine religiöse, sondern gleichsam auch eine soziale und politische Bedeutung haben.[297]

6.4 Die Verortung des Subjekts zwischen Theologie und Lebenswelt

Ein konfessionell kooperativer Religionsunterricht wie wir ihn perspektivieren, setzt dezidiert beim Subjekt an, im Sinne Joachim Willems: „Religion liegt nicht einfach vor, Religion wird durch deutende Subjekte hervorgebracht, indem jemand etwas als Religion deutet bzw. indem jemand etwas religiös deutet."[298]

Oliver Reis und Gerhard Büttner zeigen in ihrem Werk „Modelle als Wege des Theologisierens" die komplexe Dynamik von Schüler*innenvorstellungen im Kontext des Theologisierens auf. Dabei erarbeiten sie anhand eines äußerst differenzierten Modellbegriffs die für den Religionsunterricht relevanten und dominierenden Diskurslinien aus Schüler*innen-, Lehrer*innen- und Inhaltsperspektive heraus. Über den Modellbegriff gelingt es ihnen, die verschiedenen Denkrichtungen und Konstrukte sichtbar und für die Lehrkraft erschließbar zu machen. Diese an konkreten Themen entfalteten Modellierungen orientieren sich dabei häufig an sogenannten Differenzlinien, die für das jeweilige Denkmodell leitend sind, wie z. B. Immanenz und Transzendenz. Darüber wird deutlich, dass sich die verschiedenen, konkurrierenden Denk- und Konstruktionsmodelle zwar auf einer Diskurslinie bewegen, sodass sie produktiv miteinander ins Gespräch gebracht werden können, sich inhaltlich jedoch gegenseitig ausschließen aufgrund ihres epistemischen Charakters.[299] Diese Orientierung an typischen Differenzlinien wollen wir aufgreifen und für unser Denken zum konfessionell kooperativen Religionsunterricht nutzbar machen. Bezogen auf z. B. das interreligiöse Lernen können solche Differenzlinien das Gottesbild betreffen (personal – nicht personal), die Gott-Mensch-Beziehung (Gott – Mensch), den Umgang

---

296 Vgl. ebd.
297 Vgl. Nord, I.: Wahrheit, S. 467.
298 Willems, J.: Subjektorientierung und Konfessionalität, S. 75.
299 Vgl. Büttner, G. / Reis, O.: Modelle als Wege des Theologisierens, S. 27ff.

mit konkurrierenden Wahrheitsansprüchen.[300] Dabei bildet die inhaltliche Ausrichtung an der Theologie, als kognitivem Zugang zu Religion, lediglich eine Dimension unseres Ansatzes, bzw. den ersten Schritt. Im Sinne der Subjektorientierung verfolgen wir einen ganzheitlichen Ansatz, der sowohl kognitive als auch affektive und aktionale Dimensionen des Religiösen einbringt. Somit denken wir die Lebenswelt der Schüler*innen als zweite Ebene, die parallel zur theologischen Sicht auf die Welt zu verorten ist. Dabei folgen wir der Prämisse, dass Schüler*innen eben nicht ihre theologischen Konstrukte im Einklang mit ihren lebensweltlichen Erfahrungen konstruieren, sondern der inhaltlichen Logik der Theologie folgen. Uns geht es also sowohl darum, die kognitive Auseinandersetzung mit (gelehrter) Religion und reflektierter Weltanschauung über die Theologie zu fokussieren (mit Hilfe der Differenzlinien), als auch darum, die kognitive, affektive und aktionale Auseinandersetzung mit individueller Religiosität und gelebter religiöser Praxis in den Blick zu nehmen. Ziel ist es dabei, die beiden Ebenen Lebenswelt und Theologie für einander fruchtbar zu machen und miteinander ins Gespräch zu bringen. Wir bewegen uns also im Rahmen eines korrelativen Ansatzes,[301] dessen Ziel die Verortung des Subjekts sowohl auf theologischer Ebene im Sinne einer theologischen Positionierung, als auch im lebensweltlichen Kontext im Sinne einer religiösen Orientierung bildet. Diese Verortung bildet den Schlüssel zur identitätsstiftenden Dimension religiöser Bildung.

Identitätsförderung und eine reflektierte religiöse Sprach- und Pluralitätsfähigkeit der Schüler*innen stehen somit im Fokus des konfessionell kooperativen Religionsunterrichts. Nehmen wir dieses Verständnis ernst, ist die religiöse Ansprechbarkeit der Schüler*innen anzustreben. Religion kann dann nicht einfach demonstriert werden, sondern sollte im je gegebenen Selbstverständnis entdeckt werden, da Schüler*innen als Subjekte und Ko-Konstrukteur*innen ihrer Lebenswelt gelten.[302]

Ein so ausgerichteter Religionsunterricht vermittelt dann eine religiöse Dialogkompetenz durch den respektvollen und wertschätzenden Umgang mit unterschiedlichen religiösen, konfessionellen und nicht-religiösen Traditionen. Um über Religion kommunizieren zu können, muss Fremdheit nicht unbedingt ins Vertraute aufgelöst oder an das Eigene angeglichen werden. Das gilt nicht nur für fremde Religionen, sondern auch für den eigenen, fremd gewordenen

---

300 Vgl. ebd., S. 27.
301 Wir folgen dabei einem weiten Korrelationsbegriff wie er in seinen Ursprüngen auf Paul Tillich zurückgeht. Damit grenzen wir uns von spezifischen Formen und Typen der Korrelationsdidaktik ab, wie beispielsweise einer produktiven zwei- oder dreidimensionalen Korrelation oder einer deduktiven oder abduktiven Korrelationsdiaktik. Uns geht es lediglich um die Initiierung eines konstruktiven Dialogs zwischen „Offenbarung", die durch die jeweilige Theologie eingespielt wird, und den Subjekten. Hierzu ausführlich: Heil, S.: Art. Korrelation.
302 Vgl. Schweitzer, F.: Was ist und wozu Kindertheologie?, S. 9ff.

und zum Teil auch immer fremd-bleibenden religiös-kulturellen Traditionshintergrund. Schüler*innen können im Dialog und der bewussten Auseinandersetzung mit dem Eigenen und Fremden für eine Perspektivübernahme sensibilisiert werden. In den Vordergrund rückt die Offenheit für alle Schüler*innen, ohne dabei das evangelische oder katholische Profil zu verlieren.

6.5 Religionsunterricht im Angesicht von Pluralität und Heterogenität

Pluralität und Heterogenität bestimmen v. a. seit Beginn des Jahrtausends die religionspädagogische Diskussion.[303] Im Kontext der Debatten um einen zukunftsfähigen Religionsunterricht wird als zentrales Gütekriterium die Pluralitäts- und Heterogenitätsfähigkeit angeführt.[304] Die Frage hingegen, was unter Pluralität und Heterogenität verstanden wird und wodurch sich ein pluralitäts- und heterogenitätsfähiger Religionsunterricht auszeichnet, lässt unterschiedliche Sichtweisen zu. Wir beziehen uns an dieser Stelle explizit auf die gesellschaftlichen Pluralitätsdimensionen.

Während der Pluralitätsbegriff bzw. insbesondere der Pluralismus im religionspädagogischen Diskurs in der Regel auf Religionspluralität enggeführt wird, bezieht sich der Heterogenitätsbegriff je nach Perspektive auf Leistungsheterogenität, sozial-kulturell determinierte Bildungsungerechtigkeit, Gender und Alter. Hinzu kommen Perspektiven der Differenzpädagogik, die sich auf strukturelle Bedingungen wie Migration, Geschlecht, Behinderung und Milieu fokussieren.[305]

Wir legen in unserem Ansatz einen weiten Pluralitätsbegriff zugrunde, wobei wir in Anlehnung an Bernhard Grümme zwischen Pluralität und Heterogenität differenzieren. Unter Pluralität verstehen wir den horizontalen Blick auf Vielfalt in dem Sinne, dass in allen Bereichen der Gesellschaft eine legitime, radikale Vielfalt existiert, die somit auch in den Schulen repräsentiert wird. Mögliche Pluralitätsdimensionen in einem solch umfassenden Pluralitätsverständnis wären entsprechend Religion, Konfession, Kultur, Ethnie, Werteverständnis, Leistungsfähigkeit, Gender, körperliche Merkmale, sozialer Hintergrund, Bildungshintergrund, familiärer Kontext, etc. Im Unterschied dazu verstehen wir den Heterogenitätsbegriff vertikal, im Sinne einer Abstufung von Ähnlichkeit zu Verschiedenheit. Heterogenität kann (anders als Pluralität) in Abgrenzung zu Homogenität stärker oder schwächer ausgeprägt sein.[306] Zwar können in der

---

303 Vgl. dazu Lorenzen, S.: Entscheidung als Zielhorizont des Religionsunterrichts?, S. 78.
304 Vgl. Grümme, B.: Heterogenität in der Religionspädagogik, S. 13.
305 Vgl. Grümme, B.: Art. Heterogenität.
306 Vgl. Baumert, B. / Teschmer, C.: Konfessionell – kooperativ – pluralitätssensibel, S. 75f.

Unterrichtspraxis nicht immer alle aufgezeigten Pluralitätsdimensionen gleichermaßen in den Blick genommen werden, dennoch gilt es hier, zunächst die Lehrkräfte – und durch diese wiederum die Schüler*innen – zu sensibilisieren, sodass ein Bewusstsein für mögliche Exklusionsmechanismen geschaffen und somit die Voraussetzung für ein Gegensteuern ermöglicht wird. So werden in erster Linie die Pluralitätsdimensionen, die in der jeweiligen Lerngruppe präsent sind, im Fokus stehen, während weitere Dimensionen im Sinne einer Multiperspektivität und Perspektiverweiterung im Laufe des Schuljahres im Kontext unterschiedlicher Thematiken eingespielt werden.

Ein pluralitäts- und heterogenitätssensibler Religionsunterricht muss somit im Sinne einer Subjektorientierung in dreierlei Hinsicht Vielfalt in den Blick nehmen: 1. auf Ebene der Schüler*innen, 2. auf Inhaltsebene, 3. auf Ebene der eingespielten Materialien, Zeugnisse und Beispiele. Schauen wir uns die Trias genauer an. Denn Vielfalt begegnet uns im Kontext von religiösen Bildungsprozessen an Schulen unmittelbar auf Schüler*innenebene. Da jedoch die in unserer Gesellschaft repräsentierte Vielfalt in der Regel nicht eins zu eins im jeweiligen Klassenzimmer abgebildet wird, besteht die Notwendigkeit, auf der Inhaltsebene gerade auch diejenigen Aspekte von Vielfalt insbesondere in Bezug auf Pluralität (im Sinne einer Multiperspektivität) einzuspielen, die nicht präsent sind, sodass eine Perspektiverweiterung und/oder -übernahme zur jeweiligen Thematik ermöglicht wird. Dies erfolgt didaktisch über die konkreten Materialien, die ihrerseits zum einen den vielfältigen Perspektiven und Fähigkeiten der Schüler*innen gerecht werden sollen, die gleichzeitig aber im Sinne einer Multiperspektivität auch Perspektiven sichtbar machen, welche nicht im unmittelbaren Erfahrungshorizont der konkreten Lerngruppe liegen.

Pluralitätssensibler Religionsunterricht muss somit von den konkreten Schüler*innen, ihren individuellen Voraussetzungen, ihren existenziellen Fragen und ihren jeweiligen Perspektiven ausgehen, um religiöse Lernprozesse aller zu ermöglichen. Denn nur wenn die Verstehens- und Deutungsweisen der Schüler*innen im Unterricht zum Tragen kommen, werden lebensbedeutsame Lernprozesse ermöglicht[307]. Gleichzeitig muss ein pluralitätssensibler Religionsunterricht die in der Gesamtgesellschaft präsente Pluralität im Blick haben und zum Thema machen, und auch die Pluralitätsdimensionen einspielen, die die jeweiligen Schüler*innen nicht repräsentieren. Das umfasst eben auch die Interreligiosität in konfessionell kooperativen Lerngruppen.

Schließlich ist auch bei der Auswahl der ausgewählten Zeugnisse und Materialien darauf zu achten, dass im Sinne einer Multiperspektivität wie sie in der Geschichtsdidaktik seit längerem praktiziert wird,[308] verschiedene Bevölkerungsgruppen Gehör finden.

---

307 Vgl. Schweitzer, F. u. a.: Dialogischer Religionsunterricht, S. 533.
308 Bork, S.: Geschichtsdidaktische Impulse für kirchengeschichtliche Lehr-/Lernprozesse, S. 43.

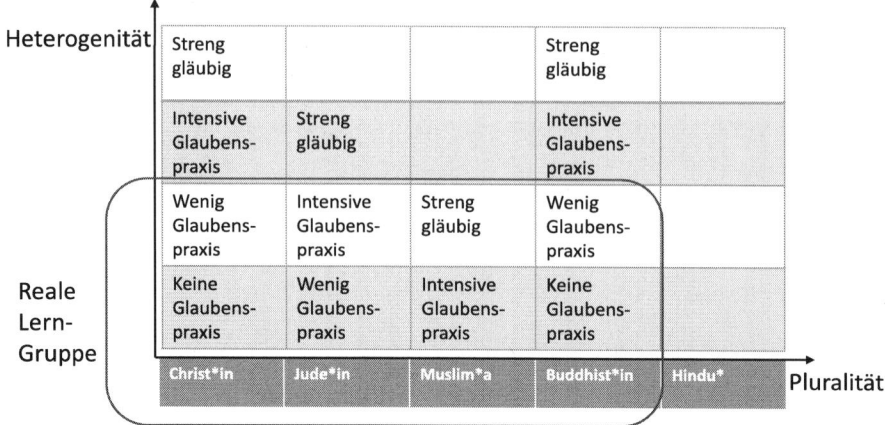

Abb. 2: Differenzierung zwischen Heterogenität und Pluralität

6.6 Identität als zentrale Dimension religiöser Bildung

Identität kann wie oben dargestellt als religionspädagogischer Schlüsselbegriff bezeichnet werden.[309] Angesichts der thematischen Weite grenzen wir an dieser Stelle den Identitätsbegriff ein und beschränken uns im Folgenden auf die religiöse Teilidentität. Diese verstehen wir als einen Prozess, der durch innere und äußere Faktoren bedingt wird und die Erfahrungen des Subjekts zu einem Selbstbild konstruiert.[310] Gerade angesichts der prekären Bedingungen der Postmoderne führt wie bereits aufgezeigt das Streben nach Authentizität zur Ausprägung einer Art Patchwork-Identität[311], die sich durch das Wechselverhältnis von

---

309 Vgl. Schweitzer, F.: Kollektive und individuelle Identitäten im Wandel, S. 112.
310 Vgl. Mette, N.: Art.: Identität, S. 850.
311 Vgl. Keupp, H.: Auf dem Weg zur Patchwork-Identität: Bei der Patchwork-Identität handelt es sich nicht um einen passiven Vorgang, sondern um einen aktiven und reflektierten Prozess. Vgl. Lorenzen, S.: Entscheidung als Zielhorizont des Religionsunterrichts? S. 58. Jugendliche setzen infolge des produktiven Umgangs mit ‚Identitätsmaterialien' Versatzstücke zusammen. Dabei ist das Individuum auf eine hohe Ambiguitätstoleranz angewiesen, um Spannungen auszuhalten und auf Ressourcen zur gelingenden Konstruktionsleistung zurückgreifen zu können (z. B. Erfahrungen der Zugehörigkeit und Anerkennung, Selbstwahrnehmung in einem kohärenten Sinnzusammenhang). Vgl. Kumlehn, M.: Religion und Individuum, S. 50.

sozialer Interaktion und persönlicher Adaption im Angesicht der Fremdperspektive ausbildet.[312]

In Anlehnung an Mirjam Schambeck und Friedrich Schweitzer fokussieren wir uns an dieser Stelle auf eine Unterscheidung zwischen individueller und kollektiver Identität. Während die kollektive Identität geprägt ist von verschiedenen Pluralitätsdimensionen, impliziert die individuell verstandene Identität demgegenüber Heterogenitätsdimensionen. Die individuelle Identität schließt in seiner Grundlegung existenzielle Sinnfragen, Lebensorientierung und ethisches Urteilsvermögen ein, insbesondere in Bezug auf die religiöse Teilidentität.[313] Dafür bedarf es mit Blick auf die Schüler*innen einer positionellen Ausrichtung des Religionsunterrichts unter Bezugnahme auf die Wahrheitsfrage.[314] Es geht demzufolge nicht um eine stigmatisierte Auseinandersetzung mit der Wahrheitsfrage oder die missionarische Aneignung von religiösen Wahrheiten, sondern um ein eigenständiges Erschließen und Aneignen von religiösen Welten in der Konfrontation mit Tradition sowie gelehrter und gelebter Religion. Somit wird religiöse Praxis über individuelle Aneignungsprozesse und reflexive Selbstverständnisse erfahrbar. Damit dies möglich wird, ist die individuelle Identität (hier gedacht als religiöse Teilidentität) im Zusammenhang der kollektiven Identität zu denken, sodass es zu Konfrontationen über die Flächigkeit der jeweiligen Individuen in ihrer sozialen Lage kommt.

Schweitzer spricht im Zusammenhang der kollektiven Identität von kultureller und religiöser Identität.[315] Wir erweitern den Begriff und nehmen die soziale Identität (Herkunft, Familie, Bildungshintergrund, Milieu), Gender*-Identitäten (Mann, Frau, transident, transsexuell) und die individuelle Dynamik einer Klassengemeinschaft (Identifikation des Zugehörigkeitsgefühls mit einer konkreten Lerngruppe) mit in den Blick, welche jeweils Einfluss auf die religiöse Teilidentität nehmen. Religiöse Identitätsbildung in einem konfessionell kooperativen Religionsunterricht denken wir konsequent konfessionsbezogen, da sie in unmittelbarer Auseinandersetzung mit den konkret eingespielten konfessionellen Inhalten gebildet wird. Dabei verstehen wir die religiöse Teilidentität eben nicht als eine gegebene, bereits konfessionell verortete Voraussetzung der Schüler*innen, sondern als einen Prozess von unterschiedlich religiös oder nicht religiös sozialisierten Subjekten, die im Religionsunterricht mit Konfession, Konfessionalität und konfessionellen Perspektiven konfrontiert werden. Zielsetzung wäre somit die Ausbildung einer konfessionsbezogenen Ich-Identität. Diese beschreibt dann die individuelle Identität als religiöse Teilidentität, die im intrasubjektiven Dialog mit dem Spiegelbild der kollektiven Identitäten gebildet wird. ‚Konfessionsbezogen' ist dabei nicht einfach als Identifikation mit

---

312 In Anlehnung an Wiesinger, C.: Authentizität, S. 112.
313 Vgl. Schweitzer, F.: Kollektive und individuelle Identitäten im Wandel, S. 114.
314 Vgl. Schambeck, M.: „Gottlos haben wir nicht", S. 703–711.
315 Vgl. Schweitzer, F.: Kollektive und individuelle Identitäten im Wandel, S. 114.

der jeweiligen Konfession zu verstehen, sondern als reflektierte theologische und religiöse Positionierung im Angesicht der konfessionellen Kooperation.

Mit Blick auf die eingespielten Pluralitätsdimensionen, die zu berücksichtigende Multiperspektivität und den Inhaltsbereich des Interreligiösen Lernens lässt sich sagen, dass die konfessionsbezogene Binnenperspektive nicht aufgelöst wird, sondern als Ausgangspunkt aller pluralitätsbezogenen Auseinandersetzungen fungiert. Somit stellen die Konfessionen einen Ankerpunkt des Religionsunterrichts dar, von dem ausgehend Inhalt, Subjektorientierung und Unterrichtsgegenstand gedacht werden. Oder mit Schweitzer gesprochen: „es ist nicht gemeint, dass nun im Unterricht Schritt für Schritt eine Art Reise durch die Welt der Religionen unternommen wird [...]."[316] Oder der Religionsunterricht als eine Art „Supermarkt" fungiert, „aus dem sich jeder nimmt, was ihm gefällt. Für den christlichen Religionsunterricht gesprochen, muss auch bei der interreligiösen Bildung der eigene, also christliche Ausgangspunkt deutlich bleiben."[317]

7. *Prozesse und Akteur*innen im konfessionell kooperativen Religionsunterricht 2.0*

Der konfessionell kooperative Religionsunterricht 2.0 bewegt sich im Spannungsfeld zwischen der evangelischen/katholischen Theologie auf der einen, und der Lebenswelt der Schüler*innen auf der anderen Seite. Beide Seiten sollen in einen fruchtbaren Dialog gebracht werden, die Schüler*innen zur Positionierung herausfordern und ihnen gleichzeitig Orientierung anbieten. Somit bewegen wir uns im Rahmen eines korrelativen Ansatzes.

Ziel des konfessionell kooperativen Religionsunterrichts 2.0 ist die Bildung einer konfessionsbezogenen Ich-Identität der Schüler*innen. Die Konfessionalität des Religionsunterrichts soll durch die Konfrontation mit katholischer und evangelischer Theologie in christlicher Perspektive erreicht werden, wobei die eingespielten Themen über das spezifisch Christliche hinausgehen. So soll auch der interreligiösen Bildung ein großer Stellenwert zukommen, aber eben aus christlicher Perspektive heraus. Der Lebensweltbezug erfolgt auf zwei Ebenen und soll über Perspektivwechsel und Perspektiverweiterung die Pluralitätssensibilität der Schüler*innen fördern. Zum einen bringen die Schüler*innen ihre konkreten Erfahrungen, Vorwissen, Sozialisation, Haltungen, Einstellungen und Standpunkte aktiv in den Religionsunterricht ein, zum anderen werden im Sinne einer echten Multiperspektivität gerade auch die gesellschaftsrelevanten Themen und Perspektiven eingespielt, die nicht dem unmittelbaren Horizont der

---

316 Schweitzer, F.: Interreligiöse Bildung, S. 167.
317 Ebd.

Lerngruppe entsprechen. Der Religionsunterricht wird somit zum Ort des Erprobens, Reflektierens und Modifizierens von Theologie, Religion, Religiosität und Glaube. Mit Hilfe der kompetenzorientiert gestalteten Lernwege finden vielfältige Konstruktions- und Dekonstruktionsleistungen in Bezug auf Religion, Religiosität und Gesellschaft statt. Dadurch unterstützt der Religionsunterricht das Konstruieren einer individuell ausgeprägten Identität der Schüler*innen, mit Fokus auf der religiösen Teilidentität. Konkret vollzieht sich dieser Prozess im Erproben, Reflektieren und Modifizieren von theologischen Inhalten, religiösen Zugängen, Glaubensfragen, Begründungen ethischer Normen und lebensweltlichen Erfahrungen, die jeweils eine theologische Positionierung und/oder religiöse Orientierung anstreben.

Die Inhalte des konfessionell kooperativen Religionsunterrichts 2.0 sind konsequent kompetenzorientiert zu denken und daher als „Lernwege" tituliert. Gerade mit Blick auf die Pluralitätsfähigkeit ist ein ganzheitlicher Religionsunterricht anzustreben, der neben den kognitiven Kompetenzen auch die affektive und aktionale Ebene berücksichtigt.

Auf der Ebene der Kognition sind insbesondere mit Blick auf die religiöse Orientierung die Inhaltskompetenzen, Methodenkompetenzen und Urteilskompetenzen der Kerncurricula zu berücksichtigen. Mit Blick auf die theologische Positionierung angesichts der Pluralität sind Interdisziplinarität, Vernetzungsfähigkeit sowie Reflexionsfähigkeit zu fördern.

Im Rahmen der affektiven Ebene ist eine Prägung der religiösen Orientierung durch Mitgefühl, Raum für Spiritualität und individuellen Glauben anzustreben sowie die theologische Positionierung durch die Fokussierung auf Toleranz, Solidarität und Authentizität zu fördern.

Innerhalb der aktionalen Ebene sollen mit Blick auf die religiöse Orientierung Glaubenspraxis, Gemeinschaft und performative Elemente in die Unterrichtspraxis einbezogen werden. Zur Förderung der theologischen Positionierung sollen Dialog, Engagement und Argumentationsfähigkeit gestärkt werden.

Aufgabe der Lehrer*in ist die Initiierung dieser kompetenzorientierten Lernwege. Ausschlaggebender Faktor ist an dieser Stelle das fachdidaktische Professionswissen der Lehrkraft, das sich neben der klassisch fachdidaktischen Bildung insbesondere in der Wissensvernetzung von Fachwissenschaft und Fachdidaktik sowie in der Theorie-Praxis-Bindung von Fachdidaktik und schulischer Praxis zeigt.

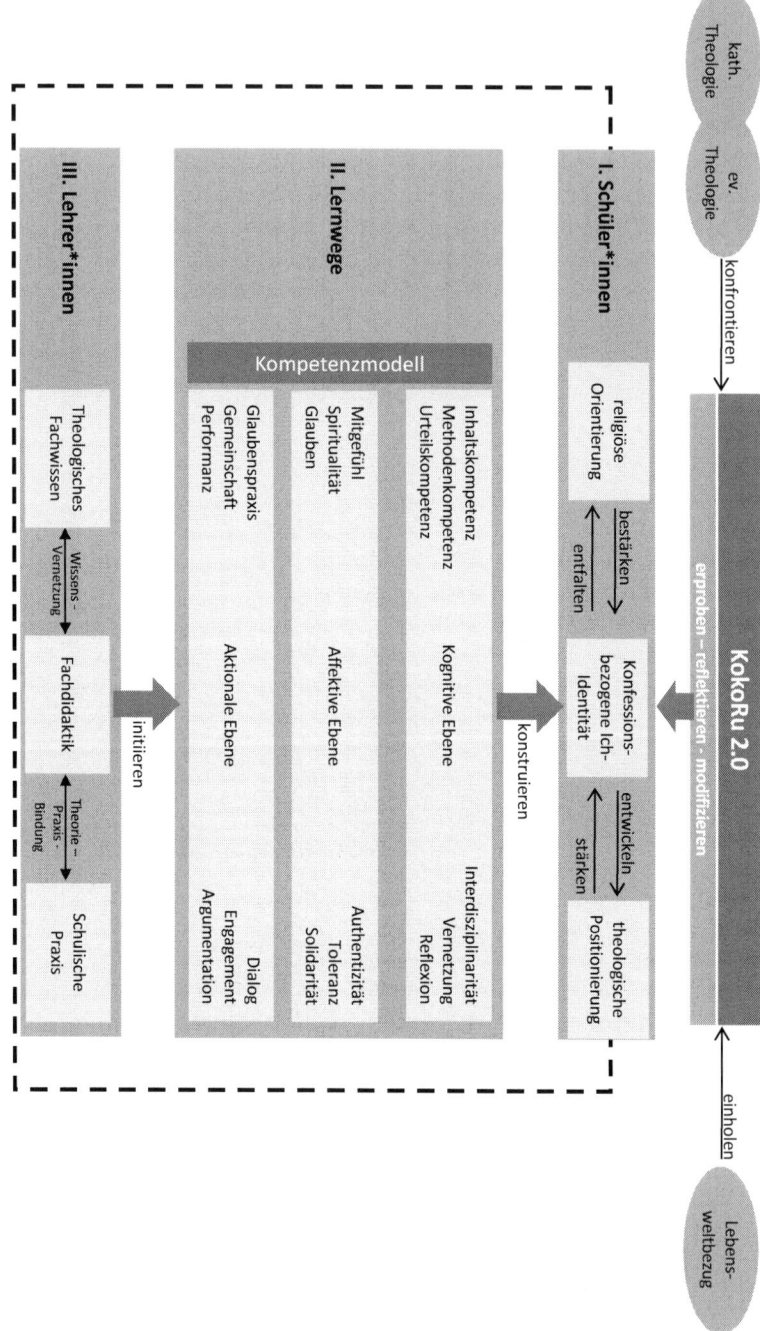

Abb. 3: Schaubild Konfessionell kooperativer Religionsunterricht 2.0.

V. Religionsdidaktische Konzeptionen in konfessionell kooperativer Perspektive

Kernanliegen unserer konfessionell kooperativ angelegten Fachdidaktik ist es, ausgewählte fachdidaktische Ansätze auf den konfessionell kooperativen Religionsunterricht hinzudenken. Dabei spielen mehrere Facetten eine Rolle. Zunächst gilt es daher zu skizzieren, nach welcher Grundidee wir einen konfessionell kooperativ gestalteten Religionsunterricht denken. Auf Basis der in Kapitel IV skizzierten Konzeption mit ihren fachdidaktischen und religionspädagogischen Implikationen wird im Folgenden zunächst das Leitmotiv der konfrontativ-korrelativen Subjektorientierung skizziert, die sich durch alle konfessionell kooperativ durchdachten fachdidaktischen Ansätze hindurchzieht. In einem zweiten Schritt skizzieren wir unser konkretes Vorgehen bezüglich der konfessionell kooperativen Ausrichtung der religionsdidaktischen Ansätze anhand der Struktur, nach der die folgenden Unterkapitel zu den Ansätzen aufgebaut sind. Im dritten Teilkapitel folgen schließlich die einzelnen religionsdidaktischen Ansätze in ihrer konfessionell kooperativen Konkretion.

1. *Konfrontativ-korrelative Subjektorientierung als Leitmotiv eines konfessionell kooperativen Religionsunterrichts*

Die Grundidee unserer Fachdidaktik ist es, im Religionsunterricht theologische Perspektiven mit den Perspektiven der Schüler*innen als Subjekte ihrer Lebenswelt zusammenzubringen, verbunden mit dem Anspruch, die gesellschaftliche Relevanz religiöser Themen, Fragestellungen und Perspektiven der Gegenwart sichtbar werden zu lassen. Daraus ergibt sich die Ausrichtung unserer religionsdidaktischen Blickrichtung an korrelativen und subjektorientierten Maximen, die durch konstruktivistische Einflüsse geprägt sind. Im Folgenden soll diese Grundidee im Sinne eines Leitmotivs skizziert werden.

1.1 Die Geschichte der Korrelation

Ab der Würzburger Synode 1974 galt die Korrelationsdidaktik als Leitmotiv des katholischen Religionsunterrichts. „Das missionarisch-katechetische Konzept des Religionsunterrichts wurde nun zugunsten eines diakonischen Ansatzes aufgegeben. Der Religionsunterricht versteht sich seitdem als selbstloser Dienst der Kirche am Handlungsort Schule; er leistet seinen Beitrag zur Identitätsfindung junger Menschen und zur Humanisierung der Schule."[318] Ausgangspunkt war die durch das Zweite Vatikanum eingeleitete anthropologische Wende. Und so sollte der Religionsunterricht seinen Ausgangspunkt nicht mehr in einer theologischen Zielsetzung nehmen, sondern von den am Religionsunterricht beteiligten Subjekten und ihren individuellen (Glaubens-)Erfahrungen ausgehen. Im Zentrum stand die „wechselseitige Erschließung von Schüler (Subjekt) und jüdisch-christlicher Tradition bzw. biblischer Botschaft (Objekt)."[319] Theologisch geht die Idee der Korrelationsdidaktik zurück auf den Korrelationsbegriff, den der ev. Theologe Paul Tillich bereits in den 1920er-Jahren prägte und in den 1950er-Jahren im Rahmen seines kulturhermeneutischen Ansatzes weiter entfaltete. „So löst sich Tillich von der Vorstellung des einzigartigen Offenbarungsereignisses von universaler Bedeutung zugunsten eines individualistischen Offenbarungsverständnisses, das von den Erfahrungen des Einzelnen ausgeht und jedem Menschen einen individuellen Zugang zu Gott zugesteht. Nach Tillichs Korrelationsverständnis stehen nämlich alle theologischen Gehalte in Wechselverhältnissen mit den existentiellen Fragen des Menschen."[320]

Die katholische Religionsdidaktik der 1970er und 1980er-Jahre nahm Tillichs Korrelationsbegriff auf und verband ihn mit der Idee der Würzburger Synode und ihrem Leitsatz „Der Glaube soll im Kontext des Lebens vollziehbar, und das Leben soll im Licht des Glaubens verstehbar werden."[321]

Daraus entwickelte sich die Leitidee, einen Dialog zwischen der Lebenswirklichkeit der Schüler*innen und der religiösen Tradition zu initiieren.[322] Katholischerseits wurde der Begriff von Tillich in die Theologie eingeführt, evangelischerseits von den Religionspädagogen Ingo Baldermann, Horst Klaus Berg und dem Neutestamentler Gerd Theißen in ihren bibeldidaktischen Entwürfen weiterentwickelt. Angesichts der zunehmenden Säkularisierung, Pluralisierung und der damit immer geringer werdenden Anzahl religiös sozialisierter Schüler*innen wurde zurecht die Frage aufgeworfen, wie sich eine produktive Auseinandersetzung mit völlig fremden christlich-kirchlichen Werten, Riten und Lehren initiieren lasse, die auf den ersten Blick mit der Lebenswirklichkeit von Kindern und Jugendlichen wenig zu tun haben. So steht die Korrelationsdidaktik seit den 1990er-Jahren massiv in der Kritik. Thomas Ruster sah in der fortschreitenden Entchristianisierung einen Mangel an religiösen Erfahrungen seitens der Schüler*innen, sodass der Bezugspunkt zwischen Tradition und

---

318 Mendl, H.: Religionsdidaktik kompakt, S. 61.
319 Grümme, B.: Alteritätstheoretische Religionsdidaktik, S. 119.
320 Baumert, B.: Zur Kehrseite der Anschlussfähigkeit, S. 52.
321 Würzburger Synode. Gemeinsame Synode der Bistümer in der Bundesrepublik Deutschland, 2.4.2
322 Vgl. Porzelt, B.: Respektierende Konfrontation, S. 326.

Lebenswelt wegfalle.[323] Rudolf Engert zweifelte angesichts der säkularen Schülerschaft an der Möglichkeit eines existentiellen Bezugs zu Glaubensfragen seitens der Schüler*innen.[324] Renate Kock konstatierte, religiöse Inhalte wie das trinitarische Gottesverständnis oder die Bibel als Gotteswort im Menschenwort seien eben nicht mit menschlichen Erfahrungen vergleichbar. Gott müsse als der andere gedacht werden und nicht auf der Ebene menschlicher Erfahrungen relativiert werden.[325]

1.2 Eine Problembeschreibung

All diese Einwände skizzieren ein Bild der Korrelationsdidaktik, die vom Bildungsbegriff der Würzburger Synode ausgeht und den Tillichschen Korrelationsbegriff mit dem katholischen Offenbarungsverständnis verbindet. Eine so verstandene Didaktik sucht eine Wechselbeziehung zwischen dem individuellen christlichen Glauben im Leben der Schüler*innen und dem gelehrten christlichen Glauben der Kirche.

Das Problem einer so verstandenen Korrelationsdidaktik lässt sich auf drei Ebenen identifizieren:

1. Als Voraussetzung einer produktiven Wechselwirkung zwischen Subjekt (Schüler*innen) und Objekt (Tradition/Offenbarung/Bibel) wird der christliche Glaube als gemeinsamer Bezugspunkt gesetzt. Die Möglichkeit einer Wechselwirkung oder Wechselbeziehung zwischen zwei völlig verschiedenen Perspektiven wird hier nicht mitgedacht. Es geht ausschließlich um eine Korrelation von christlicher Botschaft und menschlichem Leben, sodass der Religionsunterricht verstärkt eine Rückbindung an die Theologie ermöglichen soll.

2. Die individuelle Religiosität von Schüler*innen wird im Sinne des frühen Tillich als auf die ursprüngliche Offenbarung in Christus zurückführbar gedacht. In einem so verstandenen Korrelationsverständnis wird die individuelle Religiosität und Spiritualität der Schüler*innen in ihrem Eigenwert nicht ernst genommen, sondern es besteht die Gefahr der Funktionalisierung und Relativierung. Die christliche Tradition, die christliche Botschaft wird den Schüler*innen als Antwort übergestülpt.

3. Die Würzburger Synode deutet das Leben von Christen per se als Leben aus dem Glauben heraus. Dadurch werden alle Lebensbereiche und alle das Leben betreffenden Fragen als religiös gedeutet. Diese religiöse Deutung erfolgt jedoch nicht auf Seiten der Schüler*innen, sodass eine echte Wechselwirkung von christlicher Botschaft und Lebenswelt der Schüler*innen ausbleibt. Die

---

323 Vgl. Ruster, T.: Beobachten, wie die Bibel die Welt beobachtet, S. 35–44.
324 Vgl. Englert, R.: Die Korrelationsdidaktik am Ausgang ihrer Epoche, S. 97–110.
325 Vgl. Kock, R.: Die Bedeutung der Reformpädagogik für den dialogischen Religionsunterricht, S. 299–312.

christliche Tradition wird lediglich als Bestätigung der Schüler*innenperspektive herangezogen.

Von einem so verstandenen Korrelationsverständnis grenzen wir uns ab. Wir folgen stattdessen einem weiten Korrelationsbegriff, der unseres Erachtens dem theologischen Ansatz Tillichs eher gerecht wird. Damit grenzen wir uns von spezifischen Formen und Typen der Korrelationsdidaktik ab, wie beispielsweise einer produktiven zwei- oder dreidimensionalen Korrelation oder einer deduktiven oder abduktiven Korrelationsdidaktik. Uns geht es lediglich um die Initiierung eines konstruktiven Dialogs zwischen ‚Offenbarung', die durch die jeweilige Theologie eingespielt wird, und den Subjekten.[326]

Wir folgen hier den 2014 von Rudolf Englert formulierten Merkmalen korrelativer Didaktik, die auf einem weiten Korrelationsbegriff basieren, der nicht mehr von einer gegebenen Passung zwischen Subjekt und Objekt ausgeht, sondern die Konfrontation mit dem Objekt als dem Fremden mitdenkt und die Wechselwirkung über den konkreten Unterrichtsgegenstand, das Medium oder Tertium Comparationis.[327] Demnach zeichnet korrelative Religionsdidaktik v. a. die persönliche Auseinandersetzung mit der religiösen Tradition hinsichtlich der Frage nach Relevanz und Geltung aus.[328] Dabei muss das Fremde nicht zum Eigenen werden. Vielmehr geht es um eine Auseinandersetzung mit unterschiedlichen Fragestellungen und Begründungsmustern. Folgende Merkmale lassen sich in diesem Zusammenhang aufzeigen:

1. Persönliche Auseinandersetzung mit der religiösen Tradition hinsichtlich der Frage nach Relevanz und Geltung
2. Traditionskritische Hermeneutik
3. Dialog mit Formen geprägter Religion
4. Produktive Spannung zwischen religiösen Zeugnissen und eigener Erfahrung

Der Blick in die Empirie zeigt jedoch, dass auch diese Form von korrelativer Didaktik in der Praxis kaum vorkommt und so gut wie nie gelingt.[329] Als Gründe hierfür lassen sich mehrere Aspekte auf drei Ebenen identifizieren.

Auf Ebene der Theologie nennt Englert den Verlust der Auskunftsfähigkeit auf religiöse Fragen, die die Menschen beschäftigen. So gelingt es der Theologie gegenwärtig kaum noch, die Menschen anzusprechen und für den gesellschaftlichen Diskurs als relevante Gesprächspartnerin anerkannt zu werden.

Auf Ebene der Didaktik gelang es nicht, die gegenwärtigen Bedingungen des Unterrichtssettings wie Glaubenspluralität, Heterogenität der Schüler*innen

---

326 Vgl. Hierzu ausführlich: Heil, S.: Art. Korrelation
327 Vgl. Englert, Rudolf: Innenansichten des Religionsunterrichts, S. 106.
328 Vgl. ebd.
329 Vgl. ebd., S. 108f.

und die damit einhergehende Notwendigkeit einer Individualisierung religiöser Lernprozesse mit der korrelativen Didaktik zu verbinden.

Auf Ebene der Religionslehrkräfte zeigen sich in Englerts Studien Unsicherheiten der Lehrkräfte im Bereich der fachwissenschaftlichen und fachdidaktischen Expertise, was dazu führt, dass sie sich offen angelegte Dialogprozesse, die wenig planbar und voraussehbar sind, weniger zutrauen.[330]

1.3 Konfrontativ-korrelative Subjektorientierung

Hier setzen wir mit unserer konfrontativ-korrelativen Subjektorientierung an, die wir theologisch und didaktisch akzentuieren. Theologie und Kirche liefern kontroverse sowie konsensbildende Antwortversuche auf die Fragen unserer Zeit, die es zu vergleichen, zu hinterfragen, zu kritisieren und zu reflektieren gilt, sodass dadurch Erkenntnisgewinn entsteht. Wenn die Konsequenzen eines biblischen Denkens oder einer religiösen Tradition gedacht werden, entsteht durch die Alterität Konfliktpotenzial, das wiederum produktiv in religiöse Lernprozesse eingebracht werden kann. So folgen unsere konfessionell kooperativ explizierten didaktischen Ansätze dem folgenden Schema: Konfrontation mit theologischen Inhalten und kirchlichen Positionen, religiöser Traditionen oder Artefakten beider Konfessionen, Kontextualisierung der gesellschaftlichen Relevanz und Einholung des Lebensweltbezugs. Diese Dreierkonstellation wird je nach didaktischem Ansatz unterschiedlich initiiert. Ausgangspunkt aller didaktischen Überlegungen und Konkretionen sind aber immer die konkreten Subjekte, die Schüler*innen.

Denn angesichts der religiösen und weltanschaulichen Pluralisierung der Lebenswelt bedarf der Religionsunterricht einer zeitgemäßen Ausrichtung, die den subjektorientierten Kriterien religiöser Bildung gerecht wird. Zur Legitimierung religiöser Bildung in der Schule gehört u. a. die Annahme, dass Religiosität einen konstitutiven Teil des Menschseins darstellt und ein anthropologisches Kontinuum bildet.[331]

Eine gegenwärtig anschlussfähige Religionspädagogik geht nicht mehr ausschließlich von den traditionellen Inhalten oder Glaubensfragen, sondern von den Lebensfragen und Erfahrungen der Subjekte aus. Dabei ist es zu kurz gedacht, Bildungstheorien und -konzepte bereits dann als subjektorientiert zu bezeichnen, wenn diese die Schüler*innen zum Ausgangspunkt ihrer Überlegungen machen. Vielmehr umfasst Subjektorientierung eine komplexe subjekttheoretische Gemengelage, als dessen Fundament, Mitte und Ziel das menschliche Subjekt zu sehen ist. Mit dem Parameter der Subjektivität geht die Möglichkeit

---

330 Vgl. ebd.
331 Vgl. Teschmer, C.: Perspektiven einer körpersensiblen Religionspädagogik des Jugendalters, S. 21.

einher, sich in Auseinandersetzung mit einem Gegenüber selbst als individuelles Subjekt bewusst zu werden (s. II.1 Subjektorientierung im Religionsunterricht). Bildung ist somit alteritätstheoretisch zu fassen, betont die selbstreflexive und intrinsische Seite von Lernprozessen, geht dezidiert vom Subjekt aus und zielt auf das Subjekt.[332] Es zeigt sich, dass bei aller Diskussion um die Interpretation des Subjektbegriffs im Zusammenhang mit Identitätsfragen im religionspädagogischen Kontext Einigkeit darin besteht, dass die Subjektwerdung der Person Zielhorizont von Bildung, Erziehung und Sozialisation ist. Die verschiedenen religionspädagogischen Ansätze zeigen dabei ein Gegenstandsfeld auf, das v. a. die durch eigene Erfahrungen bewegte Frage nach der Identität und Religiosität als subjektive Ausdrucksform in den Blick nimmt. ‚Subjektorientierte Religionspädagogik' zielt in diesem Zusammenhang grundlegend auf eine Identitätsfindung, Selbstklärung, Orientierung und Existenzvergewisserung.

Im Kontext des schulischen Religionsunterrichts wird neben der religionsdidaktischen Forderung der Subjektorientierung der allgemeindidaktische Anspruch der Kompetenzorientierung an die Lehrkraft herangetragen. Diese ist insofern mit der Subjektorientierung kompatibel, dass sie ebenfalls von einer reinen Inhaltsorientierung absieht und stattdessen von den individuellen Fähigkeiten und Potenzialen der Schüler*innen ausgeht, mit dem Ziel, nicht einfach Wissen zu generieren, sondern die Schüler*innen in ihrer Entwicklung und dem Erwerb von Fähigkeiten, Fertigkeiten und eben Kompetenzen zu unterstützen. Wenn Subjektorientierung nicht als Beliebigkeit interpretiert wird und Kompetenzorientierung ernst genommen wird[333], wird der Lernertrag gesteigert, weil es nicht nur um ein Auswendiglernen und Adaptieren religiöser Inhalte geht, sondern um eine intensive Auseinandersetzung mit religiösen Inhalten und anschließender Positionierung. Diese wird hinsichtlich des eigenen Lebens, des eigenen Handelns und des Handelns Anderer überprüft und kann somit zur Entwicklung einer konfessionsbezogenen Ich-Identität als religiöse Teilidentität beitragen.

Die Subjektorientierung ist demgemäß nicht einfach auf der inhaltlichen Ebene zu verorten, als Orientierungshilfe für die Themenwahl des Religionsunterrichts, sondern auch auf didaktischer Ebene im Sinne einer handlungsleitenden Maxime. Um der Subjektorientierung gerecht zu werden und produktive Wechselwirkungen zwischen Subjekt und Objekt initiieren zu können, die im besten Fall zur Identitätsentwicklung beitragen, lassen sich religiöse Bildungs-

---

332 Vgl. ausführlich Grümme, B.: Alteritätstheoretische Religionsdidaktik, S. 119–132.
333 Vgl. Stögbauer, E. u. a.: Studienbuch Religionsdidaktik. – Auch Eva Stögbauer-Elsner, Konstantin Lindner und Burkhard Porzelt erheben die Kompetenzorientierung und die Subjektorientierung zu zentralen Prinzipien des Religionsunterrichts. Außerdem nennen sie die kognitive Aktivierung sowie die Ästhetische Orientierung. Diesbezüglich beschränken wir uns nicht auf die ästhetische Dimension religiöser Bildung, sondern sprechen von kognitiven, affektiven und aktionalen Zugängen.

prozesse nicht ausschließlich kognitiv denken, sondern beinhalten zudem affektive und aktionale Momente. Diese bedürfen jedoch der konsequenten kognitiven Reflexion, um sie lerntheoretisch auf eine höhere Stufe des Kompetenzerwerbs zu heben.

2. Konturen religionsdidaktischer Ansätze in konfessionell kooperativer Perspektive

Auch wenn eine Vielzahl an religionsdidaktischen und -pädagogischen Ansätzen in einschlägigen Werken beschrieben wird, liegt noch kein Werk vor, dass konsequent konfessionell kooperativ ausgerichtet ist und die fachdidaktischen Ansätze hinsichtlich ihres Einsatzes für den konfessionell kooperativen Religionsunterricht reflektiert. In Anlehnung an Bernhard Grümme, Hartmut Lenhard und Manfred Pirner sprechen wir von ‚Ansätzen', denn die Zeit der großen religionspädagogischen Konzeptionen ist vorbei. Groß angelegte Theoriegebäude scheinen gegenwärtig als zu wenig heterogenitäts- und pluralitätsfähig, um auf die vielfältigen konkreten Anforderungen eines religionsdidaktischen Praxisfeldes zu reagieren.[334]

Im Folgenden werden zehn ausgewählte klassische Ansätze der Religionsdidaktik konsequent konfessionell kooperativ erschlossen und hinsichtlich ihres didaktischen Potenzials für den konfessionell kooperativen Religionsunterricht durchdacht. Dabei strukturieren wir die einzelnen Kapitel nach dem folgenden Schema:

a) *Ausgangspunkt und Eigenlogik des Ansatzes*
Den Beginn jedes Kapitels bilden die Ausführungen zu „Ausgangspunkt und Eigenlogik des Ansatzes". Hier werden die klassischen Ansätze zunächst in ihren Grundzügen skizziert und ihre zentralen Entwicklungsschritte sowie die klassischen Vertreter*innen aus katholischer und evangelischer Perspektive aufgeführt. Konfessionsspezifische Besonderheiten und Unterschiede werden akzentuiert. Zugleich werden die Ansätze hinsichtlich ihrer spezifischen Kompetenzorientierung eingeordnet und hinsichtlich ihrer Zielperspektive klassifiziert.

b) *Der Ansatz konfessionell kooperativ gedacht und in einem Schaubild visualisiert*
Der jeweilige Ansatz wird in seiner Besonderheit konfessionell kooperativ dargestellt, sodass sowohl die Verhältnisbestimmung von Theologie, gesellschaftlicher Relevanz und Subjekt abgebildet und die Konfrontation mit konfessionsspezifischer Theologie und die Einholung der Lebenswelt kontextualisiert, als

---

334 Vgl. Grümme, B. / Lenhard, H. / Pirner, M. (Hg.): Religionsunterricht neu denken, S. 10f.

auch die Schüler*innenaktivität hinsichtlich kognitiver, affektiver und aktionaler Lernprozesse aufgeschlüsselt wird. Dabei wird das jeweilige Potenzial für die religiöse Orientierung und die theologische Positionierung aufgezeigt. Zur Visualisierung des Dargelegten wird jeweils ein entsprechendes Schaubild integriert.

c) Didaktische Konkretion und Methodik
Im Rahmen der didaktischen Konkretion und Methodik wird der jeweilige Ansatz operationalisiert dargestellt. Es werden mögliche didaktische Zugänge für den Unterricht skizziert und konkrete Methoden exemplarisch entfaltet. Die ergänzende Methodenliste bleibt dabei bewusst offen, sodass hier Ergebnisse der eigenen Unterrichtspraxis ergänzt werden können.

d) Potenziale und Herausforderungen
Den Abschluss des Kapitels bildet jeweils eine Art Resümee, das die Potenziale für konfessionell kooperative Bildungsprozesse unter Berücksichtigung unserer konfrontativ-korrelativen subjektorientierten Lesart herausarbeitet. Auch mögliche Herausforderungen für den Religionsunterricht werden kontextualisiert in den Blick genommen und reflektiert. Die abschließende Liste möglicher Herausforderungen für die Lehrkraft soll Religionslehrer*innen sensibilisieren, um mögliche Fallstricke bereits in der Unterrichtsplanung zu antizipieren bzw. zu vermeiden.

3. *Religionsdidaktische Ansätze in konfessionell kooperativer Perspektive*

Dieses Teilkapitel stellt in gewisser Weise den Lackmustest dafür dar, inwieweit sich die theoretische Grundlegung unseres Konzeptes mit existierenden religionsdidaktischen Ansätzen ins Gespräch bringen lässt, um daraus tragfähige Schlussfolgerungen für den konfessionell kooperativen Religionsunterricht zu ziehen.

Die konfessionell kooperative Ausgestaltung der religionsdidaktischen Ansätze erfolgt bewusst zugespitzt auf konfessionsspezifische Settings. Uns ist bewusst, und wir befürworten auch ausdrücklich, dass der konfessionell kooperative Religionsunterricht nicht ausschließlich konfessionsspezifische Themen behandelt. Vielmehr legen wir explizit Wert darauf, dass neben konfessionsspezifischen Gemeinsamkeiten und Unterschieden auch allgemeine religionsbezogene, existenzielle, weltanschauliche und lebensweltbezogene Fragestellungen und Themen in den Religionsunterricht integriert werden. Uns ist es jedoch ein Anliegen, die bestehenden religionsdidaktischen Ansätze konfessionell kooperativ zu durchdenken, dass sie das Potenzial haben, durch die Konfrontation mit konfessionsspezifischer Theologie, Lehre und Praxis religiöse Orientierung und theologische Positionierung zu ermöglichen, um so einen Beitrag zur Identitätsentwicklung zu leisten. Unser Ansatz hat darüber hinaus den Anspruch, multireligiöse, atheistische und agnostische oder weltanschauliche Perspektiven einzubinden, und somit auch eine Dialogfähigkeit mit Blick auf interreligiöse Kontexte und konfessionslose Schüler*innen zu fördern.

3.1. Bibeldidaktik in konfessionell kooperativer Perspektive

3.1.1 Ausgangspunkt und Eigenlogik des Ansatzes

„Die Bibeldidaktik im engeren Sinne ist ein zentrales Gebiet der Didaktik christlich-religiösen Lernens. Darum stehen die bibeldidaktischen Fragestellungen kontinuierlich auf der Tagesordnung der religionspädagogischen Reflexion."[335] Zugleich ist das Besondere der Bibeldidaktik, dass es sich bei der Bibeldidaktik nicht um einen konkreten didaktischen Ansatz handelt, sondern um ein Sammelbecken verschiedenster didaktischer Ansätze, Methoden und Richtungen, die die Arbeit mit der Bibel zum Gegenstand haben.

Mit ‚traditioneller Bibeldidaktik' wird ein Religionsunterricht verstanden, der evangelischerseits die Elemente der Evangelischen Unterweisung und des Hermeneutischen Religionsunterrichts mitdenkt und katholischerseits Elemente des Kerygmatischen Bibelunterrichts und der Hermeneutischen Didaktik in sich trägt. Die traditionelle Bibeldidaktik beruft sich darauf, den Sinn des Bibeltextes mit Hilfe ausgewählter exegetischer Methoden zu erheben und schließlich in einem zweiten Schritt didaktische Überlegungen für seine Weitergabe an die Zielgruppe anzustellen.[336]

Als Anfangspunkt der Bibeldidaktik nennt Gottfried Adam die Schulbibel „Biblische Historien" von 1714, mit der der evangelische Theologe Johann Hübner im Zuge der Frühaufklärung den Grundstein bibeldidaktischer Überlegungen gelegt hat. Die Auswahl der biblischen Texte ist am Verstehenshorizont des Kindes ausgerichtet. Dabei sind die einzelnen Kapitel wie folgt gegliedert: biblischer Text (gekürzte Version der Lutherbibel); deutliche Fragen; nützliche Lehren; gottselige Gedanken. Die Bibeldidaktik Hübners folgt also den didaktischen Schritten Lektüre des Bibeltextes, Rezeption des Gelesenen, moralisierende Auslegung sowie abschließende Frömmigkeitsverse. Ziel ist die Glaubensunterweisung und christlich moralische Erziehung der Kinder.[337]

---

335 Adam, G.: Umgang mit der Bibel, S. 253.
336 Vgl. Fricke, M.: Rezeptionsästhetisch orientierte Bibeldidaktik, S. 213.
337 Vgl. Adam, G.: Umgang mit der Bibel, S. 255f.

Im Zuge der Aufklärung rückte schließlich die historisch-kritische Auslegung der Bibel in den Fokus, die auch Einzug in die bibeldidaktischen Überlegungen ihrer Zeit nahm. In diesem Kontext spielte die kritische Urteilsbildung eine zentrale Rolle. Die Bibel wurde im religionspädagogischen Diskurs als Bildungsbuch verstanden. „Dominierten vorher biblische Geschichten und katechismusartig dargebotene kirchliche Lehren, so treten jetzt die elementare Sittenlehre und die Aufklärung über die Grundbegriffe der Religion in den Vordergrund. Das bedeutet, dass zunächst einmal als zentrale Kategorie die natürliche Religion (Gott, Unsterblichkeit und Tugendhaftigkeit) wichtig ist. Dadurch tritt das spezifisch Christliche zweifellos zurück."[338] Bis diese durch die Aufklärung eingeleitete theologische Wende jedoch im schulischen Religionsunterricht Einzug nahm, vergingen wiederum einige Jahrzehnte. Insbesondere der zweite Weltkrieg sowie die Infragestellung religiöser Bildung im Nationalsozialismus bremsten einschlägige Weiterentwicklungen in dieser Zeit.

Katholische Konturen der Bibeldidaktik

Katholischerseits konstatierte Hubertus Halbfas in den 1960er-Jahren, dass biblische Texte aufgrund ihrer spezifischen religiösen symbolhaltigen Sprache in der Regel zunächst falsch verstanden würden, da die religiöse Sprache eben nicht der Alltagssprache entspreche. „Denn wer religiöse Sprachformen wörtlich, historisch oder als Information auffasst, missversteht sie."[339] Dabei bezieht sich Halbfas gleichermaßen auf Textgattungen (Mythos, Legende, Gleichnis, Gebet, prophetische Rede etc.) wie die Bildsprache (Symbol, Metapher, religiöse Motive). Der Fokus seiner Bibeldidaktik lag somit auf dem Erlernen einer religiösen Sprachfähigkeit im Sinne der Fähigkeit, religiöse Sprachformen entschlüsseln zu können. So verstand er religiöse Bildung in erster Linie als sprachliche Bildung, die das angemessene Verstehen religiöser Traditionen und biblischer Überlieferungen zum Ziel hat.[340] Ausgehend von dieser Prämisse entwickelte er seine Symboldidaktik (s. V.3.2 Symboldidaktik in konfessionell kooperativer Perspektive), die schließlich zum Kern seiner bildlichen Bibeldidaktik wurde. Ebenfalls in den 1960er-Jahren begann Wolfgang Langer mit seinen bibeldidaktischen Arbeiten und leitete damit die bibelkatechetische Wende ein. Er entwickelte vier Leitlinien der Bibeldidaktik, die bis heute ihre Gültigkeit nicht verloren haben, beschränkte sich dabei jedoch auf das Neue Testament:
1. Vermittlung von Sachwissen: Dazu zählt Langer Informationen über die Entstehungsgeschichte der Bibel, die Einführung in die biblischen Sprachformen und literarischen Gattungen, Kenntnisse über die Zeit Jesu, sowie die Wirkungsgeschichte.

---

338 Ebd., S. 257.
339 Altmeyer, S.: Bibeldidaktik und religiöse Sprachbildung, S. 483.
340 Vgl. ebd., S. 483.

2. Einbeziehung der Intertextualität: So sollen sprachliche, symbolische, mythologische und motivische Bezüge zwischen dem Alten und Neuen Testament für die Auslegung berücksichtigt werden. Konkret nennt Langer die christologischen Perspektiven, die Typologie, die Bildsprache der Gleichnisse und die Spannung zwischen Gesetz und Evangelium.
3. Aktualisierung biblischer Erzählungen: Hier geht es Langer darum, die biblischen Texte so zu versprachlichen, dass Kinder und Jugendliche von ihnen angesprochen werden. Als mögliche Formen nennt er: Übersetzungen sichten, Nacherzählen, Transformationen gestalten, Visualisierungen einsetzen sowie spielerische Gestaltungen inszenieren.
4. ‚Neue Zugänge' zur Bibel nutzen: So sollen die Aussagen der biblischen Erzählungen auf ihr Potenzial hinsichtlich innerseelischer, politischer und feministischer Erfahrungs- und Handlungsfelder erschlossen werden.[341]

Von den aktuellen bibeldidaktischen Entwürfen der katholischen Religionsdidaktik werden v. a. Joachim Theis, Ulrich Kropač und Mirjam Schambeck rezipiert. Joachim Theis nutzt sprachanalytische Verfahren, um die Aneignung von biblischen Texten als konstruktiven Verarbeitungsprozess des Subjekts im Sinne einer Doppelbewegung zwischen Leser*in und Text zu beschreiben. Prägend für das Verständnis der Texte sei das Vorwissen, die Sinnerwartung und die eigenen Zielsetzungen. Biblische Texte werden so vom Lesenden in eigene Denkstrukturen und Denkmuster eingefügt, die wiederum gesellschaftlich geprägt und sozialkulturell geformt sind. Ziel seiner Bibeldidaktik ist stets die Sinnfindung für das jeweilige Subjekt.[342] „Eine solche Subjektorientierung heißt, Bibeldidaktik unter der Perspektive der Rekonstruktion und Aneignung von biblischen Traditionen zu reflektieren. Deshalb weiß eine Didaktik biblischen Verstehens darum, dass Menschen sich in Texte (Geschichten) hineinerzählen, und diese unter der Bedingung des eigenen Lebens verstehen und schreiben. So wird biblisches Verstehen zur Arbeit an der eigenen Biografie. Denn ein „richtiger" Text ist einer, der den zu verstehenden oder vorgetragenen Text mit eigenen Texten und Versionen verbindet."[343] Ulrich Kropač legt in seiner Bibeldidaktik den Dialog zwischen Text und Leser*in unter Bezugnahme auf Jaques Derrida als wechselseitigen Prozess der Dekonstruktion an. Der Prozess der Dekonstruktion des Textes durch die* Leser*in ist zunächst entscheidend. So werden Ambivalenzen, Sinnspitzen, Mehrdeutigkeiten und sperrig erscheinende Abschnitte und Begriffe offengelegt und bewusst in den Blick genommen. Dann beginnt die Phase der Konstruktion. Verschiedene „Sinngehalte des Textes werden aufgespürt, arrangiert, kontextualisiert und zu neuen Zusammenhängen komponiert."[344] Ziel ist es, im Sinne des Konstruktivismus vielfältige Sinnpotenziale zu erschließen, und

---

341 Vgl. Adam, G.: Umgang mit der Bibel, S. 261ff.
342 Vgl. Mendl, H.: Religionsdidaktik kompakt, S. 87.
343 Theis, J.: Biblische Texte verstehen lernen, S. 251.
344 Kropač, U.: Biblisches Lernen, S. 395.

nicht die eine Wahrheit des Textes zu entschlüsseln.[345] Mirjam Schambeck entfaltet im Rahmen ihrer bibeltheologischen Didaktik „vom Konzept der Intertextualität her konsequent eine mehrschichtige Verwobenheit zwischen Text und Leser – der Text, der nur im Prozess des Lesens in seiner Textwelt rekonstruierbar ist, und der Leser, der sich im Prozess des Lesens selbst neu versteht."[346]

Da wir in unserer konfessionell kooperativen Auslegung der Bibeldidaktik insbesondere den Ansatz von Schambeck zugrunde legen sowie die konstruktivistische Lesart von Kropač integrieren, verzichten wir an dieser Stelle auf eine ausführliche Darlegung beider Ansätze.

Evangelische Konturen der Bibeldidaktik

In den 1980er-Jahren entwickelte Ingo Baldermann das Konzept der elementaren Bibeldidaktik und stellte damit die Bibel neu in den Fokus. Denn anders als in der Evangelischen Unterweisung verstand er sie nicht als Lerngegenstand, sondern dezidiert als didaktisches Prinzip des religionspädagogischen Arbeitens selbst. Baldermann stellt in den biblischen Texten elementare Strukturen, denen man folgen muss, in den Fokus, um so zu einer heilvollen und produktiven Begegnung zwischen Mensch und Bibel zu gelangen. Die Sprache der Bibel eröffnet einen Zugang zu den tiefen biblischen Wahrheiten, die zugleich immer anthropologische Wahrheiten sind.[347] Nach Baldermann birgt die Bibel in sich eine eigene Didaktik, sie ist folglich, „ein Buch des Lernens."[348] Es geht darum, „Begegnungen herbeizuführen zwischen den Kindern und den Worten der Bibel, Begegnungen, mit denen ein Dialog beginnt, der länger dauert als mein Unterricht."[349] Baldermann arbeite v. a. mit Psalmen, Gleichnissen und Reich-Gottes-Erzählungen. Die Texte der Bibel sprechen so direkt zum Menschen und führen die Schüler*innen dahin, sich mit den Worten der Bibel auseinanderzusetzen.[350]

Deutlich entschiedener als Baldermann blickt Horst K. Berg auf die Erfahrungen der Schüler*innen, um biblische Motive mit Problemen der Gegenwart zu verbinden. Hermeneutisch soll dabei die Fremdheit der Texte überwunden werden. Berg entwickelte einen Leitfaden biblischen Lernens, sodass die Leser*innen den Bibeltext in ihrer Wirkung entfalten können.[351] Kennzeichnend für die Bibeldidaktik Bergs ist die klare Orientierung an den Fragen und Problemen der Kinder und Jugendlichen. So identifiziert er biblische Grundannahmen und Botschaften, die für das Leben junger Menschen von Bedeutung sind und wählt ausgehend davon verschiedene Texte aus dem biblischen Kanon aus. Die

---

345 Vgl. ebd.
346 Mendl, H.: Religionsdidaktik kompakt, S. 87.
347 Vgl. Pohl-Patalong, U.: Religionspädagogik, S. 174.
348 Baldermann, I.: Einführung in die Bibel, S. 21.
349 Ebd., S. 9.
350 Vgl. Theis, J.: Biblisches Lernen, S. 302.
351 Vgl. Berg, H. K.: Ein Wort wie Feuer, S. 219.

von ihm identifizierten Grundbescheide lauten: Gott stiftet Leben, Gotte schenkt Gemeinschaft, Gott leidet mit und an seinem Volk, Gott befreit die Unterdrückten, Gott gibt seinen Geist und Gott herrscht in Ewigkeit.[352]

Kritik an den Entwürfen von Baldermann und Berg bezieht sich auf das den Ansätzen zugrundeliegende Begründungsmuster. So werden den negativ beschriebenen Lebenserfahrungen der Kinder und Jugendlichen befreiende Lernchancen der Bibel gegenübergestellt.[353]

Im Gegensatz zu Baldermann und Berg konzipierte Peter Müller seine Bibeldidaktik für Schüler*innen, die noch keinen Zugang zur Bibel haben und sucht nach „Schlüsseln", die geeignet sind, eine „Tür zur Bibel aufzuschließen."[354] Diese Schlüssel müssen zum einen an die Welt der Schüler*innen anschlussfähig sein und zum anderen die biblische Tradition so erschließen, dass sich Querverbindungen im Blick auf die Fülle der Bibel ziehen lassen.

Michael Fricke hält in seiner rezeptionsästhetischen Bibeldidaktik die Auslegung der Schüler*innen und die kreativen Umgangsweisen von Schüler*innen mit dem biblischen Text für zentral. Denn durch das Wahrnehmen der subjektorientierten Beiträge wird die Welt der Schüler*innen nicht nur greifbar, sondern die biblischen Texte selbst lebendig.[355] Texte haben aus rezeptionsästhetischer Perspektive keine Bedeutung an sich, sondern sind auf Rezipient*innen angewiesen, die die Zwischenräume im Text füllen. Die Zwischenräume oder Leerstellen im Text ermöglichten es, den zunächst fremden Text kreativ mit eigenen Erfahrungen zu verbinden. Texte haben nicht eine einzige feststehende Botschaft, sondern dürfen und können unterschiedlich verstanden und interpretiert werden, da die individuellen Lebenserfahrungen eine Ressource des Verstehens bilden.[356]

Kompetenzorientiert gedacht

Unabhängig von den konfessionsspezifischen Ausprägungen zählen wir die Bibeldidaktik zu den inhaltsorientierten Ansätzen, da sie sich auf den Inhaltsbereich der Bibel bezieht. Zugleich lässt sich der Inhaltsbereich „Bibel" seinerseits weiter differenzieren in biblische Themen, biblische Bücher, den Entstehungsprozess des biblischen Kanons, biblische Figuren, Textformen und Gattungen, biblische Ethik u. a., wie sie z. B. im Handbuch Bibeldidaktik von Mirjam und Ruben Zimmermann dargestellt werden.

---

352 Vgl. Mendl, H.: Religionsdidaktik kompakt, S. 85f.
353 Vgl. Porzelt, B.: Grundlagen biblischer Didaktik, S. 48ff.
354 Müller, P.: Schlüssel zur Bibel, S. 89.
355 Vgl. Fricke, M.: Rezeptionsästhetisch orientierte Bibeldidaktik, S. 210.
356 Vgl. Pohl-Patalong, U.: Religionspädagogik, S. 40f.

Während in den klassischen Ansätzen Inhaltskompetenz und Deutungskompetenz klar im Zentrum bibeldidaktischer Überlegungen standen, reicht die Palette gegenwärtiger Entwürfe von inhaltszentrierten über konstruktivistische und ästhetische bis hin zu performativen Bibeldidaktiken. Je nach Akzentuierung stehen Inhaltskompetenz, Deutungskompetenz, Reflexionskompetenz, religiöse Orientierung, ethische Urteilsbildung (Urteilskompetenz) oder das Erlernen biblischer Hermeneutik im Zentrum.

3.1.2 Der Ansatz konfessionell kooperativ gedacht

Im Sinne der konfrontativ-korrelativen Subjektorientierung sehen wir – wie auch die gängigen bibeldidaktischen Konzepte – den Kern der Bibeldidaktik in der Wechselbeziehung zwischen Bibel und Subjekt. Die Konfrontation mit der Bibel, ihren spezifischen Erzählungen, Motiven und ihrem Weltverständnis als zentrales christliches Zeugnis bildet den Ausgangspunkt der didaktischen Überlegungen.

Mit Blick auf den konfessionell kooperativen Religionsunterricht ist zu konstatieren, dass die Bibel als Heilige Schrift beider Konfessionen zentral ist, sich dennoch konfessionelle Unterschiede in Bezug auf die Kanonisierung, die genutzten Übersetzungen sowie den Stellenwert in der Tradition zeigen. So ist im konfessionell kooperativen Unterricht zu bedenken, dass im evangelischen Kontext der Umgang mit der Lutherbibel stark verbreitet ist, während im katholischen Religionsunterricht in der Regel die Einheitsübersetzung verwendet wird. Diese Bibelausgaben unterscheiden sich nicht nur in der Übersetzung, sondern auch in der Zusammenstellung und Reihenfolge der Texte (Kanon). Auch der Stellenwert unterscheidet sich in der evangelischen Tradition (sola scriptura) von der katholischen Tradition (Schrift und Tradition als Quellen der Glaubenslehre). Insofern unterscheiden sich die didaktischen Ansätze zwar nicht voneinander, doch spielen die konfessionellen Spezifika für didaktische Überlegungen in Bezug auf die Auswahl der Texte, die Bereitstellung von Hintergrundinformationen sowie die Behandlung der Entstehungsgeschichte der Bibel eine zentrale Rolle, wenn der konfessionellen Kooperation Rechnung getragen werden soll.

Im Folgenden wird daher ein konfessionell kooperativ gedachtes bibeldidaktisches Schema aufgezeigt, das auch auf andere bibeldidaktische Ansätze übertragen werden kann, indem die konfessionell kooperativen Perspektiven sowie die drei Handlungsebenen (kognitiv, affektiv, aktional) auf andere Ansätze angewandt werden.

Bereits in ihren Anfängen war sich die Bibeldidaktik der Diskrepanz zwischen der Welt der Schrift und der Welt der Rezipient*innen bewusst. Neu ist jedoch der Aspekt der Digitalisierung, der die Prozesse der Welterschließung, des Lernens und Verstehens, der Faktizität von Wissen und die Prinzipien der Welterschließung radikal verändert hat. Die potenziell zunehmende Komplexität der Welt führt vielfach zum Drang nach Eindeutigkeit, Beweisbarkeit und

Faktizität. So wachsen Kinder und Jugendliche in einer mediatisierten Welt auf, die über Podcasts, Sachbücher und Wissenssendungen ein stark naturwissenschaftlich geprägtes Verständnis von Wissen vermittelt, das Eindeutigkeit und Faktizität in Bezug auf Wissenschaft und Erkenntnisse suggeriert. Philosophische Fragen, mehrdeutige und multiperspektivische Wirklichkeitsverständnisse, spirituelle Aspekte und religiöse Fragen werden jedoch kaum kindgerecht aufgegriffen.

Wird Religion thematisiert, erfolgt dies meist reduziert auf religiöse Bräuche, kulturelle Vielfalt und bleibt im Duktus von präsentierten Daten und Fakten. Selbst ethische Fragen, die doch lange Zeit ein Monopol von Religion und Philosophie bildeten, werden zunehmend naturwissenschaftlich betrachtet. Nachhaltigkeit, Klimaschutz und Artenvielfalt werden über den Nutzen für das gesamte Ökosystem und somit auch für den Menschen begründet – nicht mehr über die Schöpfungsverantwortung. Individualethische sowie sozialethische Fragen werden gesellschaftsbezogen und nicht über die Gottesebenbildlichkeit diskutiert. Angesichts dieser Situationsbeschreibung ergibt sich eine neue Herausforderung für die Bibeldidaktik.

Beziehen wir uns bspw. auf den Grundschulunterricht, wird jedoch die Welt der Schüler*innen in den Lehrplänen häufig auf ihr persönliches Umfeld und ihre individuellen Erfahrungen reduziert. Die Welt der Bibel wird v. a. auf die Lebenswelt und Umwelt der Menschen in der Zeit Jesu eingeführt und die ihr innewohnenden Glaubensaussagen in den Blick genommen. Diese Engführung steht jedoch diametral dem in Kindermedien präsentierten Wissensverständnis entgegen. Unseres Erachtens ist es daher notwendig, nicht nur die konkrete Lebenswelt der Kinder und Jugendlichen aufzugreifen, sondern auch an das ihnen bekannte Wissensverständnis anzuknüpfen und es im Religionsunterricht sukzessiv zu erweitern.

Albert Biesinger und Helga Kohler-Spiegel greifen bereits 2008 in ihrem Buch „Gibt's Gott? Kinder fragen – Forscherinnen und Forscher antworten", ein solches Wissensverständnis auf, binden naturwissenschaftliche und sozialwissenschaftliche Perspektiven und Begründungsmuster in ihre Antworten ein und leiten ausgehend von ihnen zu einer theologischen Perspektive über, die der naturwissenschaftlichen Weltsicht nicht widerspricht, sondern sie ergänzt. Anknüpfend an den Erkenntnisstand unserer Zeit sollte auch im Religionsunterricht thematisiert werden, wie nach derzeitigem naturwissenschaftlichen Erkenntnisstand die Welt entstanden ist. Während die Naturwissenschaft sich also mit der Frage befasst, wie und wann die Welt entstanden ist, setzen sich die biblischen Texte mit der Frage auseinander, warum die Welt entstanden ist und in welchem Verhältnis sie zu Gott steht. Für die Bibeldidaktik ergibt sich daraus die Konsequenz, dass die Welt der Leser*innen in Bezug auf Schüler*innen weitergedacht werden muss. Dabei reicht es eben nicht, deren unmittelbare Umwelt und Erfahrungswelt miteinzubeziehen, sondern aufgrund der Digitalisierung einen viel umfänglicheren Zugang zu Wissen, Erfahrungen und Themen zu berücksichtigen, die nicht aus dem unmittelbaren Umfeld, sondern mittelbar durch das Internet und Social Media erfahrbar werden. Dementsprechend ist die Welt der Leser*innen perspektivisch zu erweitern um die mediale Welt und den Erkenntnisstand der jeweiligen Zeit, der wiederum das jeweilige Wissensverständnis der Zeit beinhaltet. Das hat wiederum Konsequenzen für die Begegnung der Schüler*innen mit biblischen Texten, da die biblischen Texte mit ihrem spezifischen Wirklichkeitsverständnis und ihrer Mehrdeutigkeit und Metaphorik den gängigen Wissenskonzepten der Kinder und Jugendlichen entgegenstehen. Dank KI-basierter Systeme wie Chat GPT bekommen Schüler*innen auf ihre großen Fragen schnell zugänglich eine Antwortmöglichkeit, die sie nicht mehr eigenständig formulieren müssen. Algorithmen im Netz sorgen dafür, dass ihnen vorwiegend Inhalte angezeigt werden, die ihrem eigenen Weltbild entsprechen. All diese Aspekte sorgen für die Illusion von Eindeutigkeit. So bedarf es einer Sensibilisierung der Schüler*innen für Mehrdeutigkeit, Ambivalenzen, Ambiguitätstoleranz und Multiperspektivität. Analog zu den gängigen bibeldidaktischen Ansätzen ist das Ziel die Begegnung von Leser*innen und Bibel und die wechselseitige Begegnung der Schüler*innen mit dem Text und seiner Welt unter Einbeziehung der eigenen (mediatisierten) Welt. Aus der Begegnung der beiden Welten entsteht ein fluider Auslegungsraum polyvalenter Deutungen, der von subjektiven Zugängen, Instruktionen der Lehrkraft, kognitiven Deutungen und affektiven Transformationsprozessen zwischen den Welten geprägt ist. Maßgeblich ist hier die Reflexion der einzelnen Prozesse, um nachhaltige Lernerfolge zu generieren und somit Voraussetzungen für die theologische Positionierung und religiöse Orientierung zu schaffen.

Die zahlreichen bibeldidaktischen Zugänge und Methoden zeigen, dass Leser*innen-Text-Interaktionen keine Selbstläufer sind, sondern didaktisch initiiert und inszeniert werden müssen. Somit steht bei vielen bibeldidaktischen Zugängen die aktionale Ebene im Fokus, die erst kognitive Deutungs- und Reflexionsprozesse ermöglicht. Viele der bibeldidaktischen Zugänge sind zudem geprägt von affektiven Momenten. Als Beispiele sind hier der Bibliolog, das Bibliodrama, Legematerialien u. ä. zu nennen.

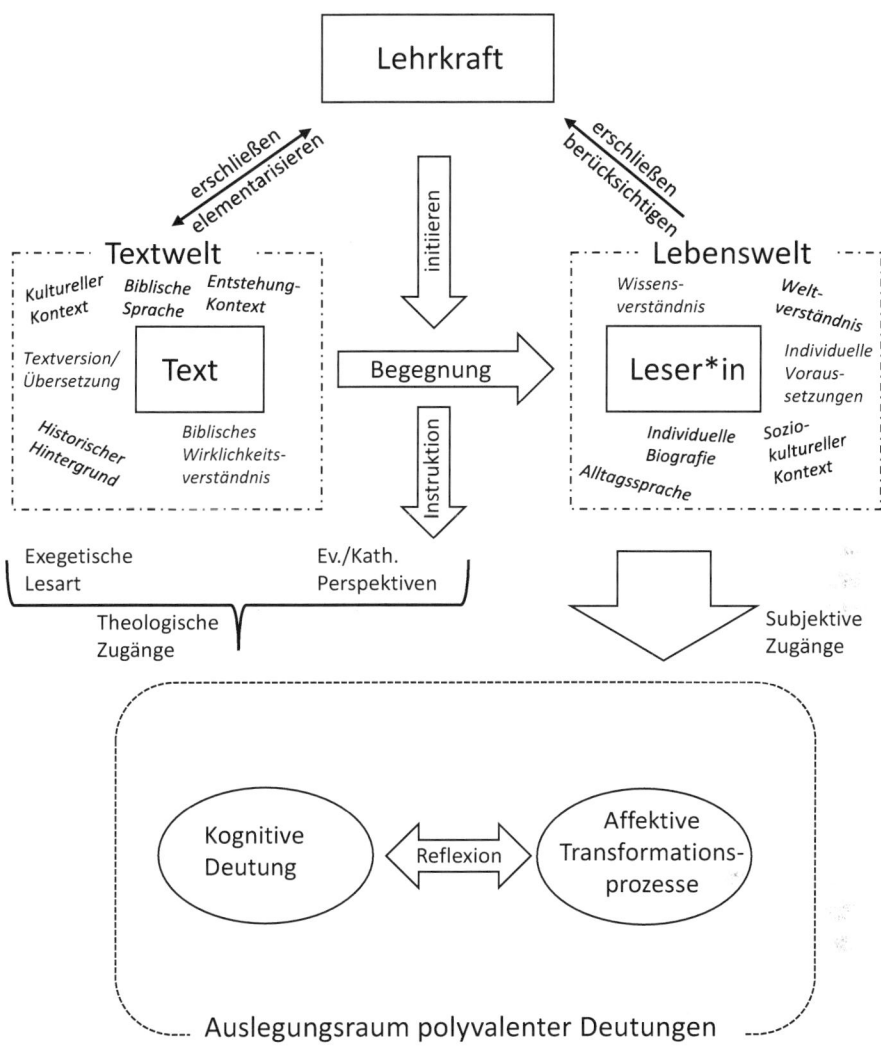

Abb. 4: Schaubild Bibeldidaktik in konfessionell kooperativer Perspektive

3.1.3 Didaktische Konkretion und Methodik

Die verschiedenen bibeldidaktischen Zugänge und Methoden unterscheiden sich in ihrer Akzentuierung v. a. darin, wo sie ihren Ausgangspunkt nehmen. Viele Zugänge nehmen ihren Ausgang im biblischen Text selbst und fördern eine kreative, meditative und subjektive Erschließung der Verse (Bibelwortkarten, Bibelverse abschreiben, Erzählen, Bodenbilder, etc.), fördern eine kreative und konstruktive Bearbeitung der Bibelstelle, die mit einer subjektiven Deutung einher geht (Bibliolog, Bibliodrama, kreatives Schreiben, etc.) oder vermitteln Inhalte und Hintergrundwissen zu biblischen Texten (z. B. Bibelgarten, Bilderbücher, Kinderbibeln mit integrierter Auslegungshilfe, Sachtexte, Filme, etc.). Im Sinne einer wechselseitigen Begegnung von Text und Leser*in ist jedoch darauf zu achten, dass gleichermaßen Hintergrundinformationen über die biblische Welt und die Welt der Schüler*innen in die Bearbeitung einfließen und die Arbeit an biblischen Texten nicht ausschließlich über intuitive, subjektive Deutungsprozesse erfolgt. Ansonsten besteht die Gefahr einer oberflächlichen Erschließung, die keine echte Begegnung von Text und Schüler*in ermöglicht.

Folgende Zugänge, Methoden und Medien können für die Auseinandersetzung mit der Bibel genutzt werden:
- (Vor-)Lesen
- Erzählen
- Bibel teilen
- Bibelwortkarten
- Bibelverse abschreiben
- kreatives Schreiben
- bibliodramatische Elemente
- Bibliolog
- Bibelgarten
- Bibelfliesen
- Bibel und Kunst
- kreatives Arbeiten mit der Bibel
- digitale Bibelwelten
- Online Bibeln und Bibel-Apps[357]
- Bibel-Filme
- Games
- biblische Erzählfiguren
- Legematerial und Bodenbilder
- Kamishibai (Erzähltheater)
- Bibelbilderbücher
- Kinder- und Jugendbibeln
- ...

3.1.4 Potenziale und Herausforderungen

Bibeldidaktik ist ein weites Feld, das eine große Bandbreite an Akzentuierungen, Spielarten und Zugängen beinhaltet. Das daraus resultierende Potenzial für den Religionsunterricht ist enorm. Die hier skizzierte Vielfalt geht jedoch mit der

---

357 Hierzu ausführlich: Boeck, N.: Art. Online-Jugendbibeln.

Gefahr einher, den Überblick zu verlieren oder sich in bibeldidaktischen Überlegungen auf die konkrete Methodenwahl zu beschränken. Das ist insofern problematisch, da eine gewinnbringende Begegnung von Leser*in und Text nur gelingt, wenn subjektive Zugänge mit inhaltlichen (theologischen und nichttheologischen) Instruktionen einhergehen und somit reflexive Denkprozesse angeregt werden.

Weitere Anforderung an die Religionslehrperson:
- Theologisches Fachwissen über konfessionsspezifische Unterschiede von Bibel-Übersetzung, Kanon und Bedeutung der Bibel
- Methodenvielfalt und zielgerichtete Methodenwahl
- Mut im Umgang mit „schwierigen" biblischen Texten
- der biblischen und der Schüler*innenwelt in ihrer Vielfalt gerecht werden
- vertraut sein mit der aktuellen, mediatisierten Schüler*innenwelt
- eine Sensibilität für die Ambivalenz der verschiedenen Wissensverständnisse
- Zusatzqualifikationen zum Umgang mit bibliodramatischen und bibliologischen Elementen
- Reflexion und Positionierung
- nicht bei der bloßen Kenntnis der biblischen Geschichte stehen bleiben
- …

3.2 Symboldidaktik in konfessionell kooperativer Perspektive

3.2.1. *Ausgangspunkt und Eigenlogik des Ansatzes*

Symbole, Symbolhandlungen und Symbolsprache sind zentrale Elemente von Religionen. Hilger spricht sogar von ganzen Symbolwelten mit Riten, Feiern, Bräuchen, Narrativen, Kunstwerken, Architektur, etc.[358] Dabei werden Symbole z. T. aus viel älteren religiösen Traditionen und Kulturen entlehnt und in der jeweiligen Religion und dem kulturellen Kontext neu oder umgedeutet. Als Beispiele können das Aufgreifen altägyptischer Bräuche und babylonischer Mythen im Judentum, hellenistischer Symbole im frühen Christentum oder die kulturelle Verbindung indigener Traditionen mit christlichen Lehren im Amazonasgebiet der Gegenwart genannt werden. Zugleich geht mit der Verselbstständigung von Symbolen und Riten häufig auch ein Bedeutungsverlust einher, sodass

---

[358] Vgl. Hilger, G. / Stögbauer, E.: Symbole wahrnehmen, deuten und gestalten, S. 221; vgl. Mendl, H.: Religionsdidaktik kompakt, S. 186.

Symbole, Symbolhandlungen und Symbolsprache tradiert werden, ihre Bedeutung jedoch den praktizierenden Subjekten nicht mehr präsent ist.

Auch im Alltag spielen Symbole sowie Symbolhandlungen eine große Rolle (z. B. Hände schütteln als Form der Begrüßung, Herzform im Kontext von Liebesbotschaften, Emojis in Textnachrichten, Vereinsabzeichen als Zugehörigkeitssymbol o. ä.). Religion, Kunst und menschliche Beziehungen sind ohne Symbolisches nicht denkbar. Mendl spricht in diesem Kontext von einer Bedeutungsverschiebung: „Nicht mehr die tradierten christlichen Symbole und Rituale, sondern die alltagsweltlichen profanen haben an Bedeutung gewonnen."[359] Bevor diese im Religionsunterricht thematisiert werden, haben sich Schüler*innen bereits eine Reihe von Symbolen und Symbolhandlungen angeeignet. Kinder und Jugendliche gebrauchen Symbole, um sich beispielsweise auszudrücken oder auch Zugehörigkeiten zu signalisieren. Erwachsenen sind deren Deutungen nicht immer zugänglich, da Kinder und Jugendliche eigene für sie bedeutende Symbole generieren.[360]

Etymologisch geht der Symbolbegriff auf das griechische Verb „symballein" zurück, was mit „zusammenfallen, zusammenwerfen, Getrenntes zusammenfügen" übersetzt werden kann. Das Substantiv „sýmbolon" bedeutet „das Zusammengefügte, Kennzeichen, Erkennungszeichen, Zeichen, Vertrag". In die deutsche Sprache gelangte das Wort über den lateinischen Begriff „symbolum", der „Zeichen, Kennzeichen, Emblem, Sinnbild, Bild" bedeutete.[361] Symbole haben einen Verweischarakter, der über das sichtbare Zeichen hinaus auf eine unsichtbare Wirklichkeit verweist.[362] Gleichzeitig wird ihnen in Abgrenzung zum Zeichen eine gewisse Deutungsoffenheit zugeschrieben, Biehl und Halbfas sprechen in Anlehnung an Tillich und Riceur sogar von einer ontologischen Dimension des Symbols.[363]

Die symboldidaktischen Überlegungen sind in den 1980er-Jahren entwickelt worden und haben durch die Rezeption in den Religionsbüchern bis in die 1990er-Jahre auf das praktisch-religionspädagogische Handeln gewirkt. Im Fokus stehen Symbole, die didaktisch als Zugang zu religiösen Dimensionen verstanden werden.[364] Zu Beginn der 1980er-Jahre verstand sich die Symboldidaktik als „Brücke des Verstehens"[365] zwischen der veränderten Lebenswelt der Schüler*innen (Entkirchlichung) und dem Thema Religion.

---

359 Mendl, H.: Religionsdidaktik kompakt, S. 188.
360 Vgl. Riegger, M.: Lernen mit Symbol-Zeichen - symbolisieren lernen, S. 255.; vgl. Hilger, G. / Stögbauer, E.: Symbole wahrnehmen, deuten und gestalten, S. 221.
361 Zimmermann, M.: Art. SymboldidaktikS. 2.
362 Vgl. ebd., S. 1.
363 Vgl. Hilger, G.: Symbollernen, S. 333; vgl. Meyer-Blanck, M.: Vom Symbol zum Zeichen, S. 21.
364 Vgl. Pohl-Patalong, U.: Religionspädagogik, S. 176.
365 Grethlein, C.: Fachdidaktik Religion, S. 256.

Die Symboldidaktik manifestiert sich prominent in drei nicht ineinander überführbaren Ansätzen. Auf katholischer Seite handelt es sich um eine anthropologisch-symboldidaktische Perspektive (Hubertus Halbfas) und auf evangelischer Seite um eine christologische Symboldidaktik (Peter Biehl), die durch eine semiotische Akzentuierung (Michael Meyer-Blanck) erweitert wird.

Die Symboldidaktik nach Hubertus Halbfas als katholischem Vertreter

Halbfas hat den Terminus „Symboldidaktik" in die religionspädagogische Diskussion eingeführt. In seinem Werk „Das Dritte Auge - Religionsdidaktische Anstöße" (1982) geht Halbfas noch von einer weitgehenden Symbolunfähigkeit der Menschen aus. Sein Anliegen ist es folglich, den Menschen so zu sensibilisieren, dass er mit Symbolen kommunizieren kann und durch den Umgang mit Symbolen zur Wahrnehmung von Symbolen fähig wird. In diesem Zusammenhang sollen sich ein emotionaler Bezug oder symbolisch gesprochen, das „Dritte Auge" (ein ganzheitlicher innerer Symbolsinn des Menschen) entwickeln. Das „Dritte Auge" ist dabei als ein Organ zu denken, dass das Unsichtbare sichtbar macht und somit das Profane im Sakralen wahrnimmt. Dabei schaut das „Dritte Auge" in die Tiefe und durchbricht die eindimensionale, oberflächliche Wirklichkeit. Der Religionsunterricht fungiert nach Halbfas als Sehschule für das „Dritte Auge". Einen reinen Unterricht über Symbole als Symbolkunde lehnt Halbfas strikt ab.[366] Stattdessen fokussiert er sich auf die Symbolwelt der Bibel, weshalb sein Ansatz auch im bibeldidaktischen Diskurs eine Rolle spielt.

Die Symboldidaktik nach Peter Biehl als evangelischem Vertreter

Biehl akzentuiert im Gegensatz zu Halbfas die ausdrucksfördernde und vermittelnde Funktion und spricht von einer kritischen Symbolkunde. Das Symbolverstehen vollzieht sich in der Dialektik von Sinnvorgaben und kritischer Reflexion, von Engagement und Distanz. Biehl geht es um ein ganzheitliches Wahrnehmen und Gestaltgeben. Dabei sollen sich analysierendes und begriffliches Denken wechselseitig aufeinander beziehen. Angestrebt wird die Verbindung eines ästhetischen Zugangs mit kritischer Interpretation. Dabei denkt er die Symboldidaktik als eine Wechselbewegung, die er in Anlehnung an die Korrelationsdidaktik entwickelt. Die erste Bewegung bildet die erfahrungsbezogene Annäherung an zentrale biblische Begriffe (z. B. Haus, Herz, Hand, Weg) mit christlichem Symbolcharakter. Diese werden von den Schüler*innen ausgehend von ihren lebensweltlichen Erfahrungen gedeutet. Die zweite Bewegung wird ausgehend von der christlichen Deutung biblischer Symbole gedacht, die den Schüler*innen erschlossen werden soll. Im Sinne einer Erschließung von

---

366 Vgl Hilger, G. / Stögbauer, E.: Symbole wahrnehmen, deuten und gestalten, S. 227f.; vgl. Riegger, M.: Lernen mit Symbol-Zeichen - symbolisieren lernen, S. 262.

Glaubenssymbolen werden diese Symbole auf das eigene Leben übertragen und hinsichtlich ihrer Bedeutung für den persönlichen Glauben überprüft.[367]

Semiotische Akzentuierung der Symboldidaktik durch Michael Meyer-Blanck

Meyer-Blanck hingegen betont die semiotische Dimension von Symbolen und konstatiert, dass die Deutungen von Symbolen nicht aus dem Symbol an sich hervorgehen, sondern immer Produkt eines gesellschaftlichen bzw. kulturellen Konsens, eines kommunikativen Aushandlungsprozesses und einer subjektiven Perspektive sind. Insofern fordert er zurecht: „Im Unterricht müssten verschiedene symbolische Codierungen von Zeichen durch Subjekte, Gruppen und Institutionen aufgedeckt und ins Gespräch gebracht werden, um erst danach in einem konfessorischen theologischen Diskurs bewertet zu werden."[368] Er fordert eine Neukonturierung des symboldidaktischen Ansatzes, der nicht mehr von einer ontologischen Dimension von Symbolen ausgeht, sondern diese als Phänomene von Kommunikation, Konvention und Code deutet. Terminologisch spricht er sich für eine „Didaktik religiöser und christlicher Zeichenprozesse"[369] aus.

Im Folgenden werden wir den symboldidaktischen Ansatz in Anlehnung an Meyer-Blanck konfessionell kooperativ weiterdenken. Die ontologische Dimension von Symbolen soll dabei lediglich als eine mögliche konfessorische Perspektive angeboten und nicht als Entität des Symbols gesetzt werden. Die spirituelle Dimension von ontologisch geprägten Zeichenhandlungen - wie Sakramenten - soll hier v. a. diskutiert und reflektiert werden, die subjektive Erfahrbarkeit dieser spirituellen Dimension denken wir dabei ausschließlich im Rahmen performativer Didaktik. (s. V.3.6 Performative Religionsdidaktik in konfessionell kooperativer Perspektive)

Kompetenzorientiert gedacht

Die Symboldidaktik zählen wir zu den kompetenzorientierten Ansätzen, da in unserer Lesart nicht die christlichen Symbole als inhaltsleitendes Unterrichtsthema im Fokus stehen, sondern die Deutungskompetenz von Schüler*innen als Leitgedanke fungiert. Symboldidaktische Zugänge spielen bei verschiedenen Themen eine Rolle wie beispielsweise bei der Sakramentenlehre, biblischen Themen und Heiligen, und können mit inhaltsorientierten Ansätzen wie der Kirchengeschichtsdidaktik oder den Bibeldidaktiken kombiniert werden. Ziel der

---

367 Vgl. Hilger, G. / Stögbauer, E.: Symbole wahrnehmen, deuten und gestalten, S. 228f.
368 Meyer-Blanck, M.: Vom Symbol zum Zeichen, S. 20.
369 Ebd., S. 25.

Symboldidaktik ist die Sensibilisierung der Schüler*innen für Symbole, Symbolsprache und Symbolhandlungen in Religion und Alltag sowie das Erlangen einer Deutungskompetenz. Ebenfalls anzubahnen ist in höheren Jahrgangsstufen die Reflexionskompetenz hinsichtlich der Entstehung von Symbolen, ihrer Wandelbarkeit und ihrer sozialen Funktion.

3.2.2 Der Ansatz konfessionell kooperativ gedacht

Im Sinne der konfrontativ-korrelativen Subjektorientierung lässt sich die Symboldidaktik für den konfessionell kooperativen Religionsunterricht entfalten. Je nach Ausrichtung nimmt der Unterricht seinen Ausgangspunkt entweder in der Konfrontation mit religiösen Symbolen, konfessionsspezifischen Symbolhandlungen, biblischer und liturgischer Symbolsprache oder in der Lebenswelt der Schüler*innen in Form von profanen Symbolen, Symbolhandlungen oder Symbolsprache. Im Sinne der Semiotik geht es zunächst darum, die Bedeutung, den inhaltlichen Gehalt des Symbols zu entschlüsseln. Dabei gilt es, die Mehrdeutigkeit von Symbolen zu vermitteln, da die Bedeutung eines Symbols immer das Produkt eines kommunikativen Aushandlungsprozesses ist. Somit ist die Bedeutung eines Symbols immer an Zeit, Kontext und Person(en) gebunden, die das Symbol denotieren. Schüler*innen benötigen Unterstützungsformen für symbolische Deutungen, die in der Regel von der Lehrperson durch konkrete Sachinformationen eingespielt werden müssen. Ausnahmen bilden Symbole, die bereits „erlernt" wurden oder die von dem Kollektiv vereinbart wurden, zu dem sich die Schüler*innen zugehörig fühlen und deren Denotationen sie verstehen.

Symbole aus der Lebenswelt lassen sich nur unter Einbezug des konkreten Kontextes, der Kultur, der Bezugsgruppe bzw. „bubble" bzw. Community deuten. Entsprechende Hintergrundinformationen können je nach Alter und Fähigkeiten der Schüler*innen von der Lerngruppe selbst recherchiert, von der Lehrkraft eingebracht oder durch Zusatzmaterial eingespielt werden.
Konfessionsspezifische Symbolhandlungen und christliche Symbole, die über eine Bibelstelle, einen Sachtext, ein religiöses Zeugnis oder durch andere Medien wie Bilder, Social Media, Websites oder Videos eingespielt werden, bedürfen ihrerseits ebenfalls Hintergrundinformationen.

Während es in der Grundschule ausreicht, christliche Symbole und konfessionsspezifische Symbolhandlungen auf ihre konsensuale, eindeutige Deutung zu beschränken und lediglich eine Deutungslinie in ihrer Tradition anzubieten, sollten ab der Sekundarstufe I auch innerchristliche Deutungsunterschiede, Deutungsveränderungen, kulturelle Besonderheiten und fremdreligiöse wie säkulare Einflüsse thematisiert werden.

Ins Gespräch gebracht werden sollten in jedem Fall Ambivalenzen und Deutungsunterschiede von Symbolen, die sich im christlichen Kontext und der Lebenswelt der Schüler*innen unterscheiden.

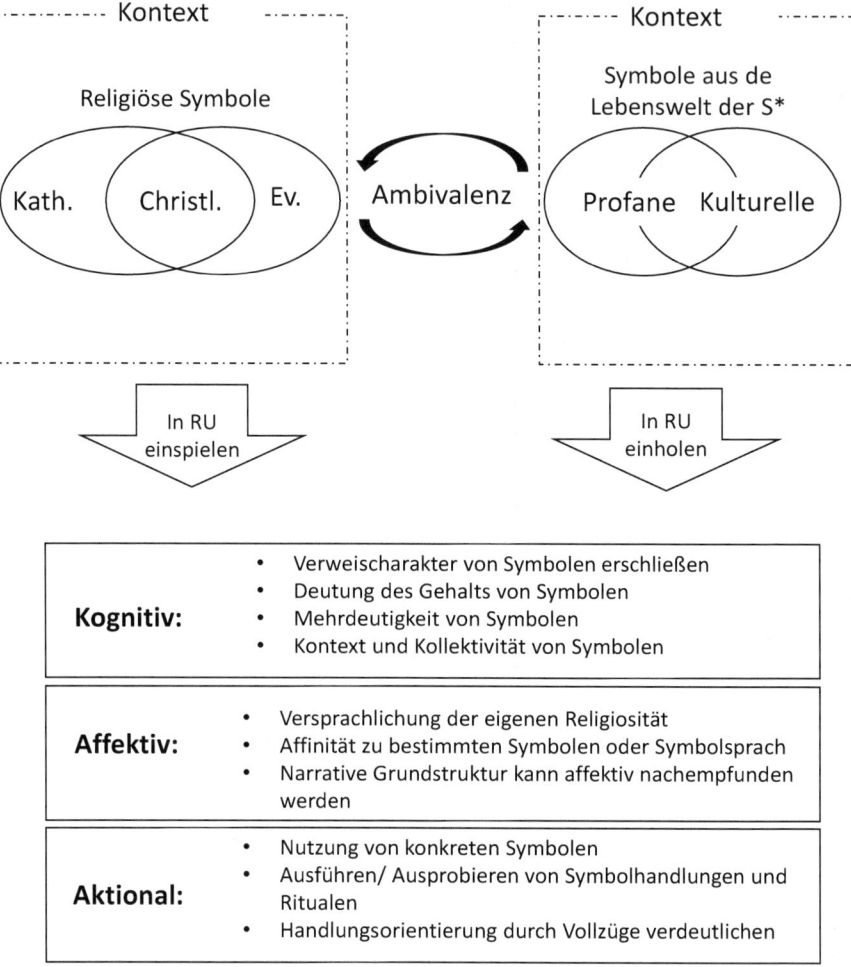

Abb. 5: Schaubild Symboldidaktik

Als Beispiel lässt sich die Zahlensymbolik der Zahl drei nennen, die im christlichen Kontext v. a. als Sinnbild für die Trinität gedeutet wird, im säkularen Kontext häufig mit der Redewendung „aller guten Dinge sind drei" assoziiert wird, die wiederum ihren Ursprung in der vorchristlichen Zahlenmystik hat.

Bis hierhin bildet die Religion lediglich einen Kontext von Symbolsprache, die Lebenswelt der Schüler*innen einen anderen und die Theologie liefert Hintergrundinformationen, um religiöse Symbole deuten zu können. Im Fokus steht die gesellschaftliche Relevanz im Sinne einer Kulturhermeneutik, also der Deutungsfähigkeit von (christlicher) Kunst, Literatur, Kultur bzw. Symbolen der Gegenwart. Der Religionsunterricht beschränkt sich in dieser Form auf religionskundliche und lebenskundliche Aspekte. Weder theologische Positionierung noch religiöse Orientierung spielen bis hierhin eine Rolle (s. IV.3 Theologische Positionierung und religiöse Orientierung als Zielperspektiven des konfessionell kooperativen Religionsunterrichts 2.0). Die Erschließung der Symbole sowie die kritische Reflexion ihrer potenziellen Mehrdeutigkeit und kontextuellen Bedingtheit werden durch die Schüler*innen rein kognitiv erschlossen. Neben der Rezeption religiöser Symbole geht es jedoch auch um die aktive Verwendung religiöser Sprache, die eben immer auch Symbolsprache ist. Diese umfasst zum einen die korrekte Verwendung religiöser Sprache im Kontext von inhaltlichen Auseinandersetzungen mit religiösen Inhaltsbereichen und Gegenständen im Sinne einer Anwendungskompetenz, sodass die erlernten religiösen Symbole „richtig" verwendet werden. Zum anderen geht es um die Versprachlichung eigener religiöser Erfahrungen, der eigenen Religiosität, Spiritualität und des eigenen Glaubens mit Hilfe von religiösen und alltagsweltlichen Symbolen. Dabei spielt immer auch die Frage eine Rolle, welche Symbole dem einzelnen Subjekt zugänglich sind, welche Symbole es ansprechen, wie es selbst konkret ein bestimmtes Symbol deutet und welche Deutungen es überzeugend findet. Diese subjektive Dimension von Symbolen bewegt sich stets in der Ambivalenz zwischen profanen Symbolen der Lebenswelt und religiös oder kulturell geprägten Symbolen und ihren zugeschriebenen Bedeutungen. Über die Nutzung religiöser Symbole als zentrale Elemente religiöser Sprache wird theologische Positionierung ermöglicht. Zugleich kann die Versprachlichung der eigenen Religiosität über Symbolsprache religiöse Orientierung begünstigen, insbesondere, wenn dadurch der intersubjektive Dialog zwischen den Peers angeregt wird. Diese Versprachlichung der eigenen Religiosität beinhaltet immer auch affektive Momente, die sich häufig in der Nutzung von konkreten Symbolen manifestieren.

Die aktionale Dimension didaktischen Handelns lässt sich beim Symbollernen am besten über konkrete Symbolhandlungen einspielen, die in der Regel einen konfessionsspezifischen Charakter aufweisen. Da es sich bei religiösen Symbolhandlungen in der Regel um konkrete Riten (Segen, Kreuzzeichen, etc.) mit performativem Charakter handelt, möchten wir an dieser Stelle auf die performative Religionsdidaktik verweisen, die unseres Erachtens den konfessionellen und individuellen konfessorischen Anforderungen am besten gerecht werden kann, zumal sich in unserer Interpretation deutliche Parallelen zwischen den Ansätzen finden lassen.

3.2.3 Didaktische Konkretion und Methodik

Nach unserem Verständnis bildet die Symboldidaktik keine eigenständige Unterrichtseinheit, sondern ist in das Gesamtkonzept des Religionsunterrichts integriert. Somit stehen nicht die einzelnen Symbole (Haus, Herz, Hand, Weg etc.) wie in der klassischen Symboldidaktik im Vordergrund, sondern die Wahrnehmung, Deutung und Gestaltung von Symbolen in ihrem jeweiligen Kontext, sodass es um den konkreten Gebrauch von Symbolen geht.

Religiöse wie auch profane Symbole werden immer dann symboldidaktisch erschlossen, wenn sie in Texten oder Medien zum jeweiligen Unterrichtsthema vorkommen. Somit werden sie immer schon mit einem konkreten kontextuellen Bezug als Unterrichtsgegenstand eingebracht und nicht losgelöst von ihrer religiösen, theologischen, historischen oder alltagssprachlichen Verwendung. Kerze, Adventskranz, Licht, und die Farbe Rot werden beispielsweise in ihrer Symbolhaftigkeit im Rahmen des Themas Weihnachten behandelt. Herkunft, Bedeutung, Umdeutung und Missbrauch des Hakenkreuzes werden im Kontext des Themas „Kirche im Dritten Reich" thematisiert. Beim Thema Sakramente werden wiederum je nach Jahrgangsstufe zur Taufe die Symbole Wasser, Chrisam und das Taufkleid behandelt oder Brot und Wein im Kontext des letzten Abendmahls und der Auferstehung Christi gedeutet.

Das Einüben religiöser Sprache als Auseinandersetzung mit Religion und als Versprachlichung der eigenen Religiosität sollten regelmäßig im Unterricht aufgegriffen und geschult werden. Gegenseitiges Feedback der Peers in Bezug auf Verständlichkeit und Nachvollziehbarkeit können in diesem Kontext hilfreich sein.

Folgende Methoden und Medien können für die Auseinandersetzung mit Symbolen genutzt werden:
— Symbolmeditation
— Bildkarten (z. B. Symbol-Kartei von Rainer Oberthür)
— Sprachspiele
— körperorientierte Zugänge
— Kreatives Schreiben
— Bildnerisches Gestalten
— ...

3.2.4 Potenziale und Herausforderungen

Die Symbolhaftigkeit von Religionen ist unumstritten. Somit ist auch die Relevanz von Deutungskompetenz in Bezug auf religiöse Symbole religionspädagogischer Konsens.

Symboldidaktik umfasst jedoch mehr als die bloße Deutungsfähigkeit religiöser Symbole. So geht es um den kreativen Umgang mit Symbolen, die Reflexion ihrer Ambivalenzen und Mehrdeutigkeiten, die Nutzung von Symbolen im Rahmen religiöser Sprache.

Genau hier beginnen die Herausforderungen. Denn der reflektierte Umgang mit Mehrdeutigkeit und Ambivalenz sowie Ambiguitätstoleranz stellen besondere Anforderungen an die Lehrkräfte.

Weitere Anforderungen an die Religionslehrperson:
- Theologisches Fachwissen über konfessionsspezifische Symbole und ihre Bedeutungen
- Fachwissen über die Entwicklung christlicher und profaner Symbole sowie ihre Mehrdeutigkeit
- Mehrdeutigkeiten zulassen
- Reflexionsfähigkeit
- kritische Urteilsfähigkeit
- Sinnhafte Nähe von und Erfahrung mit Symbolen
- Alltagssymbole der Schüler*innen oder explizite religiöse Symbole thematisieren
- ästhetischer Zugang
- performative Kenntnisse
- Symbole wahrnehmen, aufnehmen und bearbeiten
- …

3.3 Kinder- und Jugendtheologie in konfessionell kooperativer Perspektive

3.3.1 *Ausgangspunkt und Eigenlogik des Ansatzes*

Die Kinder- und Jugendtheologie initiiert einen Perspektivwechsel zum Wahrnehmen und Ernstnehmen theologischer Perspektiven von Kindern und Jugendlichen. Ausgehend von theologischen Fragestellungen, die sich aus kindlichen und jugendlichen Lebensfragen, Fragestellungen, die aus der Auseinandersetzung mit biblischen Erzählungen und religiösen Themen resultieren, und Deutungen, die Kinder und Jugendliche aus ihrer subjektiven Glaubensüberzeugung und Weltdeutung mitbringen, werden theologische Gespräche initiiert, die die Entfaltung eigener ‚theologischer' Sichtweisen zum Ziel haben. Prägend für diesen Prozess sind subjektgesteuerte Frage- und Suchbewegungen.

Möglich wird eine schüler*innenseitige Aneignung theologischer Denkweisen, wenn viele und möglichst heterogene Überlegungen in die Unterrichtskommunikation eingespielt werden. Die Vielfalt der Gedanken und Zugänge sowie die

Neugier der Kinder und Jugendlichen gehören zur Grundkonzeption des Theologisierens. Gerade die Verschiedenheit wird produktiv genutzt und bewältigt. Theologisieren stellt ein permanentes theologisches Experimentieren und Suchen dar, bei dem es kein „richtig" oder „falsch" gibt. Die motivischen Hintergründe der Kinder- und Jugendtheologie reichen in die 1960er-Jahre zurück. Katholischerseits ist die Kindertheologie als Abkehr vom katechetischen Lernen zu verstehen. „Der Katechismusunterricht vernachlässigte die Lebenswirklichkeit und den Verstehenshorizont der Kinder, da es ihm um die unverkürzte und ungetrübte Weitergabe von Glaubenswahrheiten ging. An religiösen Vorstellungen von Kindern war er weniger interessiert, sah er ihre Äußerungen doch in erster Linie als Gefährdungspotenzial auf dem Weg, den rechten Glauben zu erlangen."[370] Evangelischerseits ist hier die evangelische Unterweisung als Pendant zu nennen, der es darum ging, die Bibel als Wort Gottes und den rechten Umgang mit ihr zu tradieren. Begriff und Programm der Kindertheologie werden erstmals 1992 von Anton Bucher eingeführt, in enger Anlehnung an Einsichten und Forderungen der Kinderphilosophie. Der Ansatz war von Beginn an ökumenisch ausgerichtet, was deutlich werden lässt, dass die Schwierigkeiten einer katechetischen Vermittlungslogik sowohl auf evangelischer wie auch auf katholischer Seiter virulent waren.[371]

In die breitere Öffentlichkeit gelangte die Rede von ‚Kindern als Theologen' 1994 durch die Synode der EKD, die Gesellschaft und Kirche zu einem „Perspektivwechsel" im Verhältnis zum Kind aufrief. Die bahnbrechende Wirkung des Synodenwortes liegt darin, dass die grundlegende Forderung nach einem Perspektivwechsel auch auf die Religion des Kindes und seine theologische Eigenproduktion bezogen wird. Die Deutsche Bischofskonferenz griff ihrerseits den Grundgedanken der Kindertheologie in ihrem 1998 erschienenen Grundlagenplan für den Religionsunterricht in der Grundschule auf und formulierte: „Der Religionsunterricht ermutigt die Kinder, die großen Fragen des Lebens und in diesem Zusammenhang die Frage nach Gott zu stellen und zu bedenken. [...] So kann der herausfordernde Charakter des Evangeliums authentisch zur Sprache kommen und die Schülerinnen und Schüler zu einer eigenen Stellungnahme ermutigen." [372]

Mitte der 2000er-Jahre entwickelte sich ausgehend vom Konzept der Kindertheologie die Jugendtheologie, die zwar in der Grundkonzeption der Kindertheologie und -philosophie folgt, jedoch „die veränderten Entwicklungsvoraussetzungen, die sich in erweiterten kognitiven Kompetenzen wie der Fähigkeit zur Abstraktion, einer reflektierten Hypothesenbildung und einer Mittelrefle-

---

370 Kalloch, C. u. a.: Lehrbuch der Religionsdidaktik, S. 322.
371 Vgl. Schlag, T.: Kinder- und Jugendtheologie, S. 233.
372 Zentralstelle für Bildung der Deutschen Bischofskonferenz: Grundlagenplan für den katholischen Religionsunterricht in der Grundschule, S. 11, 15.

xion niederschlagen, inhaltlich die veränderten lebensweltlichen Orientierungen und Interessen und die Suche nach einer eigenen Identität und einem individuellen Lebensstil" berücksichtigen.[373]

Religionspädagogisch wird damit aus evangelischer wie auch aus katholischer Perspektive eine dreifache Hinwendung zum Subjekt impliziert:
1. Kinder und Jugendliche als Subjekte ihres Lernens: Die Sicht der Kinder und Jugendlichen steht im Zentrum religiöser Lernprozesse.
2. Kinder und Jugendliche als Subjekte ihrer Religion: Religiöse Fragen sollen in ihrem Eigenwert geachtet und didaktisch zur Geltung gebracht werden.
3. Kinder und Jugendliche als Subjekte von Theologie: Kinder und Jugendliche haben eigene Antworten auf ihre Fragen und sind in der Lage, ihre religiösen Fragen zu reflektieren.[374]

Diese Übersicht macht deutlich, dass der kinder- und jugendtheologische Ansatz das zentrale Anliegen einer subjektorientierten Religionspädagogik aufnimmt. Es geht nicht darum, ein ganz neues didaktisches Paradigma einzuführen und von dort aus jeden Unterrichtsmoment kinder- oder jugendtheologisch durchzubuchstabieren. Vielmehr geht es um die Interpretation konkreter Kommunikationsakte und Unterrichtsprozesse in einem hermeneutischen Sinn.[375]

Ziel der Kinder- und Jugendtheologie ist es, nicht nur die individuellen Vorstellungen zu analysieren, sondern das Reflexionspotenzial der Kinder und Jugendlichen hinsichtlich ihrer eigenen religiösen Fragen, Deutungen, Einsichten, Eindrücke, Argumente und Urteile zu fördern.[376] Kinder- und Jugendtheologie vertritt also einen ‚weiten' Theologiebegriff, indem dieser dreifach dimensioniert wird:[377] 1. als Theologie *von* Kindern und Jugendlichen – als eigene theologische Reflexion der Kinder und Jugendlichen, 2. Theologie *mit* Kindern und Jugendlichen – als religionspädagogische Praxis gemeinsam mit Kindern und Jugendlichen und 3. Theologie *für* Kinder und Jugendliche – als nicht deduktiv verstandene Aufklärung durch Theologie. Den Reflexionsfähigkeiten und Deutungskompetenzen der Kinder und Jugendlichen wird Raum gegeben.

Kompetenzorientiert gedacht

Wir zählen die Kinder- und Jugendtheologie zu den kompetenzbezogenen Ansätzen, da sie sich nicht auf bestimmte Teilbereiche von Theologie oder Religion

---

373 Vgl. Mendl, H.: Religionsdidaktik kompakt, S. 214
374 Vgl. Simojoki, H. / Lindner, K.: Theologisieren mit Kindern, S. 345.
375 Vgl. Roebben, B. / Schlag, T.: Basisannahmen und Konkretisierungsmöglichkeiten für die kirchliche Jugendarbeit, S. 447.
376 Vgl. Kraft, F. / Schreiner, M.: Zehn Thesen zum didaktisch-methodischen Ansatz der Kindertheologie, S. 22.
377 Vgl. Schweitzer, F.: Was ist und wozu Kindertheologie?, S. 11–16.

engführen lässt, sondern ihren Ausgangspunkt in den Fragen der Kinder und Jugendlichen nimmt. Zielsetzung des Ansatzes ist die Befähigung der Kinder und Jugendlichen als religiöse Subjekte zu eigenständigen theologischen Denk- und Reflexionsprozessen. Das Theologisieren als konkrete Handlungsform des didaktischen Ansatzes zielt somit auf den Erwerb einer religiösen Sprachkompetenz und Reflexionskompetenz. Zentral für den Erwerb dieser religionsbezogenen Kompetenzen ist die Rolle der Lehrkraft. So reicht es nicht aus, bei assoziativ geäußerten Glaubensäußerungen und Deutungselementen der Schüler*innen stehenzubleiben und die verschiedenen Perspektiven einander vorzustellen. Vielmehr geht es um ein hypothesengeleitetes theologisches Argumentieren, das im intersubjektiven Diskurs auch hinsichtlich seiner logischen Tragfähigkeit und seiner jeweiligen Überzeugungskraft und dem Potenzial hinsichtlich einer Antwortmöglichkeit auf eine konkrete existenzielle oder religiöse Frage geprüft wird. Auch wenn es in den subjektiven Konstrukten kein richtig und falsch gibt, spielt die jeweilige Logik und Tragfähigkeit der einzelnen „Theologien" eine zentrale Rolle im Unterrichtsgespräch.

3.3.2 Der Ansatz konfessionell kooperativ gedacht

Da die Kinder- und Jugendtheologie in ihrer Genese ökumenisch entwickelt wurde – was sich auch im ökumenischen Netzwerk Kinder- und Jugendtheologie sowie den seit den 2000ern[378] regelmäßig erscheinenden Jahrbüchern für Kinder- und Jugendtheologie unter Mitwirkung beider Konfessionen widerspiegelt – erfolgt an dieser Stelle kein Zusammendenken konfessionsspezifischer Prägungen des Ansatzes. Hinzu kommt, dass der Ansatz der Kinder- und Jugendtheologie konsequent subjektorientiert gedacht ist, indem Gegenstand und Inhaltsbereich nicht nur die Fragen der Schüler*innen, sondern insbesondere deren Antworten, Perspektiven, Argumentationen, Glaubensinhalte und religiöse Vorstellungen sind. Die durch die Schüler*innen eingespielten Perspektiven speisen sich jeweils aus ihrer subjektiven Lebenswelt sowie ihrer individuellen Religiosität, die wiederum ein Konglomerat aus ihrer religiösen Sozialisation, ihrem Erfahrungshorizont und ihrer individuellen Spiritualität bildet.

Spezifische Konfessionalität oder konfessionsspezifische Einflüsse können dabei eine Rolle spielen, treten jedoch häufig in den Hintergrund. Je nach kinder- bzw. jugendtheologischem Unterrichtssetting können konfessionsspezifische Impulse gegeben werden, die über Texte, Bilder, Bibelstellen oder andere Medien eingespielt werden; diese können jedoch ebenso gut allgemein christlich bzw. von ökumenischer Gültigkeit sein. Demnach muss auch in einem konfessionell kooperativen Religionsunterricht ein kinder- oder jugendtheo-

---

378 Das Jahrbuch für Kindertheologie erscheint seit 2002, das Jahrbuch für Jugendtheologie erscheint seit 2013, das Jahrbuch für Kinder- und Jugendtheologie erscheint seit 2018.

logisches Setting nicht zwingend explizit katholische oder evangelische Zeugnisse, Impulse, Medien oder Inhalte behandeln, sondern kann sich an den allgemeinen Grundlagen der Kinder- und Jugendtheologie orientieren. Zentral ist jedoch eine Sensibilisierung hinsichtlich der genutzten Materialien und Medien. So ist beispielsweise zu beachten, dass nicht ausschließlich mit der Lutherbibel gearbeitet wird oder bei der Bildnutzung keine einseitige Verwendung typischer katholischer Ikonographie erfolgt.

Hinsichtlich unseres Ansatzes gilt es nun, eine Verhältnisbestimmung von Theologie, gesellschaftlicher Relevanz und Subjekt vorzunehmen, die Schüler*innenaktivität hinsichtlich kognitiver, affektiver und aktionaler Lernprozesse aufschlüsselt und das Potenzial der Kinder- und Jugendtheologie für die religiöse Orientierung und die theologische Positionierung aufzuzeigen. Auch wenn das Verhältnis von Theologie, gesellschaftlicher Relevanz und Subjekt in der Kinder- und Jugendtheologie eine klare Subjektorientierung forciert, bedarf es im Unterricht einer akzentuierten christlich-theologischen Impulssetzung. Ausgehend vom didaktischen Dreieck erfolgt die Differenzierung von Theologie mit, für und von Kindern und Jugendlichen.

Die *Theologie für Kinder und Jugendliche* bewegt sich ausgehend von der Lehrkraft und dem Inhalt auf die Schüler*innen zu, wobei die Lehrkraft theologische Inhalte so aufbereitet, dass sie für die Kinder und Jugendlichen zugänglich sind. Bei diesem Zugang ist darauf zu achten, dass konfessionsspezifische Zugänge explizit transparent gemacht werden. Die so aufbereiteten christlich-theologischen Impulse werden durch die Schüler*innen reflektiert. Ziel des kindertheologischen Ansatzes ist es dabei stets, die Theologie für Kinder lediglich zum Ausgangspunkt theologischer Reflexionsprozesse zu nutzen, die schließlich in stärkere Interaktion, Diskussion und Reflexion münden.

Die *Theologie von Kindern und Jugendlichen* setzt bei den Schüler*innen und ihren Perspektiven an. Zu einem Thema, Impuls oder einer Fragestellung formulieren die Kinder und Jugendlichen ihre eigenen Theorien, Glaubensüberzeugungen, Weltanschauungen, Deutungen und Erklärungsmuster. Anspruch des kinder- und jugendtheologischen Ansatzes ist es, diese verschiedenen *Theologien von Kindern und Jugendlichen* miteinander ins Gespräch zu bringen und sie somit zu Reflexions- Dekonstruktions- und Neukonstruktionsprozessen zu inspirieren, die sich aus Aushandlungs- und Argumentationsprozessen ergeben.

Die *Theologie mit Kindern und Jugendlichen* geht von einem gesprächsbasierten Ansatz aus. Hier werden theologische Perspektiven und Ansätze im Diskurs miteinander entwickelt und entfaltet. Der Prozess ist dabei dialogisch angelegt. Ausgangspunkt ist dabei in der Regel wieder ein theologischer Impuls wie eine Fragestellung, ein Thema, eine Bibelstelle oder ein Bild, das von der Lehrkraft oder von eine*r Schüler*in eingebracht wird und als Impulsgeber für philosophische Gespräche, theologische Theoriebildung, weltanschauliche Deutungsprozesse, etc. fungiert. Die *Theologie mit Kindern und Jugendlichen* unterscheidet sich insofern von der *Theologie von Kindern und Jugendlichen,* dass der Prozess des Theologisierens im Fokus steht, während bei der *Theologie von Kindern und Jugendlichen* das Einbringen der bereits bestehenden theologischen, religiösen und weltanschaulichen Vorstellungen von Kindern und Jugendlichen akzentuiert wird.

Der kinder- und jugendtheologische Ansatz ist in erster Linie kognitiv ausgerichtet, da er theologische Denk- und Deutungsprozesse anregt. Durch die Kombination von vielfältigen handlungsorientierten Methoden wird der kognitive Prozess des theologischen Denkens jedoch psychomotorisch unterstützt, sodass eine aktionale Ebene eingespielt werden kann. Theologische Gespräche mit Kindern und Jugendlichen sind zudem gerade durch den Fokus auf existenzielle Fragen häufig geprägt von affektiven Weltdeutungen und emotionalen Einflüssen, die durch die Kinder und Jugendlichen in den Diskurs eingespielt werden. Dadurch erfährt der Prozess eine Tiefendimension, die durch rein kognitive Prozesse in der Regel nicht erreicht werden können.

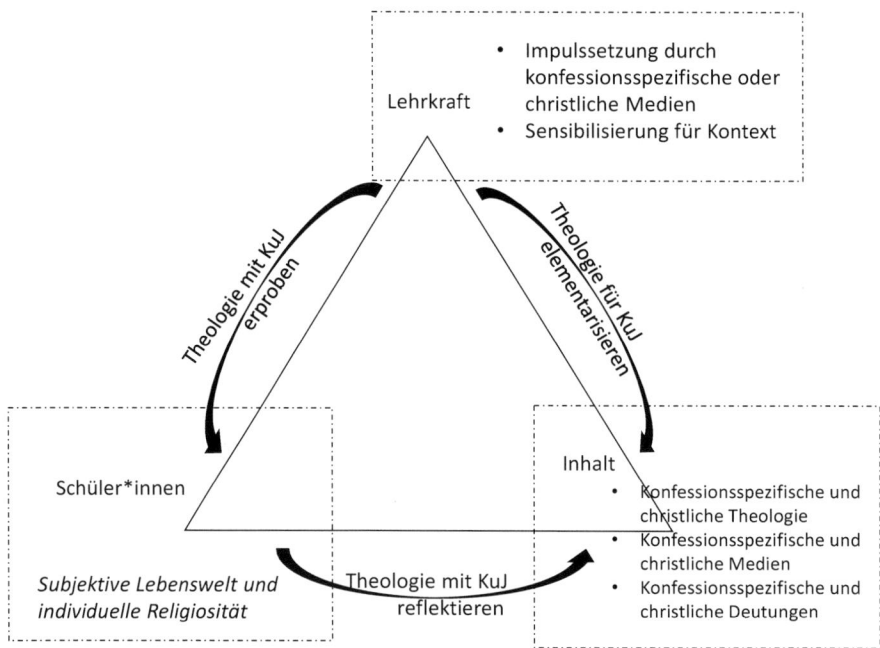

Abb. 6: Schaubild Kinder- und Jugendtheologie

3.3.3 Didaktische Konkretion und Methodik

Die Lehrperson ist dazu aufgefordert, den Kindern und Jugendlichen Deutungsangebote entgegenzubringen, an die sie anknüpfen können, und ihnen das eigene theologische Wissen nicht einfach aufzuerlegen. Dabei fungiert die Lehrperson in drei unterschiedlichen Rollen. Einmal als stimulierende Gesprächspartnerin, die die Deutungen der Schüler*innen aufeinander bezieht, sodass es zu einer vertiefenden Reflexion der Thematik kommt; dann als begleitende Expertin, die sich mit ihrem Fachwissen so einbringt, dass der Dialog weiterhin ergebnisoffen bleibt sowie als aufmerksame Beobachterin, die schauen muss, wie die Schüler*innen mit der Thematik umgehen und mit der nötigen Sensibilität hinhört, damit ein echtes Verstehen erreicht wird. Die Lehrperson nimmt folglich eine aktive Rolle ein, indem sie die theologische Kommunikation ordnet, klärt und stimuliert. Ferner ist es hilfreich, die den Antworten zugrundeliegenden Fragen zu qualifizieren. So macht es einen erheblichen Unterschied, ob eine im Gespräch aufgeworfene Frage prinzipiell entscheidbar ist (Hat Jesus gelebt?) oder unentscheidbar bleibt (Warum lässt Gott Leid zu?). Aufgrund der Komplexität des Theologisierens muss die Religionslehrperson in der Lage sein, je nach Anforderungssituation zwischen den unterschiedlichen Rollen zu wechseln.[379]

Folgende Methoden und Medien können für die Impulsgebung genutzt werden:[380]
— Kreatives Gestalten
— Kreatives Schreiben
— Stummer Impuls
— Kurzfilme
— Bilder
— Bilder- und Kinderbücher
— Kurzgeschichten
— Biblische Erzählfiguren
— Musikalische Zugänge
— Bodenbilder- und Legematerial
— Theologische Gespräche führen
— ...

3.3.4 Potenziale und Herausforderungen

Schüler*innen werden unabhängig von ihrer religiösen Sozialisation mit den sogenannten ‚großen Fragen des Lebens' konfrontiert. Sie können theologische Fragen stellen und benötigen Räume, in denen hinterfragende und vertrauensvolle Perspektiven entstehen. Erkennbar werden individuelle Ressourcen und Anknüpfungspunkte für ein neues Durchdenken, Überprüfen und Experimentieren mit theologischen Fragestellungen.

---

379 Vgl. Freudenberger-Lötz, P. / Reiß, A.: Didaktik des Theologisierens mit Kindern und Jugendlichen, S. 134; 137–140.
380 Vgl. weiterführend Freudenberger-Lötz, P. u. a. (Hg.): Handbuch Theologisieren mit Kindern.

Beim Theologisieren mit Kindern und Jugendlichen zeigt sich eine große Heterogenität nicht nur in Bezug auf die Religion, die Konfession, das Geschlecht, das Alter oder die Klassenstufe, sondern auch in den unterschiedlichen, zum Teil widersprüchlichen Deutungen der Subjekte. Die heterogenen Denkweisen der Schüler*innen konstruktiv zu verschränken, bleibt somit wohl die herausforderndste Aufgabe dieses religionspädagogischen Ansatzes. Doch Kinder und Jugendliche generieren ihre religiösen Vorstellungen und theologischen Reflexionen nicht im luftleeren Raum, sondern benötigen theologische Inhalte, auf die sie sich beziehen. Mirjam Schambeck spricht in diesem Zusammenhang von „Konstruktionsmaterial"[381]. Gemeint ist, dass Religionslehrer*innen als theologisch gebildete und sich bildende Subjekte in der Verantwortung stehen, Inhalte christlichen Glaubens einzubringen, eine theologische Position authentisch zu vertreten. Demnach ist ein dezidert theologisches Fachwissen und die eigene theologische Positionierung das entscheidende Kriterium eines an die Religionslehrkraft gestellten Anspruchs auf Professionalität – v. a. in sehr heterogenen Lerngruppen.

Anforderungen an die Religionslehrperson:
— Theologisches Fachwissen beider Konfessionen
— Mehrdeutigkeiten zulassen
— Vernetzungskompetenz
— Strukturierung und Systematisierung der Aussagen
— Gezielte Impulse
— Sicherstellen der Multiperspektivität
— Umgang mit Ambivalenzen zwischen Meinungs- und Religionsfreiheit und die Einhaltung demokratischer Grundrechte
— Reflexionsfähigkeit
— Initiierung kontroverser Diskussionen
— Flexibilität
— Subjektive Fragen und Vorstellungen der Schüler*innen wahrnehmen, aufnehmen und bearbeiten
— ...

---

381 Schambeck, M.: Wie Kinder glauben und theologisieren, S. 25.

3.4 Ethische Bildung in konfessionell kooperativer Perspektive

3.4.1 Ausgangspunkt und Eigenlogik des Ansatzes

Ethische Bildung als inhaltsorientierter didaktischer Ansatz bezieht sich auf die Ethik als spezifischen Gegenstand des Religionsunterrichts. Etymologisch lässt sich der Begriff Ethik auf einen doppelten Wurzel-Ursprung im Altgriechischen zurückführen. Während mit ἔθος die Gewohnheiten oder das Eingeübte gemeint ist, bezieht sich ἦθος auf die innere Eigenart oder den Charakter. „Im Blick auf Ethos sind also die anthropologischen Grundbedingungen individueller und kollektiver Lebensführung wie Gewissheit und Gewissen angesprochen - und dies etwa in aristotelischer Tradition im Zielhorizont eines höchsten Gutes als Prinzip, nach dem die Normen des menschlichen Handelns jeweils in spezifischer Weise zu begründen und zu rechtfertigen sind."[382]

Einerseits befasst sich Ethik also auf der theoretischen Ebene mit der Frage „Was soll ich tun?" und andererseits mit der Frage „Was ist gutes Leben" oder „Was bedeutet Glück?". Demzufolge kann man von Ethik als Theorie menschlicher Lebensführung bzw. als Theorie guten Lebens sprechen.[383] Einzelne ethische Fragestellungen werden entweder der Individualethik oder der Sozialethik zugeordnet, obgleich sich beide Begriffe nur schwer voneinander differenzieren lassen. Innerhalb der ethischen Diskussion lassen sich unterschiedliche ethische Disziplinen finden, so beispielsweise die Wirtschafts-, Tier-, Umwelt-, Sexual/Körper-, Medizin-, Sport-, Medienethik oder politische Ethik sowie eine Ethik der Menschen- und Kinderrechte.[384] Darüber hinaus lassen sich sechs Haupttypen voneinander unterscheiden: Pflichten-, Tugend-, Güter-, Diskursethik sowie Utilitaristische und Narrative Ethik. Die Ethik behandelt konkrete moralische Fragen, auch im Zusammenhang kirchlicher Stellungnahmen, z. B. bei Fragen zur Abtreibung, zu Suizid, Zölibat oder queeren Lebensweisen, sodass in diesem Kontext die spezifischen Positionen und Argumentationsweisen der katholischen und evangelischen Kirchen, der Theologien sowie der allgemein ethischen und gesellschaftlichen Perspektiven mitunter große Differenzen aufweisen. Es zeigen sich konfessionsspezifische Akzentuierungen dahingehend, dass die römische Moraltheologie v. a. vom Naturrechtsdenken geprägt ist,[385]

---

382 Schlag, T.: Ethisches Lernen und „die feinen Unterschiede" als Themenfeld einer ökumenischen Religionsdidaktik, S. 223.
383 Vgl. Anselm R. / Anselm, S.: Ethik, Moral, Norm, Tugend, Werte, Gewissen, S. 47ff.
384 Vgl. ausführlich Lindner, K. / Zimmermann, M. (Hg.): Handbuch ethischer Bildung.
385 Im katholisch theologischen Diskurs, insbesondere in der Ethik und Moraltheologie, bildet längst nicht mehr die römische Moraltheologie das alleinige Bezugssystem ethischer Fragestellungen. In Verlautbarungen der katholischen Kirche, insbesondere des

hingegen auf evangelischer Seite die Zwei-Reiche-Lehre und das Konzept der Königsherrschaft Christi leitend sind.[386]

Mit der ethischen Bildung geht eine Wertebildung einher. Werte sind zutiefst affektgeladen und konstitutiv für unser ‚Ich'. ‚Werte-Bilden' ist ein interaktiver Vorgang, bei dem das, was für eine Person wertvoll ist, für sie auch zum Wert wird. Dies geschieht nicht in völliger Selbstbezogenheit, sondern im Kontext von familiären, politischen, religiösen, kulturellen u. a. Bewertungen. Folglich ist der für die Wertebildung unabdingbare interaktive Prozess der Wertschätzung ein Phänomen, das die subjektiven Erfahrungs- und Deutungsmuster einbeziehen muss. Werte bilden sich individuell, sind ideologieanfällig, werden implizit erworben und wandeln sich. Neben der Ausbildung einer ethischen Urteilsfähigkeit und der Wertebildung spielt auch die Auseinandersetzung mit Normen eine zentrale Rolle. Normen sind gesellschaftliche Leitlinien mit bindendem Anspruch, die sich als Konsens einer Gruppierung herausgebildet haben. „Eine Norm ist eine verpflichtende Verhaltenserwartung, die auch ohne schriftliche Fixierung für die Menschen einer Gesellschaft bindend ist."[387] Anders als bei Werten ist ein inneres Ergriffensein nicht vonnöten. Es reicht die reine Akzeptanz der Vorschrift.

Ethische Bildung und Wertebildung zählen ähnlich wie die Bibeldidaktik seit den Anfängen des Religionsunterrichts zum Kernbereich religiöser Bildung. Bis in die Mitte des 18. Jahrhunderts war der gesamte schulische Unterricht eingebettet in religiöse Bildungszusammenhänge und die ethische Bildung v. a. im Sinne einer christlichen Wertevermittlung selbstverständlich.[388] Im Zuge der Aufklärung erhielt die Ethische Bildung als Teilbereich der religiösen Bildung neue Aufmerksamkeit und wurde zur Legitimation für religiöse Bildung in Schule herangezogen. Rousseau erachtete religiöse Bildung nur insofern für erziehungsrelevant „als sie zur Zivilisierung der Zöglinge beitrug."[389] Friedrich Schleiermacher problematisierte eine derartige ethisch-pädagogische Inanspruchnahme der Religion und verurteilte eine Nutzbarmachung fürs Ethische Lernen.[390] Das von Christian Gotthilf Salzmann Ende des 18. Jahrhunderts erneuerte Synthesemodell von ethischer und religiöser Bildung unter aufgeklärten Bedingungen blieb prägend für beide Konfessionen bis in die Anfänge des 20. Jahrhunderts. So wurde Religion als Fundament für Humanisierung, Versittlichung,

---

Heiligen Stuhls steht hingegen in moralischen Fragen immer der Fokus auf der naturrechtlichen Argumentation der römischen Moraltheologie.
386 Vgl. Hofheinz, M.: Theologische Ethik, S. 105ff.
387 Stöbener, A. / Nutzinger, H. G.: Braucht Werteerziehung Religion?, S. 28.
388 Vgl. Körtner, U. H. J. / Rothgangel, M. / Simojoki, H.: Einleitung, S. 15.
389 Ebd.
390 Vgl. ebd.

Charakterbildung und Werteerziehung in Schule proklamiert.[391] Diese Fokussierung auf das Prinzip der Wertübertragung[392] kritisierte als Reaktion auf die Erfahrungen des Ersten Weltkriegs der evangelische Religionspädagoge Paul Gerhard Bohne. In den 1970er-Jahren erlangte die ethische Dimension religiöser Bildung neue Relevanz.[393] Im Kontext der anthropologischen Wende (katholischerseits durch das Zweite Vatikanische Konzil, evangelischerseits durch die pädagogische Subjektorientierung der 68er Bewegung) trat die Werterhellung als Gegenmodell zu Wertübertragung ins Zentrum religionspädagogischer Reflexion. Robert Hall prägte das Konzept, indem er der von konservativen Kräften proklamierten Werte- oder Moralkrise ein moralpädagogisches Konzept entgegensetzte, das dem normativen Werteverständnis einen deskriptiv-reflexiven Wertezugang entgegenhielt. So geht er von den Werten der Jugendlichen aus, die es gilt, bewusst zu machen und zu reflektieren. Ziel ist es, die bisher erworbenen Werte biografisch einzuordnen und im Angesicht gegenwärtiger Wertepluralität und geltender Normativitäts- und Rechtsansprüche zu reflektieren und zu bestätigen, zu korrigieren oder zu verwerfen. Als weitere Vertreter dieses Ansatzes gelten Lutz Mauermann, Louis Raths, Merill Harmin und Sidney Simon.[394]

In den 1980er-Jahren entwickelte der Psychologe und Erziehungswissenschaftler Lawrence Kohlberg in den USA sein Stufenmodell der moralischen Urteilsfähigkeit, dass das Konzept der Werteentwicklung begründete. Ziel ist die Entwicklung einer moralischen Urteilsfähigkeit, die daran gemessen wird, welche ethischen Begründungsmuster, Motive, Ziele und welche Bezugsgrößen für die Urteilsfindung herangezogen werden. Zentral ist in diesem Kontext nach Kohlberg die Arbeit mit Dilemmata. Daran anknüpfend entwickelte Heinz Eduard Tödt Ende der 1980er-Jahre das Sechs-Schritte-Modell zur Ethischen Urteilsfindung.[395] Etwa zeitgleich konzipierte Jürgen Habermas die Wertkommunikation als viertes Konzept der Wertebildung. Durch einen Perspektivwechsel sollen Jugendliche im argumentativen Diskurs „die Wünschbarkeit und Haltbarkeit von Werten und Normen aus einer ethischen Optik beurteilen."[396]

Wertkommunikation, Werteentwicklung und Werterhellung spielen in gegenwärtigen religiösen Bildungsprozessen gleichermaßen eine Rolle. Die Wertübertragung ist kritisch zu sehen, spielt jedoch in bestimmten Bereichen wie Demokratielernen, Rassismus-Prävention sowie dem allgemeinen Ziel der Förderung einer Dialog- und Toleranzfähigkeit durchaus eine Rolle. Der Religionsunterricht bildet einen Resonanzraum für ethische Bildungsprozesse. Es geht um die Ausbildung ethischer Urteilskompetenz, die Entwicklung der Fähigkeit zu situationsbezogener ethischer Reflexion verbunden mit der Begründung von

---

391 Vgl. ebd., S. 16.
392 Vgl. Ziebertz, H. G.: Ethisches Lernen, S. 407.
393 Vgl. Körtner, U. H. J. / Rothgangel, M. / Simojoki, H.: Einleitung, S. 16.
394 Vgl. Ziebertz, H. G.: Ethisches Lernen, S. 408.
395 Vgl. Tödt, H. E.: Versuche einer ethischen Theorie sittlicher Urteilsfindung, S. 21–48.
396 Mendl H.: Religionsdidaktik kompakt, S. 124.

Normen und Werten.[397] Der Religionsunterricht regt zum Hinterfragen ethischer Normen und Werte an und agiert somit zugleich ideologiekritisch wie religionszivilisierend. Während die ideologiekritische Dimension weltanschauliche, gesellschaftliche oder politische Ideologien mit der Brille religiöser Haltungen, Werte und Normen kritisch reflektiert, nimmt die religionszivilisierende Dimension die Religion(en) selbst in den Blick, um sie kritisch zu reflektieren und hinsichtlich möglicher Fundamentalismen zu überprüfen.[398] Angestrebt wird eine der Lebenswirklichkeit zugewandte Ethik unter Berücksichtigung einer dezidierten Subjektorientierung, um unterschiedliche Lerndimensionen im Zusammenhang ethischer Bildungsprozesse zu ermöglichen. Intendiert wird in diesem Kontext eine Auseinandersetzung mit den facettenreichen ethischen Themen der Gegenwart.

Ethische Bildung betrifft sowohl die kognitive als auch die affektive Seite des Menschen. Das Zusammenspiel beider Ebenen spiegelt sich einerseits darin wider, dass innerhalb des Religionsunterrichts ethisches Denken, Urteilen und Argumentieren eingeübt werden soll und andererseits moralische Einsichten intendiert werden. Ethische Bildung im Religionsunterricht lebt von einem Proprium unterschiedlicher Lernprozesse und Themenfelder, sodass die Anbahnung ethischer Bildungsprozesse vom subjektorientierten Lernanlass abhängt.

Kompetenzorientiert gedacht

Ethische Bildung zählen wir zu den inhaltsorientierten Ansätzen. Anders als bei der Kirchenraumdidaktik steht kein konkreter Unterrichtsgegenstand im Fokus, sondern die inhaltliche Ausrichtung des Unterrichts orientiert sich an der Ethik bzw. Moraltheologie als zentrale theologische Disziplin. Somit steht sie in einer Linie mit der Bibeldidaktik und der Kirchengeschichtsdidaktik. Kompetenzorientiert gedacht, steht im Zentrum die Ausbildung einer ethischen Urteilsfähigkeit bzw. Urteilskompetenz. Diese Kompetenz steht insbesondere beim Konzept der Wertentwicklung im Fokus, das v. a. in den Kerncurricula am prominentesten vertreten ist. Bei der Werterhellung steht die Reflexionskompetenz im Fokus, Kernanliegen der Wertkommunikation bilden Diskursfähigkeit und Kommunikationskompetenz.

Die Wertübertragung ist im kompetenzorientierten Religionsunterricht nicht explizit vorgesehen, erfolgt jedoch gerade im Grundschulbereich als impliziter Lernprozess bewusst oder unbewusst. Im eigentlichen Fokus steht hier dann die Inhaltskompetenz im Sinne eines Wissens um spezifisch christliche Werte. An weiterführenden Schulen spielt die Wertübertragung immer dann

---

397 Vgl. Englert, R.: Die ethische Dimension religiöser Bildung, S. 817.
398 Vgl. Schambeck, M.: Warum Bildung Religion braucht ..., S. 261.

eine Rolle, wenn es um interreligiöse, interkulturelle und politische Bildungsprozesse geht. So gelten die demokratischen Grundwerte auch im Religionsunterricht als zu vermittelnde Basis.

3.4.2 Der Ansatz konfessionell kooperativ gedacht

Ethische Bildung geht in den gegenwärtigen Entwürfen immer von einer Wertepluralität unserer Gesellschaft aus. Die Pluralisierung und Individualisierung unserer Gesellschaft in den Bereichen Religion, Kultur, Milieus, Sozialgefüge und familiäre Konstellationen tragen zur Wertepluralität bei und verdeutlichen die gesellschaftliche Relevanz der ethischen Bildung. Die Schüler*innen bewegen sich innerhalb dieser Pluralität in verschiedenen Konstellationen und Zugehörigkeiten und sind geprägt durch individuelle und subjektive Wertüberzeugungen und Normen, die ihrem jeweiligen biografischen und sozial-kulturellen Kontexten entstammen. Auch die moralischen Instanzen, die den jeweiligen Subjekten Orientierung bieten, sind individuell verschieden. Jede Lerngruppe ist somit ihrerseits von einer Wertepluralität geprägt, die sich wiederum von anderen Lerngruppen unterscheidet.

In einem konfessionell kooperativen Religionsunterricht, der der korrelativen Subjektorientierung folgt, sind diese individuellen Werte und moralischen Instanzen in ihrer Pluralität einzuholen und als Gegenstand des Unterrichts zu begreifen. Gleichzeitig spielt die Theologie in Form der Ethik als zentrale Teildisziplin eine wichtige Rolle. So werden ethische und moraltheologische Modelle, Argumentationsstile, die Rolle des Gewissens sowie zentrale ethische Positionen der evangelischen und katholischen Theologie in den Unterricht eingespielt und behandelt. Auch zentrale christliche Werte und Normen werden implizit oder explizit zum Unterrichtsgegenstand. Auf Ebene der theologischen Ethik gelten zudem die Kirchen mit ihren ethischen und moralischen Positionen als bedeutsame moralische Instanzen, die kritisch hinterfragt werden müssen. Entsprechend werden auch ihre Perspektiven, Argumentationslinien und Positionen in den Unterricht eingebracht. So geht es auch und gerade in der Auseinandersetzung mit kirchlichen, theologischen und christlichen Positionen um eine kritische Reflexion und eben nicht um eine Wertübertragung. Auf gesellschaftlicher Ebene werden zentrale Probleme wie ökologische, soziale, politische oder ökonomische Missstände, Ungerechtigkeiten und Krisen in den Unterricht eingespielt. Hier geht es um eine Sensibilisierung der Schüler*innen für Missstände außerhalb ihrer scheinbar unmittelbaren Perspektive und um die Entwicklung eines Problembewusstseins.

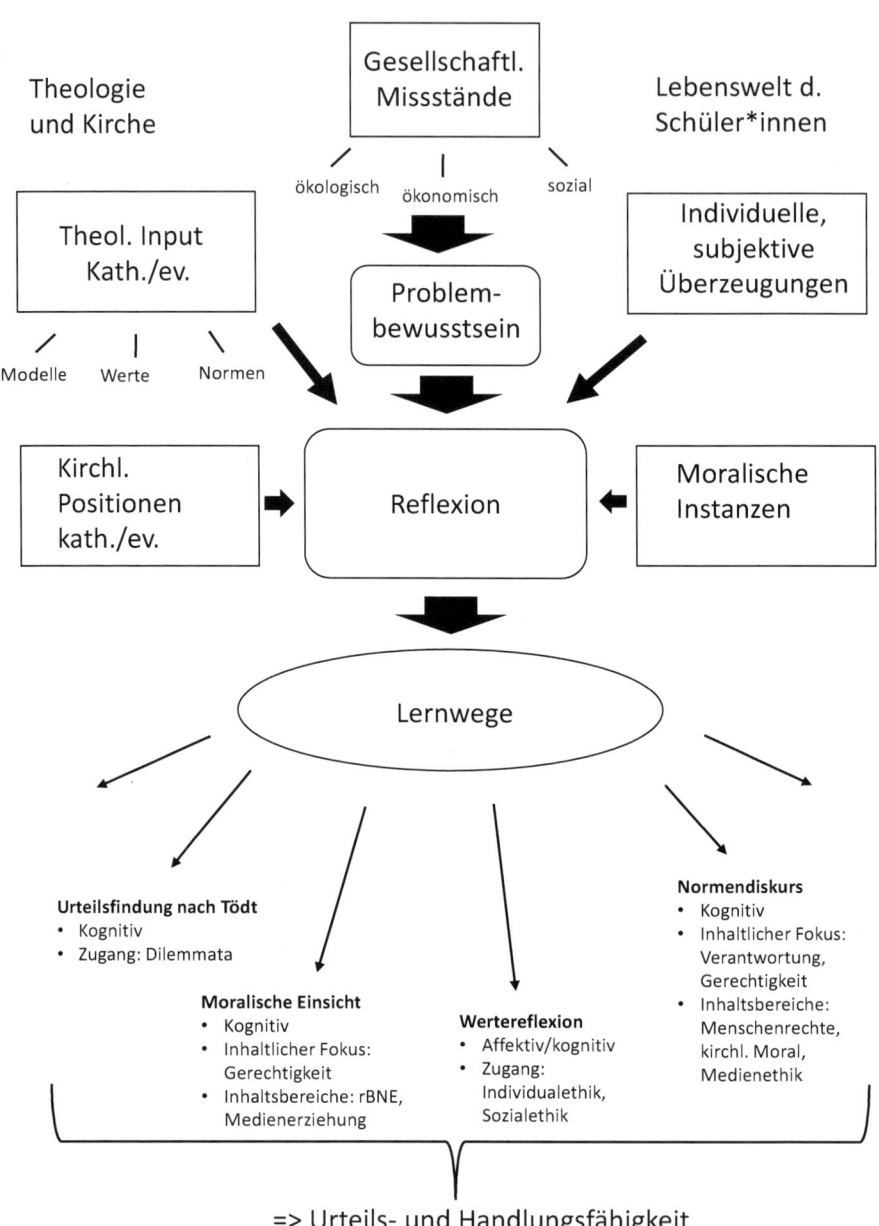

Abb. 7: Schaubild ethische Bildung

Kern ethischer Bildung ist die Reflexion dieser verschiedenen Perspektiven, wobei nicht in jeder Unterrichtseinheit alle drei Perspektiven (Theologie und Kirche, Gesellschaft, Subjekt) gleichermaßen im Fokus stehen. Das jeweilige Objekt der ethischen Reflexion sowie die Einbindung der verschiedenen Perspektiven wechselt je nach Thema, Fragestellung und Jahrgangsstufe. Damit einher geht die jeweilige didaktische Herangehensweise, die wir in vier zentrale Lern-Zugänge kategorisieren. Damit wenden wir uns bewusst gegen eine einseitige Konkretisierung ethischer Lernprozesse, die sich ausschließlich auf die Bearbeitung von Dilemmata konzentriert, wie die ethische Urteilsbildung bzw. Wertentwicklung, oder auf die diskursive Auseinandersetzung mit gesellschaftlichen Werten und Normen wie es die Wertkommunikation anstrebt. Stattdessen schlagen wir eine Differenzierung in vier Lern-Zugänge vor, die jeweils unterschiedliche Schwerpunkte setzt:

1. Wertereflexion: Die Wertereflexion bewegt sich zwischen individualethischen und sozialethischen Fragestellungen. Ähnlich wie bei der Wertkommunikation steht die Auseinandersetzung mit konkreten Werten und ihre Reflexion im Fokus. Behandelt werden die Werte der Schüler*innen, Werte unserer Gesellschaft, christliche Werte, demokratische Werte, etc. In den Blick genommen werden je nach Schulform und Alter die Entstehung von Werten, die Rolle der biografischen und soziokulturellen Einflüsse, und die Veränderung von Werten im Laufe des Lebens. Gegenstand des Lernzugangs ist ebenfalls der Umgang mit konkurrierenden Werten und die Orientierung in einer wertepluralen Gesellschaft. Ziel ist, ähnlich wie bei der Wertkommunikation, die ethische Mündigkeit von Jugendlichen bzw. die Bewusstmachung der eigenen Werte und deren Reflexion durch Kinder bspw. über Kinderrechte. Die Wertereflexion beinhaltet affektive und kognitive Aspekte, da individuelle Werte immer auch emotional geprägt sind. Die ethische Mündigkeit und Wertereflexion sehen wir als einen Teilaspekt der religiösen Orientierung an.

2. Normendiskurs: Der Normendiskurs ist ebenfalls an die Wertkommunikation angelehnt, bezieht sich jedoch explizit auf den Diskurs von normativen Geltungsansprüchen gesellschaftlicher, religiöser und politischer Werte und Moral. Hier werden v. a. sozialethische Fragestellung thematisiert. Im Zentrum stehen Fragen nach Gerechtigkeit und Verantwortung. Mögliche Inhalte sind Menschenrechte, Demokratie, kirchliche Moral oder Medienethik. Im Fokus steht hier die theologische Positionierung im Sinne einer ethischen Position.

3. Moralische Einsicht: Unter Moralischer Einsicht verstehen wir die Sensibilisierung der Schüler*innen für gesellschaftliche Missstände, globale Krisen, ökologische, soziale und ökonomische Problemfelder. Im Zentrum steht die Frage nach Gerechtigkeit. Dabei sind sowohl affektive als auch kognitive Herangehensweisen denkbar. Als inhaltlich bedeutsame Beispiele sind gegenwärtig

die religiöse Bildung nachhaltiger Entwicklung (rBNE) und die Friedenspädagogik[399] sowie die Medienpädagogik/Medienerziehung zu nennen. Diese drei unterscheiden sich insofern von anderen Ansätzen ethischer Bildung, dass sie explizit eine Wertevermittlung zum Ziel haben, ohne dass sie sich auf das Konzept der Wertübertragung reduzieren lassen. So geht es insbesondere der rBNE um Aufklärungsarbeit, die Bewusstmachung komplexer globaler Zusammenhänge und das Ineinandergreifen von sozialen, ökologischen und ökonomischen Faktoren (ausführlicher zur rBNE s. Exkurs).[400]

Friedenspädagogische Ansätze im Religionsunterricht haben wiederum die Aufgabe, die ambivalente Rolle von Religion in Konflikten darzustellen und dabei sowohl Schuldgeschichte[401] von Religionen über biblische Kriegserzählungen, kirchengeschichtliche Perspektiven und die gegenwärtige Rolle von Religionen in Konflikten zu thematisieren, wie auch das friedensfördernde Potenzial von Religionen zu berücksichtigen.[402]

Bei der Medienerziehung als Teil der Medienpädagogik geht es um das Erlernen eines reflektierten und differenzierten Umgangs mit digitalen Medien. Bei diesem Lernzugang steht die religiöse Orientierung im Fokus, beinhaltet aber auch Aspekte der theologischen Positionierung im Sinne einer ethischen Position.

4. Entwicklung ethischer Urteilsbildung: Die Entwicklung ethischer Urteilsbildung ist dem Konzept der Wertentwicklung entlehnt. Konkret beziehen wir uns auf die ethische Urteilsbildung nach Tödt bzw. die Adaption von Zimmermann und Zimmermann. Dabei wird ein Dilemmafall thematisiert und der Prozess der Urteilsfindung in den Fokus gerückt. Mit Hilfe eines retardierenden Leitfadens wird der Prozess der Urteilsfindung in mehrere Teilschritte untergliedert, die dazu anleiten, verschiedene Perspektiven und Argumentationslinien in die Urteilsbildung einzubeziehen. Dabei spielen individuelle Werte ebenso eine Rolle wie gesellschaftliche Normen, moralische Ansprüche und persönliche Erfahrungen. Im Fokus steht die theologische Positionierung im Sinne einer ethischen Position.

---

399 Vgl. z. B. Naurath, E.: Friedenspädagogik als Übersetzungsaufgabe religiöser Bildung, S. 177–184.
400 Vgl. ausführlich Gärtner, C.: Klima, Corona und das Christentum; vgl. Bederna, K.: Every Day for Future.
401 Vgl. Naurath, E.: Frieden und Krieg/Terrorismus, S. 150.
402 Vgl. Herbst, J.-H.: Der Ukrainekrieg als Nagelprobe einer christlichen Friedenserziehung, S. 422. Herbst nennt hier unter Bezugnahme auf Norbert Mette die Tradition der sogenannten Friedenskirchen (Böhmische Brüder, Herrnhuter Brüdergemeinde, Quäker, u. a.), befreiungstheologische Bewegungen sowie das biblische šalōm als christliche Grundperspektive.

3.4.3 Didaktische Konkretion und Methodik

Die didaktische Konkretion richtet sich nach den zuvor dargestellten vier unterschiedlichen Schwerpunktsetzungen ethischer Bildung.

Zu 1. Wertereflexion: Soll der Fokus auf die Wertepluralität innerhalb der Lerngruppe gelegt werden, können zunächst individuelle Werte gesammelt werden, die dann den Ausgangspunkt für Reflexionsprozesse bilden. Methodisch bieten sich hier zum Beispiel das schrittweise Einigen auf eine gemeinsame Werteliste oder sogar ein gemeinsames Werteranking (erst zu zweit, dann zu acht, dann alle) oder eine Werteversteigerung (auch Werteauktion) an.

Weitere mögliche Zugänge bilden Filme oder Reportagen aus dem Bereich der Wertepluralität, Diskussion von Fallbeispielen, Statements von Jugendlichen oder die Erschließung von Fremdperspektive auf Werte über Kinder- und Jugendliteratur.

Zu 2. Normendiskurs: Über einschlägige Medien erfolgt die Konfrontation mit einer spezifischen Perspektive, die mit einem Normativitätsanspruch einhergeht. Das kann je nach Thema über kirchliche Verlautbarungen, kritische Zeitungsartikel oder Medienbeiträge, Fallbeispiele, Reportagen über religiöse Normen, oder Beiträge über Medienethische Perspektiven und Problemstellungen erfolgen. Im Fokus steht die sozialethische Bearbeitung. Das bedeutet, es geht um die Fragestellung, ob die diskutierten Normen zum Wohl der Gesellschaft oder zum Wohl einer bestimmten Gruppe, für die sie gelten, dienlich sind. Die Perspektive des Einzelnen wird dem Wohl der Gruppe gegenübergestellt.

Zu 3. Moralische Einsicht: Bei der Moralischen Einsicht geht es wie oben beschrieben um die Sensibilisierung der Schüler*innen für gesellschaftliche Missstände, globale Krisen, ökologische, soziale und ökonomische Problemfelder. Den Ausgangspunkt bildet dabei stets die Aufklärung über die jeweiligen komplexen Zusammenhänge. Bezogen auf die rBNE bieten sich z. B. Exkursionen zu lokal bedeutsamen Orten für Nachhaltigkeit und Ökologie, das Anlegen einer Local-Heroes-Datei (siehe Hans Mendl) oder verschiedene handlungsorientierte Zugänge, die sich über die Kooperation mit Drittanbietern umsetzen lassen.

Bezüglich der Friedenspädagogik liegt der Fokus in jüngeren Lerngruppen v. a. auf dem unmittelbaren Umfeld, was mit den Kompetenzzielen der Konfliktlösungsfähigkeit, Pluralitätsfähigkeit, Dialog- und Toleranzförderung einhergeht. In höheren Jahrgangsstufen sollten hingegen auch die politisch-strukturellen Perspektiven in den Blick genommen werden. Optimal sind hier fächerverbindende Ansätze mit dem Politik-, Sozialwissenschafts- oder Geschichtsunterricht.[403] Neben klassischen Methoden wie Medienanalyse, Deutung von Kunst und Musik, Bibelarbeit und Textarbeit lassen sich Szenisches Spiel, Planen von Friedensaktionen, Kreatives Schreiben, Künstlerisch-ästhetische Zugänge, Planspiele wie Friedenskonferenz o. ä. nutzen.

---

403 Ebd., S. 422 ff.

Im Kontext der Medienpädagogik bzw. Medienerziehung spielen beim ethischen Lernen v. a. der Umgang mit Social Media mit Blick auf Cybermobbing, Darstellung und Verbreitung persönlicher Informationen von sich selbst und anderen, Umgang mit Bildern im Netz, Umgang mit jugendgefährdenden Inhalten u. a. eine Rolle. Hier bietet es sich aufgrund der persönlichen Betroffenheit an, „fremde Fälle" in den Blick zu nehmen und das Thema über Jugendliteratur, Fallanalysen, medienpädagogisches Material o. ä. zu thematisieren. Religiöse Bezüge zum Thema lassen sich über christliche Positionen, Wertediskussionen und sozialethische Perspektiven einbringen.

Zu 4. Entwicklung ethischer Urteilsbildung: Die Entwicklung der ethischen Urteilsbildung verbunden mit der Erarbeitung eines selbstverantworteten Ethos durch die Schüler*innen kann als unangefochtenes Ziel der ethischen Bildung bezeichnet werden. Seit Jahrzehnten wird in diesen Zusammenhang, v. a. in praxisbezogenen Beiträgen und Unterrichtsmaterialien die „ethische Theorie sittlicher Urteilsfindung" nach Heinz Eduard Tödt rezipiert. Diese gelangt in fünf Schritten zum Urteilsentscheid. Abschließend kommt es in einem sechsten Schritt zu einer Prüfung der Angemessenheit des Urteils (1. Feststellung des Problems; 2. Analyse der Situation bzw. des Sachverhalts; 3. Erörterung der Verhaltensalternativen; 4. Prüfung der Normen; 5. Urteilsentscheid; 6. Prüfung der Angemessenheit des Urteils).

Bei dem Modell von Tödt handelt sich nicht um eine starr anzuwendende Struktur, sondern vielmehr um einzelne Momente, die zum Urteilsentscheid wichtig sind und den Prozess verlangsamen. Es kann also zwischen den einzelnen Punkten hin und her gesprungen werden. Mirjam Zimmermann und Ruben Zimmermann[404] unterscheiden in einem gegenwärtigen Modell vier Fragekomplexe, um zu einer ethisch begründeten Entscheidungsfindung zu gelangen: 1. Normen- bzw. Werteanalsye; 2. Untersuchung möglicher Normenkonflikte; 3. Begründungsmuster im sozialen und kulturellen Kontext; 4. Handlungsentscheidung. Ähnlich wie bei Tödt ist das Modell nicht rezeptartig zu verstehen, sondern dient als Ankerpunkt auf dem Weg zum ethischen Urteil.

3.4.4 Potenziale und Herausforderungen

Die Ethische Bildung ist enorm facettenreich. Die Potenziale sind so vielfältig wie die Ansätze und konnten im Rahmen der didaktischen Konkretion bereits herausgestellt werden. Festzuhalten ist, dass das Ethische Lernen deutlich umfassender ist, als die Arbeit an Dilemma-Fällen, auch wenn ihr eine zentrale Bedeutung zuzumessen ist. Dennoch sollte in einer derart komplexen Welt, in der wir leben, Ethik, Moral und Wertebildung nicht auf die Entscheidung von zwei Handlungsalternativen reduziert werden.

---

404 Vgl. Zimmermann, M. / Lenhard, H.: Was tun? Ethische Fragestellungen im Religionsunterricht, S. 49.

Anforderungen an die Religionslehrperson:
- Fähigkeit zur Entwicklung eines begründeten Urteils
- Argumentationskompetenz
- Beherrschung von Interaktions- und Gesprächsformen
- Fähigkeit zum Perspektivwechsel
- Ambiguitätstoleranz
- moralische Urteilsfähigkeit
- Toleranzfähigkeit
- ...

Die religiöse Bildung nachhaltiger Entwicklung hat sich in den letzten Jahren als eigenständige Perspektive der Religionsdidaktik herauskristallisiert. In einzelnen Fachdidaktiken wird die rBNE als eigener didaktischer Ansatz bzw. Inhaltsbereich aufgeführt. Da wir einerseits die besondere Relevanz dieser Perspektive sehen, sie andererseits jedoch didaktisch im Kontext der ethischen Bildung verorten, haben wir uns dafür entschieden, der rBNE einen eigenen Exkurs zu widmen.

Exkurs: Religiöse Bildung für nachhaltige Entwicklung

Bildung für nachhaltige Entwicklung (BNE) kann bereits seit Jahrzehnten als ein international etabliertes Konzept betrachtet werden und spätestens seit der Agenda 21 haben Themen wie Nachhaltigkeit, Ökologie und Ökonomie national und international an Bedeutung gewonnen. Leitend sind in diesem Zusammenhang v. a. die 17 Nachhaltigkeitsziele (Sustainable Development Goals), die v. a. sicherstellen sollen, „dass alle Lernenden die notwendigen Kenntnisse und Qualifikationen zur Förderung nachhaltiger Entwicklung erwerben, unter anderem durch Bildung, für nachhaltige Entwicklung und nachhaltige Lebensweisen, Menschenrechte, Geschlechtergleichstellung, eine Kultur des Friedens und der Gewaltlosigkeit, Weltbürgerschaft und die Wertschätzung kultureller Vielfalt und des Beitrags der Kultur zu nachhaltiger Entwicklung."[405] Bildung für nachhaltige Entwicklung stellt ein normatives Bildungskonzept dar, das v. a. gesellschaftliche Transformation zu nachhaltigen Lebensweisen und Wirtschaftlichkeit anstrebt. In den Vordergrund rückt ein ethisches Bewusstsein von Werten, Einstellungen und Verhaltensweisen. Somit findet auch die religiöse Bildung eine ausdifferenzierte und v. a. globale Bildungslandschaft vor, an die sie anknüpfen kann.[406] Zum Themenspektrum gehören u. a. neben ökologischen Fragen Themen wie Schöpfung, Menschenbild, Frieden, Toleranz, Demokratie, Zeit

---

405 Vereinte Nationen, Transformation unserer Welt. Zitiert nach Gärtner, C.: Krieg, Klima und andere Krisen, S. 101f.
406 Vgl. ebd., S. 102; vgl. Bederna, K.: Didaktik religiöser Bildung für nachhaltige Entwicklung, S. 325.

und Zukunft, Schuld und Umkehr. Religiöse Bildung für nachhaltige Entwicklung hat zum Ziel, das Gelingen der Transformation für eine nachhaltige Gesellschaft wahrscheinlicher zu machen. Planetare Grenzüberschreitungen betreffen das Leben der Schüler*innen und sind somit religionsunterrichtlich relevant. Ökologische Verantwortung zeigt gegenwärtige ethische und politische Fragen auf und gehört somit unausweichlich zum Religionsunterricht. Die christliche Tradition ruft zu einem schöpfungsbewahrenden Handeln auf.[407] Katrin Bederna und Claudia Gärtner heben zu Recht hervor, dass in einer Gesellschaft, in der das Christentum zunehmend an Lebensbedeutsamkeit verliert, auch die Kraft theologischer Gründe und religiöser Motive für nachhaltiges Handeln immer geringer wird. Denn es ist unwahrscheinlich, dass die ökologische Krise mit der Schöpfungstheologie ohne Weiteres korreliert und nachhaltiges Handeln religiös motiviert gedeutet wird, v. a. angesichts der schwindenden Relevanz von Religion in Verbindung mit einer religionsfreien Deutung der Welt. Gärtner sieht daher gerade in der rBNE ein besonderes Potenzial, wenn sie sich ihrer Kontroversität bewusst ist und „andere Positionen, Werte und Normen nicht ausgespart werden. [...] Die reflektierte Sachkompetenz ermutigt eine religiöse BNE, sich nicht auf eine ethisch kupierte Schöpfungstheologie und individualistisch auf nachsorgende Umweltschutzaktivitäten wie Müllsammeln und Wassersparen reduzieren zu lassen, sondern ihre eigene theologische Logik und Sachkompetenz reflektiert einzuspeisen".[408] Es geht also weder um eine religiöse Aneignung politisch motivierter Klimaproteste und Nachhaltigkeitsbewegungen, noch um einen religiös konnotierten ethischen Aktionismus zur Problembewältigung, sondern um die Erschließung der Komplexität und Kontroversität von Nachhaltigkeitsthemen auch mit Hilfe theologischer Perspektiven. Gärtner schlägt hier insbesondere die eschatologische Perspektive mit ihrer Dialektik von „Leid und Scheitern und der Hoffnung auf Erlösung, vom Einsatz für eine bessere Welt und dem Bewusstsein, dass das Reich Gottes nicht vom Menschen allein realisiert wird, erstreckt."[409] Sie sieht es als Aufgabe der Religionspädagogik, spezifisch theologische Perspektiven kontrovers und machtkritisch in Nachhaltigkeits-Diskurse einzubringen. Dabei rekurriert sie u. a. auf die Enzykliken Fratelli tutti von 2020 und Laudato Si von 2015.[410]

Dabei kann die ökologische Krise zu einer gemeinsamen religiösen Suchbewegung führen. Denn Religion zeigt keine fertigen Antworten auf und die rBNE drängt Schüler*innen nicht in eine bestimmte Richtung, sondern eröffnet einen

---

407 Vgl. Vogt, M.: Christliche Umweltethik, S. 187–289.
408 Gärtner, C.: „What do we want? Climate Justice!", S. 141.
409 Ebd., S. 142.
410 Vgl. ebd., S. 142.

Gestaltungraum und ein gemeinsames Ringen darum, wie in einer „verwundeten Welt"[411] ein gutes und nachhaltiges Leben in Freiheit ermöglicht werden kann.[412]

Das Prinzip der Nachhaltigkeit fragt nach den Zukunftsmöglichkeiten allen Lebens.[413] Denn „Nachhaltigkeit ist eine Handlung, Lebensform bzw. Wirtschaftsweise, die so mit ‚der Natur' umgeht, dass sie von jeder oder jedem anderen überall und immer wiederholt bzw. geteilt werden könnte."[414] Nachhaltigkeit bietet somit eine neue Definition „der Voraussetzungen, Grenzen und Ziele von Fortschritt: Statt der ständigen Steigerung von Gütermengen und Geschwindigkeiten wird die Sicherung der ökologischen, sozialen und ökonomischen Stabilität von Lebensräumen […] zur zentralen Bezugsgröße gesellschaftlicher Entwicklung und politischer Planung."[415] Es zeigt sich, dass Nachhaltigkeit zu einem kritischen Gegengewicht einer als unbegrenzt verstandenen Handlungsfreiheit wird, indem sich das Nachhaltigkeitsprinzip der Freiheit auf Verantwortung bezieht.[416] Somit kann die rBNE als eine Form der politischen religiösen Bildung verstanden werden.

3.5 Problem-based-Learning in konfessionell kooperativer Perspektive

3.5.1 Ausgangspunkt und Eigenlogik des Ansatzes

Problemorientierter Religionsunterricht

Ende der 1960er-Jahre veränderte sich aufgrund gesellschaftlicher Entwicklungen die religionspädagogische Situation. Maßgeblich für diese Entwicklungen waren die Theorien politischer und gesellschaftlicher Emanzipation, die im Kontext der Studentenbewegungen alle Wissenschaftsbereiche beeinflussten. Insbesondere die Arbeiten der Frankfurter Schule (Adorno, Horkheimer, Fromm) spielten in diesem Kontext eine zentrale Rolle.[417] Die Religionspädagogik begann sich v. a. an der allgemeinen Pädagogik auszurichten, was dazu führte, dass das

---

411 Gärtner, C.: Klima, Corona und das Christentum. Religiöse Bildung für nachhaltige Entwicklung in einer verwundeten Welt.
412 Vgl. Bederna, K. / Gärtner, C.: Religiöse Bildung für nachhaltige Entwicklung, S. 202f.
413 Vgl. Bederna, K.: Didaktik religiöser Bildung für nachhaltige Entwicklung, S. 327; vgl. Woppowa, J.: Nachhaltigkeit/Umwelt/Ökologische Ethik, S. 347.
414 Bederna K.: Every Day for Future, S. 100.
415 Bederna, K. / Vogt, M.: Art.: Art. Ökologische Ethik.
416 Vgl. Bederna K.: Every Day for Future, S. 101–109.
417 Vgl. Hahn, M.: Art. Problemorientierter Religionsunterricht, S. 1.

Verhältnis zur Tradition zunehmend kritisch gesehen wurde.[418] So warf Hans-Bernhard Kaufmann 1966 die Frage auf, ob die Bibel im Mittelpunkt des Religionsunterrichts stehen müsse. Die Folge war eine Neuausrichtung des Faches mit einer Fokussierung auf gesellschaftskritische Perspektiven und persönliche Sinnfindung.[419] Nach seinen konzeptionellen Entwicklungen in den 1960er und 1970er-Jahren ist der thematische und problemorientierte Religionsunterricht bis heute prägend, insofern seitdem die Lebenswelt der Schüler*innen verstärkt in den Blick genommen wird.[420]

Reinhard Dross formulierte in den 80er-Jahren sechs Merkmale der sogenannten problemorientierten Religionspädagogik, die das neue religionspädagogische Denken ausmachten:
– die Begründung des Religionsunterrichts von einem allgemeinen Religionsverständnis her;
– die – zumindest partielle – Nutzung des Religionsunterrichts für gesellschaftskritische Ansätze;
– die Integration des Religionsunterrichts in moderne pädagogische Entwicklungen;
– die Stärkung interkonfessioneller Zusammenarbeit;
– die Zuweisung sozial- und individualtherapeutischer Aufgaben an den Religionsunterricht;
– das Interesse an der Erarbeitung praxisorientierender Unterrichtsmodelle.[421]

Die gegenwärtig geforderte Subjektorientierung wurde strenggenommen bereits in den thematisch-problemorientierten Ansatz integriert. Gegenwärtig werden jedoch nicht nur die Fragen der Schüler*innen in den Mittelpunkt gestellt, sondern auch deren Antwortmöglichkeiten. Prägend ist die Einsicht, dass die Lebenswelt und die Fragen bzw. Themen der Schüler*innen didaktisch sowie methodisch eine entscheidende Rolle spielen.[422]

Problem-based-Learning als allgemein-didaktisches Prinzip

Ebenfalls beeinflusst durch die gesellschaftskritische Emanzipation der 70er-Jahre entwickelte der Mediziner Howard Barrows in den 80er-Jahren den hochschuldidaktischen Ansatz des Problem-based-Learnings, der v. a. die Medizindidaktik an den Hochschulen prägte.[423]

---

418 Vgl. Rothgangel, M.: Religionspädagogische Konzeptionen und didaktische Strukturen, S. 80.
419 Vgl. Hahn, M.: Art. Problemorientierter Religionsunterricht, S. 2.
420 Vgl. Pohl-Patalong, U.: Religionspädagogik, S. 171.
421 Vgl. Hahn, M.: Art. Problemorientierter Religionsunterricht, S. 2.
422 Vgl. Pohl-Patalong, U.: Religionspädagogik, S. 171f.
423 Vgl. Weber, A.: Problem-Based Learning, S. 15f.

Als spezifische Charakteristika dieses Ansatzes formuliert Barrows 1996 folgende Prämissen: [424]
- Lernen ist lernerzentriert.
- Lernen geschieht in kleinen Lerngruppen.
- Lehrer sind Ermöglicher oder Lernbegleiter.
- Probleme bilden den Organisationsmittelpunkt und den Anreiz für das Lernen.
- Probleme sind das Mittel für die Entwicklung von Problemlösefähigkeiten.
- Neue Information wird durch das selbstgesteuerte Lernen akquiriert.

Prägend für das Problem-based-Learning ist der sogenannte „Siebensprung", eine Prozessstrategie, die in Maastricht für die Ausbildung an Fachhochschulen der Pflege entwickelt wurde, und die sich ausgehend von dort europaweit ausbreitete.[425] 1. Begriffe klären, 2. Problem bestimmen 3. Problem analysieren 4. Erklärung ordnen 5. Lernfragen formulieren, 6. Informationen beschaffen, 7. Informationen austauschen. Inzwischen finden sich in der Literatur verschiedene Varianten des Siebensprungs oder Siebenschritts, der je nach Fachrichtung unterschiedlich ausdifferenziert wird.

Kompetenzorientiert gedacht

Das Problem-based-Learning zählen wir zu den kompetenzbezogenen Ansätzen. Der Kompetenzbegriff spielt beim Problem-based-Learning eine zentrale Rolle. So zeichnete sich das Problem-based-Learning bereits in seinen Anfängen durch den hochschuldidaktischen *shift from teaching to learning* aus, indem es die Lernendenzentrierung zum Ausgangspunkt aller didaktischen Überlegungen machte. Auch seine Nähe zum Konstruktivismus prägte die kompetenzorientierte Ausrichtung des Ansatzes.[426]

Als zentrale Kompetenzen, die durch das Problem-based-Learning gefördert werden sollen, nennt Weber die Sachkompetenz, Methoden- und Medienkompetenz, Sozialkompetenz, Personalkompetenz und die Problemlösekompetenz.[427] Während sich die Sachkompetenz und die Problemlösekompetenz durch die Aufgabenstellung und die selbstständige Auseinandersetzung mit dem Thema ergeben, werden die Sozialkompetenz und Personalkompetenz (im Sinne einer Persönlichkeitsentwicklung) durch die Sozialform des kooperativen Lernens angestrebt. Die Methoden- und Medienkompetenz werden durch das jeweilige Material bzw. die angeleitete Herangehensweise zur Problemlösung beeinflusst. Je nach Anlage ergeben sich hier unterschiedliche Fokussierungen.

---

424 Vgl. Barrows, H. S.: Problem-Based Learning in Medicine and Beyond, S. 3–12.
425 Vgl. Weber A.: Problem-Based Learning, S. 16.
426 Vgl. Schwarz-Govaers, R.: Problemorientiertes, S. 36–45.
427 Vgl. Weber, A.: Problem-Based Learning, S. 18.

3.5.2 Der Ansatz konfessionell kooperativ gedacht

Da das Problem-based-Learning kein genuin religionsdidaktischer Ansatz ist, lassen sich keine explizit katholischen oder evangelischen Varianten des Problem-based-Learning identifizieren. Die konfessionell kooperative Dimension des Ansatzes spielen wir daher über die inhaltliche Akzentuierung und nicht über die didaktische oder methodische Variation ein.

Konkret lässt sich das Vorgehen so vorstellen, dass zu Beginn des Themas eine Konfrontation mit Kernaussagen, Thesen oder Fragestellungen der katholischen, evangelischen oder christlichen Lehre erfolgt. Für das Problem-based-Learning eignen sich insbesondere kontroverse Themen, die zunächst eine Dissonanz zur Lebenswelt der Schüler*innen darstellen. Die Schüler*innen werden mit den ihnen fremden Perspektiven konfrontiert und stellen ihrerseits kritische Anfragen an die Theologie bzw. kirchlichen Lehren, die aus ihren jeweiligen Perspektiven und ihren lebensweltlichen Erfahrungen resultieren. Dadurch wird ein Problembewusstsein generiert. Hieran anknüpfend erfolgt dann im Unterrichtsgeschehen der Siebenschritt, der die Auseinandersetzung mit kontroversen theologischen Themen anregt und eine Adaption, Modifikation oder begründete Ablehnung der theologischen und lehramtlichen Positionen zum Ziel hat.

Der hier mit Blick auf den konventionell kooperativen Religionsunterricht formulierte Siebenschritt stellt eine Modifikation des von Barrows formulierten Ablaufs dar:

1. Problemformulierung: Das Problem wird erfasst und differenziert dargestellt.
2. Problemdefinition: Das Thema wird eingegrenzt und von anderen Themenfeldern abgegrenzt.
3. Problemanalyse und Brainstorming: Sammeln von Ideen, Informationen und Wissen, das zur Problemlösung beitragen kann.
4. Problemstrukturierung: Das Problem wird in Einzelfragestellungen unterteilt und Wege zur Problemlösung werden erarbeitet.
5. Zusammentragen der Erkenntnisse: Die Ergebnisse aus der Bearbeitung der Einzelfragen werden zusammengetragen.
6. Synthese: Die verschiedenen Perspektiven werden zusammengedacht. Aus den Antworten auf die Einzelfragestellungen wird ein Vorschlag zur Lösung des Gesamtproblems erarbeitet.
7. Präsentation und Diskussion der Ergebnisse.

Als erstes erfolgt die Problemformulierung. Hierfür ist es zentral, dass im Vorfeld eine Konfrontation, eine Irritation der Schüler*innen erfolgt, um überhaupt ein Problembewusstsein zu schaffen. Ist das Problem erfasst, kann es formuliert werden, indem es differenziert dargestellt wird.

In einem zweiten Schritt erfolgt die sogenannte Problemdefinition. An dieser Stelle geht es darum, dass formulierte Problem so eng zu fassen, dass es im

Rahmen des Unterrichts durch die Schüler*innen selbstständig bearbeitet werden kann. Dieser Schritt sollte ebenfalls im Plenum erfolgen oder unter Anleitung in der Kleingruppe, wenn die verschiedenen Gruppen zu unterschiedlichen Teilproblemen arbeiten.

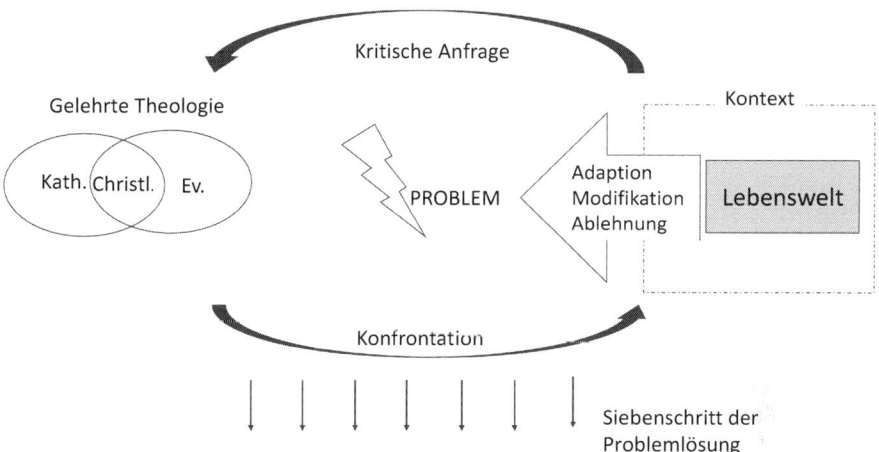

Abb. 8: Schaubild Problem-Based-Learning

Anschließend erfolgt in einem dritten Schritt die Problemanalyse in Verbindung mit einem Brainstorming. Über ein vertieftes Verständnis der Problemursachen und Zusammenhänge werden Ideen, Informationen und Wissensbestände gesammelt und diskutiert, die zu einer Problemlösung beitragen.
Bei der Problemstrukturierung wird das Problem in Einzelfragestellungen oder Teilaspekte unterteilt, zu denen jeweils Wege zur Problemlösung entwickelt werden. Im Anschluss daran recherchieren die Schüler*innen zielgerichtet zu den jeweiligen Einzelfragestellungen, bearbeiten Texte zu verschiedenen theologischen Positionen oder Unterrichtsmaterial zum Thema, das von der Lehrkraft zur Verfügung gestellt wurde.

Darauf aufbauend werden die Erkenntnisse aus der Bearbeitung und Diskussion der Einzelfragen zusammengetragen, und in einem sechsten Schritt aus verschiedenen Perspektiven zusammengedacht. Abschließend erfolgen die Präsentation und Enddiskussion der Ergebnisse im Plenum.

Zu beachten ist in einem konfessionell kooperativ angelegten Setting des Problem-based-Learnings, dass sowohl katholische als auch evangelische Perspektiven bei der Problemformulierung und bei der Problemlösung durch eingespielte Medien, Materialien oder Stichworte eingebracht werden. Zwar ist es denkbar, dass auch im konfessionell kooperativen Religionsunterricht spezifische katholische oder spezifische evangelische Problemstellungen thematisiert werden; hierbei ist jedoch zu beachten, dass bei der Bearbeitung der Fragestellung beide konfessionellen Perspektiven in ihrer Breite sowie nichtreligiöse Perspektiven berücksichtigt werden.

3.5.3 Didaktische Konkretion und Methodik

Als mögliche Themen beim Problem-based-Learning eignen sich zum Beispiel gegenwärtige kirchliche Streitthemen, die in den katholischen und evangelischen Kirchen unterschiedlich gehandhabt werden, wie der Umgang mit wiederverheirateten Geschiedenen, kirchliche Eheschließung bzw. Segnung von homosexuellen Paaren, der Zugang von Frauen zu den Weiheämtern oder der Pflichtzölibat in der katholischen Kirche.

Allgemeinere theologische Themen, die ein gewisses Problempotenzial bieten, sind beispielsweise die Frage, ob es einen Gott gibt, wie Gott zu denken ist (monotheistisch, polytheistisch, personal, monistisch, pantheistisch, trinitarisch, etc.), ob und wie man an die Auferstehung Christi glauben kann oder die Theodizeefrage. Auch ethische Fragen können über das Problem-based-Learning erschlossen werden. Beim Problem-based-Learning geht es um die konkrete Analyse der Situation und Bestimmung des anstehenden Problems, sodass es zu einer Urteilsbildung anhand theologischer und ethischer Kriterien kommt und unterschiedliche Lösungsmöglichkeiten prozesshaft diskutiert werden. Verhaltensänderungen können angestoßen und Handlungsmöglichkeiten erprobt werden, sodass es zu kreativen Lösungsmöglichkeiten kommt.

Exemplarisch wird der Ansatz im Folgenden anhand der Frage nach einem Leben nach dem Tod skizziert: Die Ausgangsfrage lautet: „Gibt es ein Leben nach dem Tod und worauf dürfen wir hoffen?" Der Einstieg erfolgt über eine ausgewählte Karikatur zum Thema „Jenseitsvorstellungen" und wird von den Schüler*innen nach den folgenden Analyseschritten bearbeitet, um zu einer Problemformulierung zu gelangen:

1. Was wird dargestellt?
   – Aussage oder Thema der Karikatur
2. Wie und mit welchen Mitteln (Figuren, Objekte, Symbole) wird das Thema dargestellt?
   – zeichnerische Elemente
3. Welche Einstellung, Meinung oder Deutung des Themas gibt der*die Zeichner*in zu erkennen?
   – Tendenz der Karikatur
4. Wie ist die Aussage der Karikatur zu beurteilen?
   – eigene Meinung
5. Welche Fragen ergeben sich aus der Karikatur?
   – weitere Fragen

Nach erfolgreicher Bearbeitung der Karikatur werden die Schüler*innen aufgefordert, eine konkrete Problemstellung zu formulieren. Damit ist der erste von sieben Schritten des Problem-based-Learnings abgeschlossen. Gerade für die unteren Jahrgänge der Sekundarstufe I, aber auch für berufsbildenden Schulen eignen sich vorstrukturierte Zugänge zum Problem-based-Learning. Eine ansprechende und schülerorientierte Methode, die ursprünglich aus der Geographiedidaktik stammt, ist die Mysterymethode.[428] Hierfür werden 20–30 Karteikarten mit Bildern, Statistiken, Infotexten, Zeitungsartikeln, Statements o. ä. zu, Thema unsortiert den Schüler*innen zur Verfügung gestellt. Die Schüler*innen arbeiten in Kleingruppen. Je nach Intensität, mit der die Fragestellung erarbeitet werden soll, können die Schüler*innen beauftragt werden, zu den verschiedenen Informationen Hintergründe zu recherchieren oder sich weiter zu informieren. Die Kärtchen können aber auch so formuliert sein, dass sie für sich stehen können.

In Anlehnung an den oben vorgestellten Siebenschritt erfolgt auf Basis einer ersten Sichtung der Karten eine Problemdefinition, die wie bei einem Mystery in der Formulierung einer konkreten Fragestellung gipfelt, die am Ende beantwortet werden soll. Die Problemanalyse erfolgt über die Kateikarten/Infokarten. Diese werden gesichtet, diskutiert, gegebenenfalls mit zusätzlichen Informationen oder Recherchen ergänzt. Im Rahmen der Problemstrukturierung werden die Karten sortiert. Überflüssige Informationen werden aussortiert, ergänzende Informationen auf leere Karten geschrieben. Auf einem Plakat wird die Problemfrage notiert und die einzelnen Karten gemäß ihrem Problemlösepotenzial ausgelegt. Zwischenüberschriften, Pfeile und farbliche Markierungen strukturieren den Lösungsweg. Die verschiedenen Perspektiven und Erkenntnisse werden als Ganzes betrachtet und zusammengetragen. Es erfolgt ein Zusammendenken der verschiedenen Aspekte und ein Abwägen der einzelnen Perspektiven in der Synthese. Am Ende wird die Problemfrage beantwortet. Im Plenum werden schließlich die verschiedenen Lösungswege der einzelnen Gruppen vorgestellt und kritisch diskutiert.

Das Besondere der Methode ist, dass es keine eindeutige Lösung gibt, sondern es darum geht, dass die Schüler*innen für sich die Problemfrage unter Berücksichtigung aller zur Verfügung stehenden Informationen beantworten und sich entsprechend positionieren.

3.5.4 Potenziale und Herausforderungen

Das Problem-based-Learning als spezifisch didaktischer Ansatz im Kontext des Problemorientierten Religionsunterrichts birgt insofern gerade gegenwärtig ein großes Potenzial für den konfessionell kooperativen Religionsunterricht, da es

---

428 Fertige Mysteries für den Religionsunterricht gibt es u. a. von den Sternsingern oder Misereor.

die Schüler*innen mit konkreten Positionen gelehrter Religion konfrontiert, mit denen diese sich zunächst auf Basis ihrer lebensweltlichen Perspektive auseinandersetzen. Die didaktische Konkretion in Form der sieben Schritte fordert dabei eine inhaltlich fundierte Auseinandersetzung mit dem Thema, die eben über bloße emotional geführte Debatten hinausgeht und eine theologische Positionierung einfordert. Gerade in diesem Anspruch liegt auch die zentrale Herausforderung des Ansatzes. So liegt die besondere Schwierigkeit darin, einerseits dafür Sorge zu tragen, dass die Schüler*innen im Sinne der Multiperspektivität zentrale Positionen verschiedener Perspektiven auf das Thema berücksichtigen, andererseits jedoch die eigenständige Bearbeitung des Problems durch die Schüler*innen sicherzustellen. Dieser Balanceakt zwischen Anleitung und Eigenverantwortung, Betreuung und Freiraum zählt zu den größten Herausforderungen beim Problem-based-Learning. Insbesondere in stark heterogenen Lerngruppen stoßen einige Schüler*innen immer wieder an ihre Grenzen, wenn sie eigenverantwortlich Lernprozesse organisieren sollen. Hier liegt es an der Lehrkraft, entsprechend zu differenzieren und Hilfestellungen und punktuelle Inputs durch Material o. ä. zu geben.

Folgende Anforderungen an die Religionslehrkraft lassen sich identifizieren:
- Themen zu identifizieren, die mit der Lebenswelt der Schüler*innen kollidieren und somit ein Problem darstellen
- Einhaltung des Siebenschritt-Schemas
- die Bandbreite der konfessionellen Positionen zum Thema präsent haben
- sich nicht von Vorurteilen gegenüber der eigenen oder der fremden Konfession beeinflussen lassen
- Heterogenität der Schüler*innen bezüglich der Methodenkompetenz und Selbstständigkeit in Lernprozessen

3.6 Performative Religionsdidaktik in konfessionell kooperativer Perspektive

3.6.1 Ausgangspunkt und Eigenlogik des Ansatzes

Seit knapp zwanzig Jahren wird der fachdidaktische Ansatz der performativen Religionsdidaktik theoretisch durchaus kontrovers diskutiert und praktisch durch vielfältige Methoden erprobt.[429] Didaktisch prägen Stichworte wie Erfah-

---

429 Vgl. ausführlich Dressler, B.: Darstellung und Mitteilung, S. 11–19; vgl. Klie, T. / Leonhard, S. (Hg.): Performative Religionsdidaktik.; vgl. Schroeter-Wittke, H.: Performance als religionsdidaktische Kategorie, S. 47–66; vgl. Englert, R.: Performativer Religionsunterricht, S. 3–16.

rungs-, Subjekt- und Prozessorientierung den Diskurs. In der religionspädagogischen Praxis werden symboldidaktische, ästhetische, gestalt- und kirchenraumpädagogische sowie bibliodramatische Elemente hinzugezogen. Somit sind performative Entwürfe gegenwärtig breit aufgestellt. Dieses Konvolut kann verstanden werden als „logische Fortführung dessen, was performative [...] Didaktik zum Ziel hat: Religion als Praxis (gelebten Glaubens) [zu] erschließen und Religionsunterricht didaktisch so aufzubereiten, dass er sich nicht in ‚graue Theorie' verzettelt."[430] Lämmermann[431] hebt hervor, dass die performative Religionsdidaktik Grenzen überschreiten möchte und das zunächst Irritierende und Ungewohnte zur Darstellung gebracht wird. Es kann somit von einem „Lernort des Zeigens"[432] gesprochen werden. Als notwendig erachtet wurde diese Einbindung des Darstellens, Zeigens und Probehandelns von Religion aus Perspektive der Religionspädagogik in den 2000er-Jahren, da eine Großzahl an Schüler*innen keine Religion mehr aktiv lebten.[433] Dadurch bestand die Gefahr, dass Religion zu einem Schalenbegriff wird, der im Unterricht lediglich mit theoretischem Wissen über Religion gefüllt wird. Unter Bezugnahme auf die Sprechakttheorie, die bestimmte sprachliche Handlungen als illokutive Akte identifiziert, also ihnen eine durch Sprache vollzogene Handlung zuschreibt, wurden religiöse Sprachhandlungen wie „beten" oder „segnen" identifiziert, die einen solchen illokutiven Gehalt innehaben.[434] Hier stellte sich religionspädagogisch die Frage, wie solche religiösen Handlungen nachvollzogen werden können, ohne sie selbst praktiziert oder erfahren zu haben.[435] In diesem Zusammenhang kann ein Bogen zum Sport geschlagen werden, um die Diskrepanz zu verdeutlichen. Im Schul-, Freizeit- oder Leistungssport wird bspw. der Sport nicht nur theoretisch behandelt, er wird vielmehr körperlich ausgeführt. Religion soll, ähnlich wie der Sport, zum Ort des Verstehenden und Zeigenden werden, indem der Religion bewusst Raum gegeben wird. Im Gegensatz zum Sport bleibt jedoch die Frage offen, ob es sich bei der Performanz um tatsächlich gelebte Religion oder lediglich um eine Inszenierung handelt. Während man im Sport nicht so tun kann, als würde man Fußball spielen, kann man dagegen so tun, als würde man beten. Performative Didaktik hat das Ziel, Religion als Praxis gelebten Glaubens zu erschließen und den Religionsunterricht dementsprechend didaktisch so aufzuarbeiten, dass Religion erfahrbar gemacht wird. Religion wird also inszeniert und zur performativen Darstellung gebracht. Der religiöse Lernprozess verläuft ‚von außen nach innen'. Ziel ist demnach das Kennenlernen von Religion, ein

---

430 Husmann, B.: Experiment und Erfahrung. S. 53 zitiert nach Pohl-Patalong, U.: Religionspädagogik, S. 87.
431 Vgl. Lämmermann, G.: Labern Sie noch oder performieren Sie schon?, S. 72.
432 Zilleßen, D.: Performativer Religionsunterricht?, S. 33.
433 Vgl. Mendl, Hans: Performativer Religionsunterricht, katholisch, S. 4f.; vgl. Mendl: Religionsdidaktik kompakt, S. 208.
434 Vgl. Austin, J. L.: Performative Utterances, S. 233 ff.
435 Vgl. Mendl, H.: Art. Performativer Religionsunterricht, katholisch S. 3f.

‚körperlich-mimetischer Nachvollzug' und die ‚Ereignishaftigkeit', indem Religion zur konkreten Praxis wird.[436]

Konturen des evangelischen Wegs

Die Modelle der evangelischen Religionspädagogik fokussieren v. a. den Inszenierungs- und Spielbegriff und machen damit die Eigenart der schulischen Ingebrauchnahme von Religion im Klassenzimmer deutlich.[437] „Als zentral erscheint es dabei, dass die Inszenierung von Religion nicht mit einem authentischen religiösen Handeln verwechselt werden darf, da dies den Modalitäten schulischen Lernens nicht entspreche; man müsse sich im Klaren sein, dass es beim spielerischen Handeln (im Modus des „als ob") um ein Probehandeln in religiösen Welten geht; unterrichtlich möglich sei eine reflektierte Performance, aber keine echte religiöse Sprechhandlung im Sinne einer sprechakttheoretisch fundierten Performativität."[438] In gewisser Weise findet ein Lernen im Modus des Probehandelns statt. Die Schüler*innen können sich ausprobieren, Überlegungen verbalisieren und ins Diskurssystem des Unterrichts einbringen. Die daraus resultierenden punktuellen Erfahrungsmomente können zur temporären Überzeugung werden, die an das eigene Leben angepasst werden kann. Religion wird Raum gegeben, damit Kinder und Jugendliche mit gelebter Religion konfrontiert werden und daraus eine Inszenierung resultiert. Bernhard Dressler spricht von einem „Probehandeln in religiösen Welten"[439], indem sich die Akteur*innen der Künstlichkeit der Inszenierung bewusst sind, ohne jedoch an der Ernsthaftigkeit zu zweifeln. Die Inszenierungsmetapher birgt insofern eine Grenzziehung in sich, als dass nach der ‚Als-ob-Handlung' die Performance beendet ist. Gottesdienstliche Handlungen können demnach als Performance bezeichnet werden, was bedeutet, dass sich den Elementen eines solchen Ereignisses im Unterricht genähert werden kann. Es stellt sich jedoch die Frage, inwieweit es sich dabei um eine experimentelle Transformation und Erprobung handelt oder nur um eine Inszenierung, bei der es zu unterschiedlichen performativen Ausprägungen kommt. Bspw. kann mit dem Sprachgehalt eines Gebetes experimentiert werden, sofern das Gebet nicht nur gesprochen, sondern auch körperlich inszeniert wird. Den Schüler*innen sollte diesbezüglich immer deutlich werden, dass es lediglich um ein Ausprobieren geht und nicht um den persönlichen (Nicht-)Glauben.[440]

---

436 Vgl. Leonhard, S. / Klie, T.: Performatives Lernen und Lehren von Religion, S. 90; vgl. Pohl-Patalong, U.: Religionspädagogik, S. 87, 89; vgl. Klie, Th.: Konfirmandenunterricht, S. 330; vgl. Leonhard, S.: Das Spiel mit der Form- Dreh- und Angelpunkt performativer Religionsdidaktik?, S. 19.
437 Vgl. Mendl, H.: Performativer Religionsunterricht, S. 237.
438 Mendl, H.: Art. Performativer Religionsunterricht, S. 4f
439 Dressler, B.: Darstellung und Mitteilung, S. 14.
440 Vgl. Dressler, B.: Art. Performativer Religionsunterricht, evangelisch, S. 241f.

Die Religionspädagogik setzt sich vermehrt mit der Frage auseinander, wie Religion gelehrt und gelernt werden kann. Infolge des Zeigens der Religion innerhalb eines reflexiven Rahmens wird den Lernenden die Chance gegeben, Erfahrungen in einem spielerischen Umfeld zu sammeln. Das „experimentelle Zeigen religiöser Deutungs- und Gestaltungskultur fordert das Hinschauen und Spiegeln – die Reflexion"[441]. Religion wird durch ‚Probeaufenthalte' inszeniert und erlebbar gemacht, um so Zugänge zur Praxis religiösen Vollzugs zu ermöglichen und anschließend zu reflektieren. Dies erfolgt nicht mit dem primären Ziel der Einführung in die Praxis, sondern aufgrund der Möglichkeit des Verstehens der Religion als Praxis. An dieser Stelle kann zwischen Performativität und Performance unterschieden werden, indem die Schüler*innen dazu befähigt werden, eine echte Sprechhandlung (Performativität) von einer unterrichtlichen Ingebrauchnahme (Performance) zu unterscheiden.[442] Leonhard fordert, dass Religion im Rahmen der praktischen religiösen Bildung konkret hervorgebracht werden sollte.

Bezüglich des ‚Probeaufenthalts' wird immer wieder eine Kritik laut. Kritisch angefragt wird, ob der Ansatz der Gefahr der Missionierung und Profanisierung unterliegt und religiöse Sprechakte parasitär ausgenutzt werden. Kritisch wird auch angefragt, ob das Nachspielen religiöser Formen und die Ermöglichung des Probeaufenthalts in religiösen Welten ohne die innere Beteiligung der Schüler*innen gelingen kann und dem Gegenstand so wirklich gerecht wird.[443]

Konturen des katholischen Wegs

Demgegenüber setzt eine katholische Variante der performativen Didaktik darauf, dass eine Einladung zu religiösen Vollzügen so zu gestalten ist, dass die Schüler*innen über den Beteiligungsmodus selbstständig entscheiden und somit den jeweiligen Ereignisakten eine eigene Bedeutung zuweisen können.[444] Insbesondere die DBK sah im Performativen Religionsunterricht die Chance, „mit Formen gelebten Glaubens bekannt [zu] machen und eigene Erfahrungen mit Glaube und Kirche [zu] ermöglichen."[445] Im Gegensatz zum oben skizzierten, evangelischen Weg gehen die Bischöfe von echten religiösen Erfahrungen aus, die im Sinne eines Probehandelns in den Unterricht eingebracht werden sollen.

---

441 Leonhard, S. / Klie, T.: Ästhetik – Bildung – Performanz, S. 14.
442 Vgl. dazu Roose, H.: Performativer Religionsunterricht zwischen Performance und Performativität, S. 110–115.
443 Vgl. Englert, R.: Performativer Religionsunterricht, S. 9; vgl. Roose, H.: Performativer Religionsunterricht zwischen Performance und Performativität, S. 112.
444 Vgl. Mendl, H.: Performativer Religionsunterricht, S. 237.
445 Sekretariat der Deutschen Bischofskonferenz (Hg.): Der Religionsunterricht vor neuen Herausforderungen, S. 24.

Engert bezeichnet 2008 diesen Weg als kompensatorischen Ansatz, da ein so verstandener Religionsunterricht nicht gemachte religiöse Erfahrungen der Schüler*innen zu kompensieren versuche.[446]

Seitens der katholischen Religionspädagogik wurde die performative Religionsdidaktik weiterentwickelt, ohne den kompensatorischen Faktor der DBK aufzugreifen. Allerdings wurde echte religiöse Erfahrung als mögliche Form der Performanz mitgedacht. In diesem Kontext sind v. a. Mirjam Schambeck[447] mit ihrem Konzept des mystagogischen Lernens als Konkretion einer katholisch akzentuierten performativen Religionsdidaktik sowie Hans Mendl mit seinem konstruktivistisch perspektivierten Ansatz des Performativen zu nennen. Mendl akzentuiert in seinem Ansatz v. a. die Freiwilligkeit. „Mit performativen Unterrichtsformen laden die Lehrenden zum Erleben religiös relevanter Handlungsformen ein."[448] Zentral ist in beiden Ansätzen die Reflexions- und Deutungskompetenz der Schüler*innen. Denn es geht um die Deutung von erlebten Formen religiöser Performanz, wobei die Deutungshoheit bei den Subjekten, also den Schüler*innen liegt.

Kompetenzorientiert gedacht

Wir zählen die performative Didaktik zu den kompetenzbezogenen Ansätzen, da sie ihren Ausgangspunkt nicht in bestimmten Inhalten nimmt, sondern von anzubahnenden Kompetenzen ausgeht. Konkret geht es der performativen Didaktik um das Erlebbar-Machen von Religion und religiösen Akten, mit dem Ziel der Ausprägung einer Reflexions- und Deutungskompetenz. Auch wenn die Phase der Reflexion in den verschiedenen Ansätzen unterschiedlich stark gewichtet ist, haben sie gemeinsam das Ziel, religiöse Handlungen zu verstehen, sie in ihrem Transzendenzbezug wahrzunehmen und entsprechend religiös deuten zu können.

3.6.2 Der Ansatz konfessionell kooperativ gedacht

Aufbauend auf der konstruktivistisch akzentuierten Performanz nach Mendl soll im Folgenden eine konfessionell kooperativ konturierte Form des Performativen aufgezeigt werden. Unseren Ausgangspunkt nehmen wir deshalb in der Konzeption nach Mendl, weil er den spielerischen Performance-Charakter des evangelischen Ansatzes mit der Ermöglichung echter religiöser Erfahrungen des katholischen Ansatzes verbindet. Dabei spricht er bewusst nicht von religiösen Erfahrungen, die initiiert werden, sondern vom performativen Erleben, dass

---

446 Vgl. Englert, R.: Performativer Religionsunterricht, S. 3–16.
447 Vgl. Schambeck, M.: Mystagogisches Lernen, S. 221–230.
448 Mendl, H.: Performativer Religionsunterricht, S. 243.

Religionsdidaktische Ansätze 163

vom Subjekt selbst als „Spiel", als „religiöse Erfahrung" oder als bloßes „Unterrichtsgeschehen" gedeutet werden kann.[449]

Diese Fokussierung auf die subjektive Deutungshoheit sehen wir als zentrales Element bei der Realisierung der konfrontativ-korrelativen Subjektorientierung. Für die Realisierung des konfrontativ-korrelativen Aspekts ist jedoch eine weitere Modifikation notwendig. Zudem lässt sich an Mendls Ansatz kritisieren, dass in der konkreten Umsetzung handlungsorientierte und performative Elemente verschwimmen und keine klare Definition dessen, was unter „performativ" zu verstehen ist, vorliegt.

In unserem Ansatz gehen wir zunächst von einem engen Begriff des Performativen aus, der sich durch die Phase der begründeten Reflexion weitet, wodurch eine Annahme oder Ablehnung vollzogen werden kann. Um den Begriff des Performativen zu fassen, nehmen wir eine Engführung auf spirituelle Akte, religiöse Vollzugsformen und religiöse Rituale vor, um sie konfessionsspezifisch greifbar zu machen. Dabei greifen wir auf die Definition des Ritualbegriffs von Brigitte Lob zurück, die in Anlehnung an Leonardo Boffs Sakramentenverständnis drei Merkmale von Ritualen formuliert: Immanenz, Transparenz, Transzendenz.[450] Diese Merkmale übertragen wir wiederum auf das Performative. Demgemäß erfordern performative Akte nach unserem Verständnis eine immanente Handlung, im Sinne der Wahrnehmbarkeit einer konkreten Handlung, die im Unterricht vollzogen wird, Transzendenzbezug, im Sinne eines „über-sich-hinaus-Weisens", eines möglichen Bezugs auf eine andere Wirklichkeitsdimension sowie Transparenz darüber, was diesen performativen Akt auszeichnet, welche Transzendenzbezüge jeweils konfessionsspezifisch gedacht werden sowie über die subjektive Deutungshoheit der performativen Handlungen. So ist es zentral, dass jede*r Schüler*in im Vorfeld darüber Gewissheit hat, in Freiheit entscheiden zu können, welche Handlung vollzogen oder nur beobachtet wird, sowie in Freiheit der vollzogenen oder beobachteten Handlung eine subjektive Bedeutung zuweisen zu können. Die konfessionsspezifische Reflexion hingegen erfolgt theoriebasiert und kriteriengeleitet auf Basis der zuvor erfolgten inhaltlichen Einführung in die Thematik.

Die Einbindung performativer Akte in den Religionsunterricht denken wir in zwei verschiedenen Möglichkeitsformen (s. Abb. 9): Die erste Möglichkeit bezieht sich auf die konkrete Erfahrungswelt gelebter Religion, die nicht zwingend die gelebte Religion der Schüler*innen sein muss und auch nicht ihrer Religiosität entsprechen muss (s. I.1.3 Religion und I.1.4 Religiosität), sondern auch als Reibungspunkt verstanden werden kann. Durch eine Exkursion zu einem religiösen Vollzug, an dem die Schüler*innen teilnehmen können, erfolgt das Erlebnis einer punktuellen Teilhabe und der damit verbundenen erlebbaren Innensicht,

---

449 Vgl. Mendl, H.: Zum Stand des Performativen, S. 18.
450 vgl. Lob, B.: Ordnung entwickeln, S. 36.

die zwar immer nur begrenzt erfolgen kann und fragil und fluide ist, aber ihrerseits erahnen lässt, was dieser religiöse Vollzug bedeuten kann, und die immer prozesshaft angelegt ist. Die Schüler*innen können zu jedem Zeitpunkt den Handlungsvollzug abbrechen; dies immer mit der Option jederzeit erneut einsteigen zu können.

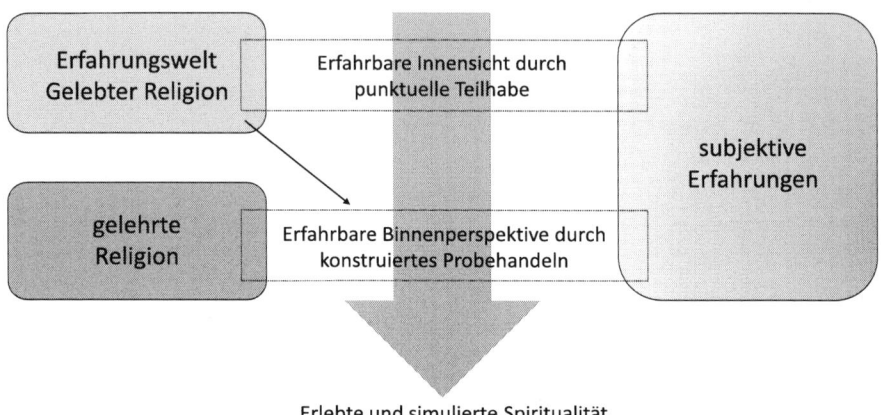

Abb. 9: Schaubild Erfahrungswelten im performativen Lernen

Unumgänglich ist hier die Vor- und Nachbereitung des Erlebten, um einerseits Transparenz zu schaffen über die Freiheit der Schüler*innen als Subjekte ihrer Religiosität und Spiritualität, und andererseits eine inhaltliche Grundlegung zu schaffen, um eine religions- und konfessionsbezogene Reflexion der religiösen Handlungsformen leisten zu können.

Bezogen auf Abb. 10 lässt sich sagen, dass durch die Exkursion eine authentische Ausdrucksform katholischer oder evangelischer Spiritualität in den Religionsunterricht eingespielt wird, wodurch prozesshaft Erfahrungsräume eröffnet werden. Bereits während des erlebten performativen Akts erfolgt auf affektiver Ebene eine implizite Bedeutungszuschreibung, die den performativen Akt als subjektiv spirituell oder eben als profan deutet. Somit kann ein und derselbe performative Akt für den einen Schüler erlebte Spiritualität sein, für eine andere Schülerin simulierte Spiritualität.

Entscheidend ist, dass im Nachgang eine Reflexion sowohl auf subjektiver als auch auf konfessionsbezogener Ebene erfolgt. Die Reflexion des subjektiv Erlebten erfolgt auf kognitiver Ebene unter Einbeziehung der affektiven Dimension der erlebten oder simulierten Spiritualität und kann so einen Beitrag zur religiösen Orientierung leisten. Im zweiten Schritt erfolgt dann eine kognitive

Reflexion der religiösen Rituale, die konfessionsspezifisch gedeutet werden, sodass sie die Grundlage für eine theologische Positionierung bilden.

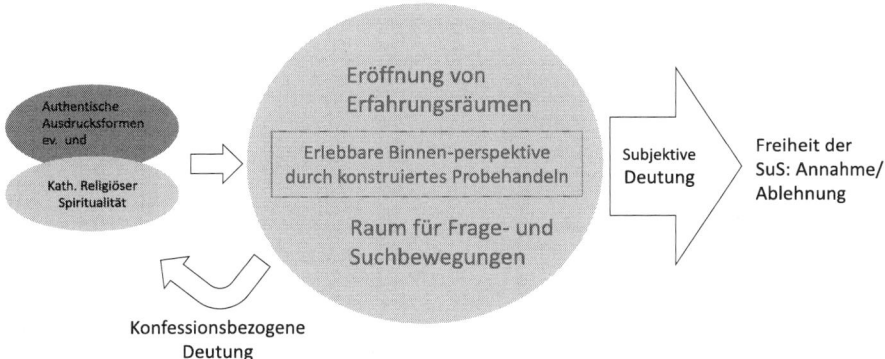

Abb. 10: Schaubild Performative Religionsdidaktik in konfessionell kooperativer Perspektive

Diese zweite Möglichkeitsform des Performativen denken wir als konstruierten Erfahrungsraum, in dem ein Probehandeln im Rahmen des schulischen Unterrichts erfolgt. Ausgehend von der gelehrten Religion inszeniert die Lehrkraft Settings, die den Schüler*innen situative religiöse und/oder spirituelle performative Handlungen ermöglichen. Die hier erfahrbaren konfessionsbezogenen Binnenperspektiven sind konstruiert und als Konstrukte zu kennzeichnen. Dennoch können Lehrkräfte aus ihrer Erfahrungswelt gelebter Religion schöpfen, um das Probehandeln möglichst authentisch zu gestalten und unterschiedliche Formen anzubieten. Durch eine sensible Anleitung der Probehandlungen sowie den expliziten Religions- oder Spiritualitätsbezug bleibt zudem der Erfahrungshorizont als erlebte Spiritualität möglich, sodass die Deutungshoheit über die performativen Akte auch hier bei den Schüler*innen liegen.

Wenn eine dezidierte Subjektorientierung ernst genommen wird, ist es unumgänglich, verschiedene Formen der performativen Akte in ihrer Pluralität anzubieten. Die anschließende Reflexion sowie die Prozesse der subjektiven Deutung und der konfessionsbezogenen Deutung erfolgen wie bei der ersten Möglichkeitsform.

Mit Blick auf die Leistungsbeurteilung ist im Kontext des Performativen Lernens darauf hinzuweisen, dass im Sinne der Kompetenzorientierung (s. kompetenzorientiert gedacht) lediglich die Reflexionsleistung und Deutungskompetenz Gegenstand der Benotung sind, nicht aber das Erleben der Performanz.

3.6.3 Didaktische Konkretion und Methodik

Ein gängiges Beispiel für einen performativen Akt ist der Segen als religiöse Handlung. Er besteht in der Regel aus einer verbalen Segensformel sowie einer begleitenden Geste (Immanenz). Der Segen und das Gesegnet-Werden als religiöse Handlung ist bereits biblisch begründet (z. B. aaronitischer Segen, Segnung der Kinder, Segnung der Häuser der Hebammen Pua und Schifra in der Exodus-Erzählung) und verweist in seiner transzendentalen Ausrichtung auf Gott, unter dessen Schutz die gesegnete Person oder das gesegnete Objekt gestellt werden soll (Transzendenz).

Die jeweiligen Vollzugsformen von Segenshandlungen lassen sich konfessionsspezifisch aufschlüsseln. Während in der protestantischen Tradition der Segen in seiner typischen Form mit ausgebreiteten Händen in aller Offenheit den anwesenden Personen gespendet wird, lässt sich inzwischen eine liturgische Vielfalt protestantischer Segnungsformen in der Praxis vorfinden. Im Rahmen der Trauung, der Konfirmation oder der Ordination innerhalb der evangelischen Kirche wird der Segen kniend durch die Auflegung der Hand des*der Pastor*in empfangen. Bei der Taufe ist eine bewusste Handauflegung ebenfalls möglich, ebenso wie bei der Trauerfeier bei der Aussegnung der Sarg berührt werden kann. Weitere individuelle Ausprägungen sind inzwischen auch in unterschiedlichen Gemeinden verbreitet und lassen sich je nach erfahrener gelebter Religion der Lehrkraft oder der Schüler*innen ergänzend in den Unterricht einbauen. So kennt die katholische Tradition vielfältige Formen der Segensspendung wie das Handauflegen auf Kopf oder Schulter der zu segnenden Person, das Besprengen mit Weihwasser, das Salben der Stirn mit Chrisam, die Kreuzzeichnung auf der Stirn (z. B. in seiner präsentesten Form als Aschekreuz), aber eben auch die weit ausgebreiteten Hände, wobei die Handhaltung variieren kann als Segen von oben (Handflächen nach unten gerichtet) oder umfassender Segen (ausgebreitete Hände wie die Jesus-Statue in Rio de Janeiro).

Im Vorfeld der performativen Einheit zum Segen sollte der Segen in seiner biblischen Grundlegung, in seiner theologischen Bedeutung sowie in seinen konfessionsspezifischen Ausprägungen behandelt werden. Die eigentliche performative Handlung wird dann durch die Lehrkraft eingeleitet und situiert. Im Fokus steht hier v. a. die Herstellung der Transparenz über die Freiheit der Subjekte bezogen auf die Teilnahme, den Handlungsvollzug sowie die Deutungshoheit. Erst dann erfolgt der performative Akt. In unserem Beispiel initiiert die Lehrperson verschiedene Settings, in denen unterschiedliche Segenshaltungen in ihrer Pluralität ausprobiert werden können. Zentral für das Gelingen des Erlebnisses ist die kompetente Anleitung sowie die Gestaltung der Lernumgebung. So sollten Atmosphäre, Raum und Ästhetik stimmig gestaltet werden und die Anleitung zur performativen Handlung eindeutig formuliert sein. In unserem Beispiel gehen wir von einem Stationenlernen aus, das das Probehandeln von verschiedenen Segensformen initiiert.

Einzelne Stationen zeigen die verschiedenen Segensformen anhand von Bildern und Segenswünschen auf, sodass die Schüler*innen die einzelnen Stationen selbstständig bearbeiten können.
1. Segen durch Handauflegen auf der Schulter.
2. Segen als Kreuzzeichen in die Handfläche mit Öl.
3. Segen durch Handauflegen auf den Kopf mit Kreuzzeichen auf die Stirn.
4. Segnung einer Gruppe mit ausgebreiteten Händen - von oben und mit geöffneten Armen im Vergleich.
5. Der Segen wird kniend empfangen durch die Handauflegung auf den Kopf.

Exemplarische Segensworte

Ich will dich segnen, und du sollst ein Segen sein.
(Freie liturgische Formulierung im Kontext von Kindergottesdiensten in Anlehnung an Gen 12,2)

Der Herr segne dich und behüte dich;
der Herr lasse sein Angesicht leuchten über dir und sei dir gnädig;
der Herr hebe sein Angesicht über dich und gebe dir Frieden.
(4. Mose 6,24–26)

Ich segne dich im Namen des Vaters, des Sohnes und des Heiligen Geistes. Amen.

Im Anschluss erfolgt die Reflexion in zwei Schritten. In einem ersten Schritt notieren die Schüler*innen ihre subjektiven Eindrücke des Erlebten. Hierbei steht v. a. die affektive Dimension im Vordergrund. Im anschließenden Austausch im Plenum oder in Kleingruppen erfolgt eine Vertiefung der Reflexion auf kognitiver Ebene, indem eine individuelle Bedeutungszuschreibung als spirituelle Erfahrung, als Spiel oder Simulation oder als bloßes Unterrichtsgeschehen gedeutet wird.

In einem zweiten Schritt erfolgt dann die theologische, konfessionsspezifische Reflexion, in dem die jeweilige rituelle Praxis in Bezug zur vorangegangenen inhaltlichen theologischen und biblischen Auseinandersetzung gebracht wird. Konfessionsspezifische Elemente werden identifiziert, Handlungen theologisch gedeutet und mit den subjektiven Empfindungen verglichen.

3.6.4 Potenziale und Herausforderungen

Der performative Ansatz birgt für den konfessionell kooperativen Religionsunterricht ein hohes Potenzial dahingehend, da es sich um einen handlungsorientierten Ansatz handelt. Daraus ergibt sich ein motivatorisches Potenzial für die Schüler*innen, wenn sie in ihrem Subjektsein ernst genommen werden und der performative Akt nicht als Überstülpung einer religiösen Praxis vollzogen wird. Durch die Handlungsorientierung und der affektiven Dimension eignet sich der performative Ansatz für stark heterogene Lerngruppen mit unterschiedlichen kognitiven Voraussetzungen. Allerdings ist bei der kognitiven Reflexion auf subjektiver Ebene wie auch bei der kognitiven Reflexion auf inhaltlicher Ebene zu bedenken, dass die Reflexionsfähigkeit der Schüler*innen stark variiert und hier Lernerträge auf unterschiedlichen Niveaustufen antizipiert werden.

Mögliche thematische Zugänge, die performativ bespielt werden können:
— Gebet
— Psalmen
— Liturgie
— Sakralräume
— Formen von Spiritualität
— Religiöse Lieder
— Meditation
— Sakramente
— ...

Religionslehrer*innen sind dahingehend herausgefordert, dass sie nur aus ihrer eigenen konfessionellen Perspektive authentische Praxiserfahrungen und Formen gelebter Religion einbringen können.
Anforderungen an die Religionslehrperson:
— Theologisches Fachwissen beider Konfessionen
— Die Pluralität und Bandbreite religiöser Praxis innerhalb der Konfessionen im Blick haben und nicht nur von den eigenen Erfahrungen ausgehen
— Den Schüler*innen im Prozess des Tuns unterstützend und ermutigend zur Seite stehen, ohne sie in ihrer Freiheit einzuschränken
— Die Unverfügbarkeit der subjektiven Deutungshoheit respektieren und kommunizieren
— Die Offenheit performativer Lernangebote ernst nehmen
— Grenzen akzeptieren
— Die Schüler*innen ermutigen, ihre Komfortzone zu verlassen.
— Keine Katechese oder Missionierung!
— Bewusstsein für das Konstruierte in der Probehandlung
— Unterschiede deutlich machen und Gemeinsamkeiten stärken
— Mehrdeutigkeiten zulassen

3.7 Ästhetische Bildung in konfessionell kooperativer Perspektive

3.7.1 Ausgangspunkt und Eigenlogik des Ansatzes

In seinen ‚Briefen über die ästhetische Erziehung des Menschen'[451] entfaltet Schiller die ästhetische Bildung.[452] Dabei zielt ästhetische Bildung auf die Erziehung des Menschen im Umgang mit dem Schönen. Das Schöne, Sittliche und Gute werden zusammen gedacht. Zentral ist in diesem Zusammenhang der Spieltrieb des Menschen, der ausgeht von einem Wechselspiel zwischen Sinnlichkeit (Stofftrieb) und Vernunft (Formtrieb) und dessen Gegenstand die Schönheit ist. So wird in der ästhetischen Schönheit der Spieltrieb des Menschen freigesetzt, der Mensch wird zum Menschen, und wahres Menschsein ist durch die ästhetische Bildung möglich. Vorausgesetzt wird ein entsprechendes Wollen. Wo dieses fehlt, kann laut Schiller nicht von ästhetischer Bildung, sondern lediglich von einer ästhetischen Schwärmerei gesprochen werden. Schiller artikulierte bereits einen Zweifel an den hohen gesellschaftsbildenden Kräften, sodass im Kontext postmoderner Ästhetikdiskurse keine Revision dieser kritischen Perspektive sondern eine Wiederkehr des romantisch-ästhetischen Idealismus zu erwarten ist. Dennoch kann von einer Renaissance ästhetischer Bildung gesprochen werden.[453] Seit den 1980er-Jahren hat das Interesse an ästhetischer Bildung in der gesamten Breite und in der Bezogenheit auf Bildung zugenommen. Betont wird insbesondere die Sinnlichkeit, indem man von einer sinnlich vermittelten Wahrnehmung ausging. Anknüpfend an die Rezeption postmoderner ästhetischer Theorien wurde der Ansatz ausgeweitet und der sinnlichen Tätigkeit ein genuiner Beitrag zur Erkenntnistätigkeit beigemessen. Dabei wurden neben Kunstwerken auch Alltagsgegenstände in den Blick genommen.[454]

2002 hat Kunstmann evangelischerseits die ‚ästhetische Wende' ausgerufen, eine explizite Abkehr von einer inhalts- und problemorientierten Didaktik und eine Hinwendung zur ‚Wahrnehmungsdidaktik' gefordert.[455] Ästhetik meint hier

---

451 Vgl. Schiller, F.: Über die ästhetische Erziehung des Menschen in einer Reihe von Briefen, S. 570–669.
452 Für Schiller gibt es „keinen andern Weg, den sinnlichen Menschen vernünftig zu machen, als daß man denselben zuvor ästhetisch macht." Ebd., S. 641f.
453 Vgl. Gärtner, C.: Art. Bildung, ästhetische, S. 1f.; vgl. Altmeyer, S.: Ästhetische Wende der Religionspädagogik?, S. 360f.
454 Vgl. Gärtner, C.: Art. Bildung, ästhetische, S. 3.
455 Vgl. ausführlich Kunstmann, J.: Religion und Bildung. Zur ästhetischen Signatur religiöser Bildungsprozesse; vgl. Kunstmann, J.: Religionspädagogik, S. 343.

sowohl die Theorie der Kunst als auch die Lehre von der sinnlichen Wahrnehmung.[456] Katholischerseits prägte Stefan Altmeyer[457] mit seiner Dissertation „Von der Wahrnehmung zum Ausdruck" den Diskurs. Eine neue Akzentuierung zum kunstorientierten Lernen erfolgte in den 2010er-Jahren durch die Arbeiten von Rita Burrichter[458] und Claudia Gärtner[459]. Gärtner unterscheidet in Anlehnung an Bitter zwischen drei verschiedenen Ausprägungen des Ästhetischen Lernens:
1. Kunstorientiertes religiöses Lernen
2. Wahrnehmungsorientierter Ansatz
3. Performativ ästhetisches Lernen

Das kunstorientierte religiöse Lernen umfasst religiöse Lernprozesse, in denen sich Lernen mit und an Kunstwerken und kunstnahen Objekten ereignet.[460] Der Wahrnehmungsorientierte Ansatz, der v. a. von Hilger geprägt wurde, versteht das Ästhetische Lernen als eine Art Wahrnehmungsschule zur Bildung der Sinnestätigkeit. Dabei ist das Ästhetische Lernen als Zusammenspiel von Wahrnehmung und Ausdruck zu verstehen. „Es ermöglicht eine sinnliche und damit tiefere Auseinandersetzung mit Sinn- und Glaubensfragen sowie ein neues Handeln und nimmt die ästhetische Dimension von Religion und Glauben in den Blick."[461] Das performativ ästhetische Lernen kombiniert ästhetische Zugänge mit performativen Elementen, „die ihren Ausgangspunkt in sinnlich-ästhetischen Objektivationen der konkreten Religion suchen."[462]

Kunstmann denkt hingegen alle drei Dimensionen zusammen, wobei die Wahrnehmungsschulung als Leitidee fungiert. So steht die Erlangung von Wahrnehmungsfähigkeit und die Ästhetisierung menschlicher Sinne im Fokus. Der wahrnehmende Mensch ist immer ein sich ausdrückender und gestaltender Mensch bspw. durch Sprache, Styling, Kleidung oder Räume.[463] Es geht in gewisser Weise um Performanz, also um die Verkörperung von Wahrnehmung. Die Körperlichkeit rückt in den Vordergrund, sodass neben den Aspekten des Wissens, Könnens und Verhaltens auch eine körperliche Seite der Bildung in den Blick genommen wird und somit eine wahrnehmende Körperlichkeit des Sehens, Sprechens und Sich-Bewegens.[464] Sichtbar wird eine ästhetisch ausgerichtete Bildung, die sich aller Sinne bedient und mit allen Sinnen erfahrbar wird. So

---

456 Vgl. vor allem Grözinger, A.: Praktische Theologie und Ästhetik, S. 105–122.
457 Vgl. Altmeyer, S.: Von der Wahrnehmung zum Ausdruck.
458 Vgl. Burrichter, R.: Keine Frage des Stylings, S. 24–32.
459 Vgl. Gärtner, C.: Ästhetisches Lernen.
460 Vgl. Gärtner, C.: Was leistet ästhetisches Lernen?, S. 18f.
461 Hilger, G.: Ästhetisches Lernen, S. 334.
462 Vgl. Gärtner, C.: Was leistet ästhetisches Lernen?, S. 21.
463 Vgl. Kalloch, C.: Bibeldidaktik zwischen Performation und ästhetischer Bildung, S. 53.
464 Vgl. Büttner, G. u. a.: Einführung in den Religionsunterricht, S. 79.

eröffnen sich neue Möglichkeiten der Entdeckung durch das Subjekt. Der Ausgang des Geschehens ist dabei zunächst offen.

Ein Religionsunterricht, der die Wahrnehmung und ästhetische Erfahrung[465] als Ausgangspunkt im Blick hat, zielt demnach auf die Erkenntnismöglichkeiten der Subjekte und auf ein Verständnis der Religionspädagogik als Wahrnehmungslehre.[466] Infolge ästhetischer Zugänge und der bewussten Wahrnehmung werden nicht nur Körper sichtbar, sondern auch Facetten der Innenwelt des Selbst. Solch eine ästhetische Bildung ermöglicht die Auseinandersetzung mit Sinn- und Lebensfragen und eröffnet einen Zugang zu transzendenten und religiösen Sichtweisen. Denn wie bspw. Kunstmann betont, wird Religion durch Wahrnehmung gelernt, weil davon ausgegangen wird, dass sich religiöse Wirklichkeit v. a. bildlich und symbolisch zeigt.[467] Kunstmann fasst sein Verständnis von ästhetischer Bildung recht eng und grenzt sich von ethischen und diskursivurteilenden Momenten ab.[468] An dieser Stelle kann Kunstmann widersprochen werden. Insbesondere in Lebensbereichen, in denen es kein eindeutiges ‚Richtig' oder ‚Falsch' gibt, kann eine Entscheidungs und Urteilskompetenz angebahnt werden, indem ästhetische Bildung auch auf eine ethische Bildung verweist.

Kunstorientiertes religiöses Lernen

Die Erschließung von (religiös geprägter) Kunst und Kultur nennt Rolf Wernstedt als eine von drei zentralen Aufgaben des Religionsunterrichts.[469] Mirjam Schambeck spricht in diesem Zusammenhang von der kulturhermeneutischen Dimension religiöser Bildung.[470] Religiöse Bildung bildet nach diesem Verständnis die Voraussetzung, um Kunst und Kultur umfassend deuten zu können, da sich in ihr zahlreiche christliche Motive, religiöse Konnotationen und spirituelle Inspirationen widerspiegeln. Religiöse Bildung wird hier funktional als Werkzeug zur Erschließung von Kunst und Kultur gedacht. In der Praxis lässt sich jedoch häufig eine Umkehrung dieser Logik feststellen. So wird die Kunst für religiöse Bildungsprozesse funktionalisiert, indem ein Bild, eine Skulptur oder eine Fotografie nicht in seiner künstlerischen Eigenheit wahrgenommen, sondern zugespitzt auf eine konkrete religiöse Bedeutung eingesetzt wird. Gärt-

---

465 Es ist Vorsicht geboten, denn ästhetische Erfahrung ist nicht gleichzusetzen mit religiöser Erfahrung, wenngleich die Grenzen im subjektiven Erleben eine Unschärfe aufweisen. Die Verhältnisbestimmungen einer Differenz sind immer noch umstritten. Vgl. vor allem die Darstellung bei Altmeyer, S.: Von der Wahrnehmung zum Ausdruck, S. 184–231.
466 Vgl. ausführlich Gärtner, C.: Ästhetisches Lernen, S. 67–79; vgl. Biehl, P.: Wahrnehmung und ästhetische Erfahrung, S. 380–411.
467 Vgl. Kunstmann, J.: Religion und Bildung, S. 370.
468 Vgl. weiterführend Grümme, B.: Mystagogische Performanz, S. 291–300.
469 Vgl. Wernstedt, R.: Was kann und sollte ein Religionsunterricht leisten?, S. 20.
470 Vgl. Schambeck, M.: Warum Bildung Religion braucht …, S. 261.

ner und Burrichter warnen in diesem Kontext zurecht vor der Funktionalisierung und katechetischen Indienstnahme von Kunst und plädieren für den Eigenwert der Kunst.[471] Kunst eignet sich demnach weder zur bloßen Hinführung zu einem Thema oder zur Illustration von religiösen Aussagen, sondern ist zu verstehen als eine spezifische Form der Welterschließung. Die Betrachtung von und Auseinandersetzung mit Kunst eröffnet der*dem Betrachtenden eine neue Sicht. So prägen die eigene, subjektive Perspektive, Weltanschauung und Deutung, den Blick auf die Kunst wie auch die Kunst mit ihrer spezifischen Darstellung der Wirklichkeit der*dem Betrachtenden eine neue Perspektive eröffnet. Kunst und Betrachter*in treten in eine Wechselbeziehung ein, deren Produkt die Deutung ist. Diese ist geprägt sowohl von der subjektiven Perspektive der*des Betrachter*in als auch von der durch die Kunst transportierten Weltsicht des Entstehungskontextes. Im Fokus dieses Ansatzes stehen die Aisthetis und die Katharsis, die Wahrnehmungsfähigkeit und die Urteilsfähigkeit, die sich gegenseitig bedingen und bei entsprechender Schulung weiterentwickeln. Zentral ist dabei der intersubjektive Dialog. Denn durch den Diskurs und die Verbalisierung der eigenen Deutung aus der individuellen Perspektive und dem Verstehen der anderen Deutungen kann eine produktive Perspektiverweiterung erfolgen, die neue Aspekte des Kunstwerks sowie neue Perspektiven auf die Wirklichkeit in den Blick nimmt.

Wahrnehmungsorientierter Ansatz

Der wahrnehmungsorientierte Ansatz wurde v. a. durch Hilger geprägt. Dabei greift er auf die antike Unterscheidung der ästhetischen Erfahrung in Aisthesis, Katharsis und Poiesis zurück.[472] Aisthesis bezeichnet die ästhetische Wahrnehmungsfähigkeit. Bezogen auf Schule und Unterricht bedeutet das, die Schüler*innen zu befähigen, das Leben mit allen Sinnen empfindend neu und interessierter wahrzunehmen. Sie sollen lernen, achtsamer und aufmerksamer hinzusehen, hinzuhören und mitzuempfinden.[473]

Die zweite Dimension des Ästhetischen Lernens bildet die Poiesis, die ästhetische Gestaltungsfähigkeit. Wahrnehmungsfähigkeit und Gestaltungsfähigkeit bedingen sich gegenseitig. So eröffnet sich erst durch das sinnlich Wahrgenommene und Erfahrene ein Raum zum Gestalten des Möglichen und Erhofften. Andersherum werden im Prozess des Gestaltens die Sinne weiter geschult, sodass

---

471 Vgl. Burrichter, R. / Gärtner, C.: Mit Bildern lernen, S. 18.
472 Vgl. Gärtner, C.: Was leistet ästhetisches Lernen?, S. 20.
473 Vgl. Otten, F.: Wer oder was ist Gott für mich?, S. 13f.

sich oft auch im Gestaltungsprozess neue Perspektiven, Blickwinkel und Interpretationen erschließen.[474] Mögliche Formen des Gestaltens sind Erzählen, Kreatives Schreiben, Beten, Malen, Basteln, Werken, Formen, Musizieren, Tanzen, darstellendes Spiel, Projektlernen, kreative Bibelarbeit, Meditation und Festtagsgestaltung.[475]

Die dritte Dimension bildet die Katharsis, die ästhetische Urteilsfähigkeit. „Sie vertritt sowohl einen urteilenden als auch einen kommunikativen Charakter, da eine begründete Positionierung und Stellungnahme über die gewonnenen Erkenntnisse und Erfahrungen bezüglich der wahrgenommenen Wirklichkeit und deren Gestaltgebung ausgetauscht werden."[476]

Erweitert man dieses Konzept und wendet es auf die Schüler*innen-Interaktion in einer kooperativen Lernsituation an, ergeben sich weitere Dynamiken (s. Schaubild). Die intersubjektive Kommunikation über das Wahrgenommene fördert die Reflexion, formt die Wahrnehmung und verändert das eigene Urteil. Gleichzeitig setzt das (u. a.) kommunikativ gebildete Urteil die Initiierung des Gestaltens in Gang.

Bleiben wir zunächst beim unterrichtsimmanenten Gestalten, konkret beim Erstellen eines ästhetischen Produkts, beeinflusst die intersubjektive Kommunikation im hohen Maße den Gestaltungsprozess. Gleichzeitig kann auch das Gestalten an sich als Kommunikation verstanden werden, da es gerade solchen Schüler*innen eine alternative Form des Ausdrucks ermöglicht, die sich im (schrift-)sprachlichen Ausdruck schwertun. Bei kooperativen Lernprodukten potenziert sich die kommunikative Ebene noch einmal, da hier der Prozess des Gestaltens ein permanentes Aushandeln der Umsetzung der verschiedenen Zugänge, Ideen und Gestaltungsmöglichkeiten darstellt. In jedem Fall – bei kooperativ oder in Einzelarbeit erstellten Produkten – entsteht ein ästhetisches Produkt: „Kunst". Diese von den Schüler*innen selbst gestaltete Kunst wird wiederum selbst zum Objekt der Wahrnehmung, wobei die Wahrnehmung immer beeinflusst und geformt ist durch den eigenen Gestaltungsprozess.

Evangelische und katholische Konturen des performativ ästhetischen Lernens

Katholischerseits versteht Gärtner in Anlehnung an Bitter unter dem performativ ästhetischen Lernen eine spirituelle Erschließung von christlicher Kunst. Konkret geht es um erfahrungsbezogene Zugänge zu christlichen Artefakten, die einerseits der christlichen Kunst und Kultur zugeordnet werden, andererseits

---

474 Vgl. Hilger, G.: Religionsunterricht als Wahrnehmungsschule, S. 412; vgl. Hilger, G.: Ästhetisches Lernen, S. 336.
475 Vgl. Otten, F.: Wer oder was ist Gott für mich?, S.13f.; vgl. Gärtner, C.: Was leistet ästhetisches Lernen?, S. 20.
476 Otten, F.: Wer oder was ist Gott für mich?, S. 18.

aber auch ihren festen Platz in der rituellen Praxis haben. Als Beispiele sind hier die sinnhafte Erschließung eines Kreuzganges in einem Kloster oder die meditative Betrachtung eines Marienaltars zu nennen.[477] Weiter gefasst lassen sich auch ästhetisch-spirituelle Erfahrungen wie das gemeinsame Singen von Taizéliedern in einem liturgischen Raum oder das Hören von gregorianischen Gesängen in einer Kirche als performativ-ästhetische Lernanlässe verstehen.

Evangelischerseits prägt insbesondere Silke Leonhard die performative Prägung des ästhetischen Lernens. Sie geht davon aus, dass die Wahrnehmung der Welt von einem Beziehungsgeschehen abhängig ist, aber auch von Erinnerungen und Empfindungen, sodass die subjektive Wahrnehmung den Schlüssel zur Welt bildet und damit auch zu sich selbst.[478] Anknüpfend an die Phänomenologie von Schmitz zeigt Gernot Böhme einen Weg zur Wahrnehmung auf, der beim Spüren der Atmosphäre ansetzt und von dort die Objektwahrnehmung ableitet. ‚Aisthetik' als Kunstwort würdigt bei Böhme die Aisthesis als wesentliche Kategorie der Ästhetik und entwickelt im Zusammenhang der Wahrnehmungslehre eine Bedeutung des leiblichen und körperlichen Wahrnehmens für das Erfahren, Denken und Handeln.[479] Die Aisthetik zielt im Gegensatz zu einer am Objekt ausgerichteten und auf Schönheit zielenden Ästhetik v. a. auf eine leibliche, affektive Ausrichtung.[480] Die Ästhetik bedarf keiner besonderen Wahrnehmungsweisen, sondern v. a. eines ästhetischen Blicks, sodass beispielsweise Körperbilder unterschiedlich wahrgenommen werden.

Grundlegend ist insbesondere das Spüren der Atmosphäre. Es geht also um ein Spüren im Raum, indem sich das Subjekt körperlich im Raum verortet und leiblich spürt. Die Wahrnehmung wird in einer schrittweisen Ausdifferenzierung ersichtlich, die zunächst nur mit dem Spüren einhergeht. Das Subjekt bewegt sich im Raum, sodass sich infolge der Wahrnehmung ein Beziehungsgeschehen zwischen Subjekt und Objekt vollzieht. Die subjektive Wahrnehmung kann ein leibliches Spüren und eine affektive Betroffenheit erzeugen. Momente synästhetischer Wahrnehmungen werden dadurch deutlich, dass sich ein Synergieeffekt zwischen Körper, Leib und Raum zeigt.[481] Eine Vermittlung zwischen Selbst und Welt ist nur ästhetisch vorstellbar, weil es mal mehr oder weniger bewusst um eine Gestaltung des Selbst und somit um eine Verbildlichung geht.[482] Was sich hier zeigt und aufgrund der starken Leistungsorientierung innerhalb der Gesellschaft häufig vergessen wird, ist, dass Bildungsprozesse nicht nur kognitiv auszurichten sind, sie sollten sich vielmehr ganzheitlich orientieren. Gerade eine ästhetisch-aisthetische Bildung versteht sich als wahrnehmungs-,

---

477 Vgl. Gärtner, C.: Was leistet ästhetisches Lernen?, S. 21ff.
478 Vgl. Leonhard, S.: Leiblich lernen und lehren, S. 169.
479 Vgl. Böhme, G.: Aisthetik. Vorlesungen über Ästhetik als allgemeine Wahrnehmungslehre, S. 29.
480 Vgl. ebd., S. 31.
481 Vgl. weiterführend Leonhard, S.: Leiblich lernen und lehren, S. 204.
482 Vgl. hierzu Kunstmann, J.: Religion und Bildung, S. 219f.

erfahrungs- und gestaltungsorientiert und strebt explizit die Nähe zu Objekten an. Eine so ausgerichtete Bildung ist dementsprechend auf ein Verweilen, eine Verlangsamung, aber auch auf eine Achtsamkeit angewiesen. Denn nur so kann sich die lebendige Fülle des Subjekts auf ein Wahrnehmen einlassen. Der Fokus liegt auf dem leib-körperlichen Formenspiel im Raum, wenn bspw. Religion wahrgenommen wird oder als ästhetische Erfahrung ins Zentrum rückt. Es geht v. a. um eine ästhetische Erkenntnis – nicht im rationalen Sinn, sondern insofern, als dass sich das Subjekt auf einer leib-körperlichen und affektiven Ebene mit dem Objekt beschäftigt und Empfindungen und Gedanken offen artikuliert werden. Ästhetische Bildung zeichnet sich v. a. durch den Versuch aus, die Pole ‚Ich denke' und ‚Ich empfinde' miteinander in Beziehung zu setzen.[483] In gewisser Weise klingt ein Selbstfühlen, ein Selbstbewusstsein und somit eine Selbstsetzung des Subjekts an, indem infolge der sensiblen Wahrnehmung eine Öffnung der Innenwelt erfolgt. Dabei richtet sich das Augenmerk nicht auf eine isolierte Sinnesschulung oder die bloße Wahrnehmung; den Schwerpunkt bildet im Gegenteil die Förderung von Aufmerksamkeit in Bezug auf den eigenen Körper.

Kompetenzorientiert gedacht

Wir zählen das ästhetische Lernen zu den kompetenzbezogenen Ansätzen. Je nach Ausrichtung stehen die Wahrnehmungskompetenz, die Deutungskompetenz, Urteilsfähigkeit oder die Gestaltungskompetenz im Fokus, wobei die Wahrnehmungsorientierung sich durch alle Formen ästhetischer Zugänge zieht. Zentral ist dabei, dass die (religiöse) Kunst in ihrem Eigenwert im Vordergrund steht und nicht für religiöse Lernprozesse funktionalisiert wird. Religionsbezogenes und konfessionsbezogenes Wissen wird als Grundlage für Deutungsprozesse herangezogen, subjektive Deutungen bieten Gesprächsanlässe um in den intersubjektiven Diskurs über Kunst, Religion und der in der Kunst enthaltenen oder durch die Kunst inspirierten Weltdeutung ins Gespräch zu kommen. Die Gestaltung eigener „künstlerischer" Produkte wiederum bietet Gelegenheit, der eigenen Weltdeutung, dem eigenen Zugang zur Wirklichkeit oder der eigenen Religiosität Ausdruck zu verleihen.

3.7.2 Der Ansatz konfessionell kooperativ gedacht

Im Sinne der konfrontativ-korrelativen Subjektorientierung lässt sich das Ästhetische Lernen für den konfessionell kooperativen RU entfalten. Je nach Ausrichtung nimmt der Unterricht seinen Ausgangspunkt entweder in der Konfrontation mit religiöser Tradition in Form von Kunst oder in der subjektiven Religiosität der Schüler*innen durch ihre Produkte des Poiesis-Prozesses.

---

483 Vgl. Altmeyer, S.: Art. Ästhetik, S. 207.

Die Auseinandersetzung mit religiösen Themen erfolgt auf kognitiver, affektiver und aktionaler Ebene, mit dem Ziel, die Schüler*innen dazu zu befähigen, eine eigene konfessionsbezogene Ich-Identität auszuprägen, sich theologisch zu positionieren und religiös zu orientieren. Als Beispiel für einen Poiesiszentrierten Zugang im Kontext des wahrnehmungsorientierten Ansatzes nach Hilger lässt sich das Projekt von Katherine Douglass nennen. Douglass konnte in ihrem Projekt und der Interview-Studie „Young Adults, Faith, and the Arts" einen identitätsstiftenden Aspekt nachweisen. Douglass arbeitete mit 30 jungen Erwachsenen der Presbyterian Church (USA) künstlerisch und interviewte sie anschließend zu ihren Erfahrungen. „[...] the young adults I interviewed are participating in the arts to express their identity and faith, to connect with others, and have their minds opened as they encountered otherness. [...] Whether in private or public, young adults felt that participation in the arts facilitated and embodied theological reflection as they engaged the arts as a form of expression."[484] In ihrer Studie kommt sie zu der Erkenntnis, dass Kunst betreiben bzw. gestalten in dreierlei Hinsicht auf die jungen Erwachsenen wirkt: Expressing, Connecting, Opening. Die erste Wirkdimension lässt sich als Ausdruck des eigenen Glaubens, der eigenen Identität oder sogar als identitätsbildende Dimension wiedergeben. Demnach fördert der künstlerische Ausdruck die theologische Reflexion und die Bildung einer religiösen (christlichen) Teil-Identität. Die Verbundenheit mit anderen durch das gemeinsame Gestalten prägt die jungen Erwachsenen dabei ebenso wie die Öffnung des Geistes gegenüber anderen Menschen, Einstellungen, Lebensweisen und Glaubensformen. Mit Hilger gesprochen wirkt die Poiesis auf Aisthesis und Katharsis. Durch das Gestalten öffnen die Teilnehmer*innen ihren Geist, schulen ihre Wahrnehmung (Aisthesis) und erlangen durch die Reflexion eine höhere Ebene der Urteilskompetenz (Katharsis), die wiederum Auswirkungen auf das Gestalten (Poiesis) in Form der Lebensführung im Alltag hat.

Auf kognitiver Ebene wird die Urteilskompetenz geschult. Reflexion und Kommunikation fördern die Identitätsbildung im Sinne einer bewussten Konstruktion der eigenen konfessionsbezogenen Ich-Identität. Zu bedenken ist an dieser Stelle sicherlich, dass Douglass ihre Studie mit jungen Erwachsenen in den USA durchführte, die sich alle in irgendeiner Form zur Presbyterian Church bekennen. Es bleibt also fraglich, ob sich ihre Erkenntnisse auf den konfessionell kooperativen Religionsunterricht in Deutschland übertragen lassen. Unseres Erachtens bilden die Aspekte Expressing, Connecting und Opening jedoch so grundlegende Bereiche, dass sie durchaus auf den Religionsunterricht übertragbar sind. Das kunstbezogene ästhetische Lernen hingegen nimmt seinen Ausgangspunkt in der religiösen Tradition. Über ein konkretes religiöses Kunstwerk

---

484 Douglass, K. M.: Aesthetic Learning theory and the faith formation of young adults, S. 460f.

Religionsdidaktische Ansätze

werden die Schüler*innen mit einer konkreten religiösen Weltdeutung konfrontiert, die sie subjektiv und im intersubjektiven Diskurs erschließen und individuell deuten lernen.

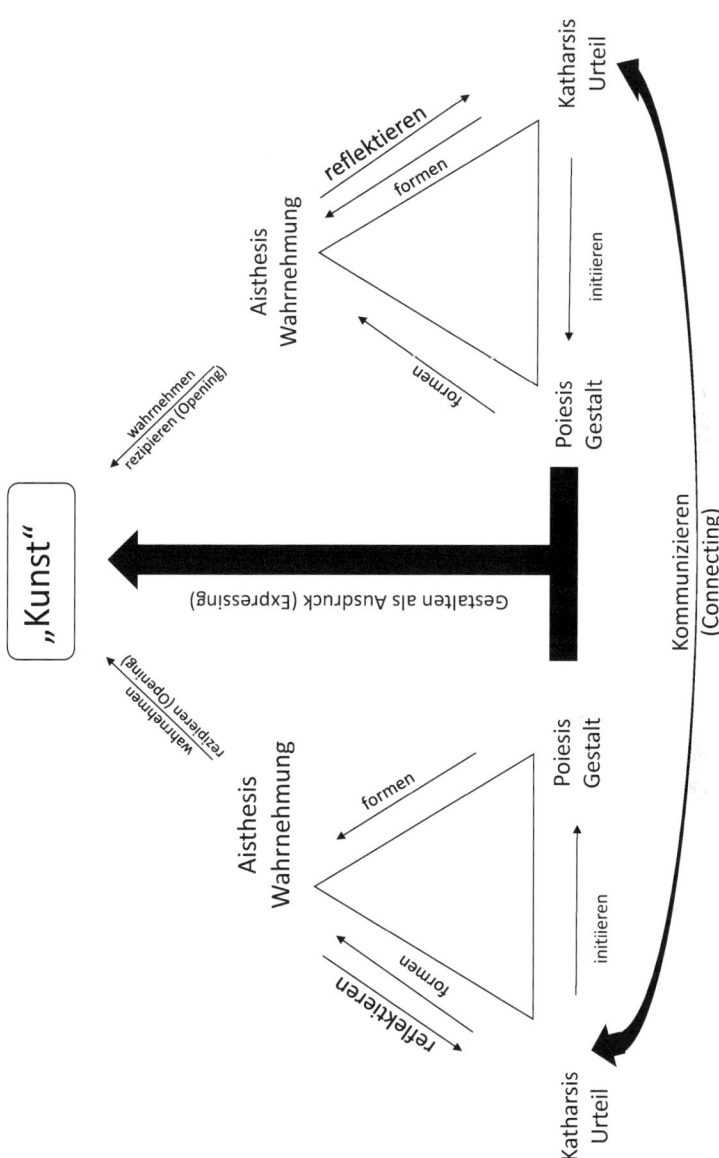

Abb. 11: Schaubild Ästhetische Bildung in konfessionell kooperativer Perspektive

3.7.3 Didaktische Konkretion und Methodik

Das Ästhetische Lernen bietet vielfältige Möglichkeiten gerade im Kontext von heterogenen Lerngruppen. Immer da, wo das Gestalten als Ausdruck der eigenen Kreativität, des eigenen Glaubens der eigenen Identität im Sinne der „Expression" verstanden wird, kann beim Gestalten schon per se von einem individualisierten Zugang gesprochen werden. Mit Blick auf mögliche Förderbedarfe können zudem die Formen des Ausdrucks individuell auf die Lerngruppe abgestimmt werden. Bildnerische Elemente können mit theaterpädagogischen, poetischen und musikalischen Ausdrucksformen kombiniert und ergänzt werden. Verschiedene Materialien und Hilfsmittel ermöglichen das Gestalten durch alle Schüler*innen.

Die Wahrnehmung von Kunst und die Kommunikation über Kunst bzw. über die Lernprodukte ermöglicht die Erweiterung der eigenen Perspektive um verschiedene Fremdperspektiven, ohne den Zwang der Übernahme der jeweils anderen Perspektive. Diese Schulung der Mehrperspektivität fördert das soziale Miteinander der Gemeinschaft.

Dadurch, dass das Ästhetische Lernen nicht nur ausschließlich aus gestalterischen Übungen besteht, sondern auch die Phasen der Aisthesis (Wahrnehmung) und Katharsis (Urteil) beinhaltet sowie ein weiteres Verständnis der Poiesis (Gestalten) als Gestaltung des Lebens und der Welt, werden in Einheiten zum Ästhetischen Lernen Phasen der Wahrnehmung, Meditation und Stilleübung mit kreativen, gestalterischen Phasen, kreativem Schreiben, Bildbetrachtungen sowie reflexiven, kommunikativen Phasen kombiniert. Auf der Ebene der Lernwege bedeutet das die Variation von kognitiven, affektiven, handlungsorientierten, kreativen, spirituellen und distanzierten Zugängen. Gerade die Reflexion der eigenen Wahrnehmung, der Urteilsbildung, der entstandenen Lernprodukte sowie des eigenen Handelns wird ergebnisdifferenziert ein hohes Maß an Komplexitätsunterschieden aufweisen, sodass alle Schüler*innen nach ihren individuellen Voraussetzungen und Möglichkeiten ein individuelles Maß an Reflexionskompetenz erwerben können.

3.7.4 Potenziale und Herausforderungen

Religions- und Glaubensheterogenität fordert einen sensiblen Umgang mit konkurrierenden Wahrheitsansprüchen seitens der Lehrkraft. Dennoch sollte die Relevanzfrage nicht ausgeblendet, sondern bewusst im Angesicht der Pluralität gestellt und ein reflektierter Umgang mit ihr erarbeitet werden. Dabei ist es wichtig, die Pluralität auf Ebene der Schüler*innen, der Inhalte, der Erarbeitungswege und der Ergebnisse zuzulassen, ohne in die Beliebigkeit abzudriften. Dabei kann gerade im Gestalterischen die Vielfalt der Glaubensüberzeugungen zu einer echten Bereicherung werden und zur Kommunikation, Diskussion und Reflexion auf Augenhöhe anregen, sodass sich im Prozess der Begegnung im

Gestalten neue Perspektiven, Blickwinkel und Interpretationen ergeben.[485] Durch das persönliche Involviertsein und die unmittelbare Betroffenheit durch die Identifikation mit dem eigenen Produkt kann hier auch der Gefahr der Indifferenz und des Relativismus[486] produktiv begegnet werden.

Hinsichtlich der Heterogenität der Lernvoraussetzung und Leistungsfähigkeit sind individualisierte Zugänge und Lernangebote erforderlich, die mit kooperativen Lernformen zu ergänzen sind, um eine echte Teilhabe an der Klassengemeinschaft zu ermöglichen und die Potenziale des Miteinander- und Voneinanderlernens ausschöpfen zu können. Dabei sind vielfältige Lernangebote wichtig; so sollten kognitive Zugänge mit handlungsorientierten, affektiven, spirituellen und haptischen Zugängen kombiniert werden. Die Differenzierung kann sowohl als innere als auch als äußere Differenzierung materialbasiert oder ergebnisdifferenziert erfolgen, aber immer am Prinzip des gemeinsamen Lernens an einem Lerngegenstand auf unterschiedlichen Niveaustufen orientiert sein.[487]

Folgende Anforderungen an die Religionslehrkraft lassen sich identifizieren:
- Hintergrundwissen über das jeweilige Kunstwerk, kunstgeschichtliche Zusammenhänge, Epochen, Künstler*innen, etc.
- Mehrdeutigkeit zulassen
- Beliebigkeit, Indifferenz und Relativismus vermeiden
- Differenzierungsangebote für Schüler*innen mit Förderbedarf
- Individuelles ästhetisches Empfinden nicht kritisieren, sondern annehmen
- Kunst nicht funktionalisieren
- Zwischen subjektiven Deutungen und analytischen Deutungen der Kunstwerke unterscheiden

3.8 Kirchenraumpädagogik in konfessionell kooperativer Perspektive

3.8.1 Ausgangspunkt und Eigenlogik des Ansatzes

Kinder und Jugendliche wachsen nicht in „religionslosen Räumen" auf, sie begegnen religiösen Phänomenen in ihrem Alltag. Allerdings zeichnen sich diese Begegnungen zunehmend als Begegnungen mit dem „Fremden" aus oder als Begegnungen mit etwas, das sie nicht einordnen können oder nicht explizit als religiös identifizieren. Nicht wenige Kinder und Jugendliche besuchen im Rahmen des Einschulungsgottesdienstes, des Schulgottesdienstes oder im Rahmen des

---

485 Vgl. Hilger, G.: Religionsunterricht als Wahrnehmungsschule, S. 412.
486 Vgl. Burrichter, R.: Konfrontation mit Tradition, S. 4ff.
487 Vgl. Baumert, B. u. a.: Eine Schule für alle – Wie geht das?, S. 526–541.

Religionsunterrichts zum ersten Mal eine Kirche. Das hat auch Konsequenzen für die Kirchenraumpädagogik. So ist eine Kirchenraumbegehung für viele Schüler*innen die Erkundung eines fremden Ortes, während sich andere Schüler*innen durchaus vertraut in Kirchenräumen verhalten. Für die konfessionelle Kooperation ist in diesem Kontext zu bedenken, dass die Kirchenraumbegehung einer katholischen und einer evangelischen Kirche für die meisten Schüler*innen eben nicht eine Begegnung mit einem vertrauten und einem fremden Raum darstellt, sondern eine Begegnung mit zwei fremden Räumen, die in ihrer Eigenart und spezifischen Wirkung wahrzunehmen sind.

Kirchenraumbegehung lassen sich in den Bereich des außerschulischen Lernens einordnen. Kirchen unterscheiden sich von Räumen, in denen sich Kinder und Jugendliche in ihrem Alltag eigentlichen aufhalten. In der Begegnung mit Kirche als sakralem Raum zeigen sich religiöse Tradition und gelebter Gottesglauben. Religion zeigt sich in diesem Kontext durch die Architektur, durch Bilder, Symbole und Skulpturen.[488]

Der Kirchenraumpädagogik geht es ähnlich wie der Museumspädagogik darum, ein Kunstwerk ganzheitlich und erfahrungsbezogen zu erschließen: kognitiv, emotional, ästhetisch und spirituell.[489] Im Fokus steht die persönliche Begegnung der Schüler*innen mit dem inszenierten Kirchenraum. Es handelt sich folglich nicht um eine bloße Kirchenführung mit den Schüler*innen als Rezipienten.[490] Vielmehr geht es um die Auseinandersetzung des Subjekts im Raum. Die Kirchenraumpädagogik unterscheidet zwischen drei Ansätzen: 1. der ganzheitlichen Kirchenerschließung, bei der der Kirchenraum in seinen Details handlungsorientiert erschlossen wird; 2. der Kirchenerkundung, bei der die Schüler*innen selbstständig durch die Kirche wandeln und einen Erkundungsbogen ausfüllen, und 3. der geistlichen Führung. Bei letzterer wird der Kirchenraum meditativ erschlossen, indem die Schüler*innen mit einer Leitung durch die Kirche prozessieren und an besonderen Orten zur Meditation verweilen.[491] Hier lassen sich Bezüge zur performativen Didaktik herstellen.

Der ökumenische Bundesverband Kirchenraumpädagogik e. V., formulierte auf seiner konstituierenden Sitzung in Osnabrück 2002 folgende Thesen, die als Leitlinien der Kirchenraumpädagogik auch im konfessionell kooperativen Kontext verstanden werden können:
1. Kirchenraumpädagogik bringt Mensch und Kirchenraum in Beziehung.
2. Kirchenraumpädagogik bedeutet raum- und erfahrungsbezogenes Arbeiten.
3. Kirchenraumpädagogik eröffnet Zugänge zu religiösen Erfahrungen.
4. Kirchenraumpädagogik arbeitet in methodischer Vielfalt.
5. Kirchenraumpädagogik braucht Zeit.

---

488 Vgl. Lindner, K. / Hilger, G.: Räume wahrnehmen und erkunden, S. 422–426.
489 Neumann-Becker, B.: Außerschulische Lernorte, S. 132.
490 Vgl. Pohl-Patalong, U.: Religionspädagogik, S. 101.
491 Rupp, Hartmut (Hg.): Handbuch Kirchenpädagogik, S. 17.

6. Kirchenraumpädagogik wirkt nach außen.
7. Kirchenraumpädagogik wirkt nach innen.
8. Kirchenraumpädagogik ist eine langfristige Investition in die kommende Generation.

Ausgangspunkt für erfolgreiche kirchenraumpädagogische Settings ist das Ziel, Mensch und Kirchenraum in Beziehung zu bringen, wie es in den Ausführungen zur ersten These beschrieben wird: „Kirchenräume mit ihren in Architektur und Ausstattung bewahrten christlichen Glaubensaussagen und Traditionen können neue Bedeutung gewinnen, indem sie mit dem Lebenshorizont der beteiligten Menschen in Beziehung gesetzt werden. Kirchenraumpädagogik nimmt hierbei die Vorerfahrungen und Empfindungen der Teilnehmenden ernst und bezieht deren fremden Blick mit ein."[492] Letztlich ergibt sich daraus eine Wechselwirkung zwischen Raum und Person. Indem das Subjekt dem Raum begegnet, passiert auch etwas mit den Schüler*innen. Es geht nicht um die rein kognitive Erschließung, sondern um das Einlassen auf eine neue Erfahrung, die für das Subjekt einen individuellen Wert besitzt. Roland Degen geht sogar so weit, dass sich nicht nur die Person, sondern auch die ‚Kirche' verändert – verändern darf und muss.[493] Hartmut Rupp fasst diese Wechselwirkung in drei Zielen zusammen: 1. der Alphabetisierung, 2. der Erinnerung und 3. der Beheimatung. Die Alphabetisierung steht für die Seite des Kirchenraums, die im Sinne einer Kulturhermeneutik als kulturelle Gestalt des Christentums kennengelernt und gelesen werden soll. Die Erinnerung nimmt die Perspektive der Person ein. Als Besucher*in der Kirche macht sie persönliche Erfahrungen mit den Formen überlieferten und gelebten Glaubens, deren Spuren im Kirchenraum zu finden sind. Die Schüler*innen erfahren Formen der Spiritualität, was wiederum Einfluss auf ihre persönliche Entwicklung nehmen kann. Die Beheimatung zielt schließlich auf eine andauernde Wechselbeziehung von Raum und Subjekt ab, indem die Schüler*innen mit dem Sakralraum als Ort des Gottesdienstes vertraut werden und eine individuelle Beziehung aufbauen.[494] Kirchenraumpädagogik bedient sich dabei verschiedener didaktischer Zugänge und arbeitet in methodischer Vielfalt. Sie „greift ästhetische, dramaturgische, leib- und körperbezogene, musikalische und meditative Vermittlungsansätze so wie klassische Methoden der Religionspädagogik auf. Andreas Prokopf und Hans-Georg Ziebertz heben drei religionsdidaktische Lerndimensionen hervor, die bei einer Erkundung und Begegnung von Kirchräumen von elementarer Bedeutung sind: 1. wahrnehmen, 2. deuten, 3. handeln.[495]

---

492 Bundesverband Kirchenpädagogik e. V.: Thesen zur Kirchenpädagogik.
493 Vgl. Degen, R.: „Echt stark hier!", S. 18.
494 Vgl. Rupp, H. (Hg.): Handbuch der Kirchenpädagogik, S. 18.
495 Vgl. Prokopf, A. / Ziebertz, H.-G.: Wo wird gelernt?, S. 265ff.

Die methodische Auswahl ist jeweils abhängig von der Zielgruppe, den thematischen Anknüpfungen im Kirchenraum und den örtlichen Rahmenbedingungen."[496] Gleichbleibende Elemente sind dabei die Prinzipien der Ganzheitlichkeit, der Inszenierung, Ritualisierung, Verlangsamung und Wiederholung.[497]

Antje Rösener vergleicht kirchenraumpädagogische Sakralraumbegehungen mit der Inszenierung eines Theaterstücks. So ist für sie die Dramaturgie enorm wichtig, indem ein gelungener Spannungsbogen von der ersten Begrüßung bis zum bewusst gesetzten Ende gespannt wird.

Kontextualisierung

Die Kirchenraumpädagogik ist zwar inhaltlich an die Museumspädagogik angelehnt, wurde jedoch v. a. in pastoralen Kontexten und mit Blick auf die Pastoral entwickelt. Deutlich wird dies z. B. an der Praxis, dass Kirchenraumbegehungen in der Regel von Kirchengemeinden, Landeskirchen oder Bistümern organisiert werden. Das spiegelt sich auch in den Zielen der Kirchenraumpädagogik wider. So klingt in den meisten Ansätzen neben den pädagogischen, kulturhermeneutischen und persönlichkeitsbildenden Zielen häufig auch eine pastorale, katechetische oder sogar missionarische Zielsetzung an.

Besonders deutlich wird dies in den letzten beiden Thesen des Bundesverbandes. So heißt es in den Ausführungen der Thesen 7 und 8: „Kirchenraumpädagogik regt die gemeindepädagogische Arbeit mit Kindern, Jugendlichen und Erwachsenen an und verhilft durch die Erschließung des Kirchenraumes zu einer persönlichen Verwurzelung und Standortbestimmung. [...] Auch Menschen außerhalb traditioneller Formen der Gemeindearbeit lassen sich in dieses Aufgabengebiet einbinden" (These 7). „Die Zukunft der Kirche in der multikulturellen Gesellschaft hängt nicht unerheblich davon ab, ob den Menschen säkularisierter und anderer kultureller Kontexte christliche Inhalte verständlich und zugänglich gemacht werden können. Als ein Projekt der Übersetzung an der Schwelle zwischen Kirche und Gesellschaft leistet die Kirchenraumpädagogik für die Begegnung mit der biblischen Botschaft einen unverzichtbaren Beitrag" (These 8). Ähnliches klingt in den Ausführungen von Hartmut Rupp an, wenn er von einer Beheimatung im Sinne einer andauernden Wechselbeziehung von Raum und Subjekt spricht, mit dem Ziel, eine Beziehung aufzubauen und mit dem Kirchenraum als Ort des Gottesdienstes vertraut zu machen.

Kompetenzorientiert gedacht

Wir zählen die Kirchenraumpädagogik zu den inhaltsbezogenen Ansätzen, da sie ihren Ausgangspunkt im Kirchenraum als Unterrichtsgegenstand nimmt und

---

496 Bundesverband Kirchenpädagogik e. V.: Thesen zur Kirchenpädagogik.
497 Vgl. Rupp, H. (Hg.): Handbuch der Kirchenpädagogik, S. 18.

ausgehend von ihm Kompetenzen formuliert. Je nach Ausrichtung variieren die Zielsetzungen und angestrebten Kompetenzen. Bei informierenden Ansätzen steht die Alphabetisierung der Schüler*innen im Fokus. Hier wird eine kulturhermeneutische Kompetenz akzentuiert. Die konfessionsspezifischen Merkmale, Symbole, Artefakte, Gegenstände und Kunstwerke werden in ihrer religiösen Bedeutung sowie in ihrer funktionalen Dimension erschlossen und zur jeweiligen Institution in Beziehung gesetzt. Inhalts-, Deutungs- und Urteilskompetenz mit einer Fokussierung auf die kulturhermeneutische Erschließung des Raumes stehen im Fokus.

In eher erfahrungsbezogen Ansätzen, die Elemente des ästhetischen oder performativen Lernens aufgreifen, liegt der Fokus auf dem Erleben des Raumes durch das Subjekt. Hier steht weniger die funktionale und konfessionsbezogene Gestaltung des Raumes im Fokus, sondern die individuelle Wirkung des Raums auf das Subjekt. Ähnlich wie beim performativen Lernen und der ästhetischen Bildung stehen die Wahrnehmungsfähigkeit, die Deutungskompetenz und Reflexionskompetenz im Fokus.

3.8.2 Der Ansatz konfessionell kooperativ gedacht

Im Sinne der konfrontativ-korrelativen Subjektorientierung sehen wir den Kern der Kirchenraumpädagogik in der Wechselbeziehung zwischen Raum und Subjekt. Die Konfrontation mit dem Raum als konkret konfessionellem Gegenstand bildet den Ausgangspunkt aller didaktischen Überlegungen.

Mit Blick auf den konfessionell kooperativen Religionsunterricht sind sowohl die informierenden als auch die erfahrungsbezogenen Perspektiven von Bedeutung. So ist es zum einen der Anspruch, die konfessionsspezifischen Gemeinsamkeiten und Besonderheiten sichtbar zu machen, die Kirchenräume in ihrer theologischen, religions- und konfessionsspezifischen Bedeutung zu erschließen und kulturhermeneutisch zu deuten, als auch die Kirchenraumbegehung als subjektive Erfahrung, die durch performative und ästhetische Elemente zur individuellen Auseinandersetzung mit dem Raum, mit sich selbst und der eigenen Spiritualität und Religiosität anregt, in den Blick zu nehmen. Konfessionell kooperativ angelegte Kirchenraumbegehungen erheben somit den Anspruch, beide Ebenen zu bespielen: die vergleichende Reflexion der beiden Kirchenräume in ihrer konfessionsspezifischen Besonderheit (z. B. Tabernakel, Beichtstuhl, Heiligendarstellungen, Marienaltar, Kniebänke, Nutzung des Altars) sowie die jeweilige Wechselwirkung zwischen Subjekt und Raum in den verschiedenen Kirchräumen.

Gelingen kann dies nur, wenn die Kirchenraumbegehung inhaltlich gut vor- und nachbereitet wird. Informationen zu konfessionsspezifischen Gegenständen, Symbolen und Ausstattungen der Kirchenräume sowie deren Funktion sollten im Vorhinein besprochen werden, um den Besuch in der Kirche vorzuentlasten und mehr Raum für die affektive Dimension der Wahrnehmung sowie die aktionale Dimension des ausprobierenden Handelns zu geben. Die anschließende Reflexion des Erlebten sowie die subjektive Deutung des Raum-Erfahrens sollte unmittelbar nach der jeweiligen Kirchenraumbegehung stattfinden; die vergleichende inhaltliche und konfessionsbezogene Deutung mit kulturhermeneutischer Perspektive erst im Anschluss an die zweite Kirchenraumbegehung in aller Ausführlichkeit. Hier ist es zentral, die Ebenen explizit voneinander zu unterscheiden und den Schüler*innen gegenüber transparent zu machen, dass es sich bei der inhaltsbezogenen vergleichenden Reflexion der konfessionsspezifischen Kirchenräume und einen Analyseakt handelt, der kriteriengeleitet und theoriebasiert erfolgt. Die subjektive Deutung der eigenen Kirchenraum-Erfahrung ist hingegen eine individuelle Introspektion, die nach affektiven und subjektiven Maßstäben erfolgt, die wertungsfrei von den Peers wie von der Lehrkraft anzunehmen ist.

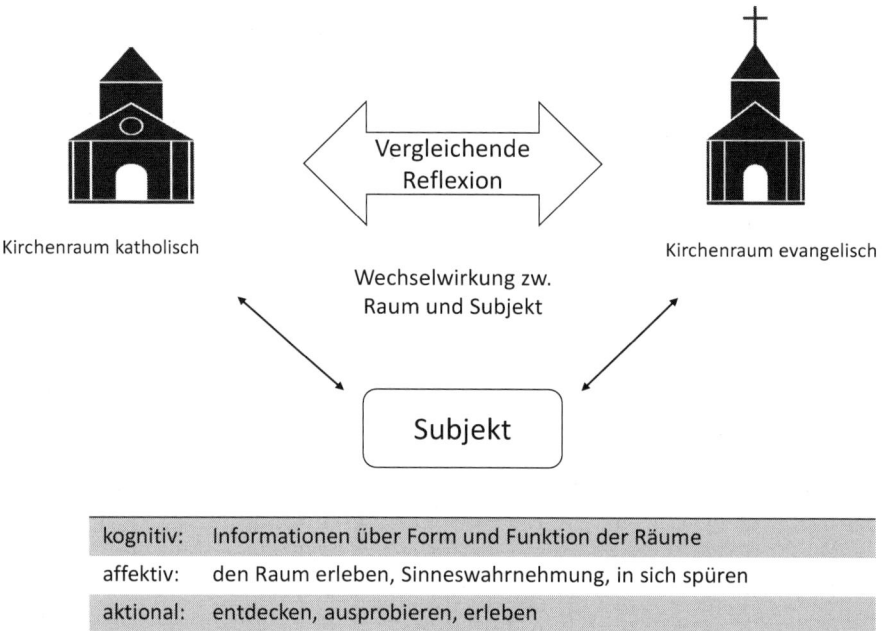

Abb. 12: Schaubild Kirchenraumpädagogik in konfessionell kooperativer Perspektive

Die konkrete Phase der Kirchenraumbegehung lässt sich entlang der fünf Phasen der Kirchenraumbegehung nach Antje Rösener gestalten. Spezifisch ist ein gelungener Spannungsbogen von der ersten Begrüßung bis zum bewusst gesetzten Ende. Die erste Phase der Sakralraumbegehung bildet die Phase des sich Sammelns und Annäherns. Hier wird bereits vor dem Betreten der Kirche auf den

Raum eingestimmt. Doch die Schüler*innen werden selbst zu Akteur*innen und bleiben nicht bloße Rezipient*innen. Auch die Verlangsamung, das Moment des „Erwartens", spielt bei der Begegnung vor der Kirche eine Rolle.[498] Dieser Prozess kann allerdings auch an anderen Orten, in der Schule, zu Hause in Form einer ersten inhaltlichen Annäherung an die Kirche erfolgen.[499] In der zweiten Phase der Kirchenraumbegehung der Phase des „Sich Einlassens und Entdeckens", geht es darum, den Raum als Ganzes wahrzunehmen und auf sich wirken zu lassen. Rösener empfiehlt in dieser Phase „eine Mischung aus Anleitung zum eigenen Entdecken und der Weitergabe von grundlegenden Informationen"[500]. Dennoch ist diese Phase verstärkt als eigenständige Annäherung an den Kirchenraum zu verstehen, als ein Prozess, der höchst individuell gestaltet werden kann. Die Schüler*innen nehmen die äußeren Merkmale des Raumes wahr, sind vielleicht zunächst einmal befremdet, bewegen sich im Raum als Einzelne*r, nehmen den Raum als Ganzes wahr, erleben, erproben und erkunden den Raum. In der nächsten Phase, der Vertiefung, wird diese Bewegung fortgeführt und vollendet. Nicht alles, was in der vorangegangenen Phase entdeckt und wahrgenommen wurde, kann an dieser Stelle vertieft werden. Es müssen Akzente gesetzt werden. Diese Phase findet in der Regel in der Gruppe statt.[501] Aus den Einzelnen wird eine Gemeinschaft. Gemeinsam beginnen sie, das Erlebte zu deuten, das Wahrgenommene zu verstehen. Sie richten ihren Blick auf Details, bewundern sie. Doch die Wendung von außen nach innen als spiritueller Akt, meditativer Schritt, als kognitiver Prozess oder in Form eines Gebets kann nur jeder individuell durchlaufen. Er kann auch nicht erzwungen, sondern lediglich angebahnt, initiiert werden.

3.8.3 Didaktische Konkretion und Methodik

Kirchenraumbegehung lassen sich je nach individuellen Vorlieben, Fähigkeiten und Fertigkeiten der Lehrkraft sowie abhängig von den konkreten Gegebenheiten der Kirchengemeinden vor Ort didaktisch-methodisch unterschiedlich akzentuieren. Vielfältige methodische Zugänge sind dabei denkbar. Zu den gängigsten Formen zählen: ästhetischer Zugang, dramaturgische Inszenierung, informative Kirchenführung, körperbezogene Performanz, musikalisch-mediativer Zugang, ganzheitliche Erschließung.

Im Folgenden sollen exemplarische Umsetzungsformen dargestellt werden, die sich an den klassischen Formen der Kirchenraumbegehung orientieren. Sie sind als Bausteine zu verstehen, die nach dem religionspädagogischen Schema

---

498 Vgl. Baumert, B.: SilentMOD, S. 70.
499 Vgl. Schelander, R.: Kirchenpädagogik, S. 312.
500 Rösener, A.: Didaktische und methodische Leitlinien kirchenpädagogischen Arbeitens, S. 66.
501 Vgl. ebd.

wahrnehmen, deuten, handeln, das der Ästhetik entlehnt ist, strukturiert sind. Aus diesen Bausteinen lassen sich individuelle Kirchenraumbegehungen konzipieren, die dann wiederum dem Spannungsbogen nach Rösener folgen können, um eine Dramaturgie der Begehung zu inszenieren.

Kirchenraum wahrnehmen: Die Schüler*innen werden sensibilisiert, den Kirchenraum wahrzunehmen, indem sie den Raum und das Gebäude erkunden und sich zum Raum verhalten. So kann bereits vor Betreten des Innenraums der Außenraum betrachtet werden. Die Schüler*innen können – wenn es die bauliche Situation zulässt – die Kirche umrunden, dabei kann bspw. die Höhe des Kirchturms geschätzt werden, die Fenster gezählt (Phase 1 nach Rösener).

Im Innenraum der Kirche erhalten die Schüler*innen die Möglichkeit, sich frei zu bewegen, den Raum auf sich wirken zu lassen und sich eventuell einen Lieblingsplatz zu suchen, oder auch einen Platz, an dem sie sich fremd fühlen und so den Kirchenraum aus einer bestimmten Position heraus wahrnehmen (Lichteinfall, Gestaltung der Fenster, Bestuhlung, Gestaltung des Altars, Taufbecken, Beichtstühle, das Kreuz, Heiligendarstellungen, Kanzel, Orgel, Tabernakel, Weihwasserbecken, Ewiges Licht). Es kann aber auch die eigene Stimme wahrgenommen werden (singend, sprechend oder flüsternd). Bspw. versammeln die Schüler*innen sich am Taufbecken und rufen – ganz nach dem Motto: „Ich habe Dich bei Deinen Namen gerufen" – nacheinander ihren Namen ins Kirchenschiff. Möglichkeiten der Raumwahrnehmung sind auch das Abschreiten der Längen- und Breitenmaße, das Einnehmen unterschiedlicher Perspektiven (Blick von der Empore, vom Altar, von der Kanzel, auf dem Boden liegend, kniend, stehend, nach oben schauend). Ornamente können bspw. mit den Händen ertastet werden. Des Weiteren können Gerüche wahrgenommen werden (frische und abgestandene Luft, Kerzenduft, Weihrauch).

Im Sinne des konfessionell kooperativen Lernens werden Unterschiede und Gemeinsamkeiten von evangelischen und katholischen Kirchengemeinden sowohl hinsichtlich der Atmosphäre, der Raumaufteilung, des Mobiliars, der Bilder, Skulpturen aufgezeigt. Neben der Wissensaneignung geht es um das Wahrnehmen und die Herstellung einer persönlichen Beziehung zum Kirchenraum (Phase 2 nach Rösener).

Im Kirchenraum handeln: Wahrnehmungen und subjektive Deutungen werden durch Handlungsmöglichkeiten vertieft, um die Dimension des Kirchenraumes leib-körperlich zu erfahren. So können die Schüler*innen bspw. an ihrem selbstgewählten Lieblingsplatz oder von Kanzel einen biblischen Text vorlesen und dabei erleben, wie ihre Stimme im Raum klingt. Es kann gemeinsam ein Lied gesungen werden, Skulpturen im Raum können mit dem Körper nachgestellt werden, Karten mit Fragmenten von Gegenständen im Raum können von den Schüler*innen zugeordnet werden (Phase 3 nach Rösener).

Der Abschluss der Kirchenraumbegehung kann durch ein gemeinsames Ritual beendet werden, das eine Wendung von außen nach innen anzubahnen versucht. Ein solches Ritual kann ein gemeinsames Lied sein, das Anzünden einer

Kerze, das Anschlagen einer Klangschale, eine Feuermeditation, ein gemeinsames Gebet, ein vorgelesener Psalm oder das gemeinsame Schweigen (Phase 4 nach Rösener).

Kirchenraum deuten: Diese Phase erfolgt v. a. im Anschluss an die Kirchenraumbegehung draußen vor der Kirche oder im Unterricht. Wichtig ist hier, zwischen der subjektiven Deutung der eigenen Erfahrung und der analytischen Deutung der Funktion der einzelnen Gegenstände, Orte und Artefakte des Kirchenraums zu trennen. Während die Reflexion des Erlebten unmittelbar im Nachgang an die Begehung im Sinne einer Rückkehr von einer Reise erfolgen sollte, kann die inhaltliche Reflexion und Deutung auf die nächste Unterrichtsstunde verlagert werden. Dort werden die Gegenstände, wissensbasiert auf zuvor im Religionsunterricht erworbene Kenntnisse, gedeutet und ihnen eine konfessionell spezifische Funktion im Raum zugeschrieben. Von Lehrpersonen erarbeite Hinweiskarten (z. B. kurze Informationstexte), die bereits vor der Begehung im Kirchenraum platziert wurden und anschließend im Unterricht wieder aufgegriffen werden, können ein selbstgesteuertes Lernen vertiefend unterstützen.

3.8.4 Potenziale und Herausforderungen

Kirchenraumbegehungen zählen zu den klassischen Unterrichtsformen im konfessionell kooperativen Unterricht. Die konkreten konfessionsspezifischen Kirchengebäude vor Ort bilden einen authentischen Ausgangspunkt, die konfessionsspezifische Gestaltung der Kirchenräume erleichtert das vergleichende Arbeiten und der außerschulische Lernort birgt ein hohes Motivationspotenzial. Die Kirchengemeinden haben ihrerseits ein verstärktes Interesse daran, ihre Kirchen den Schüler*innen näher zu bringen, und die Auswahl an Materialien und Methodenvorschlägen für die Ausgestaltung der Kirchenraumbegehung sind vielfältig.

Nichtsdestotrotz birgt auch die Kirchenraumpädagogik einige Herausforderungen, wenn die zuvor formulierten Anforderungen an einen konfessionell kooperativen Religionsunterricht mit einer konfrontativ-korrelativen Subjektorientierung ernst genommen werden. Hier ist insbesondere die gegenwärtige Situation zu nennen, dass ein Großteil der Schüler*innen kaum religiös sozialisiert ist und die wenigsten Schüler*innen eine konfessionelle Prägung aufweisen. Hier geraten einige klassische Ansätze, Materialien und Methoden an ihre Grenzen, wenn sie immer noch mit dem „Eigenen" und dem „Fremden" arbeiten oder von einer „Beheimatung" im Kirchenraum ausgehen.

Folgende Anforderungen an die Religionslehrkraft lassen sich identifizieren:
- Konfessionsbezogenes Wissen
- Beheimatung in der eigenen Konfession bei den Schüler*innen nicht voraussetzen

- Nicht auf die plakativen Unterschiede zwischen den Kirchengebäuden begrenzen
- Kulturhermeneutische, theologische und konfessionsspezifische Deutungen vorbereiten
- Kirchengeschichtliche Kompetenzen
- Zwischen subjektiven Deutungen des Erfahrungsraums und analytischen Deutungen der Artefakte unterscheiden
- Abstimmung mit den Gemeinden und Akteur*innen vor Ort
- Materialien kritisch reflektieren hinsichtlich ihres Potenzials, und auf die konkrete Situation anpassen

3.9 Kirchengeschichtsdidaktik in konfessionell kooperativer Perspektive

3.9.1 Ausgangspunkt und Eigenlogik des Ansatzes

Eine religionspädagogische Auseinandersetzung mit Kirchengeschichtsdidaktik als eigenem Inhaltsbereich erfolgte erst ab der Mitte des 20. Jahrhunderts. So zeigen protestantische Entwürfe der 1950er-Jahre eine „geschichtliche Entfaltung des Wortes Gottes im Dienst an der Gemeinde."[502] In den 1970er-Jahren wurde durch die politische Theologie eine kritische Christentumsgeschichte forciert.[503] Katholischerseits spricht Konstantin Lindner von einer apologetischen Ausrichtung der Kirchengeschichtsdidaktik bis in die 80er Jahre hinein.[504]

In den 1980er-Jahren erfolgte ein Perspektivwechsel der Kirchengeschichtsdidaktik beider Konfessionen hin zu einer ökumenischen und sozialkritischen Ausrichtung der Kirchengeschichtsdidaktik.[505] Als katholische Vertreter sind hier Godehard Ruppert und Bernhard Jendorff zu nennen, evangelischerseits Peter Biehl. In diesem Zuge wurde Kirchengeschichtsdidaktik auch erstmals subjektorientiert gedacht, indem von den Fragen der Schüler*innen ausgehend Unterricht gedacht wurde.[506] In den 90er-Jahren eröffnete der Historiker und Geschichtsdidaktiker Wolfgang Hasberg geschichtsdidaktische Perspektiven für den Kirchengeschichtsunterricht und lotete Kooperationen zwischen den Fächern aus.[507] Einen grundlegenden Neuansatz der Kirchengeschichtsdidaktik lieferte schließlich 2005 die evangelische Theologin Heidrun Dierk, die versucht,

---

[502] Köster N.: Kirchengeschichtsdidaktik aus der Perspektive der Kirchengeschichte, S. 15.
[503] Vgl. ebd.
[504] Vgl. Lindner, K.: Art. Kirchengeschichtsdidaktik, S. 2.
[505] Vgl. Köster, N.: Kirchengeschichtsdidaktik aus der Perspektive der Kirchengeschichte, S. 16.
[506] Vgl. Lindner, K.: Art. Kirchengeschichtsdidaktik, S. 2.
[507] Vgl. ebd.

mit einem konstruktivistisch elementarisierenden Ansatz Geschichte ausgehend von menschlichen Grunderfahrungen für die Gegenwart der Schüler*innen zu erschließen. Dabei wendet sie sich explizit gegen das Verständnis einer Ereignisgeschichte und nutzt den konstruktivistischen Dreischritt *Rekonstruktion - Konstruktion - Dekonstruktion* für eine Verschränkung von Fremdheitserfahrungen und elementaren Erfahrungen.[508] Katholischerseits legte Konstantin Lindner 2007 mit seiner Dissertation einen Ansatz zum biografischen Lernen als kirchendidaktischen Zugang vor. Damit lieferte er einen Gegenentwurf zur seit den 1960er-Jahren konstatierten Kritik an personalisierten Geschichtsbildern. Lindner sieht im biografischen Lernen die Chance, Modelle gelebten Glaubens zu zeigen, zu Perspektivwechseln herauszufordern, Orientierungspunkte anzubieten und Schüler*innen in ihrer Subjektwerdung zu unterstützen.[509] Inhaltlich knüpfte er sowohl an die Konzepte des Vorbildlernens von Biehl, Biemer und Biesinger an, als auch an das Modelllernen von Bendura und Stachel.[510] In den darauffolgenden Jahren prägte v. a. Hans Mendl die entsprechenden Entwürfe des biografischen Lernens. Inspiriert von dem französischen Soziologen Maurice Halbwachs und den Kulturwissenschaftlern Jan und Aleida Assmann, die die Theorie des kollektiven Gedächtnisses im Sinne einer kulturprägenden Erinnerung entwickelten, entstand in den späten 1990er-Jahren das Erinnerungsgeleitete Lernen, das theologisch an die politische Theologie und die dort v. a. durch Johann Baptist Metz etablierte Kategorie der Erinnerung anknüpfte. Erste Entwürfe entstanden 1997 von Langer und 1998 von Wermke. Es folgten in den 2000er-Jahren u. a. Petzold und Boschki.[511] Köster konstatiert, dass sich das Erinnerungsgeleitete Lernen bis heute weitgehend auf die Schoah beschränke.[512]

In gegenwärtigen Entwürfen der Kirchengeschichtsdidaktik geht es v. a. um die Initiierung einer produktiven Wechselbeziehung von Kirchengeschichte und Schüler*innen. Außerdem wird Kirchengeschichte im Kontext der Profangeschichte verstanden. So bildet die Kirchengeschichte keine Geschichte neben einer säkularen Profangeschichte, sondern ereignet sich vielmehr mit, unter, in und durch unterschiedliche geschichtliche Prozesse.[513] Als leitende didaktische Prinzipien lassen sich in Anlehnung an Mendl und Lindner zusammenfassen:[514]

---

508 vgl. Dierk, H.: Kirchengeschichte elementar, S. 221, 247ff, 258ff.
509 Vgl. Köster, N.: Kirchengeschichtsdidaktik aus der Perspektive der Kirchengeschichte, S. 17.
510 Vgl. Sajak, C. P. / Eiff, M.-S. v.: Art. Biografisches Lernen, S. 1-2.
511 Vgl. Köster, N.: Kirchengeschichtsdidaktik aus der Perspektive der Kirchengeschichte, S. 17; vgl. Sajak, C. P. / Eiff, M.-S. v.: Art. Biografisches Lernen, S. 1-2.: vgl. Boschki, R.: Art. Erinnerung/Erinnerungslernen, S. 4.
512 Vgl. Köster, N.: Kirchengeschichtsdidaktik aus der Perspektive der Kirchengeschichte, S. 18.
513 Vgl. Zimmermann, M. u. a.: Religionspädagogik in Anforderungssituationen, S. 234.
514 Vgl. Lindner, K.: Lernen an Kirchengeschichte, S. 312f; Mendl, H.: Religionsdidaktik kompakt, S. 118f. Zur Multiperspektivität außerdem: Vgl. Zimmermann, M. u. a.: Religionspädagogik in Anforderungssituationen, S. 229.

- *Quellenbasierung:* Kirchengeschichte ist keine einfache Aneinanderreihung von Ereignissen, sondern sie entsteht durch eine Fragestellung, unter der geschichtliche Quellen ausgewertet werden. Kirchengeschichte ist somit ein Produkt der Quellenanalyse und Deutung und geprägt durch die Perspektiven der Quellenschreiber und der Ausleger*innen. Kirchengeschichtlicher Unterricht sollte entsprechend im Sinne der Kompetenzorientierung die Schüler*innen zu einem eigenständigen, kritischen, reflektierenden Umgang mit Quellen befähigen.
- *Multiperspektivität:* Geschichte ist immer geprägt durch Narrative, die aus einer bestimmten Perspektive das Erlebte schildern. Lange Zeit war es üblich, lediglich die Geschichten der „Sieger" der „Mächtigen" der „Großen" zu erzählen. Damit wird jedoch lediglich eine Seite der Geschichte präsentiert. Die Multiperspektivität fordert dazu auf, verschiedene Perspektiven auf geschichtliche Ereignisse darzulegen. Gerade die Perspektive von marginalisierten Gruppen, von den „kleinen Leuten" werfen häufig einen anderen Blick auf die Geschichte und bieten Raum zur Identifikation und kritischen Reflektion.
- *Reziprozität:* Das Prinzip der Reziprozität basiert auf der Annahme einer wechselseitigen Erschließung von Geschichte und dem Subjekt in der Gegenwart. Konkret meint das, dass die Deutung der Geschichte immer an die jeweilige Perspektive der Gegenwart gebunden bleibt, also Geschichte immer aus einer konkreten zeitgeschichtlichen und subjektiven Perspektive herausgelesen und gedeutet wird, was dazu führt, dass verschiedene historische Zeugnisse zu unterschiedlichen Zeiten von unterschiedlichen Menschen anders eingeordnet und beurteilt werden. Zugleich wirkt die Auseinandersetzung mit geschichtlichen Personen, Zeugnissen und Ereignissen auch auf die Gegenwart und die in ihr lebenden Subjekte. So kann die kritische Auseinandersetzung mit Geschichte Einstellungen, Entscheidungen und Wahrnehmungen gegenwärtiger sozialer, politischer und kultureller Prozesse beeinflussen.
- *Exemplarität und Personalisierung:* Geschichte konstituiert sich aus Erfahrungen und Erzählungen verschiedener Personen eines zeitgeschichtlichen und räumlichen Kontextes. Zeittypisches Gedankengut, Alltagserfahrungen, Ereignisse und Biografien lassen sich an exemplarischen Personen, Geschehnissen und Alltagssituation veranschaulichen. Wichtig ist dabei wieder, das Prinzip der Multiperspektivität zu berücksichtigen und die Exemplarität wie auch die Repräsentativität der jeweiligen Zeugnisse herauszustellen.
- *Narrativität:* Geschichtsschreibung ist geprägt durch Narrative, die interpretierend Zusammenhänge zwischen Personen, Ereignissen, Verläufen und Epochen herstellen. Aufgabe der Kirchengeschichtsdidaktik ist es, diese Narrative nicht einfach als Faktum hinzustellen, sondern sie konstruktivistisch zu betrachten. Das bedeutet, die Schüler*innen zur Rekonstruktion

und Dekonstruktion solcher Narrative anzuleiten und zu ermutigen, selbstständig Narrative zu konstruieren.
- *Lokalisierung:* Kirchengeschichtliche Spuren lassen sich auch in der regionalen Umgebung finden. Im Sinne des forschenden Lernens bieten solch außerschulische Lernorte als kirchengeschichtliche Zeugnisse ein großes Potenzial, um die Präsenz der Geschichte in der Gegenwart zu veranschaulichen und für historische Perspektiven zu sensibilisieren. So zeugen bspw. Denkmäler, Architektur oder Feiertage von einer christlichen Geschichtskultur, an die im Religionsunterricht angeknüpft werden kann.[515]
- *Vermeidung ethischer Engführung:* Die Auseinandersetzung mit kirchengeschichtlichen Perspektiven sollte sich nicht auf eine moralisierende Instruktion beschränken. So lassen sich geschichtliche Entscheidungen und Handlungen immer nur im Kontext der jeweiligen Zeit mit ihren spezifischen Bedingungen beurteilen. Die diskursive Analyse von kontextuellen Bedingungen und Einflüssen auf historische Entscheidungsfindungen und Handlungen können somit nicht nur zu einem ethischen Urteil führen, sondern auch sensibilisieren für die komplexen gesellschaftspolitischen oder kirchenpolitischen Zusammenhänge der Gegenwart und somit zu einem Perspektivwechsel befähigen, der zwar eine Nachvollziehbarkeit, aber nicht eine ethische Rechtfertigung bewirkt.

Kontextualisierung: Von der Marginalisierung der Kirchengeschichte im Religionsunterricht

Kirchengeschichtliche Themen im Religionsunterricht werden stiefmütterlich behandelt, ausgespart oder rein sachkundlich bearbeitet. Dabei wird sich nicht selten eindimensional auf Themen beschränkt, die sich mit der Entstehungsgeschichte der christlichen Gemeinden, Martin Luther und der Reformation, Kirche im Nationalsozialismus und katholischerseits dem Zweiten Vatikanum beschäftigen.[516] Ein Grund dieser marginalen Bearbeitung kirchengeschichtlicher Themen könnte immer noch sein, dass seit den 1980er-Jahren v. a. aktuelle Themen im Religionsunterricht fokussiert werden. Ein Blick in die Lehrpläne und Schulbücher führt zu einer Bestätigung dessen. Gegenwärtig partizipieren Schüler*innen an der posttraditionellen Gesellschaft und einer gewachsenen Anzahl an Entscheidungsoptionen. Ihre Lebenswelt ist von einer Omnipräsenz digitaler Medien geprägt, die eine augenblickliche Verfügbarkeit unbegrenzter Informationen und ein Leben im „Hier und Jetzt" verbunden mit einer globalen Vernetzung garantiert.[517] Harmjan Dam hebt in diesem Zusammenhang hervor, dass die

---
515 Vgl. ausführlich Bauer, B.: Art. Geschichtskultur, kirchengeschichtsdidaktisch.
516 Vgl. Schwarz, S.: SchülerInnenperspektiven und Religionsunterricht, S. 227f.; vgl. Gläsel, K.: Zum Stand der Kirchengeschichte im Fach Katholische Religionslehre, S. 165.
517 Vgl. Zimmermann, M. u. a.: Religionspädagogik in Anforderungssituationen, S. 227.

Lebenswelten der Schüler*innen nicht mehr mit Schicksalen und Lebensentwürfen aus früheren Zeiten kompatibel erscheinen und somit ein unterrichtlicher Zugang zur christlichen Geschichte erschwert wird. Kirchengeschichtlichen Themen wird mit Skepsis und Desinteresse begegnet. Sie gelten als scheinbar verstaubte Überreste einer längst vergangenen Zeit. So formuliert Dam: „Junge Menschen zwischen 12 und 20 Jahren leben im Hier und Jetzt und sind vorrangig an sich und ihrer Peergroup interessiert. Geschichte ist „damals" und betrifft ‚andere'."[518]

Erinnerungslernen im Religionsunterricht

Das Erinnerungsgeleitete Lernen wird in einigen Fachdidaktiken als eigener didaktischer Ansatz behandelt. Wir verstehen das erinnerungsgeleitete oder anamnetische Lernen als Teilbereich der Kirchengeschichtsdidaktik mit einer spezifischen Perspektive. Insbesondere die zentrale Bedeutung des erinnerungsgeleiteten Lernens für die Thematisierung der Schoah im Religionsunterricht ist an dieser Stelle hervorzuheben, weshalb dieser Ansatz im Folgenden kurz dargestellt werden soll. Erinnerungsgeleitetes Lernen erfolgt in der Tradition der Bibel, indem die Bibel als Buch des Gedächtnisses, der Geschichte Gottes mit Israel und in Jesus Christus verstanden wird.[519] Dem Erinnern ist eine individuelle und eine kollektive Größe inhärent, die sich gegenseitig bedingen. Das Erinnerungsgeleitete Lernen geht von der zentralen Bedeutung eines kollektiven Gedächtnisses aus, das zentrale Elemente der jüdisch-christlichen Tradition lebendig hält. So Leimgruber: „Anamnetisches Lernen will Geschichte vergegenwärtigen, bedenken, um begangene Fehler zu erkennen, daraus zu lernen und zu neuem Handeln befreit zu werden."[520]

Das Erinnerungsgeleitete Lernen nimmt seinen Ausgangspunkt in der Reziprozität von Geschichte, konstituiert sich in dem Zusammenspiel von Vergangenheit, Gegenwart und Zukunft. So nimmt es „seinen Ausgangspunkt in den Fragen von heute […] und führt zu Reflexionen über die nötigen Handlungsschritte in der Zukunft."[521] Grundmethode des Erinnerungsgeleiteten Lernens ist das Erzählen sowie das Präsentieren starker Bilder der Vergangenheit.[522] Die affektive Dimension der Lernprozesse rückt in den Fokus, um über die persönliche Betroffenheit der lernenden Subjekte die Relevanz der kritischen Auseinandersetzung zu verdeutlichen. Gegenwärtige Ansätze zum Erinnerungsgeleiteten

---

518 Dam, H.: Evangelische Kirchengeschichtsdidaktik im Horizont der Praxis, S. 120.
519 Vgl. Zimmermann, M. u. a.: Religionspädagogik in Anforderungssituationen, S. 232; vgl. Boschki, R.: Art. Erinnerung/Erinnerungslernen, S. 2.
520 Leimgruber, St.: Erinnerungsgeleitetes Lernen, S. 341.
521 Mendl H.: Religionsdidaktik kompakt, S. 197.
522 Vgl. ebd.

Lernen fokussieren v. a. die Schoah.[523] Sie geben zentrale Impulse, um sensibel und angemessen das Thema Holocaust im Religionsunterricht zu thematisieren und das Gedenken an die Opfer lebendig zu halten. Dabei spielt das Erkunden von lokalen Erinnerungsorten ebenso eine Rolle wie die Auseinandersetzung mit Einzelschicksalen.

Biografisches Lernen im Religionsunterricht

Ebenso wie das Erinnerungsgeleitete Lernen wird auch das biografische Lernen in einigen Fachdidaktiken als eigener Ansatz aufgeführt. Wir betrachten jedoch auch das biografische Lernen als Teilbereich der Kirchengeschichtsdidaktik, insofern es sich auf historische Personen bezieht. Stärker gegenwartsbezogene Perspektiven wie das Lernen an Vorbildern im Sinne von „local heroes" o. ä. werden an dieser Stelle nicht berücksichtigt. Ebenso findet das biografische Lernen im Sinne einer Arbeit an der eigenen Biografie wie es Hans-Georg Ziebertz[524] und Clauß Peter Sajak[525] andenken, keine Berücksichtigung an dieser Stelle.

Zentral für kirchengeschichtsdidaktische Lernprozesse ist jedoch das Lernen an Biografien von zentralen Figuren der Kirchengeschichte, wie es Konstantin Lindner[526] und Hans Mendl ausführen. Mendl differenziert dabei das Lernen an Biografien je nach Intention zwischen Modell-Lernen, dem er das Ziel einer Werterhellung zuschreibt[527], und dem Vorbildlernen, das er eher im Bereich der Wertkommunikation zuordnet (s. V.3.4 Ethische Bildung in konfessionell kooperativer Perspektive). Die intensive Auseinandersetzung mit einer fremden Biografie kann nach Mendl folgende Kompetenzen der Schüler*innen fördern:[528]

— Fähigkeit zur Empathie und Perspektivenübernahme
— Ausbildung einer moralischen Urteilsfähigkeit
— Ausbildung moralischer Überzeugungen
— Identitätsbildung

---

523 Vgl. ausführlich Forschungsgruppe REMEMBER (Hg.): Erinnerung an den Holocaust im Religionsunterricht; vgl. Mokrosch, R. u. a. (Hg.): Antisemitismusprävention in der Grundschule durch religiöse Bildung.
524 Vgl. Ziebertz, H.-G.: Biografisches Lernen, S. 349–360.
525 Vgl. Sajak, C.- P.; von Eiff, M.- S.: Art. Biografisches Lernen.
526 Vgl. Lindner, K.: In Kirchengeschichte verstrickt.
527 Vgl. Mendl, H.: Religionsdidaktik kompakt, S. 132.
528 Vgl. Mendl, H.: Modelle - Vorbilder - Leitfiguren, S. 83.

Konfessionell kooperative Akzentuierungen nach Bernd Schröder und Jan Woppowa

In ihrem Handbuch „Theologie für den konfessionell-kooperativen Religionsunterricht" entfalten Woppowa und Schröder bereits kirchengeschichtsdidaktische Perspektiven für den konfessionell kooperativen Religionsunterricht. Dabei gehen sie von der Reformation als zentralem kirchengeschichtlichen Ereignis mit zentraler konfessionsunterscheidender Bedeutung aus. So nehmen ihre didaktischen Überlegungen ihren Ausgangspunkt in der Historisierung der Reformationszeit und ihrer Folgen. Maßgeblich sind dabei die von Norbert Köster und Heidrun Dierk formulierten Grundeinsichten, wie das Verständnis von Reformation als Rückbesinnung auf die Ursprünge des Christentums sowie das jeweilige konfessionsspezifische Traditionsverständnis, das aus der Lutherischen Kritik resultiert: das lutherische sola scriptura (allein die Schrift) gegenüber der katholischen Doppelbezogenheit auf Schrift und kirchliche Tradition. So ließen sich auch die gegenwärtigen prägnanten konfessionellen Unterschiede über die reformatorischen Anfragen an den mittelalterlichen Katholizismus wie Papstamt, Bußpraxis, Heiligenverehrung und Messopfer erschließen. Woppowa und Schröder konstatieren: Die Historisierung der Reformationszeit „leistet [...] einen Beitrag zu einer allgemeinen Kompetenz der Welt- und Wirklichkeitswahrnehmung und entsprechender Deutungen der Wirklichkeit, die immer in ihrer perspektivischen Bedingtheit anzuerkennen sind."[529] Dabei sprechen sie sich dafür aus, eine konfessionelle Differenzsensibilität aufzubauen und zu pflegen, und konfessionsvergleichend zu arbeiten.[530]

Als didaktische Lernformen beziehen sie sich auf narratives historisches Lernen und kulturhermeneutisches Lernen. Das narrative historische Lernen strukturieren sie in Anlehnung an Dam in fünf Merkmale:

1. Das erste Merkmal bildet die Wahrnehmung von historischen Prozessen im Sinne einer gewachsenen Wirklichkeit, einem „Geworden-Sein". Dabei geht es um gewachsene Strukturen und kontextgebundene geschichtliche Prozesse, die Veränderungen von Traditionen, Ritualen und Glaubensinhalten bedingen.[531]

2. Das Verstehen einer Veränderbarkeit der Wirklichkeit bildet das zweite Merkmal. Gemeint ist dabei die kontextbedingte Sicht auf die Wirklichkeit und das damit verbundene epochenspezifische Wirklichkeitsverständnis. Woppowa und Schröder empfehlen, die lineare Zeitauffassung einer epochenbewussten Geschichte mit einer zyklischen Zeitauffassung im Sinne von wiederkehrenden

---

529 Woppowa J. / Schröder, B.: Nach der Geschichte des Christentums fragen, S. 375.
530 Vgl. ebd., S. 377.
531 Vgl. ebd., S. 379.

Elementen und Ereignissen zu verbinden. Dabei beziehen sie sich konkret auf das Kirchenjahr.[532]

3. Als drittes Merkmal konstatieren sie die Zeitbedingtheit und Relativität von Werturteilen. Bezogen auf konfessionelle Konflikte geht es ihnen um eine kontextbezogene Deutung von gegenseitigen Verurteilungen. So könne historisches Bewusstsein dazu beitragen, Vorurteile abzubauen.[533]

4. Das Erkennen des Konstruktionscharakters von kirchengeschichtlichen Narrativen bildet das vierte Merkmal.

5. Das fünfte Merkmal bildet schließlich in Anlehnung an Dierk die handlungs- und produktorientierte didaktische Ausrichtung der Kirchengeschichtsdidaktik.

Das Kulturhermeneutische Lernen beziehen sie dahingehend auf konfessionell kooperative Lernprozesse, dass es ihnen darum geht, nach der „Präsenz und Relevanz von Konfessionen in und für Kultur, Gesellschaft und ihre Individuen" zu fragen.[534]

Kompetenzorientiert gedacht

Die Kirchengeschichtsdidaktik zählen wir zu den inhaltsorientierten Ansätzen, da die Auseinandersetzung mit kirchengeschichtlichen Personen, Ereignissen und Epochen im Fokus steht.
In Anlehnung an Dam[535] können drei Typen kirchengeschichtlichen Lernens für den Religionsunterricht aufgezeigt werden:

1. *Traditionserschließung*: Die Schüler*innen können zum einen das Christentum wahrnehmen und zum anderen die vom Christentum geprägte Kultur und Tradition als eine so gewordene und veränderbare Kultur wahrnehmen und in Ansätzen deuten. Kirchengeschichte wird so zur Kulturgeschichte, indem eine Erschließung der eigenen Tradition stattfindet. Im Fokus steht hier die Deutungskompetenz.

2. *Biografisch*: Die Schüler*innen setzen sich mit Personen der Kirchengeschichte und deren Lebensgeschichte auseinander. Das Interesse an biografischen Personen kann geweckt werden, wenn Menschen nicht als eindimensionale Helden glorifiziert werden, sondern in ihrer Gebrochenheit und Fehlerhaftigkeit erscheinen, sodass es in Ansätzen zu einer Möglichkeit der Identifikation kommen kann. Dabei reflektieren sie die gewonnenen Perspektiven vor dem Hintergrund ihrer Lebenswelt, sodass Kirchengeschichte im doppelten Sinn zur

---

532 Vgl. ebd.
533 Vgl. ebd., S. 380.
534 Ebd., S. 382.
535 Dam, H.: Evangelische Kirchengeschichtsdidaktik im Horizont der Praxis, S. 125f.

Biografiearbeit beiträgt: der historischen Biografie im Sinne einer Rekonstruktion und Dekonstruktion sowie der eigenen Biografie im Sinne einer Reflexion. Geschult wird hier v. a. die Reflexionskompetenz.

3. *Ethisch:* Die Schüler*innen nehmen die Fragen der Christ*innen, die in der Vergangenheit gestellt wurden, wahr und können ihr Handeln sowohl als zeitgeschichtlich bedingt wie auch als mögliche Optionen für gegenwärtige Prozesse beurteilen, sodass eine ethische Urteilskompetenz angestrebt wird. Zugleich ist hier im Sinne des Prinzips der Vermeidung einer ethischen Engführung darauf zu achten, dass historisches Handeln nicht mit gegenwärtigem Handeln gleichgesetzt werden kann und räumliche, zeitliche und kulturelle Determination der handelnden Personen beim Urteil zu berücksichtigen ist.

Mit Schröder[536] kann ein weiterer Typ aufgezeigt werden.

4. *Anamnetisch:* Die Schüler*innen kennen zentrale Elemente des kollektiven jüdisch-christlichen Gedächtnisses, können Geschichte als Erinnerung vergegenwärtigen, die begangenen Fehler erkennen und daraus lernen. Schröder konkretisiert die anamnetische Kompetenz und nimmt eine Engführung in Bezug auf die Schoah vor: Die Schüler*innen kennen die Brennpunkte der Geschichte der christlichen Judenfeindschaft, können die Gründe und Auswirkungen benennen und sich für eine Überwindung antisemitischer Feindbilder reflektiert einsetzen.[537] Im Fokus steht hier wieder die Reflexionskompetenz.

3.9.2 Der Ansatz konfessionell kooperativ gedacht

Kirchenhistorisch betrachtet lässt sich mit Blick auf die Konfessionalität von einer zeitlichen Zweiteilung der Kirchengeschichte sprechen. So ist der Beginn des Christentums mit seinen kirchlichen Entwicklungen bis zur Reformation die gemeinsame christliche Kirchengeschichte der evangelischen und der katholischen Kirche. Erst mit der Reformation beginnt auch geschichtlich die Trennung zwischen der Geschichte der evangelischen Kirche und der der katholischen Kirche. Wenn also die Kirchengeschichte nicht erst im Mittelalter mit der Reformation beginnt, gehören in den konfessionell kooperativen Religionsunterricht auch gleichermaßen Inhalte der gemeinsamen frühen christlichen Kirchengeschichte wie der konfessionsspezifischen mittleren und neuen Kirchengeschichten.

Aufgrund der Reziprozität und Perspektivgebundenheit von Geschichte blicken Protestant*innen und Katholik*innen jedoch durchaus unterschiedlich auf die frühe Kirchengeschichte und deuten ihre Relevanz für die Gegenwart konfessionsspezifisch aus. Dieser Aspekt ist v. a. insofern relevant, als die Lehrkraft im konfessionell kooperativen Religionsunterricht immer aus der Perspektive

---
536 Vgl. Schröder, B.: Religionspädagogik, S. 448f.
537 Vgl. Gojny, T. / Lenhard, H. / Zimmermann, M.: Religionspädagogik in Anforderungssituationen, S. 233.

einer konkreten Konfession auf die Geschichte blickt, was immer mit blinden Flecken einher geht. Hinzu kommt, dass die Schüler*innen selbst in der Regel kein konfessionelles Bewusstsein haben oder dieses sehr gering ausgeprägt ist, sodass die Verantwortung für konfessionsspezifische Perspektiven bei der Lehrkraft liegt. Die konfessionsspezifische Ausrichtung der Kirchengeschichtsdidaktik bezieht sich somit nicht auf den didaktischen Ansatz, sondern auf die konfessionsspezifische Kirchengeschichte als Unterrichtsgegenstand.

Bezüglich der gesellschaftlichen Relevanz der Kirchengeschichtsdidaktik lassen sich kulturhermeneutische Gründe ebenso anführen wie die anamnetische Begründung mit dem Anliegen, aus der Geschichte zu lernen und die Erinnerung an sogenannte Brennpunkte der Geschichte wachzuhalten und aus ihnen zu lernen. Eng damit verbunden ist die ethische Dimension kirchengeschichtsdidaktischer Lernprozesse sowie das Einüben einer Multiperspektivität.

In unserer Darstellung der Kirchengeschichtsdidaktik für den konfessionell kooperativen Religionsunterricht folgen wir den Prinzipien nach Mendl und Lindner (s. o.). Schwerpunkt unserer didaktischen Überlegungen bilden jedoch die Prinzipien der Reziprozität und Multiperspektivität. Die anderen Prinzipien verorten wir auf der methodischen Ebene oder sehen sie als Teildimensionen der beiden zentralen Prinzipien an. Die Grundlage unseres Ansatzes bildet ein konstruktivistisches Grundverständnis von Geschichte und Kirchengeschichte in Anlehnung an Dierk. Im Sinne einer korrelativen Subjektorientierung ist das Ziel von kirchengeschichtsdidaktischem konfessionell kooperativem Religionsunterricht die Initiierung einer produktiven Wechselbeziehung von Subjekt und Quelle bzw. Zeugnis im Sinne der Bewusstwerdung der Reziprozität von Geschichte und Gegenwart. Die Schüler*innen als deutende Subjekte blicken mit ihrer jeweiligen Perspektivgebundenheit, die geprägt ist durch ihren jeweiligen soziokulturellen Kontext und ihre individuelle Biografie, auf das konkrete kirchengeschichtliche Zeugnis bzw. die Quelle und deuten diese. Die subjektive Deutung ist dabei stets geprägt von der individuellen Perspektive des deutenden Subjekts und somit ebenso Konstruktion wie Projektion.

Das kirchengeschichtliche Zeugnis wird von der Lehrkraft in den Unterricht eingebracht. Dabei ist darauf zu achten, dass gleichermaßen katholische wie evangelische Perspektiven eingebracht werden, gemäß dem Prinzip der Multiperspektivität auch Perspektiven marginalisierter Gruppen zur Sprache kommen und der jeweilige kulturhistorische Hintergrund den Lernenden zugänglich gemacht wird. Bei der Quellenarbeit ist zudem darauf zu achten, dass Deutungshilfen angeboten werden, die verschiedene konfessionsspezifische Deutungen ermöglichen. Dabei können sowohl irritierende, kontroverse Deutungen im Sinne der Konfrontation eingebracht werden als auch konsensfähige Deutungsangebote.

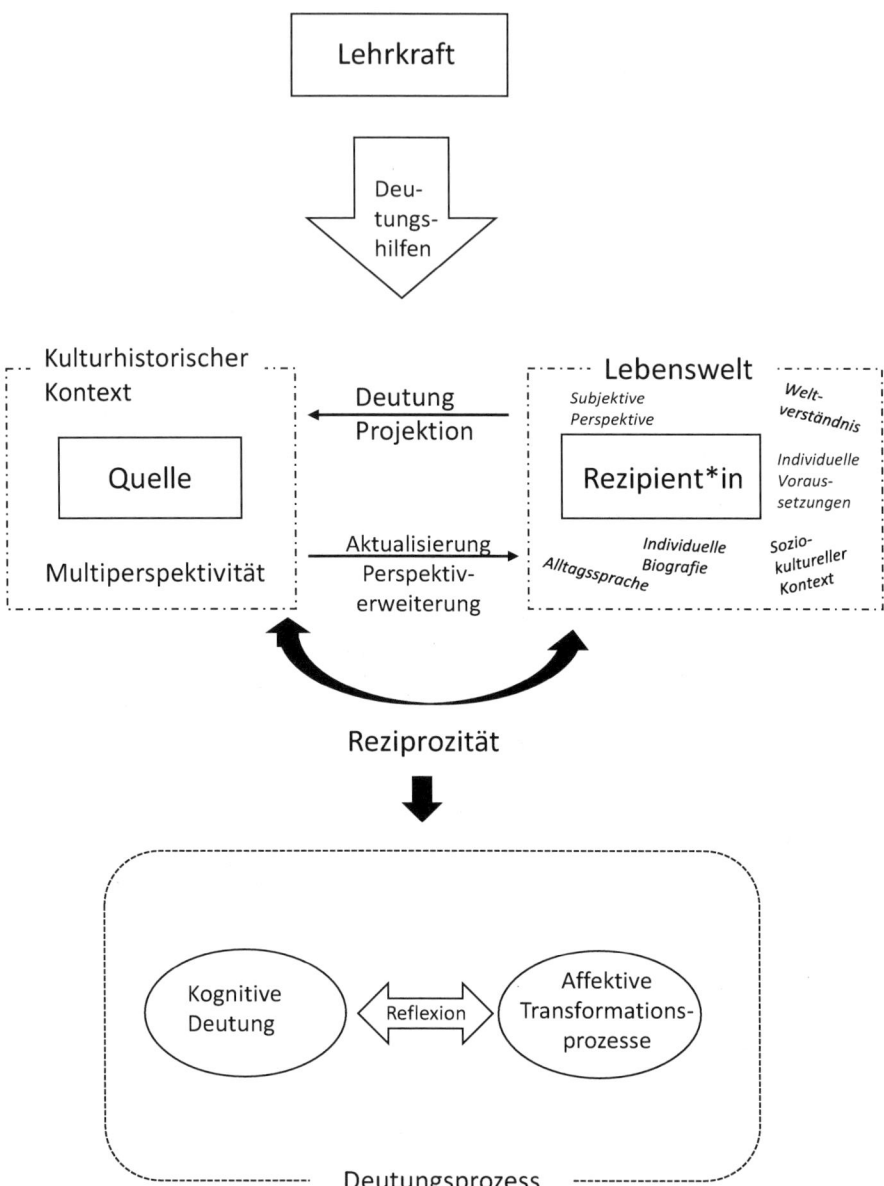

Abb. 13: Kirchengeschichtsdidaktik in konfessionell kooperativer Perspektive

Die diskursive Auseinandersetzung mit den Zeugnissen und Quellen führt bei gelingendem Lernarrangement im Sinne der Reziprozität zu einer Perspektiverweiterung bei den Lernenden und bildet die Basis für die Aktualisierung der historischen Erkenntnisse. Den Schritt der Aktualisierung können die Lernenden jedoch nicht allein gehen, sondern bedürfen einer korrelativen Anleitung. Je nach gewählter Quelle und didaktischem Zugang ist die Auseinandersetzung mit dem kirchengeschichtlichen Zeugnis geprägt von affektiven und/oder kognitiven Lernprozessen. Die selbstständige Bearbeitung der Quellen und Zeugnisse ist in der Regel handlungsorientiert angelegt.[538] Die perspektivgebundene Deutung fordert die Schüler*innen zur Positionierung heraus. Die gelungene Aktualisierung der geschichtlichen Erkenntnisse kann religiöse oder ethische Orientierung bieten.

3.9.3 Didaktische Konkretion und Methodik

Gemäß dem Prinzip der Quellenbasierung steht die Wahl einer oder mehrerer geeigneter Quellen am Anfang aller didaktischen Überlegungen. Bei der Wahl der Quelle ist darauf zu achten, dass im Laufe der Reihe verschiedene Perspektiven auf ein geschichtliches Ereignis angeboten werden, um der Multiperspektivität und Uneindeutigkeit von Geschichte Rechnung zu tragen. Der zweite Schritt ist die Frage nach der Aufbereitung der Quelle. Muss sie gekürzt werden? Muss sie durch einen Begleittext oder eine informative Einführung kontextualisiert werden? Ist das originale Schriftbild für die Schüler*innen zu entziffern?

In einem dritten Schritt geht es um die Formulierung einer geeigneten Aufgabenstellung. So sollten die Schüler*innen die Quelle nach einer konkreten Fragestellung im Sinne des forschenden Lernens bearbeiten. Schließlich ist danach zu fragen, welche Bedeutung die Auseinandersetzung mit der Quelle für die Schüler*innen heute hat.

Alternativ zur Arbeit mit Quellen lassen sich auch bestimmte Ereignisse oder Personen in den Mittelpunkt stellen. Nach der Idee des biografischen Lernens können verschiedene Darstellungen einer kirchengeschichtlich bedeutsamen Person miteinander verglichen werden, die Person in ihren zeitgeschichtlichen Kontext eingeordnet werden oder in einem kreativen Prozess ein eigenes Bild der Person durch die Schüler*innen konstruiert werden. Je nach Alter der Schüler*innen eignen sich Kinderbücher und Comics oder historische Jugendromane und Sachtexte, aber auch Darstellungen aus der Kunst oder den Medien. Alternativ kann auch angeleitet im Internet oder der Bibliothek recherchiert werden. Als kreative Zugänge eignen sich die Erstellung eines Erklärvideos über die Person in ihrer Zeit, die Erstellung eines Social Media Profils, Produkte von kreativen Schreibprozessen oder gestalterische Prozesse.

---

538 Vgl. Mendl, H.: Religionsdidaktik kompakt, S. 119.

Ist das Prinzip der Lokalisierung leitend, lassen sich außerschulische Lernorte der Umgebung aufsuchen, um sich mit einem Ereignis oder einer Person und der lokalen Bedeutung auseinanderzusetzen. Dabei kann es sich um bereits aufbereitete Lernorte handeln, wie ein Museum, eine Gedenkstätte oder um Orte, über die es Erkundigungen einzuholen gilt, wie Stolpersteine, historische Gebäude oder geschichtsträchtige Orte, oder um Personen. Wichtig ist hier wieder, sich der Begrenztheit der eigenen konfessionellen Perspektive bewusst zu sein und bewusst andere konfessionelle Perspektiven in den Planungs- und Gestaltungsprozess einzubeziehen.

3.9.4 Potenziale und Herausforderungen

Obwohl die Kirchengeschichte zu den unliebsamen Inhaltsbereichen des Religionsunterrichts zählt, liegt in ihr ein großes Potenzial gerade für den konfessionell kooperativen Religionsunterricht. Wird das Prinzip der Reziprozität beachtet und im Sinne der korrelativen Subjektorientierung umgesetzt, entstehen aus der Beschäftigung mit der Geschichte zentrale Erkenntnisse, die auch für die Gegenwart und das Leben der Schüler*innen von zentraler Bedeutung sind. Besondere Herausforderung ist dabei die Sicherstellung der Multiperspektivität, insbesondere die Sensibilität für die eigene konfessionelle Brille auf Kirchengeschichte und die Sensibilisierung und Öffnung für andere Perspektiven.

Folgende Anforderungen an die Lehrkraft lassen sich identifizieren:
- Reflexion der eigenen konfessionellen Perspektivgebundenheit und Bewusstwerdung von blinden Flecken
- der Geschichtsperspektive der jeweils anderen Konfession gerecht zu werden
- Transparenz schaffen für konfessionsspezifische Perspektiven
- Mehrdeutigkeiten zulassen
- Umsetzung einer adäquaten Multiperspektivität
- Auswahl von altersgerechten und geschichtsgerechten Quellen
- Vermeidung ethischer Engführung

3.10 Interreligiöses Lernen in konfessionell kooperativer Perspektive

„Interreligiosität gehört nicht in den konfessionell kooperativen Religionsunterricht. Es sind zwei unterschiedliche Ansätze", so eine Fachseminarleiterin im Rahmen einer Fortbildung zum konfessionell kooperativen Religionsunterricht. Laut der Aussage der Fachseminarleiterin scheinen Interreligiosität und konfessionelle Kooperation einander auszuschließen. Doch würde das nicht das Ende der konfessionellen Kooperation bedeuten? Lässt sich religiöse Bildung angesichts einer zunehmend religiös pluralen Gesellschaft überhaupt noch rein christlich denken oder muss die interreligiöse Perspektive nicht immer schon mitgedacht werden? Was würde das für einen zukunftsfähigen konfessionell kooperativen Religionsunterricht bedeuten? Welchen Stellenwert kann und sollte interreligiöse Bildung im konfessionell kooperativen Religionsunterricht einnehmen? Gesellschaftlich steht es außer Frage, dass die Beschäftigung mit interreligiösen Fragestellungen notwendig ist und ein religionspädagogisches Forschungsfeld darstellt. Somit lässt sich religiöse Bildung in der Schule kaum ohne interreligiöse Perspektiven denken. Ist damit der konfessionell kooperative Religionsunterricht überholt? Schließen sich konfessionelle Kooperation und interreligiöse Lernprozesse tatsächlich aus? Anderseits sind interreligiöse Perspektiven bereits seit Jahrzehnten in unterschiedlicher Schwerpunktsetzung in den Bildungsplänen und Kerncurricula der Länder fest verankert. Warum sollte ein konfessionell kooperativer Religionsunterricht dieses Feld nicht bespielen können, wo doch ein konfessionsgebundener Religionsunterricht dies seit Jahren praktiziert? Müsste die Frage nicht viel eher lauten: „Wie lässt sich interreligiöse Bildung im konfessionell kooperativen Religionsunterricht denken?"

3.10.1 Ausgangspunkt und Eigenlogik des Ansatzes

„Interreligiöses Lernen" ist das Produkt eines Paradigmenwechsels innerhalb der Religionspädagogik der 1990er-Jahre, der den Fokus der Lernprozesse angesichts der religiösen Vielfalt vom Lernen über (fremde) Religionen zum Lernen in Interaktion zwischen Angehörigen verschiedener Religionen verschiebt.[539]

Doch die Thematisierung nicht-christlicher Religionen im Unterricht reicht bis ins 17. Jahrhundert zurück. Johann Amos Comenius hat bereits in seinem Schulbuch „Orbis sensualium pictus" (Die sichtbare Welt in Bildern) u. a. das Judentum und den Islam thematisiert. Im Religionsunterricht wird seit den 1960er-Jahren über nicht-christliche Religionen informiert. Ausgeweitet wurde der Umgang mit der Bearbeitung interreligiöser Themen seit den 1970er-Jahren. Die in diesem Zeitraum entwickelte Weltreligionendidaktik, die als Vorläuferin des interreligiösen Lernens gilt, wurde als Reaktion auf das Ende der kolonialen Weltordnung und die Öffnung der katholischen und evangelischen Kirche gegenüber anderen Religionen in den 1960er-Jahren im Rahmen des Zweiten Vatikanums und dem Ökumenischen Rat der Kirchen entwickelt.[540] Evangelischerseits prägte Udo Tworuschka in den 1980er-Jahren die Didaktik der Weltreligionen über vergleichende religionswissenschaftliche Zugänge, die v. a. religionskundlich ausgerichtet waren.[541] Der Begriff der Weltreligionen betont das

---
539 Vgl. Nipkow, K. E.: Ziele interreligiösen Lernens als mehrdimensionales Problem, S. 362.
540 Vgl. Sajak, C. P.: Interreligiöses Lernen, S. 53.
541 Vgl. ebd. S. 53.

Gemeinsame des Christentums mit anderen Religionen.[542] Lähnemann entwickelte die Weltreligionendidaktik weiter und fokussiert neben Sachinformationen über die jeweilige Lehre, Traditionen und Rituale das Anliegen, „einen Beitrag zur Sinn- und Identitätssuche der jungen Menschen sowie zum Dialog zwischen Religionen und so zum Religionsfrieden [...] leisten."[543] Ziel Lähnemanns ist es, „die Schüler für eine Situation der Begegnung auszurüsten, die nicht von Vorurteilsbarrieren belastet ist, in der vielmehr ein Hören aufeinander und ein Lernen voneinander möglich wird, das zur Entgrenzung und Bereicherung der Lebenshorizonte auf beiden Seiten führt."[544]

Katholischerseits ist in diesem Zeitraum v. a. Werner Trutwin zu nennen, der mit seinen Schulbüchern der 80er und 90er-Jahre den Blick für „fremde Religionen" weitete.[545] In den 90er-Jahren leistete Stefan Leimgruber einen zentralen Beitrag zum interreligiösen Lernen, der die Glaubensperspektive auf Ebene der Subjekte im Sinne eines wechselseitigen Verstehens von eigenem und fremden Glauben verortete. So ging es bei ihm verstärkt um die eigene religiöse Verortung der Schüler*innen gerade angesichts von Pluralität, und das interreligiöse Lernen wurde als wichtiger Beitrag zur Identitätsentwicklung der Schüler*innen gesehen.[546] „Die Verortung interreligiösen Lernens unter besonderer Beachtung gerade der theologischen Unterschiede ist ein zentrales Anliegen des seit 2007 reflektierten Ansatzes von Monika Tautz, mit dem Religionen als je eigene Systeme von Weltdeutung erkennbar werden."[547]

Im gegenwärtigen Diskurs wird Interreligiöses Lernen als ein Baustein im Kontext des gesellschaftlichen Diversitätsdiskurses bzw. des schulischen Umgangs mit Heterogenität verortet.[548] So geht es gegenwärtig verstärkt um die Entwicklung einer interreligiösen Kompetenz, welche Schüler*innen gegenüber einer religionspluralen Gesellschaft dazu „befähigt, in Fragen von Religion und Glaube angemessen wahrzunehmen, zu urteilen und zu handeln."[549] Diese Akzentverschiebung ergibt sich v. a. durch die Säkularisierung der Gesellschaft und der damit verbundenen wachsenden Zahl an konfessionslosen Schüler*innen.[550]

---

542 Vgl. Lähnemann, J.: Weltreligionen im Unterricht. Eine theologische Didaktik für Schule, Hochschule und Gemeinde. Teil I: Fernöstliche Religionen; vgl. Lähnemann, J.: Weltreligionen im Unterricht. Eine theologische Didaktik für Schule, Hochschule und Gemeinde. Teil II: Islam.
543 Grethlein, C.: Interreligiöse Themen, S. 405.
544 Lähnemann, J.: Weltreligionen im Unterricht, S. 163.
545 Vgl. Sajak, C. P.: Interreligiöses Lernen, S. 55.
546 Vgl. Leimgruber, S.: Katholische Perspektiven zum interreligiösen Lernen, S. 128.; Baumert, B.: Interkulturelles Begegnungslernen als Voraussetzung für interreligiöse Lernprozesse, S. 564.
547 Meyer, K. / Tautz, M.: Art. Interreligiöses Lernen, S. 4.
548 Vgl. Sajak, C. P.: Interreligiöses Lernen, S. 9.
549 Sajak, C. P.: Interreligiöses Lernen, S. 21.
550 Vgl. Baumert, B.: Interkulturelles Begegnungslernen, S. 564.

Ein aktueller Ansatz des interreligiösen Lernens bildet das Repräsentationslernen oder Zeugnislernen. Bei dieser Form der interreligiösen Didaktik geht es um die existentielle Auseinandersetzung mit (fremden) Religionen anhand eines religiösen Zeugnisses mit repräsentativem Charakter. Diese Form des interreligiösen Lernens geht auf Meyer evangelischerseits bzw. Clauß Peter Sajak katholischerseits zurück. Beide beziehen sich auf den religionspädagogischen Ansatz der britischen Forscher John Hull und Michael Grimmitt „A Gift to a Child".[551] Ausgangspunkt ist dabei das Zeugnis, „das Heilige" einer (fremden) Religion, dass in den Unterricht eingespielt wird und somit neben der kognitiven Konfrontation auch bewusst die affektive Ebene über die transzendentale Implikation einspeist. Meyer spricht in diesem Kontext von einer „Unterrichtskonzeption, die das Außen, in dem die SchülerInnen und Lehrer ja zunächst stehen, explizit aufnimmt und doch zugleich in den einzelnen Punkten mit dem fremden Bezugssystem in Beziehung setzt und zu einer inneren Auseinandersetzung herausfordert. Grenzen können bewusst gemacht werden und zugleich können z. B. Geschichten erzählt werden, in die sich Schülerinnen und Schüler verwickeln lassen und durch die sie innerlich beteiligt werden"[552]. Sajak greift die Perspektive Meyers auf, setzt jedoch den Akzent stärker bei der existentiellen Auseinandersetzung mit dem „Zeugnis" und geht im Kontext des interreligiösen Lernens von einem trialogischen Lernen aus: „Wahrnehmung ohne Aneignung, Anerkennung der Differenz, Verstehen des Fremden"[553]. „Damit kann im Religionsunterricht ein interreligiöser Lernprozess angeleitet werden, in dem die Schülerinnen und Schüler nicht nur äußerlich der fremden Religion begegnen, sondern in dem sie das Denken und Erleben von Menschen aus anderen religiösen Traditionen wirklich verstehen lernen"[554]. Sajak verbindet so das interreligiöse Lernen bewusst mit intrareligiösen Lernprozessen. Dadurch wird die fremde Religion zum „Mitkonstituent der religiösen Identität"[555].

Eine andere Form des interreligiösen Lernens ist das Begegnungslernen oder dialogische Lernen. Im Fokus des Begegnungslernens steht der interpersonale Austausch zweier oder mehrerer Subjekte, die Anerkennung von Verschiedenheit und Gemeinsamkeit. Ziel ist es, dass durch gelingende Begegnungen ein Perspektivwechsel ermöglicht wird, der die eigene Haltung reflektiert, Teilhabe ermöglicht und die Akzeptanz von kultureller, religiöser, konfessioneller und weltanschaulicher Vielfalt fördert. Es geht explizit um eine elementare intersubjektive Begegnung, die von Anerkennung und Offenheit geprägt ist[556]. Prominente Vertreter*innen des Begegnungslernens sind evangelischerseits Thorsten

---

551 Vgl. Sajak, C. P.: Interreligiöses Lernen, S. 62.
552 Meyer, K.: Zeugnisse fremder Religionen im Unterricht, S. 272f.
553 Meyer, K./ Tautz, M.: Art. Interreligiöses Lernen, S. 9.
554 Vgl. Sajak, C. P.: Interreligiöses Lernen, S.62.
555 Sajak, C. P.: Interreligiöses Lernen im schulischen Religionsunterricht, S. 227.
556 Vgl. Knauth, T: Art. Dialogischer Religionsunterricht, S.7

Knauth mit seinem dialogischen Lernen, und katholischerseits Stefan Leimgruber.

Ebenfalls zu nennen ist der sogenannte trialogische Ansatz, der eine Engführung des Dialogs auf die drei abrahamitischen Religionen vornimmt und einen Austausch zwischen Christentum, Islam und Judentum fördern will. Zentraler Vertreter dieses Ansatzes ist Georg Langenhorst.[557]

Karlo Meyer strukturiert die verschiedenen Formen interreligiöser Lernprozesse anhand des intendierten Schüler*innenhandelns und formuliert vier Akzentsetzungen: 1. ein auf religionswissenschaftliches Vorgehen und Verstehen zielender Unterricht, 2. ein existentielles, dialogisches Durchdenken von Impulsen anderer religiöser Vorstellungen, 3. das Klären von mehr oder minder schwierigen Überschneidungssituationen und damit verbunden auch das Klären von alltagspraktischen Herangehensweisen an fremdes Religiöses, und 4. gesellschaftliches Engagement in Sachen Religionsdialog.[558]

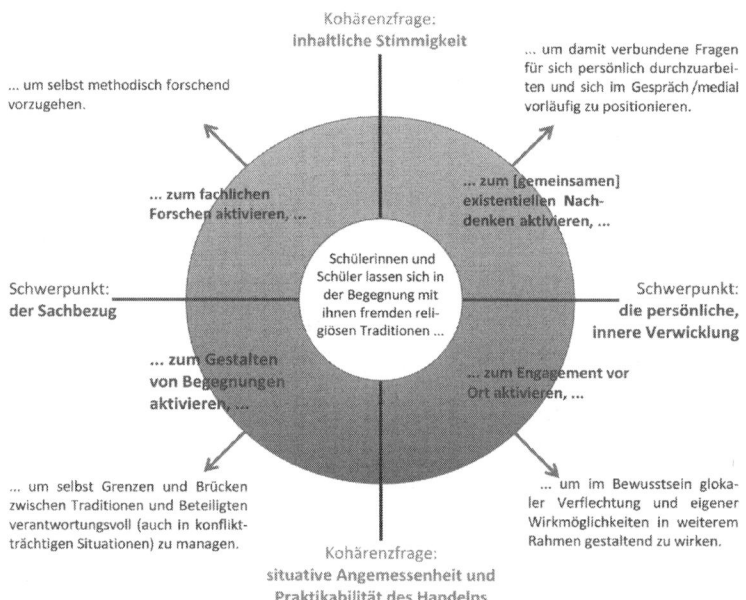

Abb. 14: Karlo Meyer: Die vier Religionserschließungsmodi[559]

Daran anknüpfend formuliert er vier Religionserschließungsmodi (fachlich forschen, gemeinsam nachdenken, gestalten und begegnen, sich engagieren),

---

557 Vgl. Langenhorst, G.: Interreligiöses Lernen in Synagoge, Kirche und Moschee, S. 33ff.
558 Meyer personalisiert als Lernen im Blick auf das Ideal der religionswissenschaftlichen Forscherin, des existentiellen Denkers, des Brückenmanagers und der globalen Akteurin. Vgl. Meyer, K.: Grundlagen interreligiösen Lernens, S. 189.
559 © Karlo Meyer, Grundlagen interreligiösen Lernens, V & R, Göttingen 2019, S. 178.

die er über zwei Schwerpunktsetzungen (Sachbezug und persönliche Verwicklung) und zwei Kohärenzfragen (Inhaltliche Stimmigkeit und situative Angemessenheit) als diametral gegenüberstehende Pole als Matrix entfaltet:

3.10.2 Der Ansatz konfessionell kooperativ gedacht

Der konfessionell kooperative Religionsunterricht schafft im Idealfall Grundlagen für konstruktive konfessionelle wie auch interreligiöse Kommunikationsprozesse, indem er religiöse und konfessionelle Vielfalt in ihrer jeweiligen Dynamik aufnimmt und zum Gegenstand des Religionsunterrichts macht.[560] Damit dies ermöglich wird, ist interreligiöse Bildung im konfessionell kooperativen Religionsunterricht in drei Stufen zu denken: 1. Religionstheologisches Lernen, 2. Repräsentationslernen, 3. Begegnungslernen. Diese Stufen verstehen sich als Dreischritt des interreligiösen Lernens im konfessionell kooperativen Religionsunterricht, die jeweils unterschiedliche Perspektiven auf Religionspluralität und -heterogenität einspielen und didaktisch aufeinander aufbauen. Sowohl die Perspektivwechsel als auch der jeweilige Kompetenzerwerb sind kumulativ zu denken. Bezogen auf das konkrete Unterrichtsgeschehen sind diese Stufen als eine Art Spiralcurriculum zu denken, indem sie sich aufeinander aufbauend zu verschiedenen Inhaltsbereichen wiederholen lassen und somit zu einem kontinuierlichen Kompetenzzuwachs auf verschiedenen Ebenen (kognitiv, affektiv, aktional) beitragen. Kategorisch knüpfen wir an die von Karlo Meyer formulierte Matrix zum interreligiösen Lernen an, indem wir explizit Bezug zu den von ihm formulierten Akzentsetzungen und Religionserschließungsmodi nehmen.[561] Inhaltlich nehmen wir an dieser Stelle Bezug auf die in Kapitel IV.6 formulierten Maximen für einen zukunftsfähigen konfessionell kooperativen Religionsunterricht.

---

560 Vgl. Meyer, K: Grundlagen interreligiösen Lernens, S. 18f.
561 Vgl. Meyer, K./ Tautz, M.: Art. Interreligiöses Lernen, S. 4.

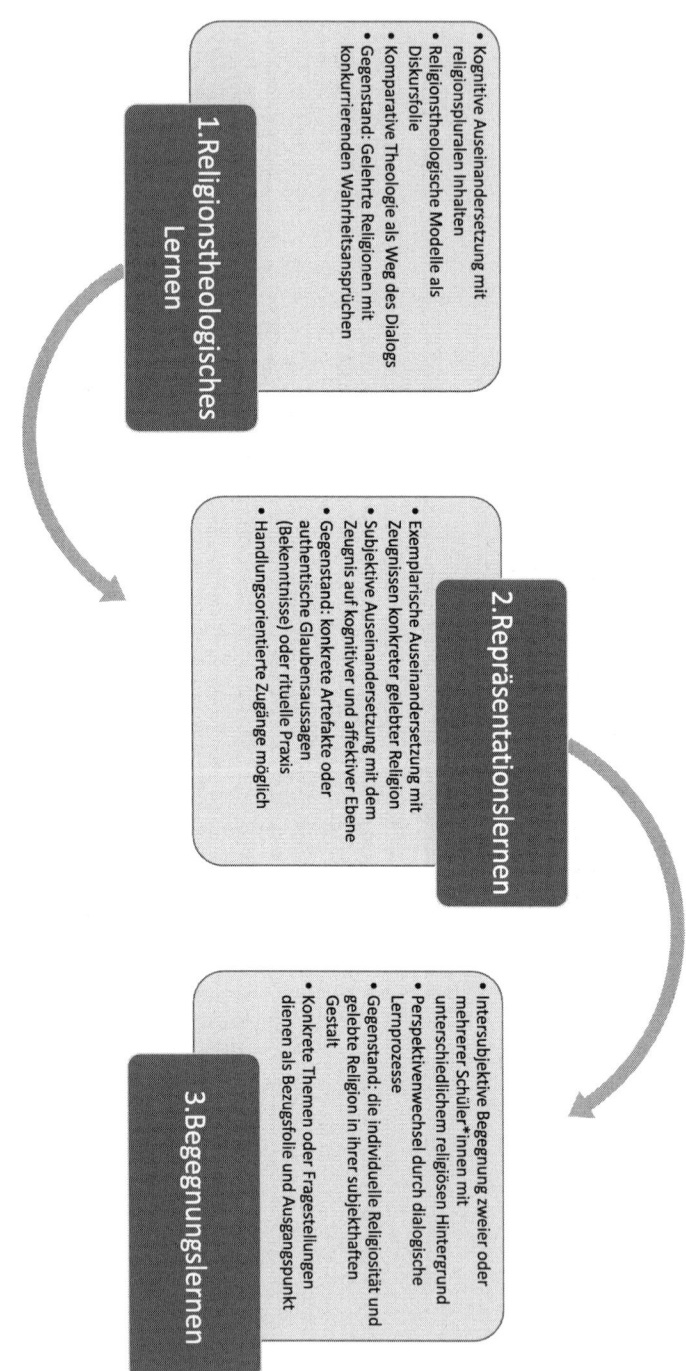

Abb. 15: Schaubild interreligiöse Bildung in drei Ebenen

Schritt 1: Religionstheologisches Lernen

Beim religionstheologischen Lernen wird die Religion zum Gegenstand des Unterrichts. Dabei wird zunächst eine Metaperspektive eingenommen. Die Pluralität von Religionen und die damit verbundene Pluralität von religiöser Praxis und mitunter konkurrierenden religiösen Wahrheiten werden thematisiert und reflektiert. Die kognitive Auseinandersetzung mit religionspluralen Inhalten erfolgt wiederum aus einer christlich-theologischen Binnenperspektive, die durch die Lehrkraft eingespielt und von den Schülerinnen und Schülern reflektiert und aufgegriffen, adaptiert oder abgelehnt werden kann. Die klassischen religionstheologischen Modelle können als Diskursfolie dienen. Das Gegenmodell der komparativen Theologie, die quer zum religionstheologischen Diskurs steht, kann ebenfalls als Weg des interreligiösen Dialogs eingespielt werden.

Konkret bedeutet das, im Religionsunterricht die Frage zu stellen, wie mit konkurrierenden Wahrheitsansprüchen der verschiedenen Religionen umzugehen ist. Die religionstheologischen Modelle (Exklusivismus, Inklusivismus, Pluralismus) bieten hier jeweils verschiedene Lösungsmöglichkeiten an, die jedoch ihrerseits wiederum Probleme aufwerfen, wie religiösen Fundamentalismus und Abwertung anderer Religionen, Vereinnahmung fremder Religionen, Relativierung religiöser Wahrheitsansprüche und Beliebigkeit. Die komparative Theologie verschiebt die Wahrheitsfrage auf jeweilige Einzelfragen im interreligiösen Diskurs und strebt somit einen produktiven Dialog über die Wahrheitsfrage an, ohne zu einem grundsätzlichen Urteil über eine Religion zu gelangen.[562]

Im Sinne Michael Wermkes erfolgt somit die Verbindung einer tendenziell religionskundlichen Einführung in die Religion und einer bekenntnisorientierten Reflexion über Religion.[563] Dabei plädiert er für einen engen Bezug zwischen Wissensvermittlung sowie Verstehens-, Reflexions- und Aneignungsprozessen.

Bezogen auf die von Meyer formulierten Akzentsetzungen knüpfen wir an dieser Stelle explizit an den auf religionswissenschaftliches Vorgehen und Verstehen zielenden Unterricht (1) sowie an das Klären von Überschneidungssituationen bzw. alltagspraktischen Herangehensweisen an Fremd-Religiöses (3) an. Der Schwerpunkt liegt nach Meyer auf dem Sachbezug, der sich auf der Achse von inhaltlicher Stimmigkeit und situativer Angemessenheit des Handelns bewegt.[564]

---

562 Vgl. Baumert, B.: All Inclusive?, S. 51–68.
563 Vgl. Wermke, M.: Die Pädagogischen Akademien in Preußen zwischen 1926 und 1933 als Beitrag zur Professionalisierung der Religionslehrerbildung, S. 99–124.
564 Meyer, K. / Tautz, M.: Art. Interreligiöses Lernen, S. 4.

208 Religionsdidaktische Konzeptionen

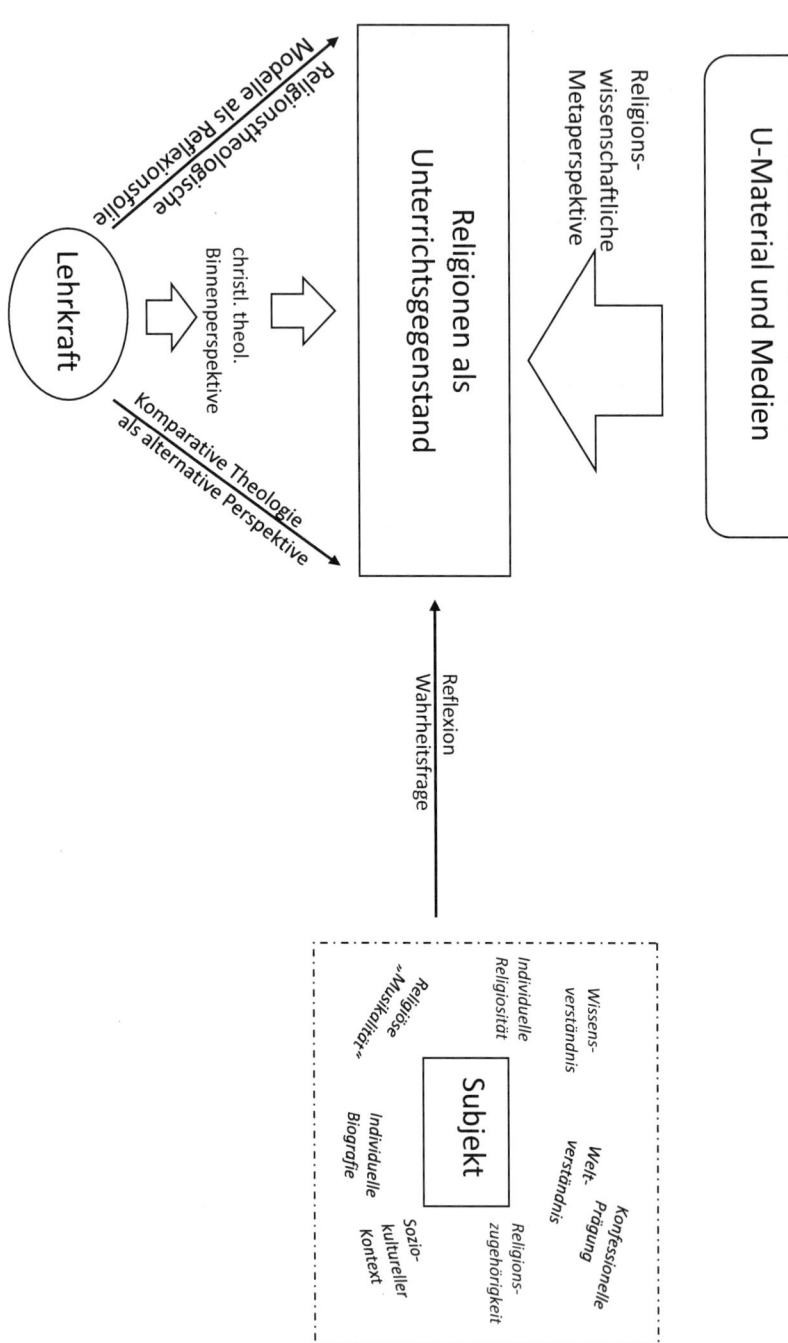

Abb. 16: Schaubild Religionstheologisches Lernen

Dabei setzen wir jedoch bewusst einen religionstheologischen statt religionskundlichen Zugang entgegen, um dem Risiko, durch eine implizit agnostische Sichtweise religiöse Phänomene abzuwerten, vorzubeugen. Denn eine Ausblendung der Wahrheitsfrage im Sinne einer Konfliktvermeidung stellt keine befriedigende Lösung dar, da diese ein essenzieller Bestandteil von Religion ist und unterschwellig immer mitschwingt. Vor dem Hintergrund einer religiösen und weltanschaulichen Vielfalt wird eine Positionierung der Schüler*innen bezüglich religiöser und weltanschaulicher Fragestellungen gefordert und zum Gegenstand des Religionsunterrichts.[565] Somit erfolgt die Förderung der Identitätsbildung in diesem Schritt über die Erörterung der Wahrheitsfrage in Auseinandersetzung mit der Religionspluralität. Zugleich wird eine Verortung des Subjekts zwischen Theologie und Lebenswelt ermöglicht. Im Sinne der Pluralitätssensibilität ist an dieser Stelle darauf zu achten, allen Schüler*innen einen subjektiven Zugang zur Auseinandersetzung mit den Religionen und der Wahrheitsfrage zu ermöglichen. Ausgangspunkt bildet auch hier die Kontingenz religiöser Wahrheiten.

Nichtsdestotrotz bewegen wir uns an dieser Stelle lediglich auf der ersten von drei Stufen im interreligiösen Lernen. Es erfolgt hier lediglich eine Auseinandersetzung mit Religionen, wobei die Religionspluralität und Religionen als bestehende konstante und kohärente Entitäten präsentiert werden, und die gelebten Religiositäten in ihrer Heterogenität mit all ihrer Partikularität, Fragilität und ihren situativen Begrenztheiten sowie subjektiven Verwirklichungsformen nicht in den Blick genommen werden.

Schritt 2: Repräsentationslernen

Beim Repräsentationslernen geht es wie zuvor beschrieben um die existentielle Auseinandersetzung mit (fremden) Religionen anhand eines religiösen Zeugnisses mit repräsentativem Charakter. Im Unterschied zum religionstheologischen Lernen wird nicht die gelehrte, sondern die gelebte Religion in den Blick genommen. Die eingespielten Zeugnisse haben daher keinen Anspruch auf Vollständigkeit oder Allgemeingültigkeit, sondern lassen sich viel mehr als ein Heranzoomen an authentische Glaubenszeugnisse verstehen. Es geht darum, die jeweils gelebte Religion in ihrer Fragmentarität, Fragilität, Partikularität und Situativität abzubilden. Bei dem eingespielten Zeugnis kann es sich sowohl um ein Artefakt der religiösen Praxis als auch um ein menschliches Zeugnis handeln. Voraussetzung ist auch hier wieder die Kontingenz als Ausgangspunkt der religiösen Auseinandersetzung.
Bezogen auf die von Meyer formulierten Akzentsetzungen befinden wir uns an dieser Stelle v. a. auf Ebene des existentiellen, dialogischen Durchdenkens von

---

565 Vgl. Kürzinger, K.: Religionsunterricht oder Religionskunde?, S. 40.

Impulsen anderer religiöser Vorstellungen (im Blick auf eigene, persönliche Positionen). Dabei bewegen wir uns auf der vertikalen Achse seiner Religionserschließungsmodi zwischen inhaltlicher Stimmigkeit und situativer Angemessenheit.[566]

Die existentielle Auseinandersetzung mit diesem religiösen Zeugnis erfolgt in einem konfessionell kooperativen Religionsunterricht in einer heterogenen Lerngruppe, die von pluralen religiösen und weltanschaulichen Perspektiven geprägt ist. Das (fremd-)religiöse Zeugnis als Gegenstand und Bezugsfolie der subjektiven Auseinandersetzung mit Religiosität erfolgt dementsprechend mehrperspektivisch und kann durch dialogische Lernprozesse angeleitet werden. So wird nicht nur das durch die Lehrkraft eingespielte exemplarische Zeugnis zum Mitkonstituent der eigenen Religiosität, sondern immer auch die im Diskurs offenbar werdenden Perspektiven individueller Religiosität und Nicht-Religiosität der Mitschüler*innen. Demzufolge findet eine Begegnung zwischen Vertrautem und Fremden statt, sodass der Dialog sich mehrperspektivisch zusammensetzt und so gemeinsam durch integrative Lernprozesse des Eigenen und Fremden entdeckt wird.[567] Anders als beim Begegnungslernen stehen hier (noch) nicht die Subjekte mit ihrer Weltanschauung selbst im Fokus, sondern die diskursive und subjektive Auseinandersetzung mit dem „Zeugnis".

Geprägt wird die Auseinandersetzung immer auch in Konfrontation mit der christlich-theologischen Binnenperspektive, die ebenfalls durch die Lehrkraft eingespielt und im religionstheologischen Teil fokussiert wird. Somit erfolgt auch hier eine Verortung zwischen Theologie und Lebenswelt.

Identitätsbildung im Sinne einer Bearbeitung der eigenen religiösen Teilidentität erfolgt sowohl im intrasubjektiven Dialog mit dem Zeugnis als auch im intersubjektiven Dialog über das Zeugnis zur Ausbildung einer konfessionsbezogenen Ich-Identität. Im Fokus steht dabei die individuelle Suche nach einem persönlichen und (nicht-) religiösen Standpunkt, der sowohl in Auseinandersetzung mit einer bzw. zwei konkreten Konfession/en ausgebildet wird und beim interreligiösen Lernen durch Fremdreligionen als Mitkonstituent geprägt wird.

---

566 Vgl. Meyer, K. / Tautz, M,: Art. Interreligiöses Lernen, S. 4.
567 Vgl. Knauth, T.: Art. Dialogischer Religionsunterricht, S. 5.

Religionsdidaktische Ansätze 211

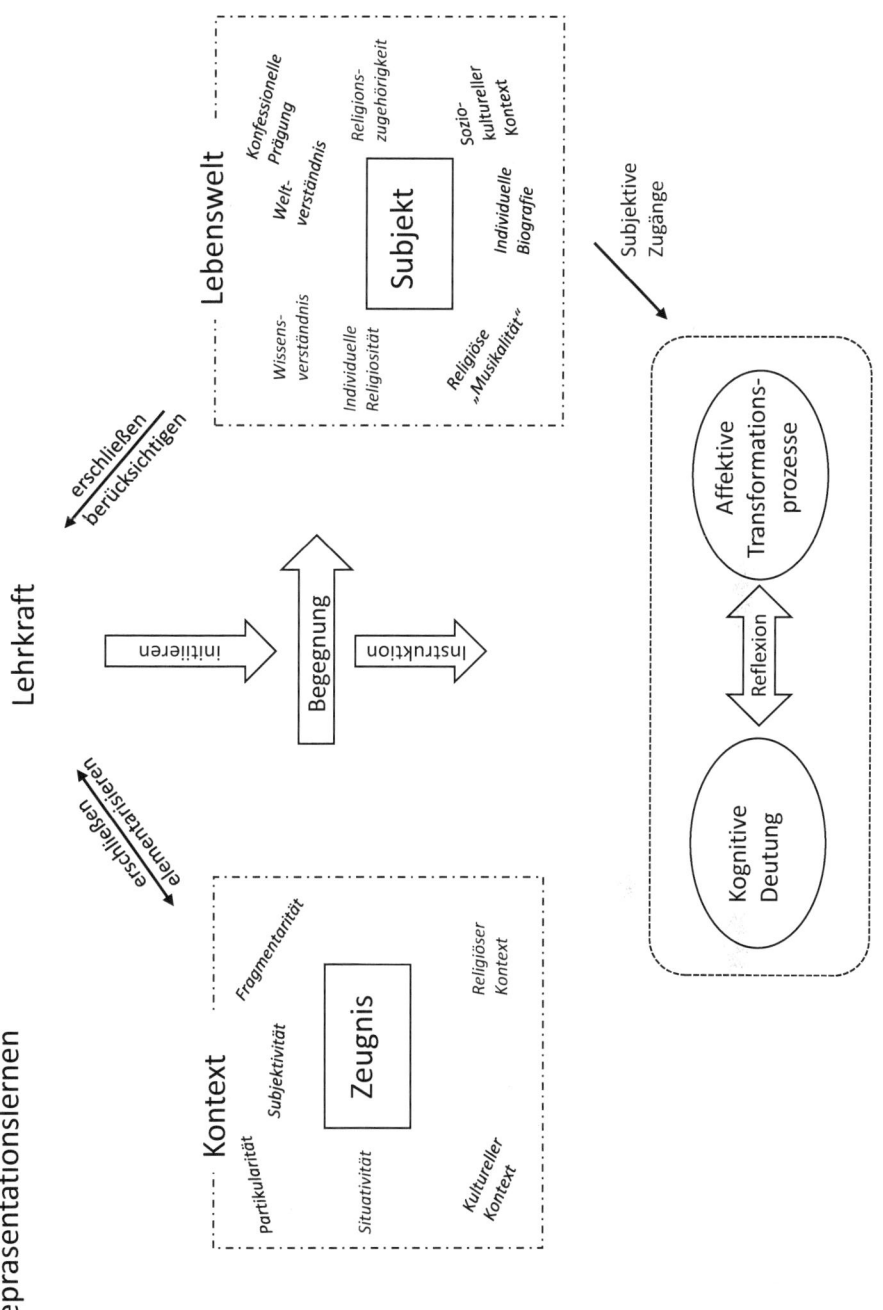

Abb. 17: Schaubild Repräsentationslernen

Schritt 3: Begegnungslernen

Wie bereits zuvor beschrieben, steht beim Begegnungslernen der interpersonale Austausch zweier oder mehrerer Subjekte im Fokus. Diese Begegnungen haben das Ziel, Perspektivwechsel zu ermöglichen und dadurch die Akzeptanz von kultureller, religiöser, konfessioneller und weltanschaulicher Vielfalt zu fördern. Bewusst sprechen wir an dieser Stelle von Vielfalt und folgen damit der Prämisse, dass Kultur und Religion untrennbar zusammengehören. Ziel dieses Begegnungslernens ist dabei jedoch nicht in erster Linie der Erwerb von Wissen über eine andere Religion, also die Auseinandersetzung mit Inhalten, Riten und Traditionen, sondern das Miteinander verschiedener Personen über die Grenzen von Religion, Konfession, Kultur und Weltanschauung hinaus sowie das Eintauchen in die subjektive Fremdperspektive auf Religion und Religiosität einer anderen Person.[568] So kann sich im Gespräch über den eigenen Glauben, die eigene Religion, Weltanschauung, über Werte und den Blick auf das Leben ein partikulärer Einblick in eine andere Ich-Identität bieten, die ebenso fragil und uneindeutig wie die eigene erscheint.

Ausgerichtet ist ein solch dialogisches Lernen auf die unterrichtliche Praxis, in der Schüler*innen unterschiedlicher weltanschaulicher, religiöser, konfessioneller und kultureller Hintergründe im gemeinsamen Austausch miteinander stehen und es aktiv zu einem Begegnungslernen kommt. Als konkretes Setting lässt sich sowohl die Begegnung zwischen zwei Lerngruppen – z. B. der muslimischen Lerngruppe und der konfessionell kooperativen Lerngruppe – als auch die Begegnung im Klassenverband denken. Dabei ist die Phase des Begegnungslernens als zeitlich begrenzter Prozess des gemeinsamen Lernens zu verstehen, und nicht als unterrichtsorganisatorische Alternative zum konfessionell kooperativen Setting. Soll nach diesem Dialogmodell im konfessionell kooperativen Religionsunterricht unterrichtet werden, muss das zuvor aufgezeigte Proprium fokussiert werden: die Schüler*innen und die authentische Begegnung mit ihren weltanschaulichen, religiösen und konfessionellen Perspektiven. Die lebendige Religion wird zum Unterrichtsinhalt. Dabei bildet nicht allein die Begegnung an sich den ersten Fokus, sondern einen Impuls, eine existentielle Frage oder Problemstellung, die zur Auseinandersetzung mit der eigenen Religiosität, der eigenen Überzeugung oder dem eigenen Glauben anregt. Hier bieten sich in besonderer Weise die Differenzlinien nach Reis und Büttner wie z. B. das Gottesbild, die Gott-Mensch-Beziehung oder divergierende Jenseitsvorstellungen an.

Die am Begegnungslernen beteiligten Subjekte fungieren dabei eben nicht als Stellvertreter*innen ihrer jeweiligen Religion oder Weltanschauungen, son-

---

568 Vgl. Baumert, B.: Interkulturelles Begegnungslernen als Voraussetzung für interreligiöse Lernprozesse, S. 563.

dern verkörpern lediglich sich selbst als Subjekte mit ihrer individuellen Identität, die zwar durch religiöse, kulturelle und soziale Kollektive geprägt ist, jedoch nicht zwingend in dieser kollektiven Identität aufgeht.

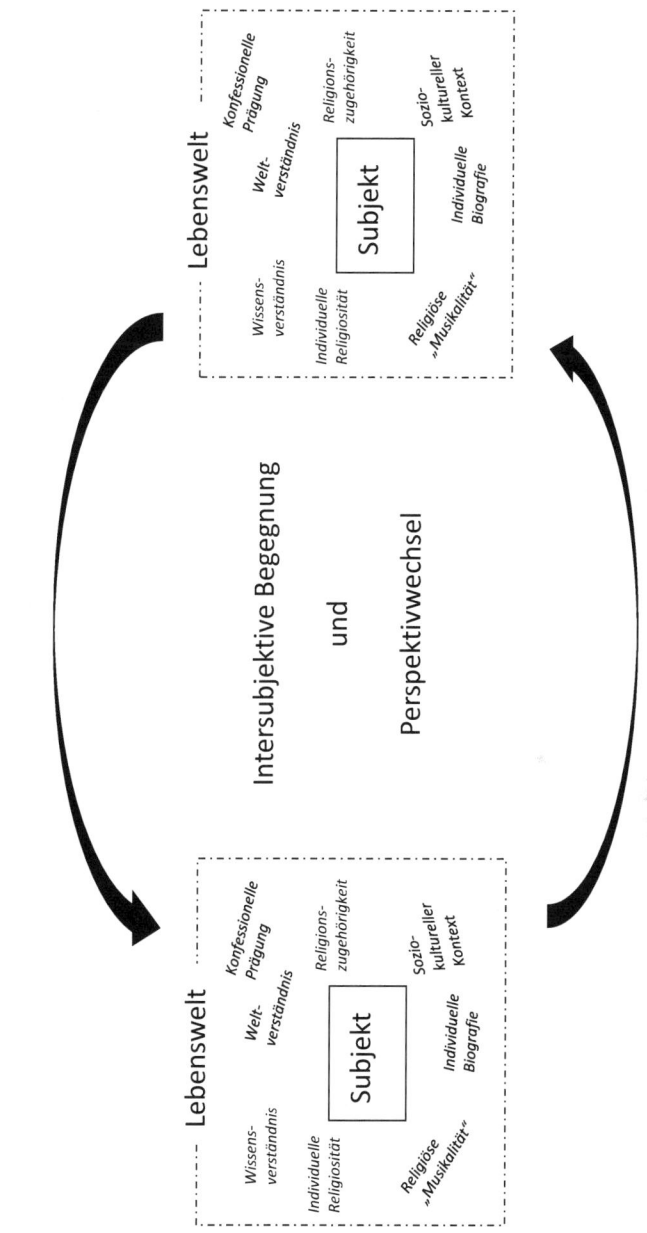

Abb. 18: Schaubild Begegnungslernen

3.10.3 Didaktische Konkretion und Methodik

Im Rahmen des religionstheologischen Lernens wird Wissen über Religionen vermittelt und sich kritisch mit religiösen Lehren und Wahrheitsansprüchen auseinandergesetzt. Während die Vermittlung von religiösen Grundlagen wie die Nennung von Heiligen Schriften, Glaubensbekenntnisse, das Kennenlernen religiöser Feste und das Wissen um Grundüberzeugungen der Religionen in der Regel religionskundlich erfolgt, spielt die Wahrheitsfrage in der Auseinandersetzung mit konkreten Glaubensüberzeugungen eine Rolle. So sollen eben auch zentrale Fragen von Religionen gestellt und mögliche Antworten von verschiedenen Religionen in den Blick genommen werden. Mögliche Fragen sind die Gottesfrage, das Verhältnis von Gott und Welt, das Wesen des Menschen, die Frage nach einem Leben nach dem Tod oder nach dem Wesen und der Rolle des Menschen in der Welt. Die verschiedenen Antwortversuche der Religionen können vergleichend in den Blick genommen und kritisch diskutiert werden. Möglichkeiten der individuellen Positionierung sollten gegeben werden. Mit Hilfe der religionstheologischen Modelle kann schließlich die Wahrheitsfrage erörtert werden. In höheren Jahrgangsstufen kann in Anlehnung an die komparative Theologie ein zentrales theologisches Problem vertiefend in den Blick genommen und aus der Perspektive verschiedener Religionen beleuchtet werden.

Als konkrete Methoden eignen sich:
— Textarbeit (Reziprokes Lesen, Gruppenpuzzle, Schaubild erstellen, etc.)
— Internetrecherche
— Filme (Dokumentationen und Reportagen)
— Arbeit mit Bildern

Im Rahmen des repräsentativen Lernens erfolgt zunächst die Konfrontation mit einem authentischen Artefakt, Zeugnis, einer Glaubensaussage oder einem spirituellen Zugang (Gebet, Ritual, sakrale Handlung). Während sich im Grundschulbereich v. a. konkrete Gegenstände oder Riten anbieten, die über verschiedene Sinne handlungsorientiert erschlossen werden können, eignen sich in der Sekundarstufe I auch persönliche Glaubensstatements, Beschreibung von rituellen Handlungen oder religiösen Festen. Wichtig ist, dass die Auseinandersetzung mit den „Zeugnissen" nicht ausschließlich intuitiv erfolgt oder auf der Ebene allgemeiner Erklärungen der Funktionsweise verharrt, sondern in Bezug gesetzt wird zu konkreten religiösen Vollzügen. Das bedeutet bei religiösen Gegenständen, dass ihre Nutzung z. B. durch Videos oder Fotos veranschaulicht und durch persönliche Statements von Vertreter*innen der jeweiligen Religion erläutert wird. Dabei steht die subjektive Erfahrung in ihrer Beispielhaftigkeit im Fokus. Verallgemeinerungen wie „so beten die Muslime" oder „so feiern die Juden Sabbat" sollten dabei vermieden werden.

Als konkrete Methoden eignen sich:
— Arbeit mit Social Media-Beiträgen
— Expert*inneninterviews
— Stationenlernen
— Stummer Impuls (als Einstieg)
— Worldcafé
— Arbeit mit Kurzfilmen (Personenorientierte Reportagen, Porträts)
— Performative und ästhetische Zugänge

Beim Begegnungslernen können die Schüler*innen an die vorangegangenen Phasen des interreligiösen Lernens anknüpfen und auf ihre erworbenen Kompetenzen zurückgreifen. Beispielsweise können religiöse Fragen aus der religionskundlichen Phase aufgegriffen und im intersubjektiven Diskurs zwischen Angehörigen verschiedener Religionen vertieft werden. Dann können die Kinder und Jugendlichen auf ihre Position zurückgreifen und diese im Gespräch reflektieren, vertiefen und differenzieren – oder konstruktivistisch gesprochen: rekonstruieren, dekonstruieren und neukonstruieren.

In den unteren Jahrgangsstufen lässt sich das Begegnungslernen auch auf Ebene von religiösen Lieblingsfesten, die miteinander verglichen und deren religiöse und persönliche Bedeutung reflektiert werden, ansiedeln. Dann bietet es sich an, an Kenntnisse und Perspektiven aus der Phase des repräsentativen Lernens anzuknüpfen. Je nach Setting sollten die Gespräche entweder mit wechselnden Gesprächspartner*innen erfolgen oder in Kleingruppen stattfinden, sodass die Bandbreite an Perspektiven und Positionen sichtbar wird.

Als konkrete Methoden eignen sich:
— Partnerinterviews
— Podiumsdiskussion
— Exkursionen
— Kleingruppenarbeit
— Kugellager
— Projektarbeit

3.10.4 Potenziale und Herausforderungen

Die Bedeutung von interreligiöser Kompetenz, Differenzsensibilität, Pluralitätsfähigkeit, Ambiguitätstoleranz, Dialogfähigkeit und Toleranz gegenüber (anderen) Religionen und Kulturen ist unumstritten. Politisch forciertes und gesellschaftlich gefordertes Ziel ist das gelingende Miteinander von Menschen in einer (religions)pluralen, von Migration geprägten Gesellschaft. Problematisch ist dabei jedoch, welche Erwartungshaltungen an interreligiöse Lernprozesse herangetragen werden. Interreligiöse Lernprozesse können gesellschaftlich gewachsene Probleme von sozialer Ungleichheit, kultureller Verständigung, rechtspopulistischem Gedankengut und religiösen Fundamentalismen nicht lösen. Dennoch können sie einen Beitrag leisten, Vorurteile abzubauen, Perspektiven zu wechseln und differenzieren zu lernen zwischen religionsbezogenen, religiositätsbezogenen, kulturellen und subjektiv-individuellen Positionen. So kann gerade die Akzentverschiebung von einer Begegnung der Religionen hin zu einer Begegnung von Personen mit Religion und in religiösen Kontexten von zentraler Bedeutung sein. Bezogen auf den Religionsunterricht lassen sich zudem didaktische Herausforderungen identifizieren. In der Phase des religionstheologischen Lernens besteht eine zentrale Aufgabe darin, die Wahrheitsfrage altersgemäß in den Unterricht zu integrieren, und nicht auf Ebene der Religionskunde stehen zu bleiben. Beim repräsentativen Lernen ist besondere Sensibilität hinsichtlich der Auswahl der Beispiele erforderlich. Außerdem ist darauf zu achten, diese in ihrer Beispielhaftigkeit zu verdeutlichen und Verallgemeinerungen zu vermeiden.

Zudem ist gerade der dritte Schritt des interreligiösen Lernens, das Begegnungslernen, mit einem erhöhten organisatorischen Aufwand verbunden. Hinzu kommt, dass je nach regionaler Lage die Religionspluralität sehr unterschiedlich stark ausgeprägt sein kann.

Folgende Anforderungen an Religionslehrkräfte lassen sich identifizieren:
— Theologische Fachkompetenz in der eigenen Religion
— Fachwissen über andere Religionen
— Religionssensible Sprachfähigkeit
— Moderationsfähigkeit
— Dialog- und Toleranzfähigkeit
— Bewusstsein der eigenen Vorurteile

Literatur

Adam, Gottfried: Umgang mit der Bibel - Zur didaktischen Erschließung biblischer Texte, in: Wiener Jahrbuch für Theologie, Bd. 6, Wien 2006, S. 251–263.

Altmeyer, Stefan: Art. Ästhetik, in: Porzelt, Burkard / Schimmel Alexander (Hg.): Strukturbegriffe der Religionspädagogik, Bad Heilbrunn 2015, S. 205–210.

Altmeyer, Stefan: Ästhetische Wende der Religionspädagogik?, in: Trierer theologische Zeitschrift 118/4 (2009), S. 356–366.

Altmeyer, Stefan: Bibeldidaktik und religiöse Sprachbildung, in: Zimmermann, Mirjam / Zimmermann, Ruben (Hg.): Handbuch Bibeldidaktik, Tübingen 2018, S. 482–490.

Altmeyer, Stefan: Sprachsensibler Religionsunterricht – Grundlagen und konzeptionelle Klärungen, in: Altmeyer, Stefan (Hg.): Sprachsensibler Religionsunterricht. Jahrbuch der Religionspädagogik, Göttingen 2021, S. 14–29.

Altmeyer, Stefan: Von der Wahrnehmung zum Ausdruck. Zur ästhetischen Dimension von Glauben und Lernen, Stuttgart 2006.

Altmeyer, Stefan: Zum Umgang mit sprachlicher Fremdheit in religiösen Bildungsprozessen, in: Schulte Andrea (Hg.): Sprache. Kommunikation. Religionsunterricht. Gegenwärtige Herausforderungen religiöser Sprachbildung über Religion im Religionsunterricht, Leipzig 2018, S. 191–206.

Anselm, Reiner / Anselm, Sabine: Ethik, Moral, Norm, Tugend, Werte, Gewissen - Grundbegriffe ethischer Urteilsbildung, in: Lindner, Konstantin / Zimmermann, Mirjam (Hg.): Handbuch ethischer Bildung. Pädagogische Fokussierungen, Tübingen 2021, S. 45–52.

Baldermann, Ingo: Einführung in die Bibel. Göttingen ⁴1993.

Barrows, Howard. S.: Problem-Based Learning in Medicine and Beyond: A Brief Overview. New Directions for Teaching and Learning, Hoboken 1996.

Barth, Karl: Das Wort Gottes als Aufgabe der Theologie, München 1922.

Bastel, Heribert u. a. (Hg.): Das Gemeinsame entdecken – Das Unterscheidende anerkennen. Projekt eines konfessionell- kooperativen Religionsunterrichts. Einblicke – Hintergründe – Ansätze – Forschungsergebnisse, Wien 2006.

Bauer, Benjamin: Art. Geschichtskultur, kirchengeschichtsdidaktisch, in: Wissenschaftlich Religionspädagogisches Lexikon im Internet (www.wirelex.de), 2019.

Bauer, Jochen: Religionsunterricht für alle. Eine multitheologische Fachdidaktik, Stuttgart 2019.

Baumert, Britta u. a.: Eine Schule für alle – Wie geht das? Qualitätsmerkmale und Gelingensbedingungen für eine inklusive Schule und inklusiven Unterricht, in: Zeitschrift für Heilpädagogik 11/2018, S. 526–541.

Baumert, Britta: Interkulturelles Begegnungslernen als Voraussetzung für interreligiöse Lernprozesse - Perspektiven aus dem Projekt „gemeinsam statt einsam" an der Uni Vechta, in: Espelage, Christian u. a. (Hg.): Interreligiöse Öffnung durch Begegnung. Grundlagen - Erfahrungen - Perspektiven im Kontext des christlich-islamischen Dialogs, Hildesheim 2021, S. 563–577.

Baumert, Britta u. a.: Lost in transformation? Chancen und Herausforderungen für inklusiven Unterricht im Angesicht der digitalen Transformation, in: Ferencik-Lehmkuhl, Daria u. a. (Hg): Inklusion digital! Chancen und Herausforderungen inklusiver Bildung im Kontext von Digitalisierung, Bad Heilbrunn 2023, S.33–50.

Baumert, Britta: SilentMOD. Chill Out Area oder Kirchenpädagogik?, in: RPB 78/2 (2018), S.69–80.

Baumert, Britta/ Teschmer, Caroline: Konfessionell – kooperativ – pluralitätssensibel. Weichenstellungen einer Didaktik zum kokoRU 2.0, in: Hilmi Tuna, Mehmet / Juen, Maria Praxis (Hg.): Für die Zukunft. Erfahrungen, Beispiele und Modelle kooperativen Religionsunterrichts, Stuttgart 2021, S. 71–85.

Baumert, Britta: Zur Kehrseite der Anschlussfähigkeit, Münster 2014.

Baumert, Britta: Interkulturelles Begegnungslernen als Voraussetzung für interreligiöse Lernprozesse - Perspektiven aus dem Projekt „gemeinsam statt einsam" an der Uni Vechta, in: Espelage, Christian; Mohagheghi, Hamideh; Schober, Michael (Hg.): Interreligiöse Öffnung durch Begegnung. Grundlagen - Erfahrungen - Perspektiven im Kontext des christlich-islamischen Dialogs, Hildesheim 2021, S. 563–578.

Baumert, Britta: All Inclusive? Religionstheologische Impulse für einen reflektierten Umgang mit Inklusion, in: Kammeyer, Katharina; u. a. (Hg.): Zu Wort kommen. Narration als Zugang zur Inklusion, Stuttgart 2015, S. 51–68.

Bayer-Wied, Daniela: Ökumenisch ja – aber bitte getrennt? Konfessionelle Kooperation in der Grundschule, Frankfurt a. M 2011.

Beck, Ulrich: Was ist Globalisierung? Irrtümer des Globalismus – Antworten auf Globalisierung. Frankfurt a. M. ³2015.

Bederna, Katrin: Every Day for Future. Theologie und religiöse Bildung für nachhaltige Entwicklung, Ostfildern 2019.

Bederna, Katrin: Didaktik religiöser Bildung für nachhaltige Entwicklung, in: Kropač, Ulrich / Riegel, Ulrich (Hg.): Handbuch Religionsdidaktik, Stuttgart 2021, S. 325–331.

Bederna, Katrin / Gärtner, Claudia: Religiöse Bildung für nachhaltige Entwicklung, in: Grümme, Bernhard / Pirner, Manfred, L. (Hg.): Religionsunterricht weiterdenken. Innovative Ansätze für eine zukunftsfähige Religionsdidaktik, Stuttgart 2023, S. 200–211.

Berg, Horst K.: Ein Wort wie Feuer. Wege lebendiger Bibelauslegung, München 1991.

Bergmann, Klaus: Multiperspektivität. Geschichte selber denken, Schwalbach 2008.

Bertram, Birgit / Bertram, Hans: Familie, Sozialisation und die Zukunft der Kinder, Opladen 2009.

Biehl, Peter: Wahrnehmung und ästhetische Erfahrung. Zur Bedeutung ästhetischen Denkens für eine Religionspädagogik der Wahrnehmungslehre, in: Grözinger, Albrecht / Lott, Jürgen (Hg.): Gelebte Religion. Im Brennpunkt praktisch-theologischen Denkens und Handelns, Rheinbach-Merzbach 1997, S. 380–411.

Bildungsserver Rheinland-Pfalz: Konfessionelle Kooperation im Religionsunterricht, auf: https://religion.bildung-rp.de/fachuebergreifender-und-faecherverbindender-unterricht/konfessionelle-kooperation-im-religionsunterricht.html (zuletzt abgerufen am: 06.11.2023).

Bildungsserver Sachsen-Anhalt: Schulverwaltungsblatt des Landes Sachsen-Anhalt Nr. 3/2005 vom 21.03.2005.

Bohl, Johannes / Kaloudis, Anke / Marker, Christian: Religionsunterricht in konfessioneller Kooperation. Auswertung eines Projekts an nordhessischen Gesamtschulen und eine Zwischenbilanz, in: Religionspädagogisches Institut der EKKW und der EKHN (Hg.): rpi-Info, Mai 2021.

Böhme, Gernot: Aisthetik. Vorlesungen über Ästhetik als allgemeine Wahrnehmungslehre, München 2001.

Boeck, Nadja: Art. Online-Jugendbibeln, bibeldidaktisch, in: Wissenschaftlich Religionspädagogisches Lexikon im Internet (www.wirelex.de), 2022.

Bork, Stefan: Geschichtsdidaktische Impulse für kirchengeschichtliche Lehr-/Lernprozesse, in: Bork, Stefan / Gärtner, Claudia (Hg.): Kirchengeschichtsdidaktik, Stuttgart 2016, S.32–48.

Boschki, Reinhold: Art. Erinnerung/Erinnerungslernen, in: Wissenschaftlich Religionspädagogisches Lexikon im Internet (www.wirelex.de), 2015.

Boschki, Reinhold / Schweitzer, Friedrich: Ökumenisches Lernen braucht eine eigene Didaktik. Schülervoraussetzungen und Prinzipien interkonfessionellen Lernens, in: Altmeyer, S. u. a. (Hg.): Ökumene im Religionsunterricht. Jahrbuch der Religionspädagogik, Göttingen 2016, S. 87–97.
Breul, Martin: Die Versprachlichung des Religiösen, in: IRP Impulse 1 (2018), S. 4–9.
Bucher, Anton A.: Psychologie der Spiritualität. Handbuch, Weinheim u. a. 2007.
Bundesverband Kirchenpädagogik e. V.: Thesen zur Kirchenpädagogik, Osnabrück 2002, auf: https://www.bvkirchenpaedagogik.de/kirchenpaedagogik/thesen-und-positionspapiere (zuletzt abgerufen am: 16.10.2023).
Bundeszentrale für Politische Bildung: Kirche nach Bundesländern. Stand: 10.08.2020, auf: https://www.bpb.de/kurz-knapp/zahlen-und-fakten/soziale-situation-in-deutschland/61562/kirche-nach-bundeslaendern/ (zuletzt abgerufen am: 18.09.2023).
Burrichter, Rita / Gärtner, Claudia: Mit Bildern lernen. Eine Bilddidaktik für den Religionsunterricht, München 2014.
Burrichter, Rita: Keine Frage des Stylings. Einige Gründe für eine ästhetische Ausrichtung der Religionspädagogik, in: RpB 78/2 (2018), S. 24–32.
Büttner, Gerhard u. a.: Einführung in den Religionsunterricht. Eine kompetenzorientierte Didaktik, Stuttgart 2015.
Büttner, Gerhard / Reis, Oliver: Modelle als Wege des Theologisierens, Göttingen 2020.
Gennerich, Carsten / Käbisch, David / Woppowa, Jan: Konfessionelle Kooperation und Multiperspektivität. Empirische Einblicke in den Religionsunterricht an Gesamtschulen, Stuttgart 2021.
Caspary, Christiane: Umgang mit konfessioneller Differenz im Religionsunterricht. Eine Studie zur Didaktik des konfessionell-kooperativen Religionsunterrichts, Münster 2016.
Caspary, Christiane: Umgang mit konfessioneller Differenz im Religionsunterricht. Empfehlungen für die Kooperation des katholischen und evangelischen Religionsunterrichts, Wien 2016.
Sajak, Clauß Peter / von Eiff, Miriam Sophia: Art. Biografisches Lernen, in: Wissenschaftlich Religionspädagogisches Lexikon im Internet (www.wirelex.de), 2017.
Dalferth, Ingolf. U. / Stoellger, Phillipp: Perspektive und Wahrheit. Einleitende Hinweise auf eine klärungsbedürftige Problemgeschichte, in: Dalferth, Ingolf U. / Stoellger, Phillipp (Hg.): Wahrheit in Perspektiven. Probleme einer offenen Konstellation, Tübingen 2004, S. 1–28.
Dam, Harmjan: Evangelische Kirchengeschichtsdidaktik im Horizont der Praxis, in: Bork, Gärtner: Kirchengeschichtsdidaktik. Stuttgart 2016, S. 116–128.
Degen, Roland: „Echt stark hier!" – Kirchenräume erschließen, in: Hansen, Inge (Hg.): Lernort Kirchenraum. Erfahrungen – Einsichten – Anregungen, Münster 1998.
Die Deutschen Bischöfe: Die bildende Kraft des Religionsunterrichts. Zur Konfessionalität des katholischen Religionsunterrichts, Bonn 1996.
Die deutschen Bischöfe: Die Zukunft des Religionsunterrichts. Empfehlungen für die Kooperation des katholischen mit dem evangelischen Religionsunterricht, Bonn 2016.
Die Katholischen Bistümer Niedersachsens und die evangelische Konförderation der Landeskirchen Niedersachsens: Gemeinsam verantworteter Christlicher Religionsunterricht. Ein Positionspapier der Schulreferentinnen und Schulreferenten der evangelischen Kirchen und katholischen Bistümer in Niedersachsen, Hannover 2021.
Dierk, Heidrun: Kirchengeschichte elementar. Entwurf einer Theorie des Umgangs mit menschlichen Traditionen im Religionsunterricht, Münster 2005.
Domsgen, Michael: Religionspädagogik, Leipzig 2019.

Domsgen, Michael / Schwillus, Harald: Religion unterrichten in Sachsen-Anhalt, in: Rothgangel, Martin / Schröder, Bernd (Hg.): Religionsunterricht in den Ländern der Bundesrepublik Deutschland. Evangelische Verlagsanstalt, Leipzig 2020, S. 365–393.

Douglass, Katherine M.: Aesthetic Learning theory and the faith formation of young adults, in: Religious Education 108/5 (2013), S. 494–466.

Dressler, Bernhard: Darstellung und Mitteilung. Religionsdidaktik nach dem Traditionsabbruch, in: rsh 45/1 (2002), S. 11–19.

Dressler, Bernhard: Art. Performativer Religionsunterricht, evangelisch, in: Wissenschaftlich Religionspädagogisches Lexikon im Internet (www.wirelex.de), 2015 Dressler

Dressler, Bernhard: Unterscheidungen. Religion und Bildung, Leipzig 2006.

EKD (Hg.): Religiöse Bildung angesichts von Konfessionslosigkeit. Aufgaben und Chancen, Leipzig 2020.

Englert, Rudolf.: Performativer Religionsunterricht – eine Zwischenbilanz, in: ZPT 60/1 (2008), S. 3–16.

Englert, Rudolf: Wird aus dem Religionsunterricht eine Sachkunde „Religion"? Eine auffällige Tendenz in der Entwicklung des Religionsunterrichts, in: Englert, Rudolf u. a. (Hg.): Was sollen Kinder und Jugendliche im Religionsunterricht lernen?, Neukirchen-Vluyn 2014, S. 207–217.

Englert, Rudolf: Die ethische Dimension religiöser Bildung, in: Mertens, Gerhard (Hg.): Handbuch der Erziehungswissenschaft, Paderborn 2008, S. 815–919.

Englert, Rudolf: Die Korrelationsdidaktik am Ausgang ihrer Epoche. Plädoyer für einen ehrenhaften Abgang, in: Hilger, Georg u. a. (Hg.): Religionsunterricht im Abseits?, München 1993.

Englert, Rudolf: Innenansichten des Religionsunterrichts, München 2014.

Englert, Rudolf: Was wird aus Religion? Beobachtungen, Analysen und Fallgeschichten zu einer irritierenden Transformation, Ostfildern ²2019.

Erzbistum Hamburg (Hg.): Kirchliche Statistik 2021, Hamburg 2022.

Evangelische Kirche in Deutschland und Deutsche Bischofskonferenz: Zur Kooperation von Evangelischem und Katholischem Religionsunterricht, Bonn/Hannover 1998.

Evangelische Landeskirchen und Katholische Bistümer Nordrhein-Westfalens, Thesen für einen zukunftsfähigen Religionsunterricht in NRW. Eine Grundorientierung, 2022, auf: https://www.nrw-evangelisch.de/storage/files/f385c03d-536c-41e1-94a3-35c82e88dfb7/ThesenfuereinenzukunftsfaehigenRU.pdf, (zuletzt abgerufen am: 06.11.2023).

Evangelische Lutherische Landeskirche Sachsen und das Bistum Dresden-Meißen: Konfessionelle Kooperation im Religionsunterricht im Freistaat Sachsen, vom 07.01.2019.

Feige, Andreas / Friedrichs, Nils / Köllmann, Michael: Religionsunterricht von Morgen? Studienmotivationen und Vorstellungen über die zukünftige Berufspraxis bei Studierenden der ev. und kath. Theologie und Religionspädagogik. Eine empirische Studie an Baden-Württembergs Hochschulen, Ostfildern 2007.

Freudenberger-Lötz, Petra / Reiß, Annike: Didaktik des Theologisierens mit Kindern und Jugendlichen, in: Grümme, Bernhard u. a. (Hg.): Religionsunterricht neu denken. Innovative Ansätze und Perspektiven der Religionsdidaktik, Stuttgart 2012, S. 133–145.

Fricke, Michael: Rezeptionsästhetisch orientierte Bibeldidaktik – mit Kindern und Jugendlichen die Bibel auslegen, in: Grümme, Bernhard u. a. (Hg.): Religionsunterricht neu denken. Innovative Ansätze und Perspektiven der Religionsdidaktik, Stuttgart 2012, S. 211–223.

Forschungszentrums für Religion und Bildung: Arbeitsstelle „Konfessionell-kooperativer Religionsunterricht in Thüringen", auf: https://www.zrb.uni-jena.de/ressorts-und-arbeitsstellen/arbeitsstelle-konfessionell-kooperativer-religionsunterricht-in-thueringen (zuletzt abgerufen am: 21.09.2023).

Schweitzer, Friedrich u. a.: Jugend Glaube Religion, Waxmann 2018.
Gärtner, Claudia: „What do we want? Climate Justice!" Klimagerechtigkeit als gesellschaftliche und (religions-)pädagogische Herausforderung, in: Lehner-Hartmann, Andrea; Pirker, Viera (Hg.): Religiöse Bildung – Perspektiven für die Zukunft. Interdisziplinäre Impulse für Religionspädagogik und Theologie, Ostfildern 2021. S. 129–144.
Gärtner, Claudia: Art. Bildung, ästhetische, in: Wissenschaftlich Religionspädagogisches Lexikon im Internet (www.wirelex.de), 2016.
Gärtner, Claudia: Ästhetisches Lernen. Eine Religionsdidaktik zur Christologie in der gymnasialen Oberstufe, Freiburg i. Br. 2011.
Gärtner, Claudia: Corona und das Christentum. Religiöse Bildung für nachhaltige Entwicklung in einer verwundeten Welt, Berlin 2020.
Gärtner, Claudia: Was leistet ästhetisches Lernen? Wegmarkierungen in einem weitläufigen religionsdidaktischen Feld, in: RpB 62/1 (2009), S. 15–26.
Gärtner, Claudia: Klima, Corona und das Christentum. Religiöse Bildung für nachhaltige Entwicklung in einer verwundeten Welt, Bielefeld 2020.
Gärtner, Claudia: Krieg, Klima und andere Krisen – religiöse Bildung in einer (aus-)sterbenden Welt, in: Schambeck, Mirjam / Verburg, Winfried (Hg.): Wie Religion in Krisen taugt. Zum Beitrag religiöser Bildung in Krisenzeiten, Göttingen 2023, S. 100–114.
Gennerich, Carsten / Mokrosch, Reinhold: Religionsunterricht kooperativ. Evaluation des konfessionell- kooperativen Religionsunterrichts in Niedersachsen und Perspektiven für einen religions-kooperativen Religionsunterricht, Stuttgart 2016.
Gläsel, Kirsten: Zum Stand der Kirchengeschichte im Fach 'Katholische Religionslehre, in: Bork, Stefan / Gärtner, Claudia (Hg.): Kirchengeschichtsdidaktik, Stuttgart 2016, S. 162–172.
Gojny, Tanja / Lenhard, Hartmut / Zimmermann, Mirjam: Religionspädagogik in Anforderungssituationen. Fachdidaktische Grundlagen für Studium und Beruf, Göttingen 2022.
Grethlein, Christian: Fachdidaktik Religion, Göttingen 2005.
Grethlein, Christian: Interreligiöse Themen, in: Rothgangel, Martin u. a. (Hg.): Religionspädagogisches Kompendium, Göttingen 2012, S. 403–415.
Gronover, Matthias: Art. Spiritualität, Lehrende, in: Wissenschaftlich Religionspädagogisches Lexikon im Internet (www.wirelex.de), 2021
Grözinger, Albrecht: Praktische Theologie und Ästhetik. Ein Beitrag zur Grundlegung der Praktischen Theologie, München 1987.
Grümme, Bernhard: Alteritätstheoretische Religionsdidaktik, in: Grümme, Bernhard / Pirner, Manfred / Lenhard, Hartmut (Hg.): Religionsunterricht neu denken. Innovative Ansätze und Perspektiven der Religionsdidaktik, Stuttgart 2012, S. 119–133.
Grümme, Bernhard / Lenhard, Hartmut / Pirner, Manfred (Hg.): Religionsunterricht neu denken. Innovative Ansätze und Perspektiven der Religionsdidaktik, Stuttgart 2012.
Grümme, Bernhard, Art. Heterogenität, in: Wissenschaftlich Religionspädagogisches Lexikon im Internet (www.wirelex.de), 2017.
Grümme, Bernhard: Heterogenität in der Religionspädagogik. Grundlagen und konkrete Bausteine, Freiburg i. Br., Herder 2017.
Grümme, Bernhard: Menschen bilden? Eine religionspädagogische Anthropologie. Freiburg i. Br. 2012.
Grümme, Bernhard: Öffentliche Religionspädagogik. Religiöse Bildung in pluralen Lebenswelten, Stuttgart 2015.
Grümme, Bernhard / Pirner, Manfred L.: Einführung, in: Grümme, Bernhard / Manfred L. Pirner (Hg.): Religionsunterricht weiterdenken. Innovative Ansätze für eine zukunftsfähige Religionsdidaktik, Stuttgart 2023, S. 10–13.
Grümme, Bernhard / Pirner, Manfred L. (Hrsg.): Religionsunterricht weiterdenken. Innovative Ansätze für eine zukunftsfähige Religionsdidaktik, Stuttgart 2023.

Hahn, Matthias: Art. Problemorientierter Religionsunterricht, in: Wissenschaftlich Religionspädagogisches Lexikon im Internet (www.wirelex.de), 2016.
Heil, Stefan: Art. Korrelation, in: Wissenschaftlich Religionspädagogisches Lexikon im Internet (www.wirelex.de), 2015.
Heimbrock, Hans-Günter: Art. Wahrheit, in: Wissenschaftlich Religionspädagogisches Lexikon im Internet (www.wirelex.de), 2016.
Kohler-Spiegel, Helga / Straßegger-Einfalt, Renate: Einblicke in die österreichweite Jugendstudie, mit Vertiefungen zu religiösen Fragestellungen. Lebenswelten 2020 – Werthaltungen junger Menschen in Österreich, in: ÖRF 29/2 (2021), S. 17–48.
Herbst, Jan-Hendrik: Der Ukrainekrieg als Nagelprobe einer christlichen Friedenserziehung: Konzeptionelle Reflexionen und konkrete Handlungsperspektiven für den Religionsunterricht, in: ZPT 74/4 (2022), S. 420–434.
Hilger, Georg: Ästhetisches Lernen, in: Hilger, Georg / Leimgruber, Stephan / Ziebertz, Hans-Georg (Hg.): Religionsdidaktik. Ein Leitfaden für Studium, Ausbildung und Beruf, München 2010, S. 305-316.
Hilger, Georg: Symbollernen, in: Hilger, Georg / Leimgruber, Stephan / Ziebertz, Hans-Georg (Hg.): Religionsdidaktik. Ein Leitfaden für Studium, Ausbildung und Beruf, München 2010, S. 330–338.
Hilger, Georg: Religionsunterricht als Wahrnehmungsschule. Überlegungen zu einer ästhetisch inspirierten Religionsdidaktik, in: Schuttmayr, Georg u. a. (Hg.): Im Spannungsfeld von Tradition und Innovation, Regensburg 1997, S. 399-420.
Hilger, Georg / Stögbauer, Eva: Symbole wahrnehmen, deuten und gestalten, in: Hilger, Georg u. a. (Hg.): Religionsdidaktik Grundschule. Handbuch für die Praxis des evangelischen und katholischen Religionsunterrichts, München ²2014.
Hofheinz, Marco: Theologische Ethik, in: Lindner, Konstantin / Zimmermann, Mirjam (Hg.): Handbuch ethischer Bildung. Pädagogische Fokussierungen, Tübingen 2021, S. 101–113.
Homepage des Forschungszentrums für Religion und Bildung, auf: https://www.zrb.uni-jena.de/ressorts-und-arbeitsstellen/arbeitsstelle-konfessionell-kooperativer-religionsunterricht-in-thueringen (abgerufen am: 21.09.2023).
Humboldt, Wilhelm: Schriften zur Bildung, Stuttgart 2017
Husmann, Bärbel: Experiment und Erfahrung. Zur Begründung liturgischen Lernens im Religionsunterricht, in: ZPT 60/1 (2008), S. 48–58.
Jakobs, Monika: Religiosität als biografische Verarbeitung von Religion, in: Angel, Hans Ferdinand u. a. (Hg.): Religiosität. Anthropologische, theologische und sozialwissenschaftliche Klärungen, Stuttgart 2006, S. 116–132.
Jorissen, Hans.: Braucht der Glaube die Theologie?, in: Pastoralblatt 38/11 (1986) S. 354–362
Köster, Norbert / Dierk, Heidrun: Nach der Geschichte des Christentums fragen. Religionsdidaktischer Kommentar, in: Schröder, Bernd / Woppowa, Jan (Hg.): Theologie für den konfessionell-kooperativen Religionsunterricht. Ein Handbuch. Tübingen 2021, S. 373–385.
Joas, Hans: Braucht der Mensch Religion? Über Erfahrungen der Selbsttranszendenz, Freiburg i. B. 2004.
Austin, John Langshaw: Performative Utterances, in: Urmson, James Opie / Warnock, Geoffry James (Hg.): Philosophical Papers, London 1961.
Kalbheim, Boris: Soziokulturelle und -religiöse Kontexte, in: Stögbauer-Elsner, Eva u. a. (Hg.): Studienbuch Religionsdidaktik. Regensburg 2021. S. 65–75.
Kalloch, Christina.: Bibeldidaktik zwischen Performation und ästhetischer Bildung – Versuch einer Standortbestimmung, in: Klie, Thomas u. a. (Hg.): Performative Religionsdidaktik und biblische Textwelten, Loccum 2012, S. 50–58.
Kalloch, Christina u. a.: Lehrbuch der Religionsdidaktik. Für Studium und Praxis in ökumenischer Perspektive, Freiburg i. Br. 2009.

Käbisch, David u. a.: Gerade jetzt! – 10 Thesen, warum der Religionsunterricht in der Corona-Zeit unverzichtbar ist, in: ZPT 72/4 (2020), S. 395–399.

Keupp, Heiner: Auf dem Weg zur Patchwork-Identität, in: Verhaltenstherapie & psychosoziale Praxis, 88/4 (1988), S. 425–438.

Khorchide, Mouhanad: Gegebene, notwendige und zu überwindende Grenzen. Interreligiöses Lernen aus islamischer Sicht. In: Kirche und Schule 44/128 (2017), S. 14–19.

Kirchenamt der EKD (Hg.): Identität und Verständigung. Standort und Perspektiven des Religionsunterrichts in der Pluralität. Eine Denkschrift, Gütersloh 1994.

Kirchenamt der EKD (Hg.): Konfessionell-kooperativ erteilter Religionsunterricht. Grundlagen, Standards und Zielsetzungen, Hannover 2018.

Klie, Thomas / Leonhard, Silke (Hg.): Performative Religionsdidaktik. Religionsästhetik – Lernorte – Unterrichtspraxis, Stuttgart 2008.

Klie, Thomas: Konfirmandenunterricht – Trauerspiel, Musical oder Komödie? Dramaturgische Aspekte kirchlicher Unterweisung, in: Dressler, Bernhard u. a. (Hg.): Konfirmandenunterricht. Didaktik und Inszenierung, Hannover 2001, S. 317–335.

Knauth, Thorsten: Art. Dialogischer Religionsunterricht. Der Hamburger Weg eines Religionsunterrichts für alle, in: Wissenschaftlich Religionspädagogisches Lexikon im Internet (www.wirelex.de), 2016.

Knoblauch, Hubert: Populäre Religion. Auf dem Weg in eine spirituelle Gesellschaft, Frankfurt a. M. 2009.

Kock, Renate: Die Bedeutung der Reformpädagogik für den dialogischen Religionsunterricht, in: Pädagogische Rundschau, 69/3 (2015), S. 299–312.

Körtner, Ulrich H. J. / Rothgangel, Martin / Simojoki, Henrik: Einleitung, in: Simojoki, Henrik / Rothgangel, Martin / Körtner Ulrich H. J. (Hg.): Ethische Kernthemen. Lebensweltlich – theologisch-ethisch – didaktisch, Göttingen 2022, S. 9–39.

Köster, Norbert: Kirchengeschichtsdidaktik aus der Perspektive der Kirchengeschichte, in: Bork, Stefan / Gärtner, Claudia (Hg.): Kirchengeschichtsdidaktik. Verortung zwischen Religionspädagogik, Kirchengeschichte und Geschichtsdidaktik, Stuttgart 2016, S. 13–31.

Kraft, Friedhelm / Schreiner, Martin: Zehn Thesen zum didaktisch-methodischen Ansatz der Kindertheologie, in: Theo-Web. Zeitschrift für Religionspädagogik 6/1 (2007), S. 21–24.

Kreß, Hartmut: Staat und Person. Politische Ethik im Umbruch des modernen Staates, Stuttgart 2018.

Kropač, Ulrich: Religion, Religiosität, Religionskultur. Ein Grundriss religiöser Bildung in der Schule, Stuttgart 2019.

Kropač, Ulrich: Art. Religiosität, Jugendliche, in: Wissenschaftlich Religionspädagogisches Lexikon im Internet (www.wirelex.de), 2015.

Kuld, Lothar / Schweitzer, Friedrich / Tscheetzsch, Werner / Weinhardt, Joachim / Weinhardt, Marc (Hg.): Im Religionsunterricht zusammenarbeiten. Evaluation des konfessionell-kooperativen Religionsunterrichts in Baden-Württemberg, Stuttgart 2009.

Kumlehn, Martina: Frömmigkeit/Spiritualität, in: Fechtner, Kristian (Hg.): Praktische Theologie. Ein Lehrbuch, Stuttgart 2017, S. 265–287.

Kunstmann, Joachim: Religion und Bildung. Zur ästhetischen Signatur religiöser Bildungsprozesse, Freiburg i. Br. 2002.

Kunstmann, Joachim: Religionspädagogik, Tübingen ³2021.

Kunstmann, Joachim: Subjektorientierte Religionspädagogik. Plädoyer für eine zeitgemäße religiöse Bildung, Stuttgart 2018.

Kürzinger, Kathrin: Religionsunterricht oder Religionskunde? Zum Charakter religiöser Bildung, in: Eisenhardt, Saskia u. a. (Hg.): Religion unterrichten in Vielfalt. Konfessionell – religiös – weltanschaulich. Ein Handbuch für Lehrkräfte, Göttingen 2019, S. 37–44.

Lähnemann, Johannes: Weltreligionen im Unterricht. Eine theologische Didaktik für Schule, Hochschule und Gemeinde. Teil I: Fernöstliche Religionen, Göttingen 1994

Lähnemann, Johannes: Weltreligionen im Unterricht. Eine theologische Didaktik für Schule, Hochschule und Gemeinde. Teil II: Islam, Göttingen 1996.

Lämmermann, Godwin: Labern Sie noch oder performieren Sie schon? Reli auf der Showbühne, in: Mendl, Hans (Hg.): Religion zeigen – Religion erleben – Religion verstehen. Ein Studienbuch zum Performativen Religionsunterricht, Stuttgart 2016, S. 71–88

Langenhorst, Georg / Naurath, Elisabeth: Zur Bedeutung (inter-)religiöser Bildung in pluralen Kontexten, in: Naurath, Elisabeth u. a. (Hg.): Religion unterrichten in Vielfalt, Göttingen 2019, S. 28–36.

Langenhorst, Georg: Interreligiöses Lernen in Synagoge, Kirche und Moschee. Trialogische Zugänge zu religiösen Kulträumen, in: RPB 78/2 (2018), 33–44.

Land Mecklenburg-Vorpommern: Schulgesetz für das Land Mecklenburg-Vorpommern. §8 SchulG M-V, auf: https://www.landesrecht-mv.de/bsmv/document/jlr-SchulGMV2010V17P8 (zuletzt abgerufen am: 06.11.2023).

Leimgruber, Stephan: Erinnerungsgeleitetes Lernen, in: Hilger, Georg u. a.: Religionsdidaktik. Ein Leitfaden für Studium, Ausbildung und Beruf, München 2001, S. 365–373

Leimgruber, Stephan: Katholische Perspektiven zum interreligiösen Lernen: Konziliar und inklusivistisch, in: Schreiner, Peter u. a. (Hg.): Handbuch interreligiöses Lernen. Gütersloh 2005, S. 126–133.

Leonhard, Silke: Das Spiel mit der Form- Dreh- und Angelpunkt performativer Religionsdidaktik?, in: ZPT 60/1 (2008), S. 17–30.

Leonhard, Silke: Religionspädagogische Professionalität. Eine empirisch-theologische Studie im Horizont des Pathischen, Göttingen 2018.

Leonhard, Silke / Klie, Thomas: Ästhetik – Bildung – Performanz. Grundlinien performativer Religionsdidaktik, in: Klie, Thomas / Leonhard,Silke (Hg.): Performative Religionsdidaktik. Religionsästhetik – Lernorte – Unterrichtspraxis, Stuttgart 2008, S. 9–25.

Leonhard, Silke / Klie, Thomasd: Lernen und Lehren von Religion, in: Bernhard Grümme / Hartmut Lenhard / Manfred L. Pirner (Hg.): Religionsunterricht neu denken. Innovative Ansätze und Perspektiven der Religionsdidaktik. Ein Arbeitsbuch. Stuttgart 2012, S. 90–104

Leonhard, Silke: Leiblich lernen und lehren. Ein religionspädagogischer Diskurs, Stuttgart 2006.

Lewandowski, Ludwig: Religiös (un-)musikalisch?, in: spiritual care. 10/4 (2021), S. 315

Liedhegener, Antonius: Pluralisierung, in: Pollack, Detlef u. a. (Hg.): Handbuch Religionssoziologie, Wiesbaden 2018, S. 347–382.

Lindner, Doris / Krobath, Thomas: Das Modell eines dialogisch-konfessionellen Religionsunterrichtes in Wien. Zentrale Ergebnisse der Evaluation 2015/16, in: Lindner, Doris / Stadnik, Elena (Hg.): Professionalisierung durch Forschung, Wien 2016, S. 227–267.

Lindner, Konstantin / Hilger, Georg: Räume wahrnehmen und erkunden, in: Hilger, Georg u. a. (Hg.): Religionsdidaktik Grundschule. Handbuch für die Praxis des evangelischen und katholischen Religionsunterricht, München ²2014, S. 422–430.

Lindner, Konstantin: Art. Kirchengeschichtsdidaktik, in: Wissenschaftlich Religionspädagogisches Lexikon im Internet (www.wirelex.de), 2015.

Lindner, Konstantin: Religion zukunftsfähig gestalten. Herausforderungen, Potenziale und Perspektiven, Kontakt 15/1 (2020), S. 8–13.

Lindner, Konstantin: Überlegungen zur Didaktik eines konfessionell-kooperativen Religionsunterrichts, in: Woppowa, Jan u. a. (Hg.): Kooperativer Religionsunterricht. Fragen – Optionen – Wege, Stuttgart: Kohlhammer 2017, S. 79–91.

Lindner, Konstantin: In Kirchengeschichte verstrickt. Zur Bedeutung biographischer Zugänge für die Thematisierung kirchengeschichtlicher Inhalte im Religionsunterricht, Göttingen 2007.

Lindner, Kontantin / Zimmermann, Mirjam (Hg.): Handbuch ethischer Bildung. Religionspädagogische Fokussierungen, Tübingen 2021.

Lindner, Konstantin: Lernen an Kirchengeschichte, in: Kropač, Ulrich / Riegel,Ulrich (Hg.): Handbuch für Religionsdidaktik, Stuttgart 2021, S.309–316.

Lindner, Konstantin, Hilger, Georg: Räume wahrnehmen und erkunden, in: Hilger, Georg u. a. (Hg.): Religionsdidaktik Grundschule. Handbuch für die Praxis des evangelischen und katholischen Religionsunterricht, München ²2014, S. 422–430.

Link, Christoph: Konfessioneller Religionsunterricht in einer gewandelten sozialen Wirklichkeit, in: ZevKR 46 (2001), S. 257–285.

Lob, Brigitte: Ordnung entwickeln. Rituale im Schulalltag, in: Religionsunterricht heute 03-04 (2006), S.36–40.

Lorenzen, Stefanie: Entscheidung als Zielhorizont des Religionsunterrichts? Religiöse Positionierungsprozesse aus der Perspektive junger Erwachsener, Stuttgart 2020.

Luther, Henning: Religion und Alltag. Bausteine zu einer Praktischen Theologie des Subjekts, Stuttgart 1992.

Meierring, David / Schäfer, Andreas: (Ent)Politisierung – Debatten, Modelle und Befunde, in: Schäfer, Andreas / Meiering, David (Hg.): (Ent)Politisierung? Die demokratische Gesellschaft im 21. Jahrhundert, Baden-Baden 2020, S. 11–36.

Mendl, Hans: Art. Performativer Religionsunterricht, katholisch, in: Wissenschaftlich Religionspädagogisches Lexikon im Internet (www.wirelex.de), 2019.

Mendl, H.: Performativer Religionsunterricht, in: Kropač, Ulrich / Riegel,Ulrich (Hg.): Handbuch Religionsdidaktik, Stuttgart 2021, S. 239–245.

Mendl, Hans: Zum Stand des Performativen, in: Mendl, Hans (Hg.): Religion zeigen, Religion erleben, Religion verstehen. Ein Studienbuch zum Performativen Religionsunterricht, Stuttgart 2016, S. 9.

Mendl, Hans: Religionsdidaktik kompakt. Für Studium, Prüfung und Beruf, München 2018.

Mendl, Hans: Art. Performativer Religionsunterricht, katholisch, in: Wissenschaftlich Religionspädagogisches Lexikon im Internet (www.wirelex.de), 2019.

Mendl, Hans: Modelle – Vorbilder – Leitfiguren. Lernen an außergewöhnlichen Biographien, Stuttgart 2015.

Mette, Norbert: „Gottesverdunstung" – eine religionspädagogische Zeitdiagnose, in: Englert,Rudolf u. a. (Hg.): Gott im Religionsunterricht. Jahrbuch für Religionspädagogik (Bd. 25), Göttingen 2019, S. 9–23.

Mette, Norbert: Art.: Identität, in: Mette, Norbert / Rickers, Folkert (Hg.): Lexikon der Religionspädagogik Bd. 1., Neukirchen-Vluyn 2001, S. 847–854.

Mette, Norbert: Identität aus Gratuität. Freiheit als Prinzip von religiöser Erziehung und Bildung, in: Böhnke, Michael Freiheit Gottes und der Menschen, Regensburg 2006, S. 433–451.

Mette Norbert / Sellmann, Matthias (Hg.): Religionsunterricht als Ort der Theologie, Freiburg i. Br. 2012.

Meyer, Karlo, Tautz, Monika, Art. Interreligiöses Lernen, in: Wissenschaftlich Religionspädagogisches Lexikon im Internet (www.wirelex.de), 2015.

Meyer, Karlo: Grundlagen interreligiösen Lernens, Göttingen 2019.

Meyer, Karlo: Zeugnisse fremder Religionen im Unterricht. „Weltreligionen" im englischen und deutschen Religionsunterricht, Göttingen ²2012.

Meyer, Karlo / Maier, Alexander: Religion unterrichten im Saarland, in: Rothgangel, Martin / Schröder, Bernd (Hg.): Religionsunterricht in den Ländern der Bundesrepublik Deutschland. Evangelische Verlagsanstalt Leipzig, 2020. S.217-341.

Meyer-Blanck, Michael: Vom Symbol zum Zeichen. Symbolbildung und Semiotik, Rheinbach ²2002.

Ministerium für Bildung und Kultur des Saarlandes: Erlass über die Teilnahme konfessionsfremder oder konfessionsloser Schülerinnen und Schüler am Religionsunterricht und über die konfessionelle Kooperation im Religionsunterricht. Vom 25. August 2021, Saarbrücken 2021.

Ministerium für Bildung und Kultur Schleswig-Holstein (MBK): Religionsunterricht an den Schulen in Schleswig-Holstein. Änderungen durch den Erlass vom 3. Juni 2010, in: Ministerium für Bildung und Kultur Schleswig-Holstein (Hg.), Evangelische Religion, Katholische Religion und Philosophie auf einen Blick, Kiel 2010.

Ministerium für Bildung - Landesrecht Sachsen-Anhalt: Schulverwaltungsblatt des Landes Sachsen-Anhalt Nr. 3/2005 vom 21.03.2005.

Ministerium für Bildung, Wissenschaft, Forschung und Kultur Schleswig-Holstein (MBWFK): Durchführungsbestimmungen zu § 2 Absatz 3 Satz 2 und 3 des Runderlasses Religionsunterricht an den Schulen in Schleswig-Holstein. Runderlass vom 7. Mai 1997, in: Ministerium für Bildung, Wissenschaft, Forschung und Kultur Schleswig-Holstein (Hg.): Evangelische Religion, Katholische Religion und Philosophie auf einen Blick, Kiel 1997.

Mirjam Zimmermann, Ulrich Riegel: Befunde zum Lernen und Lerneffekt im konfessionell-kooperativen Religionsunterricht, in: RPB 45/2 (2022), S.89-105.

Mokrosch, Reinhold u. a. (Hg.): Antisemitismusprävention in der Grundschule durch religiöse Bildung, Göttingen 2020.

Müller, Peter: Schlüssel zur Bibel. Eine Einführung in die Bibeldidaktik, Stuttgart 2009.

Naurath, Elisabeth: Darf religiöse Bildung politisch sein? Zur politischen Dimension des Religionsunterrichts, in: rpi-Impulse 3 (2019), S. 6-9.

Naurath, Elisabeth: Frieden und Krieg/Terrorismus, in: Simojoki, Henrik u. a. (Hg.): Ethische Kernthemen. Lebensweltlich - theologisch-ethisch - didaktisch, Göttingen 2022, S.143-154.

Naurath, Elisabeth: Friedenspädagogik als Übersetzungsaufgabe religiöser Bildung, in: Haußmann, Werner (Hg.): EinFach übersetzen. Theologie und Religionspädagogik in der Öffentlichkeit und für die Öffentlichkeit, Stuttgart 2019, S. 177-184.

Naurath, Elisabeth: Subjektorientierung und Pluralitätsfähigkeit. Evangelisches Bildungsverständnis heute, in: Oberdorfer, Bernd / Matthes, Eva: Reformation heute, Bd. V: Menschenbilder und Lebenswirklichkeiten, Leipzig 2019.

Nesho, Dritan: The Global Faith and Media Study. A Groundbreaking Study of Attitudes and Perceptions Regarding Faith and Religion in the Media, New York 2022, auf: https://assets.websitefiles.com/632347f79bb6e9aeea21d046/63252a9daaa98ff1de1743c2_FAMI%20_%20Concordia%20_%20vF%20Short%20Version%20Strategic%20Dialogue_09.16.22.pdf (zuletzt abgerufen am 31.10.2023)

Neumann-Becker, Birgit: Außerschulische Lernorte - Kirchenpädagogik und Schule, in: Domsgen, Michael / Hahn, Matthias (Hg.): Kooperation von Kirche und Schule. Perspektiven aus Mitteldeutschland, Münster - New York - München, 2010, S. 127-134.

Nipkow, Karl Ernst: Ziele interreligiösen Lernens als mehrdimensionales Problem, in: Schreiner, Peter u. a. (Hg.): Handbuch interreligiöses Lernen, Gütersloh 2005, S. 362-380.

Nord, Ilona: Wahrheit, in: Rothgangel, Martin / Simojoki, Henrik / Körtner, Ulrich H. J. (Hg.): Theologische Schlüsselbegriffe. Subjektorientiert - biblisch - systematisch - didaktisch, Göttingen ⁶2019, S. 466-478.

Otten, Franziska: Wer oder was ist Gott für mich? Über das Ästhetische Lernen Gottesbilder in der Grundschule erschließen, Münster 2018.
Pemsel-Maier, Sabine / Weinhardt, Joachim / Weinhardt Marc: Konfessionell-kooperativer Religionsunterricht als Herausforderung. Eine empirische Studie zu einem Pilotprojekt im Lehramtsstudium, Stuttgart 2011.
Pickel, Gert: Religionssoziologie. Eine Einführung in zentrale Themenbereiche, Wiesbaden 2011.
Pirker, Vera: Identität, in: Porzelt, Burkhard / Schimmel Alexander (Hg.): Strukturbegriffe der Religionspädagogik, Bad Heilbrunn 2015, S. 38–43.
Pirker, Viera: Fluide und fragil. Identität als Grundoption zeitsensibler Pastoralpsychologie, Ostfildern 2013.
Pirker, Viera: Menschsein im Zeitalter der Digitalität. Perspektiven für religiöse Bildung im zweiten Jahrzehnt des 21. Jahrhunderts. In: Notizblock 67/2 (2020), S. 5–9.
Pirker, Viera: Religiöse Bildung im Kontext der Digitalität. Ein kritisch-konstruktiver Blick auf die Zukunftsrelevanz, in: Brieden/Norbert u. a. (Hg.): Digitale Praktiken, Aschaffenburg 2021, S. 189–199.
Plasger, Georg / Pemsel-Maier, Sabine: Art. Theologie, in: Wissenschaftlich Religionspädagogisches Lexikon im Internet (www.wirelex.de), 2015.
Platow, Birte: Religionspädagogik, Stuttgart 2020.
Pohl-Patalong, Uta: Religionspädagogik. Ansätze für die Praxis, Göttingen 2013.
Pohl-Patalong, Uta u. a.: Konfessioneller Religionsunterricht in religiöser Vielfalt. Eine empirische Studie zum evangelischen Religionsunterricht in Schleswig-Holstein, Stuttgart 2016.
Polak, Regina: Schule im Spannungsfeld sozioreligiöser Transformationsprozesse, in: Schluß, Henning / Tschida, Susanne u. a. (Hg.): Wir sind alle „andere". Schule und Religion in der Pluralität, Göttingen 2015.
Porzelt, Burkhard: Grundlegung religiöses Lernen. Eine problemorientierte Einführung in die Religionspädagogik, Bad Heilbrunn 2009.
Porzelt, Burkhard: Grundlegung Religiöses Lernen. Eine problemorientierte Einführung in die Religionspädagogik, Bad Heilbronn ²2013.
Porzelt, Burkhard: Respektierende Konfrontation. Konturen korrelativer Religionsdidaktik in nachchristlichem Kontext, in: Trierer theologische Zeitschrift, 109/4 (2000), S. 308–328.
Prokopf, Andreas / Ziebertz, Hans-Georg: Wo wird gelernt? - Schulische und außerschulische Lernräume, in: Hilger, Georg / Leimgruber, Stephan / Ziebertz, Hans-Georg (Hg.): Religionsdidaktik. Ein Leitfaden für Studium, Ausbildung und Beruf, München 2010, S. 254–270.
Reese-Schnitker, Annegret: Sprache, in: Kropač, Ulrich / Riegel, Ulrich (Hg.): Handbuch der Religionsdidaktik, Stuttgart 2020, S. 406–413.
Reichl, Peter: „Der Mensch lebt nicht vom Bit allein ..." – Perspektiven einer Philosophischen Anthropologie im digitalen Wandel. In: Lehner-Hartmann, Andrea / Pirker, Viera: Religiöse Bildung – Perspektiven für die Zukunft. Interdisziplinäre Impulse für die Religionspädagogik und Theologie, Ostfildern 2021, S. 49–64
Reis, Oliver: Der lernende Gott braucht lernende Menschen, in: KatBl 140/2 (2015), S. 138–144.
REMEMBER (Hg.): Erinnerung an den Holocaust im Religionsunterricht. Empirische Einblicke und didaktische Impulse, Stuttgart 2020.
Riegger, Manfred: Lernen mit Symbol-Zeichen - symbolisieren lernen, in: Kropač, Ulrich / Riegel, Ulrich (Hg.): Handbuch Religionsdidaktik, Stuttgart 2020, S. 255–265.
Ritter, Werner H. / Simojoki, Henrik: Religion und das Recht des Kindes auf religiöse Bildung, in: Hilger, Georg u. a. (Hg.): Religionsdidaktik Grundschule. Handbuch für die Praxis des evangelischen und katholischen Religionsunterrichts, München ³2014, S. 10–24.

Ritzer, Georg u. a.: Konfessionell-kooperativer Unterricht in der Religionslehrer- Innenausbildung auf dem Prüfstand. Ergebnisse einer Evaluationsstudie, in: Krobath, Thomas / Ritzer, Georg (Hg.): Ausbildung von ReligionslehrerInnen: konfessionell – kooperativ – interreligiös – pluralitätsfähig, Wien 2014, S. 63–114.

Roebben, Bert / Schlag, Thomas: Jugendtheologie: Basisannahmen und Konkretisierungsmöglichkeiten für die kirchliche Jugendarbeit, in: Kaupp, Angela / Höring, Patrick C. (Hg.): Handbuch Kirchliche Jugendarbeit: für Studium und Praxis. Freiburg im Breisgau 2019, S. 444–459.

Roose, Hanna: Performativer Religionsunterricht zwischen Performance und Performativität, in: Loccumer Pelikan 06/3 (2006), S. 110–115.

Rothgangel, Martin: Grundzüge und Leitfragen einer „religionspädagogischen Theologie", in: Zeitsprung. Zeitschrift für den Religionsunterricht in Berlin und Brandenburg 1 (2019), S. 41–43.

Rothgangel, Martin: Religiosität als menschliches Gesicht der Offenbarung Gottes. Evangelisch-theologische Perspektiven, in: Angel, Hans-Ferdinand u. a. (Hg.): Religiosität. Anthropologische, theologische und sozialwissenschaftliche Klärungen, Stuttgart 2006, S. 175–198.

Rothgangel, Martin: Religionspädagogische Konzeptionen und didaktische Strukturen, in: Rothgangel, Martin (Hg.): Religionspädagogisches Kompendium, S. 73- 91.

Rothgangel, Martin: Religiosität als menschliches Gesicht der Offenbarung Gottes. Evangelisch-theologische Perspektiven, in: Angel, Hans-Ferdinand u. a. (Hg.): Religiosität. Anthropologische, theologische und sozialwissenschaftliche Klärungen, Stuttgart 2006, S.16–19

Rösener, Antje: Didaktische und methodische Leitlinien kirchenpädagogischen Arbeitens, in: Neumann, Birgit / Rösener, Antje (Hg.): Kirchenpädagogik. Kirchen öffnen, entdecken und verstehen, Gütersloh 2003, S. 60–71.

Rupp, Hartmut (Hg.): Handbuch Kirchenpädagogik. Kirchenräume wahrnehmen, deuten und erschließen, Stuttgart 2006.

Ruster, Thomas: Beobachten, wie die Bibel die Welt beobachtet – Der Religionsunterricht eines differenzbewussten Christentums, in: IfRR 36/1–2 (2007), S.35–44.

Sajak, Clauß Peter: Ist der 'Religionsunterricht für alle' die Lösung? Kritische Anfragen an einen neuen alten religionspädagogischen Hoffnungsträger, in: RPB 77/2 (2017), S. 25–34.

Sajak, Clauß Peter: Formate der Kooperation in Schleswig-Holstein, Niedersachsen, Baden-Württemberg, Nordrhein-Westfalen und Hessen. Eine komparative Analyse, in: RPB 45/2 (2022), S.19–31.

Sajak, Clauß Peter: Interreligiöses Lernen, Darmstadt 2018.

Sajak, Clauß Peter / von Eiff, Miriam Sophia: Art. Biografisches Lernen, in: Wissenschaftlich Religionspädagogisches Lexikon im Internet (www.wirelex.de), 2017.

Sajak, Clauß Peter: Interreligiöses Lernen im schulischen Religionsunterricht, in: Grümme, Bernhard u. a. (Hg.): Religionsunterricht neu denken. Innovative Ansätze und Perspektiven der Religionsdidaktik. Ein Arbeitsbuch, Stuttgart 2012.

Schambeck, Mirjam: Hilfe! Muss ich dauernd von Gott reden? Warum es sich lohnt, Positionalität im Religionsunterricht weiter zu fassen. Auch ein Beitrag zur Debatte um den bekenntnisorientierten und religionskundlichen Unterricht, in: Verburg, Winfried (Hg.): Welche Positionierung braucht religiöse Bildung?, München 2017, S. 26–45

Schambeck, Mirjam: „Gottlos haben wir nicht". Bekenntnisorientiert Religion im Klassenverband unterrichten, in: Stimmen der Zeit 143/10 (2018), S. 703–711.

Schambeck, Mirjam: Mystagogisches Lernen: Aufmerksam werden für Gotteserfahrungen, in: Münchener theologischer Zeitschrift 51/3 2000, S. 221–230

Schambeck, Mirjam: Warum Bildung Religion braucht ... Religionspädagogische Einmischung in bildungspolitisch sensiblen Zeiten. In: theo-web. Zeitschrift für Religionspädagogik 9/1 (2010), S.249–263.

Schambeck, Mirjam: Wie Kinder glauben und theologisieren. Religionspädagogische Konsequenzen aus den theologischen Konstruktionen von Kindern, in: Bahr, Matthias (Hg.): Subjektwerdung und religiöses Lernen. Für eine Religionspädagogik, die den Menschen ernst nimmt, München 2005, S. 18–28.

Scheidler, Monika / Lütze, Frank M.: Religion unterrichten in Sachsen, in: Rothgangel, Martin / Schröder, Bernd (Hg.): Religionsunterricht in den Ländern der Bundesrepublik Deutschland. Evangelische Verlagsanstalt Leipzig, 2020. S. 343–364.

Schelander, Robert: Kirchenpädagogik: Lernen im und am Lernort Kirche, in: Adam, Gottfried / Lachmann, Rainer (Hg.): Neues Gemeindepädagogisches Kompendium, Göttingen 2008, S. 305–318.

Scheliha, Arnulf von: Religionsunterricht 4.0. Theologische Überlegungen zu kooperativen Modellen im Rahmen des geltenden Religionsrechts, in: ZevKR 64/4 (2019), S. 374–393.

Schiller, Friedrich: Über die ästhetische Erziehung des Menschen in einer Reihe von Briefen, in: Fricke, Gerhard / Göpfert, Herbert G. (Hg.): Sämtliche Werke, Bd. 5, München ³1962, S. 570–669.

Schlag, Thomas: Ethisches Lernen und „die feinen Unterschiede" als Themenfeld einer ökumenischen Religionsdidaktik, in: Simojoki, Hendrik u. a. (Hg.): Religionsunterricht im Horizont der Orthodoxie. Weiterführungen einer Ökumenischen Religionsdidaktik, Freiburg i.Br. 2022, S. 222–238.

Schlag, Thomas: Kinder- und Jugendtheologie, in: Kropač, Ulrich / Riegel, Ulrich (Hg.): Handbuch Religionsdidaktik, Stuttgart 2021, S. 323–233.

Schlag, Thomas: Religiöse Bildung und Politik – eine Felderöffnung aus evangelischer Perspektive, in: Theo-Web. Zeitschrift für Religionspädagogik, 18/2 (2019), S. 6–18.

Schlag, Thomas / Suhner, Jasmine: Was erschließt die Perspektive der Theologizität? Erkenntnisse und Herausforderungen, in: Schlag, Thomas / Suhner, Jasmine (Hg.): Theologie als Herausforderung religiöser Bildung. Bildungstheoretische Orientierung zur Theologizität der Religionspädagogik. Stuttgart 2017, S. 179- 190

Schröder, Bernd / Woppowa, Jan: Einleitung, in: Schröder, Bernd / Woppowa, Jan (Hg.) Theologie für den konfessionell-kooperativen Religionsunterricht. Ein Handbuch, Tübingen 2021, S. 1–61.

Schröder, Bernd: Die Diskussion um den konfessionell-kooperativen Religionsunterricht seit 1993 bis heute. Eine historische Rekonstruktion am Beispiel Niedersachsens, in: RPB 45/2 (2022), S. 5–7.

Schröder, Bernd: Religion unterrichten, Göttingen 2022.

Schröder, Bernd: Religionspädagogik. Neue theologische Grundrisse, Tübingen ²2021.

Schröder, Bernd: Was heißt Konfessionalität des Religionsunterrichts heute? Eine evangelische Stimme, in: Schröder, Bernd (Hg.): Religionsunterricht – wohin? Modelle seiner Organisation und didaktischen Struktur, Neukirchen-Vluyn 2014, S. 163–178.

Schröder, Bernd: Welche Formen von Religionsunterricht existieren neben dem konfessionellen Religionsunterricht – offiziell und im Graubereich?, in: Andreas Kubik u. a. (Hg.): Neuvermessung des Religionsunterrichts nach Art. 7 Abs. 3 GG, Göttingen 2022, S. 149–177.

Schröder, Bernd: Konfessionalität und kooperativer Religionsunterricht aus evangelischer Perspektive, in: Woppowa, Jan u. a. (Hg.): Kooperativer Religionsunterricht. Fragen – Optionen – Wege, Stuttgart 2017, S. 26–44.

Schroeter-Wittke, Harald: Performance als religionsdidaktische Kategorie. Prospekt einer performativen Religionspädagogik, in: Thomas Klie / Silke Leonhard (Hg.): Schauplatz Religion. Grundzüge einer Performativen Religionspädagogik, Leipzig 2003, S. 47–66.

Schulte, Andrea: Art. Sprache, in: Wissenschaftlich Religionspädagogisches Lexikon im Internet (www.wirelex.de), 2020.

Schwab, Ulrich: Identität/Person/Selbst, in: Rothgangel, Martin u. a. (Hg.): Theologische Schlüsselbegriffe. Subjektorientiert – biblisch – systematisch – didaktisch, Göttingen 2019, S. 217–229.

Schwarz, Susanne: Konfessionslose und konfessionell-kooperativer Religionsunterricht – ein Widerspruch?, in: Loccumer Pelikan 06/3 (2018), S. 15–19.

Schwarz, Susanne: SchülerInnenperspektiven und Religionsunterricht. Empirische Einblicke - Theoretische Überlegungen, Stuttgart 2019.

Schwarz-Govaers, Renate: Problemorientiertes Lernen – neuer Wein in alten Schläuchen oder eher alter Wein in neuen Schläuchen?, in: PrInterNet, 5/1 (2003), S. 30–45.

Schweitzer, Friedrich: Identität und Erziehung. Was kann der Identitätsbegriff für die Pädagogik leisten?, Weinheim 1985.

Schweitzer, Friedrich: Kollektive und individuelle Identitäten im Wandel. Zur Bedeutung des Identitätsbegriffs für die Religionspädagogik, in: ZPT 64/2 (2012), S. 112–120.

Schweitzer, Friedrich / Biesinger, Albert: Gemeinsamkeiten stärken – Unterschieden gerecht werden. Erfahrungen und Perspektiven zum konfessionell-kooperativen Religionsunterricht, Freiburg 2002.

Schweitzer, Friedrich u. a.: Dialogischer Religionsunterricht. Analyse und Praxis konfessionell-kooperativen Religionsunterrichts im Jugendalter, Freiburg i. Br. 2006.

Schweitzer, Friedrich: Interreligiöse Bildung. Religiöse Vielfalt als religionspädagogische Herausforderung und Chance, Gütersloh 2014.

Schweitzer, Friedrich: Konfessionalität – Ökumene, Pluralitätsverarbeitung. Zur rechtlichen, theologischen und religionspädagogischen Einschätzung des KRU, in: Kuld, Lothar, u. a. (Hg.): Im Religionsunterricht zusammenarbeiten. Evaluation des konfessionellen-kooperativen Religionsunterrichts in Baden Württemberg, Stuttgart 2009, S. 201–217.

Schweitzer, Friedrich: Was ist und wozu Kindertheologie?, in: Bucher, Anton A. u. a. (Hg.): „Im Himmelreich ist keiner sauer". Kinder als Exegeten, Stuttgart 2003, S. 9–18.

Schweitzer, Friedrich: Kollektive und individuelle Identitäten im Wandel. Zur Bedeutung des Identitätsbegriffs für die Religionspädagogik, in: ZPT 64/2 (2012), S. 112–120.

Schweitzer, Friedrich: Pädagogik und Religion. Eine Einführung, Stuttgart 2003.

Schweitzer, Friedrich: Zwischen Theologie und Praxis – Unterrichtsvorbereitung und das Problem der Lehrbarkeit von Religion. In: Biehl, Peter u. a.: Jahrbuch für Religionspädagogik u. a. von. Neukirchen-Vluyn 1991, S. 3–41.

Schweitzer, Friedrich u. a. (H g.), Jugend – Glaube – Religion. Eine Repräsentativstudie zu Jugendlichen im Religions- und Ethikunterricht. Münster u. a. 2018.

Schweitzer, Friedrich / Ulfat, Fahimah: Dialogisch – kooperativ – elementarisiert. Interreligiöse Einführung in die Religionsdidaktik aus christlicher und islamischer Sicht, Göttingen 2022.

Sekretariat der Deutschen Bischofskonferenz (Hg.): Die Zukunft des konfessionellen Religionsunterrichts. Empfehlungen für die Kooperation des katholischen mit dem evangelischen Religionsunterricht, Bonn 2016.

Shell Deutschland Holding (Hg.), Jugend 2019. Eine Generation meldet sich zu Wort, Weinheim u. a. 2019.

Simojoki, Henrik: Beirut in Berlin? Interreligiöse Bildung in der Spannung zwischen Globalisierung und Lokalem, in: Evangelische Theologie 74/3 (2014), S. 167–179.

Simojoki, Henrik: Jugendkulturelle und schulische sowie religionsbezogene Perspektiven Kultur der Religionsdidaktik. Diversitätsorientiert und digital, in: Nord, Ilona / Petzke, Judith (Hg): Fachdidaktik Religion. Diversitätsorientiert und digital, Berlin 2023, S. 24–34.

Simojoki, Henrik / Lindner, Konstantin: Theologisieren mit Kindern, in: Hilger, Georg (Hg.): Religionsdidaktik Grundschule. Handbuch für die Praxis des evangelischen und katholischen Religionsunterrichts, München ²2014, S. 344–351.

Stöbener, Anja / Nutzinger, Hans G.: Braucht Werteerziehung Religion?, in: Joas, Hans (Hg.): Braucht Werteerziehung Religion, Göttingen 2007, S, 23–66.

Stögbauer-Elsner, Eva u. a.: Studienbuch Religionsdidaktik, Regensburg 2021.

Tamir, Christine / Connaughton, Aidan / Salazar, Ariana Monique: The Global God Divide. People's thoughts on whether belief in God is necessary to be moral vary by economic development, education and age, Washington 2020 auf: https://www.pewresearch.org/global/wp-content/uploads/sites/2/2020/07/PG_2020.07.20_Global-Religion_ FINAL.pdf (zuletzt abgerufen am 31.10.2023).

Tautz, Monika, Art. Perspektivenwechsel, in: Wissenschaftlich Religionspädagogisches Lexikon im Internet (www.wirelex.de), 2015.

Teschmer, Caroline: Perspektiven einer Körpersensiblen Religionspädagogik des Jugendalters, Stuttgart 2023.

Teschmer, Caroline: Religionsunterricht für alle. Das Hamburger Modell, in: Kirche und Schule 196/1 (2022), S. 26–29.

Theis, Joachim: Biblische Texte verstehen lernen. Eine bibeldidaktische Studie mit einer empirischen Untersuchung zum Gleichnis vom barmherzigen Samariter, Stuttgart 2005.

Theis, Joachim: Biblisches Lernen, in: Kropač, Ulrich / Riegel,Ulrich (Hg.): Handbuch Religionsdidaktik, Stuttgart 2021, S. 299–308.

Tillich, Paul: Systematische Theologie Bd. I, Stuttgart ⁶1980.

Tödt, Heinz E.: Versuche einer ethischen Theorie sittlicher Urteilsfindung, in: Tödt, Heinz E. (Hg.): Perspektiven theologischer Ethik, München 1988, S. 21–48.

Verburg, Winfried: Welche Positionierung braucht religiöse Bildung?, Donauwörth 2017.

Vereinbarung über das Modellprojekt eines konfessionell-kooperativen Religionsunterrichtsangebots an ausgewählten öffentlichen Schulen im Freistaat Thüringen vom 04.07.2022, auf: https://www.bistum-erfurt.de/fileadmin/Redakteure/Download/Vereinbarung_Freistaat_kokoRU.pdf, (zuletzt abgerufen am: 06.11.2023).

Vereinte Nationen, Transformation unserer Welt. Zitiert nach Gärtner, Claudia: Krieg, Klima und andere Krisen – religiöse Bildung in einer (aus-)sterbenden Welt, in: Schambeck, Mirjam / Verburg, Winfried (Hg.): Wie Religion in Krisen taugt. Zum Beitrag religiöser Bildung in Krisenzeiten, Göttingen 2023, S. 100–114.

Vogt, Markus: Christliche Umweltethik. Grundlagen und zentrale Herausforderungen. Freiburg i. Br. ²2022.

Weber, Agnes: Problem-Based Learning. Ein Handbuch für die Ausbildung auf der Sekundarstufe II und der Tertiärstufe, Bern ²2007.

Wermke, Michael: Die Pädagogischen Akademien in Preußen zwischen 1926 und 1933 als Beitrag zur Professionalisierung der Religionslehrerbildung, in: Roggenkamp, Antje u. a. (Hg.): Religion und Philosophie. Perspektivische Zugänge zur Lehrer- und Lehrerinnenausbildung in Deutschland, Frankreich und der Schweiz, Leipzig: Evangelische Verlagsanstalt Leipzig 2017, S. 99–124.

Wermke, Michael / Widl, Maria: Religion unterrichten in Thüringen, in: Rothgangel, Martin / Schröder, Bernd (Hg.): Religionsunterricht in den Ländern der Bundesrepublik Deutschland. Evangelische Verlagsanstalt Leipzig, 2020, S. 419–442.

Wernstedt, Rolf: Was kann und sollte ein Religionsunterricht leisten?, in: Englert, Rudolf / Kohler-Spiegel, Helga / Mette, Norbert u. a. (Hg.): Was sollen Kinder und Jugendliche im Religionsunterricht lernen?, Neukirchen-Vluyn 2011.

Wiesinger, Christoph: Authentizität. Eine phänomenologische Annäherung an eine praktisch-theologische Herausforderung, Tübingen 2019.

Willems, Joachim: Subjektorientierung und Konfessionalität – kein Widerspruch, in: Rainer Möller u. a. (Hg.): Kooperation im Religionsunterricht. Chancen und Grenzen interreligiösen Lernens. Beiträge aus evangelischer, katholischer und islamischer Perspektive, Münster 2017, S. 63–79.

Woppowa, Jan: Nachhaltigkeit/Umwelt/Ökologische Ethik, in: Simojoki, Henrik / Martin Rothgangel / Körtner,Ulrich H. J. (Hg.): Ethische Kernthemen. Lebensweltlich – theologisch-ethisch – didaktisch, von Körtner, Göttingen 2022, S. 345–356

Woppowa, Jan: Religionsunterricht mit Schüler*innen unterschiedlicher Konfessionen, in: Naurath, Elisabeth u. a. (Hg.): Religion unterrichten in Vielfalt, Göttingen 2019.

Woppowa, Jan / Schröder, Bernd: Nach der Geschichte des Christentums fragen. Religionsdidaktischer Kommentar, in: Theologie für den konfessionell-kooperativen Religionsunterricht. Ein Handbuch, Tübingen 2021.

Woppowa, Jan: Art. Spirituelles Lernen, in: Wissenschaftlich Religionspädagogisches Lexikon im Internet (www.wirelex.de), 2021.

Woppowa, Jan: Religionsdidaktik, Paderborn 2018.

Gemeinsame Synode der Bistümer in der Bundesrepublik Deutschland. Beschlüsse der Vollversammlung. Offizielle Gesamtausgabe I, Freiburg 1976.

Ziebertz, Hans-Georg: Religion, Christentum und Moderne. Veränderte Religionspräsenz als Herausforderung, Stuttgart 1999.

Ziebertz, Hans-Georg: Biografisches Lernen, in: Hilger, Georg / Leimgruber, Stephan / Ziebertz, Hans-Georg (Hg.): Religionsdidaktik. Ein Leitfaden für Studium, Ausbildung und Beruf, München 2001, S. 349–360.

Ziller, Klaus-Joachim: Gemeinsame Verantwortung der evangelischen und katholischen Kirche für den Religionsunterricht in Ostdeutschland. Eine Untersuchung aus evangelischer Perspektive anhand religionspädagogischer und kirchlicher Stellungnahmen und evangelischer und katholischer Lehrpläne, Münster 2004.

Ziebertz, Hans-Georg / Riegel, Ulrich, Letzte Sicherheiten. Eine empirische Studie zu Weltbildern Jugendlicher, Gütersloh u. a. 2008.

Zilleßen, Dietrich: Performativer Religionsunterricht? Gedankengänge in unsicherem Gelände, in: ZPT 60/1 (2008), S. 31–39.

Zimmermann, Mirjam u. a.: Religionspädagogik in Anforderungssituationen. Fachdidaktische Grundlagen für Studium und Beruf, Göttingen 2022.

Zimmermann, Mirjam: Art. Symboldidaktik, in: Wissenschaftlich Religionspädagogisches Lexikon im Internet (www.wirelex.de), 2015.

Zimmermann, Mirjam; Lenhard, Hartmut: Was tun? Ethische Fragestellungen im Religionsunterricht. Themenheft für den evangelischen Religionsunterricht in der Oberstufe, Göttingen 2017.

Zimmermann, Mirjam / Riegel, Ulrich: Befunde zum Lernen und Lerneffekt im konfessionell-kooperativen Religionsunterricht, in: RPB 45/2 (2022), S. 89–105.